Schriftenreihe

Innovative Betriebswirtschaftliche Forschung und Praxis

Band 118

ISSN 1437-787X

In der Schriftenreihe ***Innovative Betriebswirtschaftliche Forschung und Praxis*** werden neue wissenschaftliche Arbeiten aus dem Bereich der Betriebswirtschaft veröffentlicht.

Verlag Dr. Kovač

Heike Beer

Hochschul-Spin-offs im High-Tech-Wettbewerb

Entrepreneurship-Theorie, -Education und -Support

Verlag Dr. Kovač

VERLAG DR. KOVAČ

Arnoldstraße 49 · 22763 Hamburg · Tel. 040 - 39 88 80-0 · Fax 040 - 39 88 80-55

Die Deutsche Bibliothek - CIP-Einheitsaufnahme

Beer, Heike:
Hochschul-Spin-offs im High-Tech-Wettbewerb :
Entrepreneurship-Theorie, education und -Support / Heike Beer. – Hamburg : Kovač, 2000
(Schriftenreihe innovative betriebswirtschaftliche Forschung und Praxis; Bd. 118)
Zugl.: Würzburg, Univ., Diss., 1999

ISSN 1437-787X
ISBN 3-8300-0147-9

Printed in Germany

Gedruckt auf säurefreiem, alterungsbeständigem Recyclingpapier „RecyStar“,

GELEITWORT

Atemberaubend erscheint zum Jahrtausendwechsel die Geschwindigkeit des technologischen Fortschritts. Im Bereich der Informations-, Bio- und Umwelttechnologien spricht man von technologischen Quantensprüngen, die die Märkte, Unternehmen und Gesellschaft weltweit von Grund auf verändern werden. Beispielsweise forcieren Unternehmen wie BMW und Shell u.a. die umweltschonende Wasserstofftechnologie. Die Serienproduktion von Automobilen, die statt Benzin Wasserstoff verbrennen, und der Aufbau einer Infrastruktur mit Wasserstofftanksäulen kann in wenigen Jahren schon Realität werden. Die Herausforderungen an die Unternehmen, aber auch an die Politik und die Gesellschaft sind weltweit größer denn je. Die größte Herausforderung aber wird sein, wie die Menschen ihre zukünftigen Wertesysteme gestalten, um auf verantwortliche Weise die technologischen Möglichkeiten zu nutzen.

Aber hier liegt nicht das eigentliche Thema dieser Arbeit, sondern darin, wie die Ausgründung von Spin-Offs – häufig auch Start Ups genannt – aus der Hochschule heraus, z.B. durch Studenten, Doktoranden und/oder Professoren, auf eine umfassende Weise gefördert werden kann. Oftmals sind es nicht die großen Unternehmen, die den Sprung von einer ausgereiften Basistechnologie hin zu einer Schrittmacher- und Schlüsseltechnologie wagen. Außerdem findet Technologieforschung nicht nur privat in großen Unternehmen statt, sondern auch staatlich gefördert in den Hochschulen.

Auch sollen Hochschulabsolventen als junge, kreative Menschen mit Unternehmergeist nicht mehr darauf warten, bis sie als Beamte oder Angestellte eine adäquate Stelle finden, sondern die Gelegenheit nutzen, sich verstärkt selbständig zu machen. Sie schaffen sozusagen ihren Arbeitsplatz selbst.

Vor diesem Hintergrund beschäftigt sich die vorliegende Arbeit zunächst mit den theoretischen Grundlagen der Entrepreneurship-Forschung, die im Kern auf die frühe Arbeit von JOSEPH SCHUMPETER über „Theorie der wirtschaftlichen Entwicklung“ zurückgeht. Aber nicht nur SCHUMPETER, sondern viele andere Vertreter der österreichischen Schule der Nationalökonomie, wie LUDWIG VON MISES, FRIEDRICH AUGUST VON HAYEK bis hin zu ISRAEL KIRZNER haben sich mit den Aufgaben und Rollen des

Unternehmers im Wettbewerbs- und Marktprozeß beschäftigt. Die intensive Auseinandersetzung mit dieser Denkschule führt zu einem tiefen Verständnis der verschiedenen Rollen des Unternehmers und Entrepreneurs im Sinne einer Entrepreneurship-Theorie.

Gleichzeitig liefert sie ein geeignetes Fundament, um im nächsten Schritt Empfehlungen für eine geeignete Ausbildung von unternehmerischem Denken und Fähigkeiten, insbesondere in den Hochschulen abzuleiten (Entrepreneurship-Education).

Hier bleibt die Arbeit nicht stehen, sondern beschäftigt sich weiter mit der Frage, wie eine gezielte Unterstützung von Hochschul-Spin-Offs gewährleistet werden kann, so daß die jungen Unternehmer nicht frühzeitig im Markt scheitern (Entrepreneurship-Support).

Im High-Tech-Wettbewerb ist die Unsicherheit und Dynamik besonders hoch. Oftmals fehlen genaue Vorstellungen über die Bedürfnisse der Kunden und die gewünschten Leistungen. Auch die Konkurrenzsituation gestaltet sich offen. Angesichts der hohen Arbeitsteilung und Spezialisierung in den verschiedenen Branchen stellt sich für die Unternehmensgründer vor allem die Frage, auf welche Weise sich das Unternehmen in bestehende Wertschöpfungsketten einklinken will oder sogar die gesamte Wertschöpfungskette neu organisieren will. Anhand eines Fallbeispiels im Biotechnologiebereich werden diese Probleme praxisnah in der vorliegenden Arbeit aufgezeigt.

Die Verfasserin versteht es auf besondere Weise, die aktuelle Thematik theoretisch anspruchsvoll und dennoch leicht verständlich darzulegen.

Prof. Dr. Margit Meyer

VORWORT

Die vorliegende Arbeit entstand während meiner Zeit als Promotionsstudentin und Mitarbeiterin am Lehrstuhl für Betriebswirtschaftslehre und Marketing der Bayerischen Julius-Maximilians-Universität Würzburg. Ich möchte mich an dieser Stelle sehr herzlich bei meiner Betreuerin, Frau Prof. Dr. Margit Meyer, dafür bedanken, daß dieser für einen Marketing-Lehrstuhl eher ungewöhnliche Themenvorschlag bei ihr auf großes Interesse gestoßen ist. Die intensive Betreuung durch Prof. Dr. Meyer sowie die gute Zusammenarbeit mit ihr haben wesentlich zum zügigen Gelingen der Arbeit beigetragen.

Herrn Prof. Dr. Norbert Schulz danke ich für die Übernahme und zügige Erstellung des Zweitgutachtens.

Herr Dr. Ulrich Dölp, der Technologietransferbeauftragte der Universität Würzburg, hat mir vor allem in der Startphase meiner Dissertation mit vielen Anregungen, Hinweisen und Erklärungen dabei geholfen, mich schnell in das Thema einzufinden. Dafür möchte ich ihm meinen Dank aussprechen.

Weiterhin bedanke ich mich bei der Universität Würzburg für die Bewilligung eines zweijährigen Promotionsstipendiums. Ohne diese Förderungsleistung wäre die vorliegende Arbeit nicht entstanden. Außerdem möchte ich mich für die Gewährung einer einmaligen Beihilfe zu Druckkostenzwecken aus der Vereinigten Stipendien- und Preisstiftung der Universität Würzburg bedanken.

Bei meinen Kollegen Michael Wörlen, Hans-Jörg Diehl, Andreas Bartelt, Jutta Müschen und Martina Völker bedanke ich mich sehr herzlich für die gute Zusammenarbeit und das angenehme Arbeitsklima am Lehrstuhl für Marketing. Meiner Nachfolgerin Evi Arnold wünsche ich für ihre Doktorarbeit auf dem Gebiet der Unternehmensgründung viel Erfolg.

Bei meinen Eltern möchte ich mich von ganzem Herzen dafür bedanken, daß sie mich immer in jeglicher Hinsicht, sowohl persönlich als auch finanziell, unterstützt haben. Sie haben sehr stark dazu beigetragen, daß ich die Ziele, die ich mir gesetzt habe, erreichen konnte. Schließlich gebührt meinem Mann ein riesiges Dankeschön. Seine immerwährende Bereitschaft zu fachlichen Gesprächen und Diskussionen sowie seine Unterstützung und Hilfeleistung während des Examens und später der Promotion weiß ich sehr zu schätzen.

Meinen Eltern und meinem Mann ist diese Arbeit gewidmet.

Würzburg, im April 2000

Heike Beer

INHALTSVERZEICHNIS:

ABBILDUNGSVERZEICHNIS:

TABELLENVERZEICHNIS:

ABKÜRZUNGSVERZEICHNIS:

4 SC	4 Scientific Computing
a.M.	am Main
ArbEG	Arbeitnehmererfindungsgesetz
BAND	Business Angels Netzwerk Deutschland
BJTU	Beteiligungskapital für junge Technologieunternehmen
BMBF	Bundesministerium für Bildung, Wissenschaft, Forschung und Technologie bzw. Bundesministerium für Bildung und Forschung
BMWi	Bundesministerium für Wirtschaft und Technologie
BRRG	Beamtenrechtsrahmengesetz
bspw.	beispielsweise
BTU	Beteiligungskapital für kleine Technologieunternehmen
BVK	Bundesverband deutscher Kapitalbeteiligungsgesellschaften
CAMD	Computer Aided Molecular Design
DUV	Deutscher Universitäts-Verlag
e.g.	exempli gratia
EU	Europäische Union
F&E, FuE	Forschung und Entwicklung
FGF	Förderkreis Gründungs-Forschung
FHK	Fachhochschule Konstanz
FLÜGGE	Förderprogramm zum leichteren Übergang in eine Gründerexistenz
FUTOUR	Förderung und Unterstützung von technologieorientierten Unternehmensgründungen
H.	Heft
HddW	Handwörterbuch der Wirtschaftswissenschaften
HRK	Hochschulrektorenkonferenz
html	Hypertext Markup Language

http	Hypertext Transport Protocol
i.B.	im Breisgau
IBK	Informations-Beratungs- und Kontaktstelle der Universität Karlsruhe
IEEE	Institute of Electrical and Electronics Engineers
i.e.S.	im engeren Sinn
IfM	Institut für Mittelstandsforschung
INPAT	Integration des Patentwesens in die ingenieur- und naturwissenschaftliche Hochschulausbildung
INSTI	Innovationsstimulierung der deutschen Wirtschaft durch wissenschaftlich-technische Information
IntEnt	Internationalizing Entrepreneurship Education and Training - Conference
ISI	Institut für Systemtechnik und Innovationsforschung
i.w.S.	im weiteren Sinn
KMU	Kleine und mittlere Unternehmen
LMU	Ludwig-Maximilians-Universität
Mass.	Massachusetts
METiS	Motivation von Existenzgründungen im Saarland
MIT	Massachusetts Institute of Technology
NIW	Niedersächsisches Institut für Wirtschaftsforschung e.V.
ÖROK	Österreichische Raumordnungskonferenz
o.J.	ohne Jahr
o.Jg.	ohne Jahrgang
o.O.	ohne Ort
o.V.	ohne Verfasser
R&D	Research and Development
SCHUFA	Schutzgemeinschaft für allgemeine Kreditsicherung e.V.
Stmukwk	Bayerisches Staatsministerium für Unterricht, Kultus, Wissenschaft, Forschung und Kunst
tbg	Technologiebeteiligungsgesellschaft

TGZ	Technologie- und Gründerzentrum, -en
TOU	technologieorientierte Unternehmensgründungen; auch: Förderung technologieorientierter Unternehmensgründungen
Ts.	Taunus
TTI	Technologie-Transfer-Initiative
TU	Technische Universität
TVM	Techno Venture Management
UTBI	University technology business incubator
VDI	Verein Deutscher Ingenieure
Verf.	Verfasser
VVF	Verlag V. Florentz
www	world wide web
ZEW	Zentrum für Europäische Wirtschaftsforschung

Teil I: Bedeutung und Aufgaben von Spin-off-Unternehmern

1 Bedeutung von Hochschul-Spin-offs für Wirtschaft und Gesellschaft

Das Thema Unternehmensgründung erfährt derzeit in Deutschland sowohl in der Politik als auch in der Wirtschaft wachsende Aufmerksamkeit. Potentielle Unternehmer werden immer häufiger ermuntert, den Schritt in die Selbständigkeit zu wagen.[1] Zusätzliche Anreize und Hilfen bei der Unternehmensgründung werden dazu angeboten, z.B. in Form von Businessplanwettbewerben durch die Deutsche Ausgleichsbank, die Metallgesellschaft oder die Regionen München und Nordbayern, um nur einige zu nennen.[2] Im Rahmen dieser Wettbewerbe können Gründer ihre Geschäftskonzepte einem Gremium vorstellen, welches Businesspläne begutachtet und die besten prämiert.

Politik und Wirtschaft verlangen vor allem nach mehr innovativen, hochtechnologieorientierten Unternehmensgründungen. Sie sollen den Wirtschaftsstandort Deutschland im Bereich zukunftsträchtiger Technologien, wie z.B. der Biotechnologie, vorantreiben und ihm zu Weltniveau verhelfen.[3] Auch die verstärkte Gewinnung von Arbeitsplätzen wird mit technologieorientierten Unternehmensgründungen assoziiert. DR. JÜRGEN RÜTTGERS, der ehemalige Minister für Bildung, Wissenschaft, Forschung und Technologie geht davon aus, daß junge High-Tech-Unternehmen in den ersten fünf Jahren durchschnittlich zwölf neue Arbeitsplätze schaffen.[4] Die besondere Bedeutung technologieorientierter Unternehmensgründungen für die Wirtschaft wird nicht zuletzt daran ersichtlich, daß deren Förderung im Rahmen des im Herbst 1998 vollzogenen Regierungswechsels auf das Bundesministerium für Wirtschaft und Technologie überging.[5]

Zur Erreichung dieser Zielsetzung werden vor allem Wissenschaftler aus Hochschulen und Forschungseinrichtungen, die sich mit neuen Technologien beschäftigen, aufgefordert, die Ergebnisse ihrer Grundlagenforschung in marktfähige Produkte und

---

1 Vgl. o.V. (1996a).

2 Vgl. z.B. Schmidt (1998) und o.V. (1998c).

3 Vgl. z.B. Kutter (1997) und (1998), o.V. (1998a), o.V. (1997g), Bünder (1997), o.V. (1997b), Klusmann (1997), o.V. (1997d), o.V. (1997e) und Feldman (1985).

4 Vgl. Rüttgers (1998b).

5 Vgl. Finetti/ Sproß (1998), S. 12.

Dienstleistungen umzusetzen und diese im Rahmen einer Unternehmensgründung zu vermarkten. RÜTTGERS hofft auf 30.000 neue Arbeitsplätze durch technologieorientierte Unternehmensgründer aus Forschungseinrichtungen, vor allem Hochschulen, bis zum Jahr 2000.[6] Er mahnt:

„Es kann nicht sein, daß weiterhin 50 Prozent aller Hochschulabsolventen im Öffentlichen Dienst landen und nur 15 Prozent ein Unternehmen gründen."[7]

Darin spiegelt sich die Risikoaversion und die „safety-first"-Mentalität in der deutschen Gesellschaft wider. Die Studie „Global Entrepreneurship Monitor", die im Jahr 1998 die Rahmenbedingungen für Unternehmensgründungen in zehn Ländern untersuchte, kommt zu dem Schluß, daß dieses Sicherheitsdenken in Verbindung mit der im internationalen Vergleich unterdurchschnittlichen deutschen Gründungsaktivität steht. Besonders kritisch wird in diesem Zusammenhang der Umstand gesehen, daß eine Unternehmerausbildung im Bildungssystem hierzulande nahezu nicht vorhanden ist.[8]

1.1 Gesellschaftspolitische Bedeutung von Spin-offs und Beschäftigungseffekte

Vor diesem Hintergrund unternimmt der deutsche Staat Anstrengungen, insbesondere den Hochschulen das Unternehmertum näherzubringen. Diese sollen Strukturen und Rahmenbedingugen schaffen, die Ausgründungen ermöglichen und vereinfachen. Das Bundesministerium für Bildung und Forschung hat deshalb Ende 1997 einen Wettbewerb „EXIST - Existenzgründer aus Hochschulen" ins Leben gerufen. Hochschulen wurden aufgefordert, zusammen mit lokalen Partnern der jeweiligen Region Konzepte für die Etablierung einer nachhaltigen Gründerkultur an deutschen Hochschulen zu entwickeln. Damit wissenschaftliche Forschungsergebnisse im Rahmen technologieorientierter Unternehmensgründungen verstärkt in Wertschöpfungsaktivitäten übertragen werden können, ist zunächst eine zielgerichtete Förderung des Potentials an Gründerpersönlichkeiten und Geschäftsideen notwendig. Den Ende August 1998 ermittelten Siegern des Wettbewerbs (Ilmenau/ Jena/ Schmalkalden, Dresden, Wuppertal/ Hagen, Karlsruhe/ Pforzheim und Stuttgart/ Hohenheim/ Esslingen) stehen insgesamt 45 Mio. DM für die Umsetzung ihrer Konzepte zur Verfügung.[9] Doch auch ohne staatli-

---

6 Vgl. o.V. (1997e).
7 RÜTTGERS in o.V. (1997a).
8 Vgl. Reynolds/ Hay/ Camp (1999), S. 37f. und o.V. (1999g).
9 Vgl. Rüttgers (1998a) und o.V. (1998d).

che Anreize sind die Hochschulen bestrebt, ihre Angehörigen zur Unternehmensgründung zu motivieren und sie bei der konkreten Umsetzung zu unterstützen, da sie den Ausgründungsbemühungen ihrer Angehörigen positiv gegenüberstehen.[10] Allein im Jahr 1999 ist die Einrichtung von 20 Lehrstühlen für Entrepreneurship geplant; zwei Lehrstühle haben bereits konkret ihre Tätigkeit aufgenommen,[11] was die Aktualität und die herausragende Bedeutung der Thematik „Existenzgründung aus Hochschulen" deutlich unterstreicht.

Bei Unternehmensgründungen aus Hochschulen handelt es sich um sogenannte „Spin-off"-Unternehmensgründungen bzw. „Spin-offs". Spin-offs sind allgemein betrachtet Unternehmensausgründungen aus bestehenden privaten und staatlichen Organisationen. Im Rahmen dieser Arbeit werden ausschließlich Hochschulen und nicht Unternehmen als Mutterorganisation berücksichtigt. Grundlegendes Kennzeichen eines Hochschul-Spin-offs ist die Übertragung von Personen und Know-how in eine neugegründete, innovative und technologieorientierte kleine Unternehmung, die wirtschaftlich und rechtlich selbständig ist, aber wie oben angedeutet, im Einvernehmen und oft mit Unterstützung der Hochschule gegründet wird.

Untersuchungen zufolge zeigt der Trend für die Gründung von Spin-off-Unternehmen aus Hochschulen deutlich nach oben. Sowohl Studierende bzw. Absolventen als auch Hochschulmitarbeiter werden gemäß einer Studie der Arbeitsgemeinschaft Deutscher Technologie- und Gründerzentren im Jahr 2001 über 800 technologieorientierte Unternehmen gründen; mehr als doppelt so viele wie Anfang der neunziger Jahre.[12] Die Spin-off-Raten aus Hochschulen sind in Deutschland sogar noch höher als in den USA.[13]

Dieser Trend hat positive Auswirkungen auf die gesamtwirtschaftliche Entwicklung, denn gerade in hochindustrialisierten Volkswirtschaften zahlt es sich aus, wenn technologische Innovationen durch Ausgründungen auf kürzestem Weg den Markt erreichen. Spin-offs als innovative, technologieorientierte und kleine Unternehmen sind damit ein bedeutender volkswirtschaftlicher Faktor im Bereich der Arbeitsplatzschaffung und des technologischen Fortschritts. Dieser Aspekt soll im folgenden vertieft werden, um die immense gesellschaftspolitische Bedeutung von Spin-offs herauszuarbeiten.

---

[10] Vgl. Wippler (1998), S. 123. Im Vergleich zwischen Deutschland und den USA stehen die deutschen Hochschulen mit ihrer positiven Haltung nicht hinter den USA zurück.

[11] Vgl. Gronwald (1999), Leendertse (1998) und Berg (1999b).

[12] Vgl. Dürand (1998), S. 67.

[13] Vgl. Wippler (1998), S. 119.

Die kleinen und mittleren Unternehmen (KMU) bis 500 Mitarbeiter machen 99,7% aller Unternehmen aus und beschäftigen 70% aller Erwerbspersonen.[14] Damit leisten KMU bereits einen beachtlichen Beitrag zur Beschäftigung der Erwerbsbevölkerung. Besonderes Augenmerk wird jedoch auf die Veränderung der Arbeitsplätze im Zeitablauf gelegt, d.h. es geht um die Frage, welcher Unternehmenstyp Arbeitsplätze schafft und bei wem die Zahl der Stellen schrumpft.

Eine der ersten Studien zu dieser Problemstellung legte BIRCH vor. Die Ergebnisse besagen, daß von 1969 bis 1976 drei Viertel der netto neu geschaffenen Arbeitsplätze in den USA auf Unternehmen mit weniger als 50 Beschäftigten entfielen, also auf Unternehmen der Größenklasse, die für die vorliegende Arbeit von besonderem Interesse sind.[15] Auch ZEITEL, CRAMER, BOCK und SCHATZ vertreten die Auffassung, daß die KMU einen wesentlichen Beitrag zur Schaffung neuer Arbeitsplätze leisten.[16]

Weiterhin ist an der Studie von BIRCH bemerkenswert, daß 80% aller netto geschaffenen Stellen von Unternehmen eingerichtet wurden, die nicht älter als vier Jahre waren,[17] so daß es nicht nur die kleinen, sondern insbesondere die jungen Firmen sind, die für Beschäftigung sorgen. Das Alter eines Unternehmens, d.h. seine Stellung im Lebenszyklus, spielt damit eine wichtige, oft unterschätzte Rolle bei der Schaffung von Arbeitsplätzen.[18]

Die Studie von BIRCH zog eine Reihe von Folgeuntersuchungen unter anderem in Deutschland nach sich. FRITSCH/ HULL haben eine Vielzahl derartiger Studien ausgewertet und sie versuchten, wesentliche Merkmale und Gemeinsamkeiten sowie die Problematik derartiger Untersuchungen herauszufinden:

a) Bei einer reinen Betrachtung von Unternehmen, die während des gesamten Untersuchungszeitraums existierten (Survivor-Einheiten), liegen die KMU allgemein und die jungen Unternehmen im speziellen bei der Arbeitsplatzschaffung deutlich vorne.

---

14 Vgl. Zeitel (1990), S. 28.

15 Vgl. Birch (1979), Birch (1981) und Bögenhold (1985), S. 71.

16 Vgl. Zeitel (1990), S. 34f., Cramer (1990), S. 28, Bock (1987), S. 214, Schatz (1984), S. 14. Siehe auch Albach/ Hunsdiek (1987), S. 564f. und Cramer (1987).

17 Vgl. Schatz (1984), S. 13.

18 Vgl. Eckart/ Einem/ Stahl (1987), S. 36f. und Weitzel (1986), S. 38f. Siehe auch Schulz (1995), S. 48f.

b) Gerade bei kleinen und bei neugegründeten Unternehmen kommen jedoch Unternehmensschließungen am häufigsten vor. Mit zunehmender Größe der Betriebe nimmt die Anfälligkeit für Stillegungen wieder ab.[19]

Aus diesen Analyseergebnissen von FRITSCH/ HULL folgt, daß der Beschäftigungseffekt der KMU sowie der neugegründeten Unternehmen oft zu positiv eingeschätzt wird, weil die meisten Studien ausschließlich Unternehmen berücksichtigen, die über den gesamten Betrachtungszeitraum existierten (Survivor-Bias), d.h. die Arbeitsplätze, die durch Stillegungen verlorengehen, werden nicht erfaßt.[20]

Um die Bedeutung neuer und kleiner Unternehmen zur Arbeitsplatzschaffung besser aufzeigen zu können, ist eine Unterscheidung zwischen konventionellen und innovativen Gründungen erforderlich. Konventionelle Neugründungen sind in traditionellen Branchen angesiedelt; Arbeitsplatzschaffung ist aufgrund des starken Konkurrenzdrucks oft gleichbedeutend mit Arbeitsplatzvernichtung an anderer Stelle. Innovative, technologieorientierte Gründungen dagegen leisten einen großen Beitrag zur Netto-Arbeitsplatzschaffung, da sie sich auf neuen Märkten mit einem enormen Wachstumspotential bewegen, so daß ein gelungener Markteintritt nicht automatisch eine Verdrängung anderer Wettbewerber und damit Arbeitsplatzverluste zur Folge hat. Aber auch ohne Berücksichtigung der Auswirkungen auf Arbeitsplätze an anderer Stelle schneiden technologieorientierte Unternehmen besser ab, da deren Beschäftigtenzahlen schneller wachsen als die Zahl der Mitarbeiter in traditionellen Gründungsunternehmen.[21] Weiterhin ist eine Unterscheidung zwischen den beiden Typen auch aus der Perspektive der Insolvenzen notwendig. Studien des MIT zufolge waren nach 10 Jahren noch 85% der neuen, technologieorientierten Unternehmen am Markt, während bereits 80% der konventionellen Gründungen nach zwei Jahren wieder aufgegeben hatten. Damit tragen auch Spin-offs als Teilmenge der kleinen, innovativen und technologieorientierten Unternehmen wesentlich zur Schaffung von Arbeitsplätzen und regionalem Wachstum bei.[22] Die Erfolgswahrscheinlichkeit von Spin-offs kann zudem durch eine Förderung seitens der Mutterorganisation nachhaltig gesteigert werden.[23]

Neben diesen kurz- bis mittelfristigen Beschäftigungseffekten leisten Spin-offs auch langfristig Beiträge zur Arbeitsplatzschaffung, indem es gerade Spin-offs sind, die wiederum Spin-offs initiieren. Dies führt im Lauf der Zeit zu einem Multiplikatoref-

[19] Vgl. Fritsch/ Hull (1987), S. 163f. Siehe auch Harhoff/ Woywode (1994), S. 111f.
[20] Vgl. Fritsch/ Hull (1987), S. 154f. und S. 164.
[21] Vgl. Albach/ Hunsdiek (1987), S. 569ff. und Schrumpf (1986), S. 101.
[22] Vgl. dazu auch Allison (1965), der bereits 1965 auf diesen Aspekt hinwies.
[23] Vgl. Bernewitz (1987), S. 39f. Siehe auch Kulicke (1997), S. 45.

fekt, der das Unternehmensgründungspotential einer Volkswirtschaft und damit die Zahl der Arbeitsplätze erhöht.[24] Die Gründe, die zu diesem Phänomen führen, liegen zum einen darin, daß der Arbeitgeber als Vorbild dient.[25] Weiterhin suchen sich Spin-off Gründer Mitarbeiter mit ähnlicher Mentalität aus, so daß die Wahrscheinlichkeit steigt, daß die Angestellten irgendwann selbst ein Unternehmen gründen. Zudem gründet ein Unternehmer im Lauf der Zeit oft mehrere Firmen.[26]

1.2 Wirtschaftliche Bedeutung von Spin-offs durch technologischen Fortschritt

Die Diskussion über die Bedeutung kleiner und junger Technologieunternehmen, wie Spin-offs für die Innovationskraft eines Landes und damit den technologischen Fortschritt ist geprägt durch die Frage, ob große oder kleine Unternehmen hierbei im Vorteil sind.

SCHUMPETER ist in seinem 1950 erschienenen Werk „Kapitalismus, Sozialismus und Demokratie" der Ansicht, daß man akzeptieren müsse, daß Großunternehmen zum kräftigsten Motor des Fortschritts geworden sind.[27] Erst ab den 70er Jahren wurde die Rolle der kleinen und jungen Unternehmen im Innovationsprozeß gewürdigt.[28]

Forschungsergebnisse von ACS/ AUDRETSCH belegen, daß sich kleine und große Unternehmen im Innovationsprozeß ergänzen, dabei jedoch unterschiedliche Funktionen wahrnehmen. Kleine Unternehmen haben paradoxerweise gerade in den Branchen Vorteile bei der Innovation, die ansonsten hauptsächlich durch große Unternehmen geprägt sind. In hochinnovativen Industriezweigen verstärkt sich dieser Vorsprung sogar noch. Große Unternehmen dagegen sind dann im Vorteil, wenn es sich um kapital- und werbeintensive sowie konzentrierte Branchen handelt.[29] Hier scheint sich der oftmals angeführte Vorteil großer Unternehmen bezüglich der Kapitalakquisition widerzuspiegeln.

---

24 Vgl. Cooper (1970b), S. 59 und Bernewitz (1987), S. 36f. Siehe auch Cooper (1971). Generell scheint die Spin-off-Neigung negativ mit der Größe der Inkubatororganisation zu korrelieren, vgl. Cooper/ Bruno (1977), S. 22.

25 Vgl. Szyperski/ Klandt (1981), S. 200.

26 Vgl. Bernewitz (1987), S. 36.

27 Schumpeter (1993b), S. 174f. SCHUMPETER ist jedoch durchaus der Ansicht, daß kleine und junge Unternehmen innovatorische Bedeutung haben, solange sie existieren. Er geht allerdings davon aus, daß diese irgendwann verschwinden, vgl. Gielow (1987), S. 220f.

28 Vgl. Grimm (1997), S. 50.

29 Vgl. Acs/ Audretsch (1992), S. 156.

Auch BERNEWITZ ist der Ansicht, daß verschiedene Unternehmenstypen unterschiedliche, aber komplementäre Rollen im Innovationsprozeß einnehmen. Er macht die Analysen am Lebenszyklus der Unternehmen fest, d.h. er unterscheidet zwischen kleinen, jungen und großen, gereiften Unternehmen. Das bessere Ressourcenpotential der reifen Unternehmen bietet Vorteile bei der Grundlagenforschung und der Schaffung neuer Basistechnologien. Die Umsetzung dieser Erkenntnisse in konkrete Anwendungen wird jedoch durch das flexible Brutklima junger Unternehmen erleichtert.[30] Diese These ist jedoch umstritten: So ist GIELOW der Ansicht, daß kleine Unternehmen nicht die finanziellen Ressourcen besitzen, um eine Invention zur Marktreife zu führen. Eine differenzierte Betrachtung ergibt jedoch, daß der Innovationsprozeß nicht in einem großen Schritt vollzogen werden kann. Vielmehr besteht dieser aus einer Fülle von Einzelschritten, in denen eine wiederholte Anpassung der Invention an spezielle Gegebenheiten erfolgt. Jeder dieser Anpassungsschritte läßt sich wiederum in die Phasen Grundlagenforschung, angewandte Forschung sowie Entwicklung zerlegen. Im Rahmen dieser kleinen Schritte sind es dann die kleinen und jungen Unternehmen, die eine Invention aufgreifen und diese weiterentwickeln.[31]

Diese Komplementarität läßt sich auch auf die Beziehung zwischen Hochschule und Spin-offs übertragen. Die Hochschule hat, ähnlich wie große Unternehmen, ein hohes Ressourcenpotential, ist aber eher unflexibel. Spin-offs dagegen sind kleine, flexible Brutkästen, die im Rahmen ihres neugegründeten Unternehmens Innovationen durchsetzen, die auf den Erkenntnissen der in Hochschulen durchgeführten Grundlagenforschung beruhen. Hochschulen und Spin-offs ergänzen sich somit auf ähnliche Weise wie große und kleine Unternehmen. Insbesondere dann, wenn Hochschulen Spin-offs aktiv unterstützen, funktioniert diese symbiotische Beziehung noch besser.

Weiterhin spielen Spin-offs durch ihre Stellung im Technologietransferprozeß eine bedeutende Rolle für den technologischen Fortschritt und das Wachstum einer Volkswirtschaft. Neue Technologien, die in der Hochschule geschaffen wurden, werden zur Basis für technologische Innovationen, die über die Spin-offs zu den Technologienehmern transferiert werden. Durch diese direkte und marktorientierte Vorgehensweise können Spin-offs mehrere Hemmnisse überwinden, die anderen Arten des Technologietransfers vorgeworfen werden: mangelndes Verwertungsinteresse der Forscher

---

30 Vgl. Bernewitz (1987), S. 33.

31 Vgl. Gielow (1987), S. 222f. Siehe auch Wenz (1993), S. 130f.

bezüglich ihres Know-hows[32] sowie nicht ausreichendes Fachwissen von Technologiemittlern.[33]

Zusammenfassend kann festgestellt werden, daß der Beitrag von kleinen, innovativen und technologieorientierten Unternehmen, insbesondere auch von Spin-offs zur Förderung von Innovationen und technologischem Fortschritt sowie zur Schaffung von Arbeitsplätzen schwer quantifizierbar ist. Ein Wegfallen kleiner und junger Unternehmen wäre jedoch mit einer Impulsabschwächung für die Entwicklung einer Volkswirtschaft verbunden. Sie stellen durch die aufgezeigten Synergieeffekte mit großen Unternehmen einen unverzichtbaren Baustein für die Wirtschaftsdynamik dar.[34] Aus dieser Bedeutung kleiner/ junger Unternehmen resultiert die Motivation der öffentlichen Hand, gerade Hochschul-Spin-offs aktiv zu fördern.

1.3 Zielsetzung und Aufbau der Arbeit

Ziel der vorliegenden Arbeit ist die Beantwortung der Fragestellung, wie insbesondere Hochschulen als Mutterorganisationen technologieorientierte Spin-off-Unternehmensgründungen aus der Hochschule heraus gezielt fördern und unterstützen können, damit es zu mehr High-Tech-Spin-offs mit den aufgezeigten positiven gesamtwirtschaftlichen Auswirkungen kommt. Während zu Spin-offs aus Unternehmen bereits Arbeiten existieren,[35] werden Spin-offs aus Hochschulen bislang in der Literatur vernachlässigt. Eine wissenschaftlich fundierte Problemanalyse fehlt fast völlig. Dieses theoretische Defizit soll in dieser Arbeit zumindest verringert werden. Zur Erörterung dieser Problemstellung und Zielsetzung wird die vorliegende Arbeit in zwei Teile aufgegliedert:

Der erste Teil beinhaltet die Bedeutung und Aufgaben von Spin-off-Unternehmern als zentralem Untersuchungsobjekt der Arbeit. Zunächst werden die Charakteristika von Spin-offs aus Hochschulen detailliert herausgearbeitet, um dann die Aspekte der innovativen technologieorientierten Unternehmensgründung zu vertiefen, so daß die Rolle von Spin-offs im technologischen Innovationsprozeß klar ersichtlich wird. Im nächsten Schritt werden mit Hilfe einer theoretischen Analyse die Aufgaben und Rollen von Spin-off-Unternehmern im Wettbewerb herausgearbeitet. Die vielfältigen Rollen und Aufgaben, die Spin-offs bewältigen müssen, um erfolgreich im Wettbewerb bestehen

---

32 Vgl. o.V. (1997f), S. 26.

33 Vgl. Böhler/ Sigloch/ Wossidlo u.a. (1989), S. 168. Siehe auch Allesch/ Preiß-Allesch (1987), S. 43ff.

34 Vgl. Scheidt (1995), S. 45.

35 Vgl. Maselli (1997) und Bernewitz (1987).

zu können, sollen in diesem Zusammenhang erklärt werden. Eine Abkehr von der bisher weitgehend theorielosen, empirisch dominierten Gründungsforschung wird erreicht, indem diese theoretische Analyse von Unternehmertum und Entrepreneurship insbesondere mit Hilfe der Wettbewerbsprozeßtheorie der österreichischen Schule der Nationalökonomie durchgeführt wird. Die Ergebnisse werden schließlich auf Hochschul-Spin-offs übertragen und daraus die besonderen Probleme und Aufgaben von Gründern von Hochschul-Spin-offs im Wettbewerb und im Unternehmensgründungsprozeß aufgezeigt.

Die Ergebnisse des ersten Teils dienen als Grundlage für den zweiten Teil, der sich mit der Rolle der Hochschulen im Ausgründungsprozeß befaßt. Hochschulen, die Förderaktivitäten initiieren wollen, die zu mehr Spin-off-Gründungen und damit zu mehr Unternehmertum und Technologietransfer führen, müssen diese Unterstützungsleistungen so ausgestalten, daß sie den Spin-off-Gründern bei der Bewältigung der unternehmerischen Aufgabe im Wettbewerb helfen. Daher ist die Entwicklung eines Förderkonzepts, welches auf den Erkenntnissen zur unternehmerischen Aufgabe und Problemstellung basiert, das Kernstück der Arbeit. Dieses Förderkonzept wird anschließend inhaltlich detailliert aufgearbeitet. Die Erkenntnisse sind als Gestaltungsempfehlungen für die Einrichtung einer Spin-off-Förderung an Hochschulen zu verstehen. Schließlich werden Implementierungsmöglichkeiten für ein derartiges Förderkonzept an Hochschulen erörtert.

Aus dieser Vorgehensweise ergibt sich folgender Aufbau der Arbeit, der auch in Abbildung 1 übersichtlich dargestellt ist:

In Kapitel zwei wird zunächst eine Abgrenzung und Charakterisierung des Spin-off-Begriffs vorgenommen, um das Phänomen „Spin-off-Gründung" fundiert zu beleuchten. Die wichtigsten Eigenschaftsmerkmale von Spin-offs werden dabei aufgegriffen und vertieft. Ein Fallbeispiel dient der praxisnahen Veranschaulichung der Spin-off-Merkmale und rundet das Kapitel ab. Auf diese Weise ergibt sich ein breites Verständnis für die Ausprägung von Spin-off-Gründungen. Mit Hilfe dieses Abschnitts soll die Frage geklärt werden: **Was versteht man unter Spin-offs?**

Im Anschluß dient das dritte Kapitel dazu, die besondere Bedeutung des technologieorientierten, innovativen Charakters von Spin-off-Gründungen zu vertiefen. Spin-offs nehmen im Innovations- und Technologietransferprozeß eine bedeutende Stellung ein und sorgen für eine schnelle Ausbreitung technologischer Innovationen. Die Frage, die im Rahmen dieses Kapitels beantwortet wird, lautet demnach: **Welche Rolle spielen Spin-offs im Zusammenhang von Technologie und Innovation?**

Ausgehend von der fundierten Aufarbeitung der Charakteristika und Rollen von Spin-offs in Wirtschaft und Gesellschaft widmet sich der vierte Abschnitt einer theoriegeleiteten Analyse von Unternehmertum und Entrepreneurship, da Spin-off-Gründer durch die Gründung eines Unternehmens und Aufnahme der Geschäftstätigkeit unternehmerisch tätig werden. Die Untersuchung basiert überwiegend auf der Wettbewerbsprozeßtheorie der österreichischen Schule der Nationalökonomie, die sich bereits sehr früh und sehr intensiv mit den Rollen und Aufgaben des Unternehmers im Wettbewerb auseinandergesetzt hat. Zentraler Untersuchungsgegenstand dieses Abschnitts ist die Frage: **Mit welchen unternehmerischen Aufgaben und Rollen sind Spin-off-Gründer konfrontiert?**

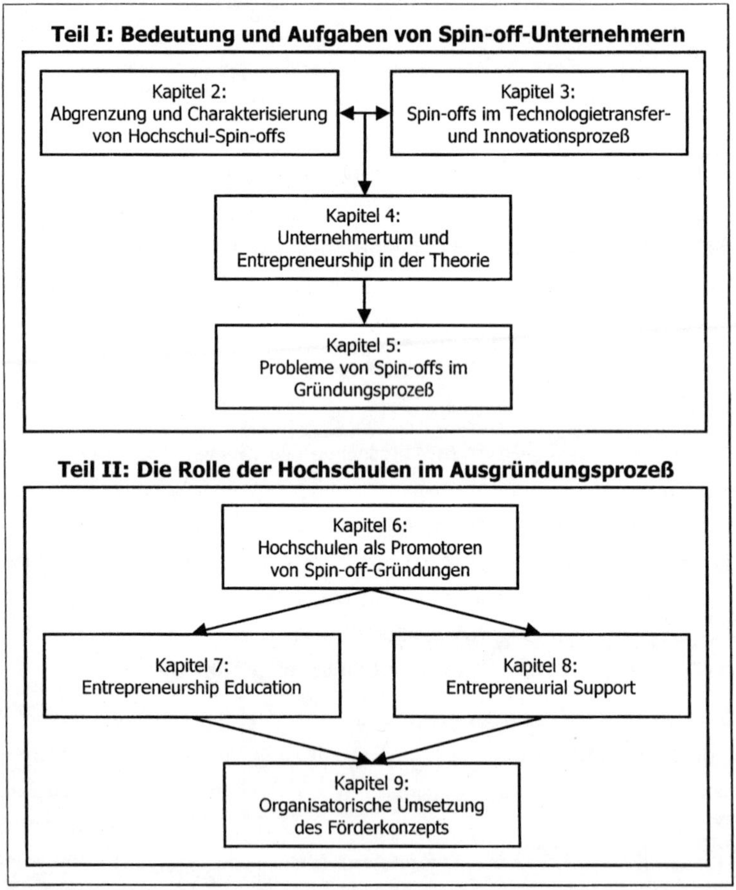

Abbildung 1: Aufbau der Arbeit

Spin-off-Gründer werden durch ihre Tätigkeit jedoch nicht ausschließlich mit der Bewältigung unternehmerischer Aufgaben und Rollen im Wettbewerb konfrontiert, vielmehr müssen sie als Unternehmensgründer zusätzlich die anfallenden strategischen und auch operativen Problemstellungen, die im Verlauf des Gründungsprozesses anfallen, bewältigen. Es soll also in Kapitel fünf die Frage geklärt werden: **Welche Problemstellungen resultieren aus der Gründung des Spin-off-Unternehmens?** Ein praktisches Fallbeispiel eines neugegründeten Spin-offs dient zusätzlich der Veranschaulichung der Erkenntnisse. Beide Problemkomplexe zusammen ergeben ein Bild der vielfältigen Aufgaben, die Spin-off-Gründer meistern müssen.

Im nächsten Schritt verändert sich der Fokus auf die Rolle der Hochschulen im Ausgründungsprozeß. Wenn Hochschulen Spin-off-Gründungen initiieren und fördern wollen, müssen sie den Gründern bei der Bewältigung dieses umfangreichen Aufgabenkomplexes helfen. Dabei ist die Schaffung einer Gründungskultur an Hochschulen Voraussetzung für die Etablierung eines Förderkonzepts, welches den Gründern Hilfestellung bieten soll. Dieses Konzept beruht auf den Erkenntnissen zu den Aufgaben und Rollen des Spin-off-Unternehmers im Wettbewerb sowie im Gründungsprozeß und stellt das Kernstück der Arbeit dar. Durch die Fundierung in den Erkenntnissen der Wettbewerbsprozeßtheorie besitzt es ein solides theoretisches Fundament und offeriert gleichzeitig praktisch anwendbare Handlungsempfehlungen. Die Fragestellung, die in Kapitel sechs beantwortet wird, lautet demnach: **Mit welchem Förderkonzept können Hochschulen Spin-off-Gründern bei der Bewältigung ihrer Rolle als Unternehmer und Entrepreneur helfen?**

Dieses Förderkonzept wird anschließend inhaltlich erörtert und diskutiert. In Kapitel sieben werden die Ausbildungsmaßnahmen für angehende Unternehmensgründer, die im Rahmen des sogenannten Entrepreneurship Education offeriert werden, nach inhaltlichen und methodischen Gesichtspunkten analysiert und Implementierungsmöglichkeiten in Lehre und Forschung an einer Hochschule diskutiert. Das achte Kapitel beinhaltet eine inhaltliche Ausgestaltung konkreter, einzelfallbezogener Fördermaßnahmen an Hochschulen, die unter den Begriff Entrepreneurial Support fallen. Durch konkrete Leistungen werden Spin-off-Unternehmen von der Hochschule unterstützt. Kapitel sieben und acht geben folglich Antwort auf die Frage nach der **konkreten Ausgestaltung des Förderkonzepts.**

Im neunten Abschnitt wird schließlich die organisatorische Einbindung des Förderkonzepts in die Strukturen einer Hochschule diskutiert. Dabei wird die Einrichtung eines Business Incubators, der als eigenständige Einrichtung die Fördermaßnahmen plant, koordiniert, durchführt und überwacht, empfohlen. Fallbeispiele zur organisatorischen Handhabung von Fördermaßnahmen an verschiedenen Hochschulen runden das Kapitel ab. Gegenstand dieses Kapitels ist also die Frage: **Wie kann das Förderkonzept in der Hochschule umgesetzt werden?**

Eine Schlußbetrachtung, die eine kurze Zusammenfassung und einen Ausblick bietet, rundet die Arbeit ab.

2 Abgrenzung und Charakterisierung von Hochschul-Spin-offs

2.1 Ursprung des Spin-off-Begriffs

„To spin“ bedeutet übersetzt „drehen, schleudern, wirbeln“. Ein Spin-off kann daher als Element charakterisiert werden, das aufgrund einer Drehbewegung aus einem bestehenden System herausgeschleudert wird.[36] Im technischen Bereich wird „spin-off“ mit „Nebenprodukt“ übersetzt.[37]

Der Begriff „technologischer Spin-off“ wurde in den fünfziger und sechziger Jahren zunächst in den USA verwendet. Allgemein verstand man darunter die Verwertung von Abfallprodukten der Forschung in Gebieten, für die die zugrundeliegende Technologie nicht gedacht war. Im speziellen stand er für eine Nutzung von Erkenntnissen der militärischen sowie der luft- und raumfahrttechnischen Forschung in zunächst nicht geplanten, vor allem zivilen Bereichen.[38]

Im Verlauf der sechziger Jahre erhielt der Spin-off-Begriff eine andere Bedeutung. Im Zuge der neuen Anwendungsmöglichkeiten militärischer Technologien gründeten in den USA viele Wissenschaftler staatlicher Forschungseinrichtungen selbst Unternehmen, um Geschäftsideen zu verwirklichen. Daraus entwickelten sich regelrechte High-Tech-Agglomerationen, von denen die Route 128 (Boston-Cambridge) und Silicon Valley (Palo Alto-San Franzisko) am bekanntesten sind. Der Terminus „Spin-off“ wird seitdem auf Unternehmen angewendet, die aus bestehenden Einrichtungen ausgegründet werden.[39]

In der Literatur besteht bisher Uneinigkeit über die genauere Ausgestaltung des Spin-off-Begriffs. Je nach Themenstellung werden unterschiedliche Aspekte betont oder weggelassen.

Eine allgemeine und weite Definition liefert BERNEWITZ:

„Spin-off [soll] im weiteren Sinn als Transfer von Spezialkenntnissen definiert werden, wobei neben der Übertragung naturwissenschaftlich-technischer Inventionen auch

---

[36] Vgl. Maselli (1997), S. 25.

[37] Vgl. dazu englisch-deutsche Wörterbücher.

[38] Vgl. Welles/ Waterman (1964), S. 106ff., Olken (1966), S. 18, Bernewitz (1987), S. 5, Enßlin (1989), S. 14ff. und Maselli (1997), S. 25.

[39] Vgl. Olken (1966), S. 21, Danilov (1969), S. 54, Szyperski/ Klandt (1980), S. 355 und Maselli (1997), S. 26.

die kommerzielle Nutzbarmachung von Know-how aus anderen Bereichen (z.B. Managementkenntnisse, spezielle Dienstleistungen) Berücksichtigung finden.“[40]

Derart weit gefaßten Definitionen, die sogar die Möglichkeit eines Spin-offs ohne Gründungsaktivität implizieren, z.B. über Patente oder Lizenzen, soll im Rahmen dieser Arbeit nicht gefolgt werden.

Vielmehr dient die enger angelegte Definition von MAHAR und CODDINGTON als Basis für die weiteren Ausführungen. Sie bezeichnen Spin-offs als

„[...] research firms or scientifically oriented manufacturing companies formed by individuals who draw heavily on knowledge gained as employees of a university, government agency, or industrial firm [...]“.[41]

Ausgehend von dieser engen Begriffsabgrenzung werden Hochschul-Spin-offs im Rahmen dieser Arbeit durch mehrere grundlegende Merkmalsdimensionen charakterisiert:

a) Spin-offs sind Ausgründungen aus bestehenden Organisationen und beinhalten eine Übertragung von Know-how und Personen von der Hochschule als Mutterorganisation in die neugegründete Unternehmung. Spin-off-Gründer können verschiedene Personen oder Personengruppen sein, z.B. ehemalige Angehörige oder weiterhin an der Hochschule tätige Personen.

b) Hochschul-Spin-offs dienen der schnellen Verbreitung von innovativen Technologien in Form neuer kleiner und mittlerer Unternehmen.

c) Spin-offs sind eine Form der Unternehmens- und Existenzgründung. Es handelt sich dabei um originäre Unternehmensgründungen von selbständig tätigen Gründern, bei denen es zum Aufbau neuer, vorher nicht existenter Strukturen kommt.

Im folgenden werden diese Aspekte detailliert aufgearbeitet und die Besonderheiten von Hochschul-Spin-offs gegenüber anderen Spin-off-Typen diskutiert.

---

40 Bernewitz (1987), S. 9.

41 Mahar/ Coddington (1965), S. 141. Diese Definition kann als grundlegend bezeichnet werden, da viele Autoren sich in ihren Ausführungen darauf beziehen, vgl. z.B. Danilov (1969), S. 54, Nathusius (1979), S. 236 und Maselli (1997), S. 26f. Daneben existieren eine Vielzahl weiterer Definitionen, die unterschiedlich starke Einschränkungen bezüglich der Gründungsaktivität, des Personenkreises der Gründer, der Inkubatororganisation sowie der Art des transferierten Know-hows treffen. Siehe dazu die Ausführungen bei Bernewitz (1987), S. 5-13.

2.2 Know-how- und Personentransfer durch Hochschulausgründungen

Die Abgrenzung des Spin-off-Begriffs nach MAHAR/ CODDINGTON macht deutlich, daß es sich bei Spin-offs um Unternehmen handelt, die aus einer bestehenden Organisation ausgegründet werden. Diese „Mutterorganisation", bei der es sich um Hochschulen, Forschungseinrichtungen oder erwerbswirtschaftliche Unternehmen handeln kann, wird auch als „Inkubator" bezeichnet.[42] Unter den Begriff der Hochschule werden dabei in Anlehnung an § 1 des Hochschulrahmengesetzes Universitäten, Pädagogische Hochschulen, Kunsthochschulen, Fachhochschulen, staatlich anerkannte Hochschulen sowie sonstige Einrichtungen des Bildungswesens, die nach Landesrecht staatliche Hochschulen sind, gefaßt.[43] Mit dieser pragmatischen Definition soll herausgestellt werden, daß es im Rahmen dieser Arbeit nicht primär darauf ankommt, welchem Hochschultyp ein Spin-off entstammt. Die Betonung der Technologieorientierung der Spin-offs führt jedoch dazu, daß Pädagogische Hochschulen und Kunsthochschulen eine untergeordnete Bedeutung haben. Auch treffen bestimmte Aspekte, die in der Arbeit aufgegriffen werden, nicht auf alle Hochschultypen zu. So werden z.B. an Fachhochschulen keine Doktoranden und Habilitanden ausgebildet. Folglich ergibt sich eine Schwerpunktsetzung auf Universitäten mit technologieorientierter Ausrichtung.

Eine Unternehmensgründung kann mit und ohne Einverständnis der Mutterorganisation erfolgen. Im ersten Fall spricht man auch von einvernehmlichen Spin-offs.[44] Da Unternehmensausgründungen aus Hochschulen erwünscht sind,[45] und die Problematik der Spannungen zwischen Gründer und Inkubator nicht für gravierend gehalten wird,[46] handelt es sich in der Regel um geförderte oder zumindest tolerierte Spin-offs. Erfahren die Gründer weitergehende Förderung durch den Inkubator, z.B. in Form von Überlassung von Patenten und Geräten, Bereitstellung von Räumlichkeiten und Kapital oder Unterstützung mit kaufmännischem Know-how, hat sich die Bezeichnung „Sponsored Spin-off" eingebürgert.[47]

---

42 Im ursprünglichen Sinn steht der Begriff für Brutkasten.
43 Eine umfassende Diskussion zum Hochschulbegriff findet sich bei Meurer (1980), S. 15ff.
44 Vgl. Maselli (1997), S. 14.
45 Vgl. Haltmeier (1997) und Dietz (1998), die den BMBF-Wettbewerb „EXIST – Existenzgründer aus Hochschulen" skizzieren.
46 Vgl. Maselli (1997), S. 15.
47 Vgl. Nathusius (1979), S. 240.

Weiteres Wesensmerkmal von Spin-offs ist die Übertragung von Personen und Know-how von der Inkubatororganisation in die neugegründete Unternehmung. Der Personentransfer ist dadurch gekennzeichnet, daß Angehörige der Inkubatororganisation ein neues Unternehmen gründen und in diesem tätig sind. Bezüglich des Transfers von Kenntnissen kann man zwischen „tangible" und „intangible" Spin-offs unterscheiden.[48] Im ersten Fall werden konkrete Produkte in die neue Unternehmung übertragen und dort einer wirtschaftlichen Verwertung zugeführt. Bei intangiblen Spin-offs greifen die Gründer auf Know-how zurück, das sie in der Inkubatororganisation erworben haben. Vor allem dieser Kategorie sind Dienstleistungs-Spin-offs zuzurechnen. Folglich findet in der Inkubatororganisation die Erfindung, die Invention, statt, deren Durchsetzung am Markt obliegt dagegen dem Spin-off. Dabei kann die getätigte Erfindung einerseits das gewünschte Resultat des F&E-Prozesses sein und der Spin-off übernimmt aus den verschiedensten Gründen die Verwertung. Andererseits kann die Invention auch ein Nebenprodukt der Forschung der Inkubatororganisation darstellen, wie es im ursprünglichen Sinn des Spin-off-Konzeptes der Fall war. Auf diese Weise tragen Spin-offs in jedem Fall zur Verbreitung neuer Technologien bei, die in einer Hochschule entwickelt wurden und treiben die wirtschaftliche Entwicklung einer Branche mit neuesten wissenschaftlichen Erkenntnissen voran.

Im folgenden sind zwei verschiedene Gesichtspunkte zu diskutieren, die Besonderheiten bezüglich Hochschul-Spin-offs darstellen.

Zunächst ist zu ermitteln, welche Personengruppen an einer Hochschule potentielle Ausgründer darstellen. MAHAR/ CODDINGTON verwenden den Begriff „employees", an Hochschulen stellt sich dabei die Frage, wer unter diesen Begriff zu fassen ist.

Weiterhin impliziert obige Definition nicht, wie oftmals selbstverständlich angenommen wird, daß es sich um *ehemalige* Angehörige der Inkubatoren handeln muß.[49] MAHAR/ CODDINGTON sprechen lediglich davon, daß die Gründer auf Know-how zurückgreifen, das sie als Angehörige der Mutterorganisation erworben haben. Gerade im Bereich der Hochschul-Spin-offs ist zu prüfen, inwieweit die Unternehmensgründer noch dem Inkubator angehören können.

Grundsätzlich können an Hochschulen die verschiedensten Personengruppen ein Spin-off-Unternehmen gründen. Da es um die Verwertung innovativen Know-hows geht,

---

[48] Vgl. Welles/ Waterman (1964), S. 108-110.

[49] Dies ist bspw. bei Nathusius (1979), S. 239, Dietz (1984), S. 19, Bernewitz (1987), S. 10 oder Maselli (1997), S. 12 der Fall.

sind Verwaltungsangestellte, Arbeiter etc. von untergeordneter Bedeutung. Interessant sind zunächst das wissenschaftliche Personal sowie die Studierenden.

Der akademische Mittelbau (Doktoranden, Post-Docs, Habilitanden) entspricht am ehesten der Spin-off-Definition. Bei ihnen handelt es sich im allgemeinen um forschende und lehrende Angestellte einer Universität, die im Rahmen ihrer Tätigkeit zu Erkenntnissen gelangen, die eventuell durch eine Unternehmensgründung verwertet werden können. Aufgrund der weitverbreiteten Praxis an Universitäten, diese Personengruppe mittels Zeitverträgen zu beschäftigen,[50] stellt sich für die Angestellten ohnehin irgendwann die Frage, wie die berufliche Zukunft aussehen soll. Durch diese Zäsur wird die Wahrscheinlichkeit erhöht, daß die Unternehmensgründung als Berufsweg nach der Tätigkeit an der Hochschule reflektiert wird. Daneben sind auch Unternehmensgründungen während der Angestelltenzeit möglich.

Studierende sowie Absolventen eines Studiums stellen eine weitere Gruppe potentieller Spin-off-Gründer dar. Auch sie können im Rahmen ihrer Tätigkeit, z.B. während einer Diplomarbeit, auf tragfähige Geschäftsideen kommen. Sie sind zwar keine Angestellten, aber Angehörige der Hochschule und sollten daher berücksichtigt werden, zumal sie rein quantitativ gesehen das größte Spin-off-Potential beherbergen. Zudem sind bei ihnen die wenigsten Hindernisse seitens des Inkubators zu erwarten. Studentische Existenzgründungen werden vielmehr von öffentlicher Seite gefördert und forciert.[51]

Professoren stellen ebenso eine interessante Zielgruppe für Hochschul-Spin-offs dar, da die Forschung zu ihren Hauptaufgaben gehört. Bei ihnen ist jedoch am wenigsten zu erwarten, daß sie sich im landläufigen Sinn selbständig machen, d.h. ihre Stellung an der Hochschule aufgeben, vollständig in das neugegründete Unternehmen wechseln und sich daraus eine Existenz aufbauen.[52]

Auch die Hochschule kann sich bei der Gründung eines Spin-offs einbringen. Zum Zeitpunkt einer Unternehmensgründung könnte sie sich mit einer finanziellen Einlage an der Unternehmung beteiligen und gehört damit streng genommen zu den Gründern.[53] Die Definition von MAHAR/ CODDINGTON spricht jedoch von „individuals“,

---

50 Vgl. Hasse (1996), S. 81.

51 Vgl. Haltmeier (1997) und Dietz (1998) zum BMBF-Wettbewerb „EXIST – Existenzgründer aus Hochschulen“.

52 Vgl. Szyperski/ Nathusius (1977b), S. 26 zum Begriff der selbständigen Gründung.

53 Dabei wird von folgender Definition von Gründern ausgegangen: Gründer sind diejenigen natürlichen oder juristischen Personen, die formlos, schriftlich oder durch Eintragung ins Handelsregister ein Unternehmen ins Leben rufen und bei diesem Schritt entweder mit ihrem gesamten Vermögen

die an einer Gründung beteiligt sind. Da weiterhin mit dem Begriff des Gründers die Rolle des Unternehmers in Verbindung gebracht wird,[54] die nicht von Organisationen wahrgenommen werden kann, sollen juristische (und auch natürliche) Personen, die keine unternehmerische Aktivität entwickeln, im folgenden nicht als Gründer, sondern als Beteiligungskapitalgeber bezeichnet werden.[55]

Damit existieren an einer Hochschule folgende Akteure, die in Verbindung mit Spin-off-Gründungen eine Rolle spielen:

Tabelle 1: Gruppen potentieller Spin-off-Initiatoren

Angehörige der Hochschule	*Studierende, Doktoranden, Habilitanden, Professoren*
Ehemalige Angehörige der Hochschule	*Absolventen des Studiums, des Promotionsstudiums, der Habilitation*
Hochschule	*Beteiligungskapitalgeber*

Diese weite Abgrenzung möglicher Akteure macht das große Potential an innovativen technologieorientierten Neugründungen deutlich, welches in Hochschulen verborgen ist. Viele Formen sind dabei möglich: von professoralen Gründungen unter Einbeziehung der Doktoranden oder Habilitanden bis hin zu rein studentischen Gründungen.

Weiterhin wird durch die gewählte Abgrenzung deutlich, daß es sich bei Spin-off-Gründern nicht nur um ehemalige Angehörige der Inkubatororganisation handelt.[56] Gerade im Hochschulbereich existiert eine große Palette möglicher Mischformen, bei denen der oder die Gründer unternehmerisch tätig, aber gleichzeitig an der Hochschule angestellt sind. Beispielsweise können mehrere wissenschaftliche Mitarbeiter zusammen mit einem Professor eine GmbH gründen, wobei einer der Gründer Geschäftsführer ist und über die GmbH Drittmittel zur Finanzierung von Doktoranden bereitgestellt werden. Die Frage, ob derartige Konstruktionen Spin-offs darstellen, läßt sich am ehesten über die Zielsetzung beantworten, die insbesondere von öffentlicher Seite mit

haften oder die Haftung auf eine Kapital- bzw. Sacheinlage beschränkt ist. In den USA wird eine derartige Vorgehensweise bereits realisiert, vgl. Haacke (1997), Haacke (1998) und Wilson/ Szygenda (1991). In Deutschland ist es den Hochschulen bislang durch Haushaltsordnungen nicht möglich, sich an Unternehmen zu beteiligen. Ausnahmen wurden jedoch bereits zugelassen, vgl. Becher/ Gering/ Lang u.a. (1996), S. 105.

54 Vgl. Baaken (1989), S. 29ff. und Schumpeter (1928), S. 485, der den Typus des Gründers als rein auf die Unternehmerrolle beschränkt sieht. Zur Rolle des Unternehmers vgl. Kapitel 4.

55 Zu einer Charakterisierung der Beteiligungsfinanzierung vgl. Pichotta (1990), S. 4 und Weiss (1992), S. 203ff.

56 Diese Ansicht wird von einigen Autoren vertreten, bspw. von Nathusius (1979), S. 239, Dietz (1984), S. 19, Bernewitz (1987), S. 10 oder Maselli (1997), S. 12.

Hochschul-Spin-offs verbunden ist. Der ehemalige Bundesminister für Bildung, Wissenschaft, Forschung und Technologie äußert sich diesbezüglich folgendermaßen:

„Jede Existenzgründung aus einer Hochschule leistet einen Beitrag zu mehr Vielfalt, mehr Leistungsorientierung und mehr Wettbewerb in der deutschen Hochschullandschaft. [...] Dieses [Gründungs]Potential muß mobilisiert werden, damit unter Professoren, Assistenten und Studenten starke Gründerpersönlichkeiten zum Zug kommen.“[57]

2.3 Spin-offs als innovative technologieorientierte Unternehmen

Spin-offs sind nach MAHAR/ CODDINGTON den technologieorientierten Unternehmen zuzurechnen. Dabei ist zunächst die Bezeichnung „Technologie“ abzugrenzen und weiterhin zu untersuchen, was der Begriff der „Technologieorientierung“ beinhaltet.

Der Begriff der Technologie wird in der Literatur auf vielfältige Weise und sehr uneinheitlich verwendet. Für die vorliegende Arbeit sind jedoch weder Abgrenzungen zweckmäßig, bei denen der Terminus bis in die Sozialwissenschaften hinein reicht,[58] noch soll Technologie als konkrete technische Anwendung[59] oder als das in Sachgütern verkörperte Wissen verstanden werden.[60]

Vielmehr soll der Technologiebegriff im Rahmen dieser Arbeit nach STEFFENS als Wissenschaft von der Technik aufgefaßt werden.[61] Die Technologie stellt das Wissen um naturwissenschaftlich/ technische Zusammenhänge dar, das zur Lösung technischer Probleme genutzt wird. Denjenigen Teil der Technologie, der konkret auf eine Problemstellung angewandt wird, nennt man Technik.[62]

In der Literatur besteht keine Einigkeit darüber, wann ein Unternehmen, speziell ein Spin-off, eine technologieorientierte Ausrichtung besitzt. Es lassen sich input- und outputorientierte Definitionen unterscheiden. Inputorientierte Klassifikationen betonen den hohen Grad an technologischem Know-how, der sich in einem großen personellen und finanziellen Aufwand für Forschung und Entwicklung manifestiert. Outputorien-

---

57 Rüttgers (1998b).

58 Vgl. dazu die Abgrenzung bei Müller (1988), S. 2. Siehe auch Perillieux (1987), S. 11.

59 Vgl. dazu Hofstetter (1990), S. 5 und Perillieux (1987), S. 11.

60 Vgl. dazu Mittag (1985), S. 17 und die dort angegebene Literatur.

61 Vgl. Steffens (1976), Sp. 3853.

62 Vgl. zu diesen Definitionen Rüggeberg (1997), S. 18, Fichtel (1997), S. 5, Wolfrum (1994), S. 4, Hofstetter (1990), S. 5 und Perillieux (1987), S. 12. Vgl. zur Abgrenzung von Technologie und Technik auch Osten (1989), S. 4, der Technologie als „Wissen um das Wesen und die Anwendung einer Technik“ auffaßt.

tierte Begriffsbestimmungen messen die Technologieorientierung von Unternehmen an dem Gehalt an technischen Innovationen der erstellten Produkte, d.h. es wird auf den Neuigkeitsgrad des Outputs abgestellt.[63]

Da es sich bei Spin-offs aufgrund der gewählten Charakterisierung ohnehin um innovative Unternehmen handelt, ist die Outputseite bereits abgedeckt. Bezüglich der Inputorientierung wird auf die Definition von BERNDTS/ HARMSEN zurückgegriffen, die von Technologieorientierung sprechen, wenn

„[...] der Unternehmensgründer die Kenntnisse seiner überwiegend technisch-naturwissenschaftlichen Ausbildung und seiner beruflichen Erfahrungen, die er in der außeruniversitären Forschungseinrichtung gewonnen hatte, für den Aufbau seines Unternehmens einsetzt bzw. diese Kenntnisse die Grundlage für die gewerbliche Aktivität des Unternehmens bilden [...]“.[64]

Dabei ist lediglich von den beruflichen Erfahrungen im außeruniversitären Bereich, die bei Hochschul-Spin-offs selten anzutreffen sind,[65] abzusehen. Diese Begriffsbestimmung wird bewußt gewählt, um eine Betonung auf das technologische Know-how zu legen, welches die Grundlage für einen technologieorientierten Spin-off darstellt.[66] Damit können Hochschul-Spin-offs als technologieorientiert klassifiziert werden, wenn der oder die Unternehmensgründer überwiegend aus technischen oder naturwissenschaftlichen Fakultäten stammen und das dort erlangte Know-how die Basis für die Geschäftstätigkeit darstellt. Mit dieser Abgrenzung sind nicht nur tangible Spin-offs zu den technologieorientierten Unternehmen zu zählen; auch intangible, insbesondere Dienstleistungs-Spin-offs, gehören dazu. Diese Integration von Dienstleistungs-Spin-offs in die Gruppe der technologieorientierten Unternehmensgründungen ist besonders wichtig, da die meisten Neugründungen im Dienstleistungssektor entstehen.[67]

Bei Spin-offs handelt es sich weiterhin stets um innovative Unternehmen. Tangible Spin-offs streben die wirtschaftliche Durchsetzung einer materiellen Invention an; innovative Dienstleistungskonzepte werden von intangiblen Spin-offs vermarktet. Dabei

---

63 Vgl. Scheidt (1995), S. 30ff.

64 Berndts/ Harmsen (1985), S. 46f. und Harmsen (1988), S. 11. Auch KEUNE/ NATHUSIUS betonen die Rolle der gehobenen ingenieur- oder naturwissenschaftlichen Ausbildung des technischen Personals, vgl. Keune/ Nathusius (1977), S. 16.

65 Es kann z.B. dann der Fall sein, wenn Professoren vor einer Tätigkeit als Lehrstuhlinhaber berufliche Erfahrungen außerhalb der Hochschule gesammelt haben.

66 Insbesondere werden keine Definitionen berücksichtigt, die quantitative Grenzen für den F&E-Aufwand festlegen oder die Klassifikation an bestimmten Branchen festmachen, siehe z.B. Rüggeberg (1997), S. 21 und Knigge/ Petschow (1986), S. 13.

67 Vgl. zum Wandel der Abgrenzung technologieorientierter Unternehmen Kulicke (1997).

wird ein subjektiver Innovationsbegriff zugrunde gelegt, d.h. Spin-offs müssen keine Weltneuheiten durchführen. Allerdings reicht es nicht aus, lediglich eine bekannte Technologie des Inkubators nachzuahmen, vielmehr muß es sich um eine Invention (materiell oder immateriell) handeln, die im Rahmen des F&E-Prozesses der Mutterorganisation entstanden ist.[68] Die Neuartigkeit muß bewußt wahrgenommen werden. Innovationen, die in Hochschulen entstanden sind, werden damit von Spin-offs nach außen getragen und fachen den Wettbewerb zwischen Innovatoren und Imitatoren einer Branche an.

Schließlich handelt es sich bei Hochschul-Spin-offs im allgemeinen um kleine Industriebetriebe oder um kleine und mittlere Dienstleistungsunternehmen. Eine einheitliche Abgrenzung der KMU von größeren Unternehmen konnte jedoch bisher in der Literatur nicht realisiert werden. Die Definitionen unterscheiden sich je nach Interessenlage und Fragestellung stark voneinander.[69]

Abgrenzungen können anhand verschiedener qualitativer und quantitativer Kriterien vorgenommen werden.[70] Bei den quantitativen Merkmalen werden in den meisten Fällen Beschäftigtenzahl und Umsatz verwendet, aber auch F&E-Aufwendungen, Anzahl der Kunden oder die Bilanzsumme dienen als Kriterium.[71] Mögliche Richtwerte für eine Einteilung der Unternehmen nach ihrer Größe sind nachfolgend dargestellt:

Tabelle 2: Abgrenzung von Unternehmensgrößen
Quelle: Grimm (1997), S. 41.

	Zahl der Beschäftigten	**Jahresumsatz in DM**
Kleinstunternehmen	1 bis 2	unter 100.000
Kleinunternehmen	3 bis 49	100.000 bis unter 5 Mio.
Mittelunternehmen	50 bis 499	5 Mio. bis unter 100 Mio.
Großunternehmen	500 und mehr	100 Mio. und mehr

HUNSDIEK ermittelte in einer empirischen Untersuchung über Spin-offs eine durchschnittliche Beschäftigtenzahl von acht Mitarbeitern im ersten Geschäftsjahr,[72] was die Klassifikation als hauptsächlich kleine Unternehmen bestätigt.

---

68 Vgl. Maselli (1997), S. 13f.

69 Vgl. Grimm (1997), S. 40 und Zeitel (1990), S. 25f.

70 Qualitative Kriterien werden an dieser Stelle nicht berücksichtigt. Eine umfangreiche Darstellung liefern Pfohl/ Kellerwessel (1990), S. 18-20 und Mugler (1995), S. 20-21.

71 Vgl. Pfohl/ Kellerwessel (1990), S. 7 und Grimm (1997), S. 40. So werden z.B. im Publizitätsgesetz die Kriterien Zahl der Arbeitskräfte, Umsätze und Bilanzsumme verwendet, um rechenschaftspflichtige Unternehmen von nicht publizitätspflichtigen zu trennen, vgl. Schierenbeck (1995), S. 37.

72 Vgl. Hunsdiek (1987), S. 169.

2.4 Spin-offs als Form der Unternehmensgründung

Allgemein bedeutet der Begriff der Gründung den Prozeß der Schaffung eines gegenüber seiner Umwelt qualitativ abgegrenzten und vorher in gleicher Struktur nicht existenten Systems.[73] Handelt es sich bei diesem System um Unternehmen, verstanden als „[...] äußerlich selbständige, scheinbar autonome, grundsätzlich auf sich selbst gestellte, unmittelbar nur am eigenen Lebensinteresse orientierte Einheiten [...]“,[74] spricht man von Unternehmensgründung.

Neben dem Begriff Unternehmensgründung wird oftmals auch die Bezeichnung Existenzgründung verwendet. Dabei steht die Tatsache der Verselbständigung des Gründers im Vordergrund, weniger die Erschaffung neuer Unternehmensstrukturen.[75] Bei Spin-offs handelt es sich sowohl um Unternehmens- als auch um Existenzgründungen.

Anhand verschiedener Kriterien lassen sich bestimmte Formen der Unternehmensgründung identifizieren.[76] SZYPERSKI/ NATHUSIUS entwickelten anhand personen- und unternehmensbezogener Merkmale die in Tabelle 3 aufgezeigten vier Gründungstypen.

Tabelle 3: Gründungsformen
Quelle: Szyperski/ Nathusius (1977b), S. 27 und Dietz (1989), S. 31.

Person / Unternehmen	derivative Gründungen	originäre Gründungen
unselbständige Gründungen	Umgründung	Tochterunternehmensgründ.
selbständige Gründungen	Unternehmensübernahme	Unternehmensgründung i.e.S.

Hinsichtlich der unternehmensbezogenen Kriterien wird zwischen originären und derivativen Gründungen unterschieden. Originäre Gründungen werden ohne Rückgriff auf bereits vorhandene Strukturen geschaffen, während derivative Gründungen auf existierenden Einheiten basieren, die durch Übernahme oder Umgründung ihre Identität verändern.[77] Der personenbezogene Aspekt beinhaltet die Merkmale selbständige und unselbständige Gründung. Eine selbständige Gründung erfolgt durch einen Gründer,

[73] Szyperski/ Nathusius (1977b), S. 25. Eine abweichende Auffassung vertritt dabei Döbler (1998), S. 40f.

[74] Schumpeter (1928), S. 476. Unternehmungen und Unternehmen werden im Rahmen dieser Arbeit synonym verwendet.

[75] Es handelt sich jedoch um dasselbe Phänomen, das einmal aus objektbezogener Sichtweise des Unternehmens, welches ins Leben gerufen wird, andererseits aus der Perspektive des Gründers, der in die Selbständigkeit wechselt, betrachtet wird, vgl. Klandt (1984), S. 31. Siehe dazu auch Döbler (1998), S. 43f.

[76] Zu einer strukturierten Übersicht über mögliche Einteilungskriterien und die sich daraus ergebenden Formen vgl. Dietz (1989), S. 26ff.

der in einem selbständigen Arbeitsverhältnis steht und die Gründung zum Aufbau einer selbständigen unternehmerischen Existenz durchsetzt.[78] Selbständig zu sein bedeutet, sich selbst verwirklichen zu können, Eigeninitiative, Kreativität und Selbstverantwortung zu entwickeln.[79] Unselbständige Gründungen werden durch Personen realisiert, die abhängig beschäftigt sind und die Gründung als Teil ihres Aufgabenbereichs realisieren, z.B. als Vorstandsmitglied, das eine Tochtergesellschaft mit aufbauen soll.[80] MASELLI stuft Spin-offs auch dann als unselbständig ein, wenn der Gründer weniger als 20% des Eigenkapitals der Spin-off-Unternehmung hält, da in diesem Fall kaum mehr von einem Schritt in die Selbständigkeit gesprochen werden kann.[81] Kennzeichnend für eine selbständige Gründung ist damit der Aufbau einer Unternehmung, in der der Gründer eigenverantwortlich tätig ist.[82] Dieser übernimmt auch finanzielles Risiko, da er eigenes Kapital einbringt.

Unter den Begriff Spin-off werden im Rahmen dieser Arbeit ausschließlich Unternehmensgründungen im engeren Sinn gefaßt. Weder derivative noch unselbständige Gründungen werden betrachtet. Spin-off-Gründer sind so Personen, die eine Gründung als Selbständige und nicht als Teil ihres Aufgabengebietes im Rahmen einer abhängigen Beschäftigung durchsetzen. Das bedeutet jedoch nicht, daß sie nicht abhängig beschäftigt sein dürfen. Die Gründung muß lediglich außerhalb dieses Beschäftigungsverhältnisses vonstatten gehen und der oder die Gründer müssen mit eigenem Kapital unternehmerisches Risiko eingehen.

Um diese verschiedenen Beschäftigungsverhältnisse, die für Hochschul-Spin-offs typisch sind, erfassen zu können, wird auf den Ansatz von DIETZ zurückgegriffen, der für das Merkmal „Selbständigkeit“ zwei weitere Untergliederungsmöglichkeiten vorschlägt.[83]

---

77 Vgl. Szyperski/ Nathusius (1977b), S. 27.

78 Problematisch an dieser Definition ist die Tatsache, daß zur Erklärung der Selbständigkeit das Adjektiv „selbständig“ benutzt wird.

79 Vgl. Baaken (1989), S. 16.

80 Vgl. Szyperski/ Nathusius (1977b), S. 26.

81 Vgl. Maselli (1997), S. 29.

82 Vgl. Bögenhold (1985), S. 26.

83 Vgl. zu den folgenden Ausführungen Dietz (1989), S. 32ff.

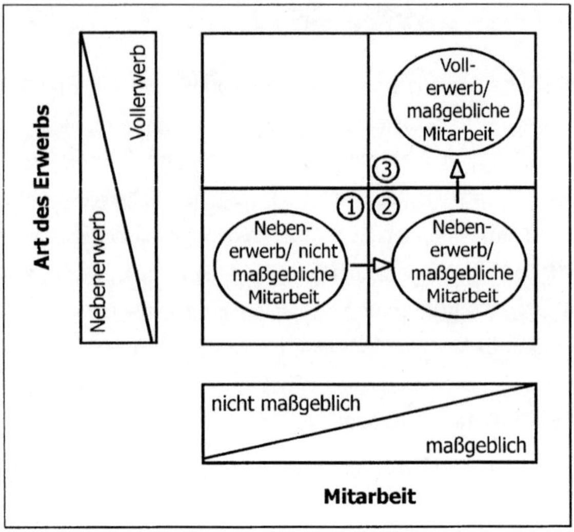

Abbildung 2: Grad der Selbständigkeit
Quelle: In Anlehnung an Dietz (1989), S. 32ff.

Zunächst ist die Unterscheidung Vollerwerbs-/ Nebenerwerbsgründung zu nennen. Im Fall einer Vollerwerbsgründung bezieht der Gründer sein Einkommen überwiegend aus dem gegründeten Unternehmen; ein Nebenerwerbsgründer hat in der Gründung lediglich ein zweites Standbein. Sein Einkommen resultiert zum größten Teil aus einer anderen, selbständigen oder unselbständigen, Beschäftigung. Diese Unterteilung ist gerade für Spin-offs aus Hochschulen von besonderer Bedeutung, da die Unternehmensgründung im Nebenerwerb dort eher die Regel als die Ausnahme darstellt.[84] In den Anfängen ist der Gründer meist noch an der Hochschule beschäftigt und erst später, wenn kein Beschäftigungsverhältnis mehr mit dem Inkubator besteht, wird die Gründung als Vollerwerb realisiert.

In Abbildung 2 dient auch die Eigenschaft „Maßgebliche Mitarbeit des Gründers“ mit den Ausprägungen „mit maßgeblicher Mitarbeit“ und „ohne maßgebliche Mitarbeit“ als Maß für den Grad der Selbständigkeit. Dabei erfaßt das Kriterium der Maßgeblichkeit die Arbeit, die im neuen Unternehmen anfällt. Ein Spin-off-Gründer kann demnach maßgeblich in der neugegründeten Unternehmung mitarbeiten, d.h. er erledigt einen wesentlichen Teil der anfallenden Arbeit. Wenn er nicht maßgeblich mitarbeitet, benötigt er entweder Mitgründer oder Angestellte, die dies übernehmen. Spin-off-

[84] Vgl. Harmon/ Ardishvili/ Cardozo u.a. (1997), S. 431. Siehe auch Klandt/ Finke-Schürmann (1998), S. 36f.

Gründer, die nicht mehr an der Hochschule tätig sind, können problemlos maßgeblich in der Spin-off-Unternehmung mitarbeiten.[85] Wenn der Gründer jedoch noch beim Inkubator beschäftigt ist, wird die zweite Variante zunächst die wahrscheinlichere sein. Dennoch existiert auch die Möglichkeit der Kombination Nebenerwerb/ maßgebliche Mitarbeit: erstens, wenn es sich um eine Unternehmung mit sehr wenig Geschäftstätigkeit handelt,[86] oder wenn sich mehrere Hochschulangehörige zu einer Gründung zusammenfinden und die anfallende Arbeit gleichmäßig verteilen, so daß jeder Gründer maßgeblich mitarbeitet, aber es dennoch ein Nebenerwerb für alle Beteiligten bleibt.

Abbildung 2 zeigt den Verlauf des Lebenszyklus eines Hochschul-Spin-offs. Während zum Zeitpunkt der Spin-off-Gründung die Kombination Nebenerwerb/ nicht maßgebliche Mitarbeit häufig auftritt, wird im Lauf der Zeit immer mehr Arbeit, die im Spin-off anfällt, übernommen. Ist die Gründung erfolgreich, wechseln die Gründer idealtypischerweise von der abhängigen Beschäftigung vollständig in die Selbständigkeit und vollziehen damit den Schritt zum Vollerwerb.

Dabei ist zu berücksichtigen, daß an einer Hochschule verschiedene Personengruppen existieren, die an der Gründung eines Spin-offs beteiligt sein können. Dabei handelt es sich zum einen um Angehörige der Hochschule (Professoren, Habilitanden, Doktoranden und Studenten), zum anderen um ehemalige Angehörige (Absolventen des Studiums, der Promotion und der Habilitation).

Eine Form von Spin-offs kann zum Beispiel darin bestehen, daß Professoren im Nebenerwerb und nicht maßgeblicher Mitarbeit ein Unternehmen zusammen mit Doktoranden gründen, die ebenfalls im Nebenerwerb tätig sind, aber maßgeblich mitarbeiten. Zusätzlich werden noch Gesellschafter aufgenommen, die im Vollerwerb mitarbeiten. Idealtypischerweise kann sich noch die Hochschule am Spin-off finanziell beteiligen.

Eine ganz andere Art von Spin-off besteht in einer rein studentischen Unternehmensgründung, bei der sämtliche Studenten maßgeblich im Vollerwerb arbeiten. Die technologischen Innovationen können z.B. in einer längeren Diplomarbeit erarbeitet worden sein.

---

85 Neben dieser Kombination Vollerwerb/ maßgebliche Mitarbeit bestünde noch die Verknüpfung Vollerwerb/ nicht maßgebliche Mitarbeit, die jedoch unwahrscheinlich ist, vgl. Dietz (1989), S. 34.

86 Da bei derartigen Konstellationen jedoch davon ausgegangen werden kann, daß es sich nicht um innovative Unternehmen handelt, bei denen die Durchsetzung von Neuerungen im Vordergrund steht, sind sie für die Arbeit nicht relevant.

Neben diesen „Extremtypen" sind vielfältige Mischformen zu finden. Beispielsweise können Doktoranden ohne professorale Beteiligung ein Unternehmen im Voll- oder Nebenerwerb unter maßgeblicher Mitarbeit gründen.

Durch die Berücksichtigung der Verschiedenartigkeit der Personengruppen, die an einem Spin-off beteiligt sein können, wird deutlich, daß der in Abbildung 2 dargestellte idealtypische Verlauf für jede Personengruppe in unterschiedlicher Weise zutrifft. Während studentische Unternehmensgründungen relativ schnell bei der Kombination Vollerwerb/ maßgebliche Mitarbeit angelangt sind, dauert dieser Weg beim akademischen Mittelbau und vor allem bei Professoren länger. Spin-off-Gründer aus höheren Hierarchieebenen verbleiben sogar relativ häufig in Sektor 1 oder 2. Doch auch diese Vorgehensweise ist positiv zu bewerten, da diese Unternehmer oftmals mehrere Spin-offs initiieren, was nicht möglich wäre, wenn sie sich vollständig einem Spin-off widmen würden.

Insgesamt betrachtet konnte anhand obiger erweiterter Typologisierung die Vielschichtigkeit der Spin-off-Strukturen deutlich herausgearbeitet werden. Unter den Begriff „Spin-off aus Hochschulen" fällt eine Vielfalt von neugegründeten Unternehmen, angefangen von rein studentischen Unternehmensgründungen bis hin zu professoralen Gründungen mit finanzieller Beteiligung der Hochschule.

2.5 Fallbeispiel: Gründung der 4 SC Drug Discovery GmbH in Würzburg

Im folgenden werden die typischen Eigenschaften und die Bedeutung innovativer technologieorientierter Spin-offs aus Hochschulen am Beispiel der 4 SC Drug Discovery GmbH deutlich gemacht.[87]

Die 4 SC Drug Discovery GmbH (4 SC) wurde im November 1997 aus der Universität Würzburg ausgegründet. Es handelt sich dabei um ein Unternehmen der Computerchemie und Biotechnologie, dessen Kernkompetenz im Bereich der pharmazeutischen Wirkstofforschung liegt. Dabei greift 4 SC auf neueste wissenschaftliche Erkenntnisse im Bereich der computergestützten Wirkstofforschung zurück, die als Computer Aided Molecular Design (CAMD) bezeichnet werden. Am Computer werden dabei Moleküle nach Maß entwickelt. Die Vorteile dieses Verfahrens bestehen darin, daß pharmazeutische Wirkstoffe durch den Einsatz innovativer Computertechnologie wesentlich schneller und mit weniger Aufwand aus einer Vielzahl potentieller Wirkstoffe ermittelt werden können. 4 SC stellt damit ein innovatives Unternehmen dar, dessen Geschäftstätigkeit maßgeblich auf neuen Verfahren beruht, die in der Universität Würzburg erforscht und von 4 SC weiterentwickelt wurden. Somit stellt 4 SC die Form eines intangiblen Spin-offs dar.

4 SC war mit dem Dienstleistungsangebot der Wirkstofforschung unter Einsatz von CAMD-Software der zweite Anbieter in Deutschland nach der Firma Tripos. 4 SC beabsichtigte, sich von Tripos abzugrenzen, indem die Gründer sich einerseits auf kleine und mittlere Unternehmen als Kunden spezialisieren und andererseits das Verfahren weiterentwickeln und verbessern. Der Markteintritt von 4 SC hat die Wettbewerbssituation entscheidend beeinflußt: Tripos hatte vor dem Markteintritt von 4 SC noch keine Forschungsaufträge durchgeführt; die Firma hatte diese Dienstleistungen lediglich im Angebot. Nach der Gründung von 4 SC und der damit entstandenen Konkurrenz bemühte Tripos sich mit Erfolg um Forschungsaufträge im Bereich der computergestützten Wirkstofforschung. Die bereits vorhandene Reputation hat es der Firma Tripos leichter gemacht, den Markt zu bearbeiten. 4 SC mußte dagegen die nachteilige Situation des neuen und unbekannten Unternehmens bewältigen. Mittlerweile hat 4 SC seine Unternehmensstrategie modifiziert, um besser in den Markt eintreten zu können. Anhand dieser Ausführungen ist erkennbar, daß Hochschul-Spin-offs, die mit innovativen Technologien unternehmerisch tätig werden, den Wettbewerb entscheidend beeinflussen können und die technologische Entwicklung einer Branche vorantreiben.

4 SC besteht neben weiteren Gesellschaftern, die (noch) nicht aktiv im Unternehmen arbeiten, vor allem aus zwei geschäftsführenden Gesellschaftern, die beide an der Universität Würzburg promovieren. Einer der Geschäftsführer ist im Rahmen des bayerischen FLÜGGE-Programms (**F**örderprogramm zum **l**eichteren **Ü**ber**g**ang in eine **G**ründer**e**xistenz) halbtags an der Universität beschäftigt. Durch diese finanzielle Absicherung soll Gründern der Start in die berufliche Selbständigkeit erleichtert werden. Der zweite Geschäftsführer arbeitet ebenfalls halbtags an der Universität Würzburg. Anhand dieses Beispiels ist ersichtlich, daß bei Spin-offs oftmals keine exakte Trennung zwischen ehemaligen und noch an der Hochschule tätigen Mitarbeitern möglich ist. Vielmehr werden in vielen Fällen mehr oder weniger enge Beziehungen zum Inkubator aufrechterhalten.[88]

4 SC kann als einvernehmlicher Spin-off bezeichnet werden, da der Doktorvater beiden Geschäftsführern völlig freie Hand läßt und beide selbst entscheiden können,

---

[87] Vgl. Busemann/ Vitt (1998), Arnold (1998) und Pressestelle Universität Würzburg (1998).
[88] Vgl. dazu auch die Ausführungen bei Samsom/ Gurdon (1993), S. 70.

wann und wo sie die Leistungen erbringen, die sie im Rahmen ihrer halben Stellen zu erfüllen haben. Weiterhin hat sich die Universität Würzburg bereit erklärt, dem Unternehmen Software zur Verfügung zu stellen. Es wurde vereinbart, daß der Gegenwert dieser Leistung von den beiden Geschäftsführern abgearbeitet wird. 4 SC fällt daher in die Kategorie „Sponsored-Spin-off". Obwohl diese Leistung von 4 SC nicht in Anspruch genommen wurde, ist das Engagement der Universität Würzburg, einem jungen Technologieunternehmen auf diese Weise den Start in die berufliche Existenz zu erleichtern, positiv zu bewerten.

Die entscheidenden Merkmale von Spin-offs wie 4 SC ergeben sich aus den Aspekten der Unternehmensgründung sowie insbesondere der Innovationskraft und der Technologieorientierung. Die in der Hochschule erforschten Basis- und angewandten Technologien gehen von der Hochschule auf den Spin-off über, so daß ein Technologietransferprozeß eingeleitet wird. Spin-offs übernehmen dann die weitere Verbreitung der neuen Technologie im Markt. Spin-offs sind somit wichtige Motoren der marktlichen und technologischen Entwicklung.

Einer der ersten Spin-offs überhaupt war bspw. die mittlerweile international fest etablierte Firma Hewlett-Packard, die 1939 von den Studenten der Stanford University WILLIAM R. HEWLETT und DAVID PACKARD gegründet wurde. Die äußerst erfolgreiche Unternehmung, die heute im Informations- und Kommunikationsmarkt tätig ist, legte den Grundstein ihres Erfolges mit einem Audio-Oszillator, der von WALT DISNEY gekauft wurde, um ihn für Sound Effekte in einem seiner Filme einzusetzen.[89]

Um ein tieferes Verständnis für die Stellung von Spin-offs im gesamtwirtschaftlichen Zusammenhang zu schaffen, wird die Rolle der Spin-offs im Technologietransfer- und Innovationsprozeß im Detail analysiert.

---

[89] Vgl. Danilov (1969), S. 54. Siehe auch Knecht (1998), S. 33f.

3 Spin-offs im Technologietransfer- und Innovationsprozeß

3.1 Technologie und Innovation

Wie bereits ausgeführt, soll der Technologiebegriff im Rahmen dieser Arbeit nach STEFFENS als Wissenschaft von der Technik aufgefaßt werden.[90] Die Technologie stellt das Wissen um naturwissenschaftlich/ technische Zusammenhänge dar, das zur Lösung technischer Probleme genutzt wird.[91] Zur näheren Spezifikation des Begriffs der Technologie können die Merkmale *Einsatzgebiet* und *Anwendungsbreite* herangezogen werden.

Die Einsatzgebiete lassen sich nach Produkt- und Prozeßtechnologien unterscheiden.[92] Produkttechnologien fließen in ein spezielles Erzeugnis ein, während Prozeßtechnologien im Leistungserstellungsprozeß angewendet werden.[93] Oftmals fällt jedoch die Zuordnung zu einer Kategorie nicht leicht. Beispielsweise gehört ein biologisches Schädlingsbekämpfungsmittel für dessen Hersteller in den Bereich der Produkttechnologie, da die Technologie in sein Erzeugnis einfließt. Für den Abnehmer stellt dieses Mittel jedoch eine Prozeßtechnologie dar, da es im Prozeß der Herstellung von Lebensmitteln eingesetzt wird. Demnach ist jede Prozeßtechnologie auch eine Produkttechnologie, wenn man in der Wertschöpfungskette eine Stufe zurückgeht.[94]

Bezüglich der Anwendungsbreite unterscheidet man spezifische und Querschnittstechnologien. Während Querschnittstechnologien in vielen Gebieten Anwendung finden, sind die spezifischen Technologien, die Querschnittstechnologien als Grundlage haben, auf bestimmte Problemfelder ausgerichtet.[95] Allerdings wird in Zukunft ohnehin keine klare und eindeutige Trennung der Technologien und deren Anwendungsberei-

---

[90] Vgl. Steffens (1976), Sp. 3853.

[91] Vgl. zu diesen Definitionen Rüggeberg (1997), S. 18, Fichtel (1997), S. 5, Wolfrum (1994), S. 4, Hofstetter (1990), S. 5 und Perillieux (1987), S. 12. Vgl. zur Abgrenzung von Technologie und Technik auch Osten (1989), S. 4, der Technologie als „Wissen um das Wesen und die Anwendung einer Technik" auffaßt.

[92] Vgl. Perillieux (1987), S. 13.

[93] Vgl. Wolfrum (1994), S. 4.

[94] Es sei denn, man versteht Produkte als *End*produkte, die an Endverbraucher abgegeben werden. Dies würde jedoch folgendem Produktbegriff widersprechen, der hier zugrundegelegt wird: Produkte sind alle Güter, die produziert werden. Sie entstehen bei jedem ökonomischen Produktionsprozeß innerhalb eines Betriebes als final angestrebte Ausbringungsgröße. Vgl. Chmielewicz (1968), S. 14 und Kern (1979), Sp. 1434.
Vgl. auch Trommsdorff/ Reeb/ Riedel (1991), S. 566-567, die eine ähnliche Aussage bezüglich Produkt- und Prozeß*innovation* treffen.

[95] Vgl. Michel (1987), S. 65f., Wolfrum (1994), S. 4f. und Rüggeberg (1997), S. 18.

che voneinander mehr möglich sein. Die verschiedenen Technologien wirken in einem komplexen Netzwerk zusammen,[96] so daß immer mehr von ihnen zu Querschnittstechnologien werden.

Definitorische Abgrenzungen des Begriffs der Innovation sind in der Literatur zahlreich zu finden.[97] Diese setzen jedoch meist Schwerpunkte bezüglich der Dimensionen, nach denen der Terminus bestimmt werden kann, z.B. dem Prozeßbezug oder dem Neuigkeitsaspekt. HAUSCHILDT dagegen unternimmt den Versuch, die verschiedensten Aspekte zu integrieren, um den Begriff der Innovation vollständig zu erfassen, wobei er betont, daß der jeweilige Entscheidungsträger, der darüber zu befinden hat, ob eine Neuerung innovativ ist oder nicht, diese Entscheidung aus seinem situationsspezifischen Kontext heraus treffen muß.[98] Demnach sind Innovationen

„[...] im Ergebnis qualitativ neuartige Produkte oder Verfahren, die sich gegenüber dem vorangehenden Zustand merklich – wie immer das zu bestimmen ist – unterscheiden. Diese Neuartigkeit muß wahrgenommen werden, muß bewußt werden. Die Neuartigkeit besteht darin, daß Zwecke und Mittel in einer bisher nicht bekannten Form verknüpft werden. Diese Verknüpfung hat sich auf dem Markt oder im innerbetrieblichen Einsatz zu bewähren. Das reine Hervorbringen der Idee genügt nicht, Verkauf oder Nutzung unterscheidet Innovation von Invention – jedenfalls in der Rückschau. Innovation ist schließlich ein Prozeß, in dem schwerpunktartig bestimmte Aktivitäten im Zeitablauf zu verknüpfen sind."[99]

Es wird deutlich, daß unter den Begriff „Innovation" sowohl der Prozeß einer Neuerung als auch dessen Ergebnis gefaßt werden kann.[100] Beide Facetten der Innovation werden im folgenden vertieft.

a) Inhaltlich: was ist neu (Ergebnisdimension)?

Klassifiziert man die Neuerungen nach dem Innovationsobjekt, so kann man zwischen Produkt-, Verfahrens- und Sozialinnovationen unterscheiden.[101] Produktinnovationen sind das Resultat des Leistungserstellungsprozesses,[102] während Verfahrensinnovationen neues technisches Wissen darstellen, das für diesen Vorgang der Faktorkombination genutzt wird.[103] Unter Sozialinnovationen versteht man betriebliche Veränderun-

---

[96] Vgl. Grupp (1995), S. 26.
[97] Eine Darstellung verschiedener Definitionen liefert Hauschildt (1993), S. 5f.
[98] Vgl. Hauschildt (1993), Kapitel 1.2.6.
[99] Hauschildt (1993), S. 4.
[100] Vgl. Maselli (1997), S. 7 und Marr (1980), Sp. 948.
[101] Vgl. Thom (1980), S. 32-38.
[102] Vgl. Lindermeir (1988), S. 22.
[103] Vgl. Marr (1980), Sp. 951.

gen, die sich auf das Verhalten von Menschen beziehen, z.B. ein neues Modell der Personalentwicklung.[104] SCHUMPETER teilt Innovationen ebenfalls in Produkt- und Prozeßinnovationen ein, fügt aber noch die Erschließung neuer Beschaffungs- und Absatzmärkte sowie die Schaffung neuer Organisationsstrukturen hinzu.[105]

Weiterhin kann zwischen Basis- und Verbesserungsinnovationen unterschieden werden. Basisinnovationen stellen grundlegende Neuheiten dar, die neue Branchen und Tätigkeitsfelder generieren. Verbesserungsinnovationen sind dagegen Weiterentwicklungen auf bereits bestehenden Gebieten.[106]

Die Grundlage, d.h. den Input, für Produkt-, Prozeß- sowie Basisinnovationen bilden neue Technologien bzw. Neuerungen von Technologien. Damit handelt es sich um technologische Innovationen.[107] Die Technologie manifestiert sich dabei in Produkten und Verfahren.[108] Neue Technologien stellen somit die Voraussetzung für technologische Innovationen dar.

Bei diesen Einteilungen von Innovationen wird jedoch lediglich die Angebotsseite berücksichtigt. Eine weitergehendes Theorem, die Zweck-Mittel-Beziehung, bezieht die Nachfrageseite mit ein: bei den Mitteln handelt es sich um das Problemlösungspotential neuer Technologien (Angebot), die Zwecke beinhalten die Wünsche der Nachfrager. Es wird unterschieden zwischen neuen und alten Zwecken sowie neuen und alten Mitteln. Daraus ergeben sich vier mögliche Innovationsarten: mittelinduziert, zweckinduziert, radikal und inkremental.[109] In diesem Zusammenhang stellt sich weiterhin die Frage, welche Seite dominiert: Angebot oder Nachfrage („technology push" vs. „demand pull").[110] ENßLIN ordnet technologieorientierte Spin-offs in die Kategorie „technology push" ein.[111]

---

[104] Vgl. Trommsdorff/ Schneider (1990), S. 4. Diese Art der Innovation wird jedoch im Rahmen dieser Arbeit nicht berücksichtigt.

[105] Vgl. Schumpeter (1993a), S. 100f.

[106] Vgl. Mensch (1975), S. 54f.

[107] Vgl. Maselli (1997), S. 10 und Lucke (1997), S. 11.

[108] Vgl. Kern (1973), S. 86.

[109] Vgl. Hauschildt (1993), S. 7ff. PFEIFFER/ STAUDT verwenden eine ähnliche Systematik, wobei sie die Kombination alte Mittel, alter Zweck nicht berücksichtigen, vgl. Pfeiffer/ Staudt (1975), Sp. 1949.

[110] Vgl. Leder (1990), S. 30. HAUSCHILDT geht davon aus, daß diese Unterscheidung für die Kategorisierung von Innovationen irrelevant ist, für andere Aspekte, z.B. das Marketing von Innovationen, spielt die Klassifikationen jedoch eine wichtige Rolle, vgl. Hauschildt (1993), S. 7 und Jugel (1991), S. 9.

[111] Vgl. Enßlin (1989), S. 144.

b) Prozessual: wo beginnt und endet die Neuerung (Prozeßdimension)?

Der Neuerungsprozeß kann anhand verschiedener Systematiken in Teilstufen zerlegt werden (vgl. Abbildung 3).

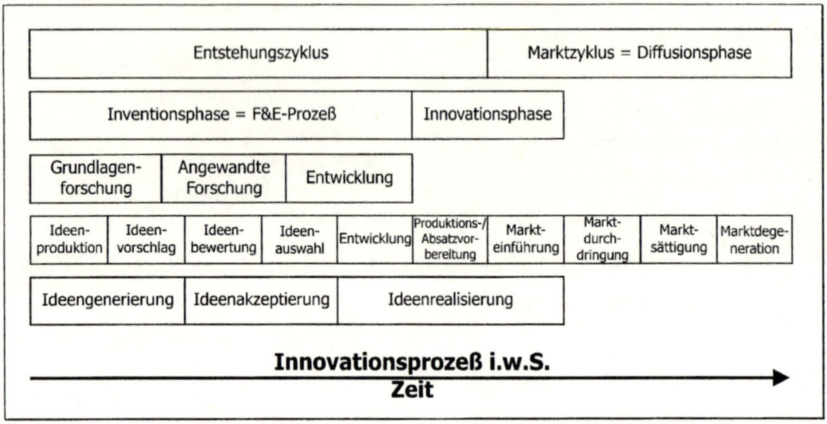

Abbildung 3: Teilstufen des Innovationsprozesses
Quelle: Verändert entnommen aus Michel (1987), S. 13.

Die Innovationsphase stellt im engeren Sinn einen Teilbereich des Neuerungsprozesses dar, der sich an die Inventionsphase anschließt. Diese Trennung in Erfindung (Invention) und deren Durchsetzung (Innovation) wurde zuerst von SCHUMPETER praktiziert.[112] Dabei ist die Inventionsphase weitgehend mit dem F&E-Prozeß identisch (Grundlagen- und angewandte Forschung, Entwicklung) und wird auch als „process of bringing technology into being“ beschrieben, während die Innovationsphase mit „bringing invention into use“ charakterisiert wird, womit der SCHUMPETER'sche Gedanke der Durchsetzung von Neuerungen verkörpert wird.[113] Diese Aufgabe kommt dem Unternehmer zu. Die Unternehmerfunktion wird bei SCHUMPETER dabei strikt von der des Technikers oder Erfinders getrennt: letztgenannte erfinden die neuen Kombinationen, Unternehmer setzen diese durch. Beide Funktionen fallen, wenn überhaupt, nur zufällig zusammen.[114] Diese Separation schließt jedoch aus, daß es nach der erfolgten Durchsetzung zu Überprüfungen und Korrekturen der Erfindung kommen kann; eine Interdependenz wird von SCHUMPETER nicht zugelassen. Dieser

[112] Vgl. Leder (1990), S. 6.
[113] Vgl. Schon (1967), S. 1 und Lücke (1997), S. 15.
[114] Vgl. Schumpeter (1993a), S. 129. Vgl. auch Samsom/ Gurdon (1993), S. 63ff. zu den Unterschieden zwischen Wissenschaftlern und Unternehmern.

Aspekt wird von verschiedenen Autoren kritisiert.[115] MASELLI merkt weiterhin an, daß gerade Spin-off-Unternehmensgründer die Funktion des Inventors und Innovators meist in sich vereinen, da es sich um Erfinder handelt, die ihre Ideen ökonomisch nutzen wollen.[116] Da unter anderem aus diesem Grund eine strikte Trennung nicht immer sinnvoll ist, wird der Begriff der Innovation auch weiter gefaßt. Er steht dabei für den gesamten Ablauf des Prozesses, d.h. neben dem Entstehungs- auch für den gesamten Marktzyklus.[117] Da Spin-off-Gründer ihre Erfindung von der ersten Idee bis zur Degenerationsphase begleiten, ist dies gerade im Rahmen dieser Arbeit ein sinnvoller Ansatz.[118]

3.2 Lebenszyklus von Technologien im Wettbewerbsprozeß

Die Analyse der wettbewerbsstrategischen Bedeutung neuer Technologien ist von besonderer Bedeutung, da neue Technologien die Grundlage für technologische Innovationen und damit für die Geschäftsgrundlage von Spin-offs darstellen. Die Analyse basiert auf der Betrachtung der Lebenszyklusphasen, die eine Technologie im Wettbewerb durchläuft (vgl. Abbildung 4). Dabei wird, ausgehend vom Produktlebenszykluskonzept, eine idealtypische Entwicklung von Technologien über die Zeit hinweg unterstellt. Es wird von einer S-förmigen, ertragsgesetzlichen Kurve ausgegangen. Dabei stellt der Grad der Erreichung des Wettbewerbspotentials die Ordinatendimension dar.[119] Das Wettbewerbspotential spiegelt dabei das Einsatzpotential im Markt wider, d.h. das Volumen an Anwendungen, das sich zukünftig ergeben kann.[120]

[115] Vgl. Maselli (1997), S. 11, Leder (1990), S. 7 und Lindermeir (1988), S. 12f.
[116] Vgl. Maselli (1997), S. 11.
[117] Vgl. Rüggeberg (1997), S. 17.
[118] Dennoch beweisen die großen Probleme, die insbesondere Techniker und Naturwissenschaftler bei der wirtschaftlichen Verwertung ihrer Erfindungen haben, daß eine Trennung dieser Funktionen klug wäre bzw. daß Inventoren sich zusätzliche Kenntnisse aneignen müssen, wenn sie gleichzeitig die Unternehmerfunktion ausüben möchten.
[119] Vgl. Wolfrum (1994), S. 111f.
[120] Vgl. z.B. Sommerlatte/ Deschamps (1985), S. 52 und Ford/ Ryan (1981).

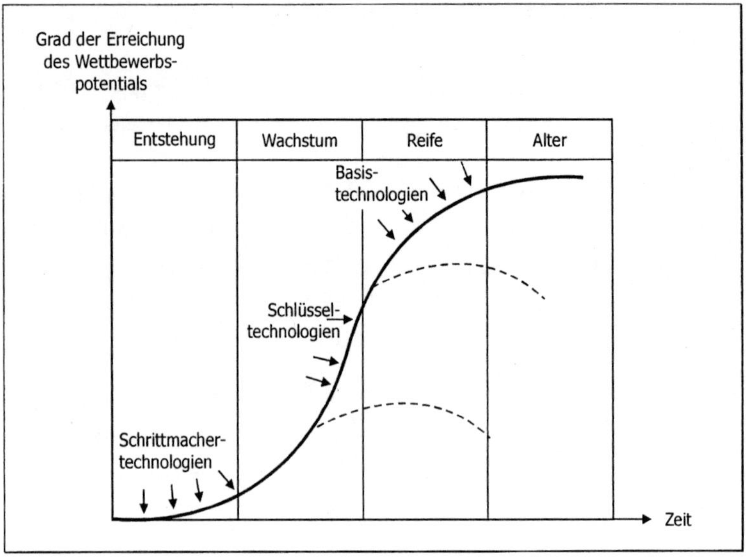

Abbildung 4: Lebenszyklusphasen von Technologien
Quelle: Sommerlatte/ Deschamps (1985), S. 52f.

Es lassen sich die Phasen Entstehung, Wachstum, Reife und Alter identifizieren. Nicht alle Technologien müssen allerdings den gesamten Zyklus durchlaufen. Einige davon werden schon nach kürzerer Zeit nicht mehr angewendet, weil sie nicht gebraucht oder durch andere, bessere Technologien substituiert werden.[121]

Zur Ermittlung des wettbewerbsstrategischen Potentials von Technologien hat LITTLE, ausgehend von diesem Lebenszykluskonzept, eine Klassifizierung eingeführt: es wird zwischen Schrittmacher-, Schlüssel- und Basistechnologien unterschieden (vgl. Abbildung 4).[122]

Basistechnologien stellen reife bzw. alte Technologien dar, deren wettbewerbsstrategisches Potential gering ist, da sie für jeden verfügbar sind.[123] Sie sind nicht zu verwechseln mit Basisinnovationen, die grundlegende Neuheiten darstellen. Schlüsseltechnologien sind wachsende Technologien, deren Beherrschung starken Einfluß auf den wirtschaftlichen Erfolg und die internationale Wettbewerbsfähigkeit einer Branche hat.

---

[121] Vgl. Sommerlatte/ Deschamps (1985), S. 52.

[122] Vgl. Sommerlatte/ Deschamps (1985), S. 53. Siehe auch Michel (1987), S. 66 und Little (1988), der anstelle der ursprünglich gewählten Abszissendimension „Zeit“ die Bezeichnung „Entwicklungsaufwand“ wählt.

[123] Vgl. Michel (1987), S. 66.

Sie sind die Grundlage für die Erlangung eines technologischen Vorsprungs gegenüber der Konkurrenz.[124] Bei Schrittmachertechnologien handelt es sich um entstehende Technologien, die ein großes Potential in sich bergen. Möglicherweise sind es die zukünftigen Schlüsseltechnologien, allerdings besteht das Risiko, daß sie bereits vorher wieder verdrängt oder substituiert werden.[125]

Oftmals wird zusätzlich von Hochtechnologie oder High Technology gesprochen. Die Ermittlung quantitativer Abgrenzungskriterien bereitet jedoch große Schwierigkeiten, weshalb qualitative Merkmale wie schneller technologischer Wandel, sehr kurze Produktlebenszeiten, überdurchschnittlicher F&E-Aufwand und starke Markt- bzw. Wettbewerbsunsicherheit zur Beschreibung herangezogen werden. Die Biotechnologie gilt als typisches Beispiel für eine Hochtechnologie.[126]

Im nächsten Schritt läßt sich die gesamtwirtschaftliche und wettbewerbsstrategische Bedeutung von Technologien mit Hilfe des S-Kurven-Konzepts von MCKINSEY verdeutlichen.[127] Es handelt sich dabei um eine Erweiterung des Technologielebenszykluskonzepts,[128] bei der die Leistungsfähigkeit von Technologien ins Verhältnis zum kumulierten F&E-Aufwand gesetzt wird.[129] Die sich ergebenden S-Kurven haben einen ertragsgesetzlichen Verlauf, d.h. mit zunehmendem F&E-Aufwand steigt die Leistungsfähigkeit zunächst an, um später abzuflachen, d.h. die Grenzrate des F&E-Erfolgs nimmt ab.[130] S-Kurven treten nahezu immer paarweise auf. Sie markieren eine Diskontinuität, d.h. eine Technologie wird durch eine andere abgelöst.[131] Da die Kurven nicht miteinander verbunden sind, äußert sich diese Diskontinuität durch einen „Sprung auf die andere S-Kurve" (vgl. Abbildung 5).[132]

---

[124] Vgl. Revermann/ Sonntag (1987), S. 9 und Wolfrum (1994), S. 5.
[125] Vgl. Little (1988), S. 38.
[126] Vgl. Wolfrum (1994), S. 7, Schaible/ Hönig (1996), S. 9ff., Benkenstein (1990), S. 397 und Merkle (1984), S. 5. Zu einer Übersicht über die wichtigsten Hochtechnologieabgrenzungen vgl. Schmietow (1988), S. 29.
[127] Zur Kritik an diesem Konzept, insbesondere zur empirischen Erfassung von S-Kurven, vgl. Fichtel (1997), S. 26, Stock (1990), S. 117f., Perillieux (1987), S. 37ff. und Servatius (1986), S. 135. Zu den innerbetrieblichen Widerständen, die sich aus einem Technologiewechsel ergeben können, vgl. Schmahl (1986).
[128] Vgl. Stock (1990), S. 114.
[129] Vgl. Michel (1987), S. 70.
[130] Vgl. Servatius (1986), S. 133.
[131] Vgl. Foster (1986), S. 111.
[132] Vgl. Michel (1987), S. 71.

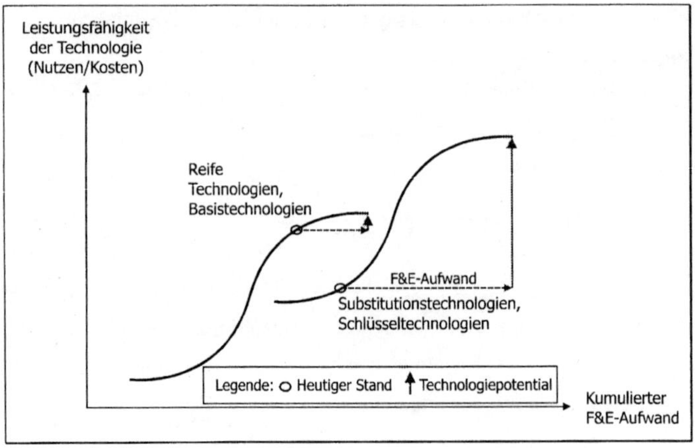

Abbildung 5: S-Kurven-Konzept
Quelle: Verändert entnommen aus Michel (1987), S. 70.

Die althergebrachten Basistechnologien bergen nur noch geringes Potential für die technologische Entwicklung einer Volkswirtschaft, die zukünftige Leistungsfähigkeit neuer Technologien ist bei entsprechendem F&E-Aufwand dagegen hoch, so daß der Sprung auf neue Technologien notwendig erscheint. Ein Prozeß der schöpferischen Zerstörung wird damit initiiert, d.h. Altbekanntes wird verdrängt und damit zerstört, an dessen Stelle treten jedoch neue Technologien mit großem Zukunftspotential.[133]

Nach Meinung von Experten stellen im nächsten Jahrhundert die Bereiche Umwelt und Natur, Energie und Rohstoffe, Chemie und Werkstoffe, Information und Kommunikation sowie Medizin und Biologie wirtschaftlich aussichtsreiche Zukunftsbranchen dar, die durch neue Technologien revolutioniert werden. Die Biotechnologie sorgt beispielsweise dafür, daß bereits im Jahr 2000 mehr als die Hälfte aller Wirkstoffe auf gentechnischer Basis entstehen. Dieses immense Potential, welches sich hinter Schrittmachertechnologien verbirgt, wird dabei erst teilweise ausgeschöpft. So ist die Zahl der Unternehmensgründungen im Biotechnologiebereich in Deutschland in jüngster Zeit stark ansteigend. Die Kapitalgeber setzen dabei enormes Vertrauen in die zukünftige Entwicklung der Technologie, indem sie vielen jungen Biotechnologieunter-

---

[133] Vgl. dazu die Ausführungen bei Schumpeter (1961), S. 95 bis 110. Schumpeter beschreibt hier den Innovationsprozeß, der das Aufsteigen und Absinken von Unternehmen und Industrien zur Folge hat. Er erläutert den Prozeß der schöpferischen Zerstörung auch in Schumpeter (1993b), Kapitel 7, S. 134-142.

nehmen Beteiligungskapital zukommen lassen, obwohl bislang nur wenige Firmen Gewinne erwirtschaften.[134]

Oftmals investieren Unternehmen dennoch weiter in Basistechnologien. Die Gründe dafür können vielfältiger Natur sein:[135]

a) Die Firmen verwechseln Basis- mit Schlüsseltechnologien.[136]

b) Basistechnologien waren lange Zeit die Grundlage des Unternehmenserfolgs, so daß sich die Kenntnisse der F&E-Mitarbeiter darauf beschränken.[137]

c) Die Unternehmen agieren nicht ausreichend flexibel, beschränken sich auf ein technologisches Gebiet und bemerken Veränderungen nicht.[138]

d) Die Firmen sind extrem risikoscheu und halten deshalb an bewährten Technologien fest.[139] Erst wenn diese ausgeschöpft sind, fragen sie sich, wo es neue Technologien gibt, auf die man springen könnte.[140]

Der Sprung auf neue Technologien findet daher vielfach nicht durch F&E-Anstrengungen der Firmen statt, sondern beginnt in den Forschungsinstitutionen, die sich mit Grundlagenforschung, insbesondere mit der Entwicklung von Schrittmachertechnologien, beschäftigen.[141]

In diesem Sachverhalt liegt die große Chance für Hochschul-Spin-offs, da diese direkt „an der Quelle" neuer Technologien sitzen und diese in vermarktungsfähige Produkte umsetzen können, während Unternehmen an bereits bekannten Technologien weiterforschen. Hochschul-Spin-offs kommt daher eine noch größere Bedeutung zu als Spin-offs aus Unternehmen oder allgemein technologieorientierten Unternehmensgründungen. Spin-offs aus Hochschulen sind diejenigen, die den Sprung auf die andere S-Kurve initiieren können, da sie die Erkenntnisse neuester Grundlagenforschung nutzen und damit die wirtschaftliche Entwicklung vorantreiben.

---

134 Vgl. Klusmann (1998).

135 Siehe dazu auch Fichtel (1997), S. 29.

136 Vgl. Forsthuber/ Kropfberger (1989), S. 78.

137 Vgl. Sommerlatte/ Deschamps (1985), S. 66.

138 Vgl. Forsthuber/ Kropfberger (1989), S. 78.

139 Vgl. Preissner/ Schwarzer (1996), S. 129.

140 Vgl. Krubasik (1988), S. 449.

141 Die Grundlagenforschung dient der Schaffung neuer wissenschaftlicher Erkenntnisse. Da die Technologie allgemein das Wissen um naturwissenschaftlich/ technische Zusammenhänge darstellt, gehört die Schaffung neuer Technologien in den Bereich der Grundlagenforschung. Die Anwendung von Teilen der Technologie auf konkrete Problemstellungen, d.h. das Generieren von Techniken, ist der angewandten Forschung zuzurechnen. Vgl. zur Abgrenzung der Forschungsarten Täger/ Uhlmann (1984), S. 55.

Von staatlicher Seite wird die Grundlagenforschung weiterhin stark gefördert, um die technologische Entwicklung der Volkswirtschaft voranzutreiben. Spin-offs sind daher auch als Medium für die Verbreitung staatlich finanzierten Know-hows zu verstehen.

3.3 Spin-off-Aktivitäten im technologischen Innovationsprozeß

Spin-offs sind integrale Bestandteile des technologischen Wandels, indem sie neue Technologien, die in Hochschulen erforscht werden, als Ausgangspunkt für technologische Innovationen nutzen und diese im Rahmen ihres neugegründeten Unternehmens vermarkten. In diesem Zusammenhang stellt sich die Frage, in welcher Phase des Innovationsprozesses die Spin-off-Aktivitäten beginnen. Wann der (evtl. erst spätere) Gründer die Invention in seinen Verantwortungsbereich übernimmt und mit deren Durchführung beginnt, geht aus Abbildung 6 hervor.

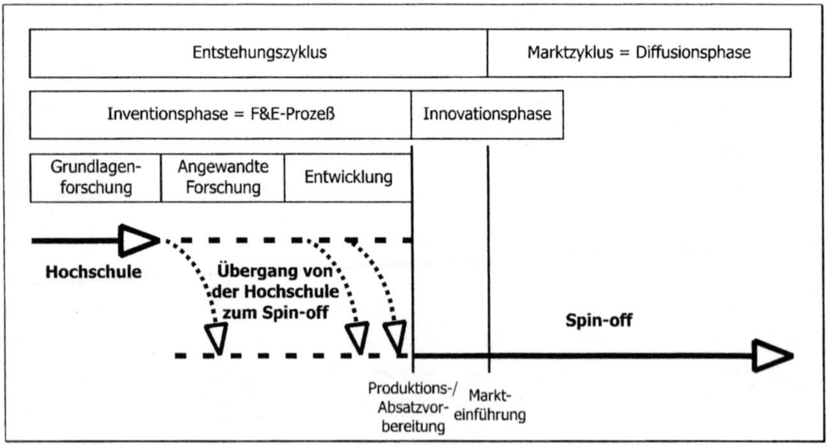

Abbildung 6: Spin-off-Aktivitäten in den Phasen des Innovationsprozesses

Die reine Grundlagenforschung, die die neuen Technologien hervorbringt, findet an der Hochschule statt. Mit den Phasen angewandte Forschung sowie Entwicklung vollzieht sich der Wechsel von der Hochschule zum Spin-off. Dieser Übergang kann entweder sehr früh erfolgen, indem bereits die angewandte Forschung im neugegründeten Unternehmen und nicht mehr in der Hochschule erfolgt. Die Phasen angewandte Forschung und Entwicklung können jedoch auch in der Hochschule stattfinden, so daß erst später mit Abschluß der Invention ein Spin-off-Unternehmen gegründet wird. Zwischen diesen extrem früh oder spät erfolgenden Gründungen liegen vielfältige Alternativen. Beispielsweise kann ein Mitarbeiter die angewandte Forschung im Rahmen seiner Hochschultätigkeit durchführen und die Entwicklung eines marktfähigen Produkts im Spin-off-Unternehmen vornehmen. Spätestens mit Beginn der Produktions- und Absatzvorbereitungen wird der Wechsel von der Hochschule zum Spin-off beendet. An diesem Punkt beginnt die Durchsetzung der Innovation im SCHUMPETER'schen Sinn.

Im Rahmen des technologischen Innovationsprozesses wird jedoch nicht nur die Verantwortung für die Durchführung der Innovation auf den Spin-off übertragen. Auch die Technologie, die der technologischen Innovation zugrunde liegt, geht auf den Spin-off über. Die konkrete Ausgestaltung dieses Technologietransfers und der darauf aufbauende Technologiediffusionsprozeß am Markt wird im folgenden dargestellt und alternative Organisationsformen diskutiert.

3.4 Organisation des Technologietransfers über Spin-offs

3.4.1 Technologietransfer aus Sicht des Spin-offs

HAYEK geht davon aus, daß das Wissen, welches die wirtschaftlichen Akteure (Anbieter und Nachfrager) benötigen, um Entscheidungen zu treffen, dezentral unter den Individuen verteilt ist.[142] Wenn beispielsweise an einer Hochschule neue Technologien entwickelt werden, mit deren Hilfe Produktionsprozesse neu gestaltet werden können, sind diese Forschungsergebnisse zunächst ausschließlich den beteiligten Mitarbeitern bekannt und diese wissen wenig über den Nutzen der Technologie für mögliche Nachfrager. Umgekehrt kennen die potentiellen Nachfrager ihre eigenen Probleme genau, aber sie wissen noch nichts von den Möglichkeiten der neuen Technologie und deren Problemlösungspotential. Um diese Erkenntnisse einer vollständigen Verwertung durch die Gesellschaft zugänglich zu machen, müssen Technologietransfer- und -diffusionsprozesse ausgehend von Hochschulen in die Wirtschaft stattfinden.[143] Auf diese Weise werden Technologien verbreitet und die Akteure gelangen in den Besitz des für sie relevanten Wissens. HAYEK argumentiert, daß diese Verwertung von geteiltem Wissen in einer Gesellschaft über den Markt- und Wettbewerbsmechanismus im Vergleich zu anderen Organisationsformen mit hoher Effizienz erfolgt.

Der Technologietransferprozeß besteht in der Übertragung technologischen Wissens von einem Technologiegeber auf einen Technologienehmer, wobei dieser Transfer

[142] Vgl. Hayek (1952a), S. 111ff.
[143] Vgl. Staudt (1986), der sich zu dieser Thematik kritisch äußert.

zwischen zwei wirtschaftlich und rechtlich selbständigen Organisationen erfolgt.[144] Der Transfer kann auch auf indirektem Weg über Technologiemittler erfolgen (vgl. Abbildung 7).

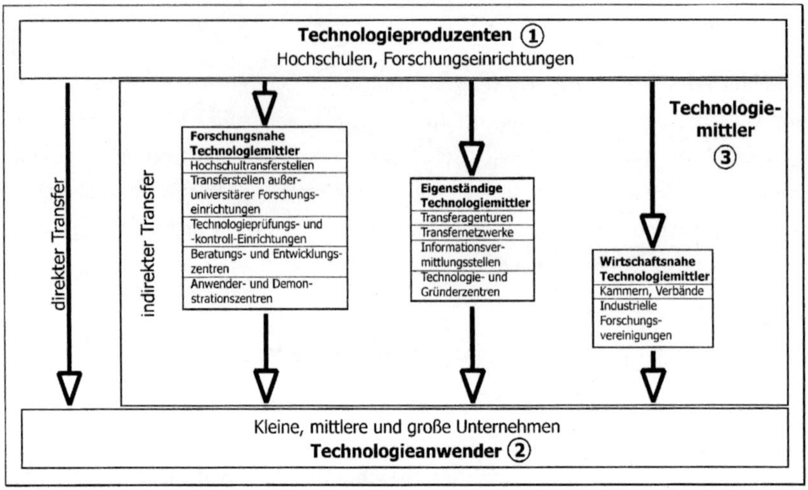

Abbildung 7: System des Technologietransfers
Quelle: Verändert entnommen aus Reinhard/ Schmalholz (1996), S. 20.

Der Transfer muß dabei prinzipiell nicht immer die Grenzen von Institutionen überschreiten; Technologietransfer findet auch dann statt, wenn Technologiegeber und -nehmer demselben System angehören. Im Rahmen dieser Arbeit wird allerdings ausschließlich die vertikale Technologieübertragung aus den Hochschulen in Unternehmen, d.h. der institutionenüberschreitende Transfer berücksichtigt.

Der Prozeß des Technologietransfers vollzieht sich in mehreren Phasen (vgl. Abbildung 8). In Anlehnung an GESCHKA/ ALTER/ SCHWERDTNER können die Phasen Technologieerzeugung und -bereitstellung (Technologieproduktion) und die Zeitabschnitte Technologieübertragung, -aufnahme und -verarbeitung (eigentlicher Technologietransfer) unterschieden werden. Diese Einteilung erweist sich als zweckmäßig, da im Gegensatz zu anderen Phasenmodellen auch der Prozeß der Technologieproduktion, der in der Hochschule stattfindet, integriert wird.[145]

[144] Vgl. Fichtel (1997), S. 7.

[145] Zu einer Übersicht über weitere Phasenmodelle des Technologietransfers vgl. Corsten (1982), S. 184.

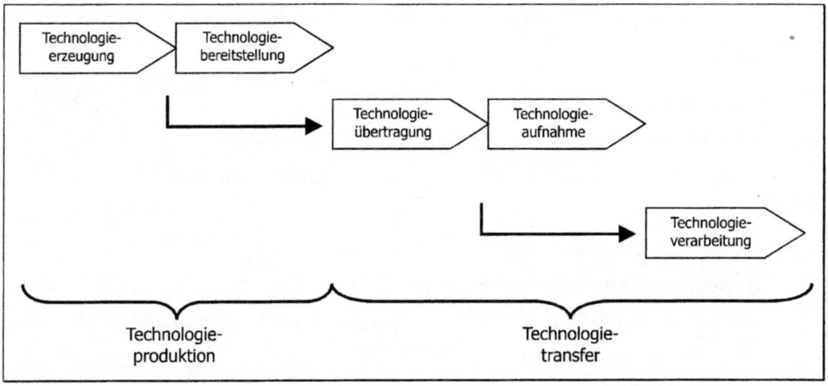

Abbildung 8: Phasenmodell des Technologietransfers
Quelle: In Anlehnung an Geschka/ Alter/ Schwerdtner (1975), S. 9ff.

Es stellt sich nun die Frage, wie Technologietransfer vonstatten geht, wenn er über Spin-offs organisiert wird. Da Spin-offs eine Möglichkeit der Technologieverbreitung darstellen, bezeichnet CORSTEN sie als

„[...] eine spezifische Erscheinungsform des Technologietransfers [...], und zwar von Technologien, die primär mit öffentlichen Mitteln gefördert werden."[146]

Die Bezeichnung als spezifische Erscheinungsform klärt jedoch nicht abschließend, welche Rolle Spin-offs im Technologietransfersystem wahrnehmen. In der Literatur wird die konkrete Stellung von Spin-offs im Technologietransferprozeß nicht erschöpfend diskutiert, vielmehr werden meist vage Aussagen getroffen.[147] Dieses Defizit soll im Rahmen der folgenden Ausführungen überwunden werden. Aus Abbildung 7 geht hervor, daß prinzipell die Möglichkeit besteht, daß Spin-offs Technologienehmer (2) sind, da sie neue Technologien, die in Hochschulen entwickelt werden, aufgreifen und als Basis ihrer Geschäftstätigkeit verwenden. Weiterhin könnten Spin-offs zu den Technologiegebern (1) gerechnet werden, die neue Technologien an Unternehmen, d.h. an ihre Kunden weitergeben. Schließlich könnten Spin-offs als Technologiemittler (3) zwischen Hochschule und Wirtschaft interpretiert werden, da die Ansicht vertreten

[146] Corsten (1982), S. 14.

[147] Beispielsweise rechnen REINHARD/ SCHMALHOLZ Spin-offs dem direkten Technologietransfer zu, machen jedoch keine Angaben, ob Spin-offs dabei Technologiegeber oder -nehmer sind, vgl. Reinhard/ Schmalholz (1996), S. 170.

wird, daß Spin-offs bedeutende Transfermedien für die Verbreitung neuen technologischen Know-hows darstellen.[148]

Die Autorin teilt die Ansicht von CARAYANNIS/ ROGERS/ KURIHARA U.A., die feststellen, daß ein Technologietransfer von der Inkubatororganisation zum Spin-off stattfindet.[149] Spin-offs sind damit Technologienehmer (2) im Prozeß des direkten Technologietransfers. Diese Ansicht ist nicht verwunderlich, wenn man bedenkt, daß Technologien die Grundlage technologischer Innovationen bilden.[150] Da Spin-offs innovative Unternehmen darstellen, benötigen sie die neuen Technologien für die Kreation von Innovationen, folglich müssen die Technologien von der Hochschule auf die Spin-offs transferiert werden.[151]

Dabei findet im Rahmen der hochschulinternen Grundlagenforschung die Technologieerzeugung und -bereitstellung statt. Gleichzeitig wird der Übertragungsprozeß initiiert, da Forscher und Gründer des Spin-offs oftmals dieselben Personen sind oder zumindest in engem Kontakt zueinander stehen, z.B. als Ausbilder und Schüler. Mit der angewandten Forschung beginnt der Übergang von Personen und Know-how auf den Spin-off. Die Technologie wird in dieser Phase weiter übertragen und aufgenommen. Sobald der Innovationsprozeß auf den Spin-off übergegangen ist, wird auch der Technologieverarbeitungsprozeß im Spin-off initiiert. Dies kann bereits während der angewandten Forschung, aber auch zum Zeitpunkt der Entwicklung der Fall sein. Die Technologie wird also vom Spin-off aufgenommen und verarbeitet, d.h. sie stellt die Grundlage dar für die Leistungen, die der Spin-off am Markt anbietet. Es kann sich dabei um Produkt- oder Verfahrensinnovationen, um materielle Güter oder Dienstleistungen handeln. Wichtig ist, daß die Technologie sich in den Leistungen des Spin-offs manifestiert. Damit ist der eigentliche Technologietransferprozeß beendet. Durch die Produkte des Spin-offs wird die Technologie an alle, die die Dienste des Spin-offs in Anspruch nehmen, weitergegeben. Es handelt sich dann jedoch nicht mehr um einen Technologietransferprozeß im eigentlichen Sinn zwischen zwei Beteiligten, sondern um einen Technologiediffusionsprozeß: die Technologie diffundiert über die Leistungen des Spin-offs in den Markt.[152] Insofern trifft auch die Aussage zu, daß Spin-offs

---

148 Vgl. Beise/ Licht/ Spielkamp (1995), S. 70 und Sandberger (1986), S. 153.

149 Vgl. Carayannis/ Rogers/ Kurihara u.a. (1998), S. 1.

150 Vgl. Bell (1993), S. 308, die feststellt, daß Technologietransfer den Input für den Innovationsprozeß darstellt.

151 HEIDRICH beschreibt den Technologietransfer explizit als Teilabschnitt des Innovationsprozesses, vgl. Heidrich (1987), S. 25.

152 Vgl. Kroeber-Riel/ Weinberg (1996), S. 639, die unter Diffusion die Ausbreitung der Innovation verstehen.

Transfermedien für die Verbreitung neuen technologischen Know-hows darstellen: sie sind die Technologienehmer im Technologietransferprozeß, erstellen daraus ein eigenes Leistungsangebot und initiieren den Diffusionsprozeß in den Markt.

Dennoch wird auch die Ansicht vertreten, daß jede Inanspruchnahme der Leistungen des Spin-offs durch einen Kunden einen eigenen Technologietransferprozeß beinhaltet. CORSTEN argumentiert, daß die Technologiediffusion auf Makroebene den Oberbegriff für den Technologietransferprozeß auf Mikroebene darstellt.[153] Diese Auffassung ist jedoch problematisch, da die Technologie sich in den Leistungen des Spin-offs manifestiert. Jede innovative, auf einer neuen Technologie basierende Leistung eines Unternehmens, die von diesem am Markt angeboten wird, wäre damit nach CORSTEN als Technologietransfer zu bezeichnen. Aus der Sicht des Spin-offs handelt es sich bei der Beziehung zwischen Spin-off und Kunde aber nicht um ein Technologietransfer-, sondern ein Vermarktungsproblem. Es geht vor allem darum, ob die innovativen Produkte von möglichen Nachfragern akzeptiert werden. Es besteht daher ein Adoptionsproblem, denn die Übernahme von Innovationen im Markt durch die Kunden verlangt die Überwindung vielfältiger Widerstände.[154] In diesem Übernahmeproblem liegt gerade die Problematik des Technologietransfers von Forschungseinrichtungen in die Wirtschaft. REINHARD/ SCHMALHOLZ sehen Spin-offs deshalb als Mittler zwischen Forschung und Wirtschaft.[155] Sie sind in gewisser Weise Diffusionsagenten, da sie durch die Verwendung der neuen Technologie als Basis ihrer Geschäftstätigkeit die Kunden von der Güte und Verläßlichkeit der Technologie überzeugen.[156] Transferprobleme zwischen Spin-off und Kunde sind deshalb identisch mit Adoptionsproblemen. Adoptionsprobleme treten jedoch während der Technologiediffusion auf, so daß auch die Technologiediffusion eine Art von Technologietransfer darstellt. In Abbildung 9 sind diese Zusammenhänge übersichtlich dargestellt.

---

[153] Vgl. Corsten (1981), S. 268. Auch die Definition des Technologietransfers impliziert, daß nicht nur die Technologieübertragung von Forschungseinrichtungen zu Unternehmen Technologietransfer darstellt, sondern auch die Weitergabe von Technologien zwischen Unternehmen.

[154] Vgl. Gierl (1987), S. 31, der ausführt, daß die Übernahme (Adoption) einen individuellen Übernahmeentscheidungsprozeß beinhaltet, während die Diffusion das Resultat aller individullen Adoptionsprozesse darstellt. Vgl. auch Mahler/ Stoetzer (1995), S. 12, Weiber (1995), S. 40 und Rogers (1983), S. 163ff. und S. 241ff.

[155] Vgl. Reinhard/ Schmalholz (1996), S. 170f.

[156] Vgl. zum Diffusionsagenten Kroeber-Riel/ Weinberg (1996), S. 640, die Diffusionsagenten als wichtige Kontaktstellen identifizieren, die neue Produkte (in diesem Fall neue Technologien) an den Mann bringen.

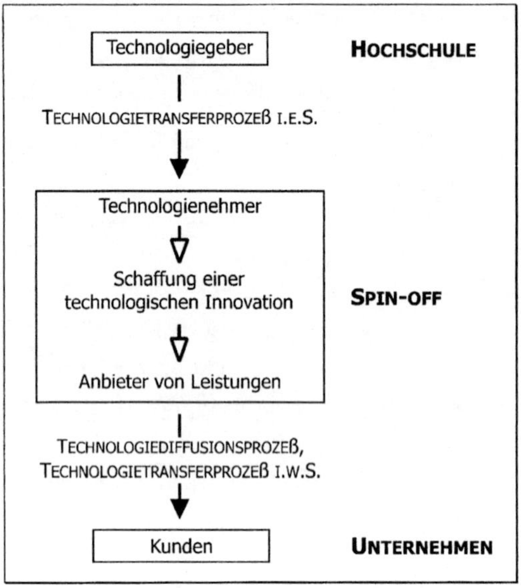

Abbildung 9: Technologietransfer- und -diffusionsprozeß

Der Transfer der Technologie vom Erzeuger der Technologie auf einen Anwender, der daraus innovative Leistungen generiert, kann somit aus Sicht des Spin-offs als **Technologietransfer im engeren Sinn** bezeichnet werden. Die Technologiediffusion vom Verarbeiter der Technologie, sprich dem Spin-off, zu den Abnehmern von dessen Leistungen, ist als **Technologietransfer im weiteren Sinn** einzuordnen und beinhaltet den eigentlichen Innovationsprozeß.

3.4.2 Technologietransfer aus Sicht der Kunden des Spin-offs

Aus Sicht der wirtschaftlichen Akteure, die neues technologisches Wissen benötigen und in ihrem Unternehmen einsetzen wollen, umfaßt Technologietransfer sämtliche Quellen unternehmensexternen Wissenserwerbs.[157] Ausgangspunkt des Technologietransferprozesses ist für diese Unternehmen eine Make-or-Buy-Entscheidung bezüglich des benötigten technologischen Know-hows: Technologietransfer findet dann statt, wenn diese Entscheidung zugunsten des „buy“ erfolgt.[158] Technologietransfer

---

[157] Vgl. Rotering (1990), S. 42.

[158] Vgl. dazu die Ausführungen bei Kaltwasser (1994), S. 31ff., die eine formale Übereinstimmung zwischen den Phänomenen „Technologietransfer“ und „F&E-bezogener Make-or-Buy-Entscheidung“ feststellt. Auch Corsten (1982), S. 456ff. äußert sich ähnlich.

kann somit als Instrument der Arbeitsteilung zwischen verschiedenen Institutionen betrachtet werden.[159]

Als Gründe für die zunehmende Verbreitung externer Beschaffung technologischen Know-hows werden genannt:

a) „Wachsende Komplexität und intersektoraler Charakter neuer Technologien und wissenschaftlicher Disziplinen, [...]

b) Kostenreduzierung in F&E, [...]

c) Wettbewerbsbedingte Verkürzung der Produktlebenszyklen und der Entwicklungszeiten,

d) Suche nach neuen Produkten (Diversifikation),

e) Betrachtung komplementärer und substitutiver Technologien und Märkte.“[160]

Wenn Unternehmen sich dafür entscheiden, das nötige Wissen nicht selbst zu schaffen, existieren grundsätzlich zwei Formen des externen Know-how-Erwerbs, die sich nach dem Kriterium „Verfügbarkeit des gewünschten technologischen Wissens“ trennen lassen, d.h. es wird danach unterschieden, ob die benötigte Technologie bereits vorhanden ist und aus Kundensicht nur noch zugekauft werden oder ob das Know-how erst von einem Technologiegeber bzw. partnerschaftlich generiert werden muß (vgl. Abbildung 10).[161]

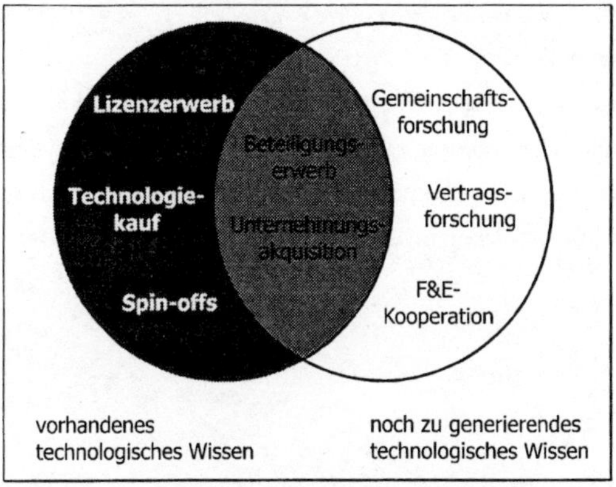

Abbildung 10: Extern orientierte institutionelle Koordinationsmuster
Quelle: Verändert entnommen aus Kaltwasser (1994), S. 75

159 Vgl. Täger/ Uhlmann (1984), S. 54f.
160 Reinhard/ Schmalholz (1996), S. 9ff. Siehe auch Rotering (1990), S. 70.
161 Vgl. Kaltwasser (1994), S. 71.

Lizenzerwerb, Technologiekauf und Spin-offs gehören zur Gruppe der Koordinationsformen, bei der die Technologien bereits vorhanden sind,[162] bei Spin-offs sind daraus bereits konkrete Leistungen entstanden. Anders verhält es sich bei den Konstrukten der Gemeinschaftsforschung, der Vertragsforschung sowie der F&E-Kooperation, bei denen das Know-how erst aufgebaut werden muß.[163] Daneben existieren noch Mischformen wie der Beteiligungserwerb bzw. die Unternehmensakquisition.

Bei Spin-offs erfolgt die Technologieproduktion autonom in der Hochschule; auch die Umsetzung der Technologie in eine Innovation geschieht ohne Einbeziehung des Kunden. Aufgrund dieses Tatbestands wird den Spin-offs vorgeworfen, daß das Know-how im Wissenschaftsbetrieb der Hochschule entstanden sei und nicht aus wirtschaftlichen Motive geschaffen wurde. Damit könne es nicht direkt im Unternehmen des Kunden eingesetzt werden.[164] Erfolgreiche Spin-offs sind jedoch dadurch gekennzeichnet, daß sie sich während der Umsetzung der Technologie in eine Innovation an den Problemen der potentiellen Anwender orientieren. Weiterhin ist noch zu berücksichtigen, daß im Rahmen der Implementierung im Unternehmen des konkreten Abnehmers die Leistung an dessen Wünsche und Bedürfnisse angepaßt werden kann. Die „Kundenindividualitätslücke" zu anderen Formen des Wissenserwerbs, bei denen das Know-how erst generiert wird, verringert sich dadurch.

Das Vorhandensein von technologischem Know-how birgt jedoch auch Vorteile gegenüber den anderen Formen, z.B. der Vertragsforschung. Die Unsicherheit des Abnehmers wird reduziert, da das Wissen bereits in marktreifem Zustand vorliegt.[165] Weiterhin sind vielerlei Kosteneinsparungen denkbar: Kosten für Fehlschläge, Kosten für Risikoabsicherung (z.B. Laborversicherung) fallen weg. Dafür fallen selbstverständlich Aufwendungen in Form von Vergütung der Leistungen des Spin-offs an, die-

---

[162] Dies beruht bei Spin-offs darauf, daß die Unternehmensgründer auf vorhandene Technologien der Inkubatororganisation zurückgreifen und diese in das neue Unternehmen übertragen.

[163] Vielfach werden Hochschulen von Unternehmen als Kooperationspartner herangezogen, da dort neuestes technologisches Wissen vorhanden ist, vgl. das Beispiel der Biologische Analysesystem GmbH bei Gillies (1998), S. 54.

[164] Vgl. Reinhard/ Schmalholz (1996), S. 12. Ähnliche Argumente gelten für die Lizenznahme oder den Kauf von Technologien, z.B. über Patente, da auch bei diesen Formen das Know-how autonom an anderer Stelle generiert wird.

[165] Eine vollständige Risikoreduktion wird jedoch aufgrund der Unsicherheit über die Qualität der Leistungen des Spin-offs nicht erreicht. Durch Screenig seitens des Nachfragers und Signaling des Spin-offs läßt sich dieses Problem jedoch reduzieren.

se Beträge sind jedoch aufgrund der reduzierten Unsicherheit kalkulierbarer als im Fall der Vertragsforschung.[166]

Des weiteren birgt stärkere Kundennähe der Vertragsforschung auch Nachteile. Insbesondere die Geheimhaltung wird genannt,[167] ein Problem, das sich aus dem höheren Involvement des Abnehmers ergibt. In der Realität wird weiterhin die mangelnde Bereitschaft von Forschern beklagt, Technologietransfer z.B. in Form von Auftragsforschung zu betreiben, da die Forschung und nicht der Transfer deren Aufgabe sei. Daher ist die Vertragsforschung zwar per Definition anwendungsorientiert, dies scheitert aber oftmals bereits am Zustandekommen eines derartigen Arrangements aufgrund der „Primadonnenmentalität" der Forscher.[168] Spin-offs als gewinnorientierte Unternehmen haben nicht mit derartigen Problemen zu kämpfen, da der Verkauf ihrer Produkte und Leistungen das Ziel der Unternehmen ist.

Zusammenfassend läßt sich feststellen, daß Spin-offs im Technologietransfer- und Innovationsprozeß eine bedeutende Stellung einnehmen und wichtige Transfermedien für die Verbreitung und gesellschaftliche Verwertung von innovativem, technologischem Wissen darstellen. Diese Rolle nehmen Spin-off-Gründer wahr, indem sie von einer abhängigen Beschäftigung in die Selbständigkeit wechseln und unternehmerisch tätig werden. Es ist der Unternehmer, der in der Organisation des Technologietransfers über Spin-offs die treibende Kraft darstellt! Spin-offs setzen Unternehmertum frei, indem sie nach HAYEK für die Verwertung von Wissen in der Gesellschaft sorgen sowie Innovationen durchsetzen und wirtschaftliche Dynamik erzeugen und damit die SCHUMPETER'sche Unternehmerrolle ausfüllen.

Mit seinen Ausführungen zur Unternehmerrolle initiierte JOSEPH A. SCHUMPETER im Rahmen der Wettbewerbsprozeßtheorie der österreichischen Schule der Nationalökonomie eine tiefgreifende Diskussion über die eigentliche Aufgabe des Unternehmers im Wettbewerb, die von verschiedenen Autoren wie LUDWIG VON MISES, FRIEDRICH A. VON HAYEK oder ISRAEL M. KIRZNER aufgegriffen und vertieft wurde. Angesichts der Bedeutung dieser Thematik scheint es erstaunlich, daß diese Diskussion bisher

---

[166] Vgl. dazu die analogen Ausführungen von Schneider/ Zieringer (1991), S. 33 zum Vergleich Lizenznahme – Eigen-F&E.

[167] Vgl. Kaltwasser (1994), S. 81 und Rotering (1990), S. 13. Siehe auch Zdrowomyslaw/ Rethmeier/ Huber u.a. (1999) zu einer umfassenden Aufarbeitung der Hemmnisse bei Forschungskooperationen.

[168] Vgl. o.V. (1997f) und Gemünden/ Walter (1996), S. 238. Weiterhin kann die hohe Anwendungsorientierung der Vertragsforschung durch die Verwendung eines standardisierten Forschungsdesigns verringert werden, das lediglich an den Technologienehmer angepaßt wird, vgl. dazu die Ausführungen bei Krick/ Wehrli (1998), S. 59.

sträflich vernachlässigt wurde und nicht im Mittelpunkt mikroökonomischer Theorie steht.

Spin-off-Gründer stellen ein Paradebeispiel für die Aufgaben eines Unternehmers im Wettbewerb dar, da sie als Unternehmensgründer die reinste Form des Unternehmers repräsentieren[169] und sämtliche der kontrovers diskutierten Unternehmerrollen in sich vereinen. Durch die Ausübung ihrer unternehmerischen Tätigkeit sorgen sie weiterhin für wirtschaftliche Entwicklung, technologischen Fortschritt sowie die Schaffung von Arbeitsplätzen. Spin-offs eignen sich daher besser als jedes andere Beispiel, um die Diskussion der Unternehmerrolle in der österreichischen Theorie aufzuarbeiten.

[169] Vgl. Schumpeter (1928), S. 485.

4 Unternehmertum und Entrepreneurship in der Theorie

Da Spin-off-Initiatoren ein Unternehmen gründen und mit innovativen Leistungen in den Markt eintreten, sind sie unternehmerisch tätig. Eine Diskussion über Theorien zum Unternehmertum ist damit gleichbedeutend mit der Aufarbeitung der Aufgaben von Spin-off-Gründern als Entrepreneure im Wettbewerb. Deshalb werden in diesem Kapitel Theorien zum Entrepreneurship und Unternehmertum aufgearbeitet und diskutiert. Dies ist insbesondere deshalb notwendig, da Gründer oftmals nur unzureichende Vorstellungen darüber besitzen, welche Anforderungen der Wettbewerb an sie als Unternehmer und Entrepreneure stellt. Spin-offs stellen ein Paradebeispiel hierfür dar.

Aus theoretischer Sicht ist die Diskussion erforderlich, da Theorien zum Unternehmertum oftmals nur einen Aspekt betonen, der für die Rolle des Unternehmers im Wettbewerb aus Sicht der jeweiligen Wissenschaftler besonders interessant oder relevant erscheint. Andere Aufgaben, die Unternehmer auch wahrnehmen müssen, werden nicht behandelt. Auf diese Weise ist eine Vielzahl von Partialansätzen entstanden, von denen keiner die Vielfalt an Rollen, denen ein Unternehmer sich tagtäglich stellen muß, widerspiegelt. Am Beispiel von Hochschul-Spin-offs sollen diese kontrovers diskutierten Ansätze miteinander verbunden werden, da sie zusammengenommen ein umfassendes Verständnis der Unternehmerrolle ermöglichen.

Die Erkenntnisse über die Unternehmerrollen dienen als theoretisches Fundament für die Aufarbeitung der praktischen Problemstellungen eines Unternehmers im Prozeß der Unternehmensgründung. Auf diese Weise soll eine Abkehr von der noch weitgehend theorielosen, empirisch dominierten Forschung über Probleme von Unternehmensgründern erreicht werden.

Die empirische Forschung konzentriert sich neben der Analyse typischer Probleme von Gründern auf die Untersuchung der Motivstruktur,[170] denn die Motivation ist Voraussetzung für die Entscheidung, sich unternehmerisch zu betätigen. Diese empirisch ermittelten und im Anschluß skizzierten Motive werden im Verlauf der Diskussion der Unternehmerrollen in der Theorie aufgegriffen, um zu überprüfen, inwieweit die Gründe, die potentielle Unternehmer dazu bewogen haben, Unternehmer zu werden, mit den Theorien zum Unternehmertum übereinstimmen. Es soll aufgezeigt werden, daß die Theorien zusammen betrachtet ein geeignetes Bild der Rolle des Unternehmers, seiner psychologischen Merkmale und seiner Motivstruktur bieten.

---

[170] Auch Döbler (1998), S. 46 kommt zu diesem Ergebnis.

4.1 Empirische Analysen der Motivstruktur von Unternehmensgründern

Die Motivation potentieller Existenzgründer beginnt bereits bei der Gründungsneigung, d.h. dem grundsätzlichen Interesse an der Selbständigkeit als Karrierealternative. WEIHE/ REICH stellten in einer Untersuchung zur Gründungsneigung von Studenten wirtschaftswissenschaftlicher Fachbereiche fest, daß ein Drittel der deutschen Studierenden unbedingt an beruflicher Selbständigkeit interessiert sind. Dieser Wert wird auch im internationalen Vergleich bestätigt, lediglich in den USA zeigen mehr als die Hälfte der Studierenden großes Interesse.[171]

BERNDTS/ HARMSEN haben im Rahmen einer Erhebung folgende vier Hauptmotive ermittelt, einen Spin-off aus einer Forschungseinrichtung zu gründen:

a) mehr Unabhängigkeit,
b) Erkennen und Ausnutzen einer Marktlücke,
c) schlechte Aufstiegsmöglichkeiten in der Forschungseinrichtung und
d) höheres Einkommen.[172]

Diese Ergebnisse werden durch MEYERHÖFER bestätigt, der eine Übersicht über verschiedene Untersuchungen zur Motivstruktur von Existenzgründern erstellt hat.[173] Auch bei MASELLI und GARVIN finden sich ähnliche Resultate.[174]

In der englischsprachigen Literatur wird die Motivation eher auf abstrakter Ebene untersucht. Dabei werden das Leistungsmotiv (need of achievement), das Unabhängigkeitsstreben (need of independence), das Machtmotiv (need of power) sowie das Gesellungsmotiv (need of affiliation) diskutiert.[175] Die in deutschsprachigen Untersuchungen ermittelte Motivstruktur läßt sich in diese Systematik relativ leicht einordnen.

Vor allem das Streben nach Unabhängigkeit wird immer wieder als zentrales Motiv für den Sprung in die Selbständigkeit genannt.[176] Die Gründer streben einen größeren Entscheidungs- und Entfaltungsspielraum an, der in abhängiger Beschäftigung stark ein-

---

[171] Vgl. Weihe/ Reich (1994b), S. 208. Tatsächlich gründen aber nur 0,3 Prozent der deutschen Studenten eine eigene Unternehmung, vgl. BMWi (1998), S. 5.
[172] Vgl. Berndts/ Harmsen (1985), S. 64.
[173] Vgl. Berndts/ Harmsen (1985), S. 65.
[174] Vgl. Garvin (1983), S. 6f. und Maselli (1997), S. 40. MASELLI'S Ergebnisse beziehen sich auf Spin-off-Gründer aus privatwirtschaftlichen Unternehmen, sind jedoch fast identisch zur Untersuchung von BERNDTS/ HARMSEN.
[175] Vgl. Szyperski/ Klandt (1981), S. 100. Siehe auch Klandt (1990b) zum wichtigsten Aspekt des Leistungsmotivs.
[176] Vgl. Klandt (1984), S. 126 und Klandt (1990a), S. 32.

geschränkt ist. Damit verbunden ist oftmals der Wunsch, ein leistungsadäquates Einkommen zu erzielen, was bei größeren Handlungsspielräumen einfacher erscheint.[177] Dabei sollten Gründer jedoch bedenken, daß sich dieses nur bei erfolgreichen Unternehmen und auch erst auf lange Sicht einstellt, da am Anfang eher mit Verlusten gerechnet werden muß.[178]

Ein weiteres wichtiges Motiv für die Gründung eines Spin-offs, welches eng mit dem Unabhängigkeitsstreben zusammenhängt, ist allgemein eine starke Unzufriedenheit mit der Beschäftigungssituation beim Inkubator.[179] Neben mangelnden Aufstiegschancen gehören Spannungen mit dem Vorgesetzten dazu. Auch Enttäuschung darüber, daß Forschungsergebnisse nicht weiterverfolgt oder -gefördert wurden, spielen eine Rolle.[180] Vor allem bei Hochschul-Spin-offs kann dies der Auslöser für die Gründungsentscheidung sein.[181] Oftmals wären Mitarbeiter beim Inkubator geblieben, wenn sie die Gelegenheit zur Weiterverfolgung ihrer Ideen erhalten hätten.[182] Das Erkennen und Ausnutzen einer Marktlücke kommt deshalb als Motiv häufig erst dann zum Tragen, wenn die Gründer die Hochschule verlassen wollen. COOPER stellt zu dieser Problematik fest:

„[...] organizations that are good at recruiting ambitious people, but are then afflicted with internal mismanagement or turmoil, may be most likely to spin off entrepreneurs".[183]

Weiterhin ergeben sich spezifische Vorteile für Spin-off-Gründer, die die Motivstruktur ergänzen. Gerade bei Hochschulen als Inkubatororganisationen ist die Wahrscheinlichkeit eines Sponsored-Spin-offs hoch. Die Gründer erhalten dabei von der Hochschule z.B. organisatorische Hilfestellung. Die Nähe zur Hochschule bietet außerdem den Vorteil eines positiven Imagetransfers, wenn z.B. die Ausgründung aus einem renommierten Institut erfolgt und dieses weiterhin mit dem Spin-off kooperiert.[184] Auch die Rekrutierung qualifizierten Personals ist für Hochschul-Spin-offs, die sich räumlich und organisatorisch hochschulnah ansiedeln, einfacher möglich, da

---

177 Vgl. Maselli (1997), S. 39.
178 Zu den Anfangsverlusten in den frühen Phasen der Unternehmensentwicklung vgl. Rüggeberg (1997), S. 12.
179 Vgl. Cooper (1985), S. 78 und Lang-von Wins (1999), S. 30ff.
180 Vgl. Cooper (1970b), S. 60.
181 Vgl. Keune/ Nathusius (1977), S. 57f.
182 Vgl. Nathusius (1979), S. 242.
183 Cooper (1985), S. 78.
184 Vgl. Maselli (1997), S. 40.

ständig gut ausgebildete Absolventen auf der Suche nach einer Beschäftigung sind.[185] Hochschulen bieten in letzter Zeit sogar Rückkehrgarantien, so daß sich das Risiko seitens des Gründers verringert.[186]

Diese empirisch ermittelten Kenntnisse über die Motivstruktur von Unternehmensgründern sind insbesondere deshalb von Bedeutung, da die Motivation des Gründers die Grundlage für die Entscheidung über die Aufnahme einer unternehmerischen Tätigkeit darstellt. Nachdem diese Entscheidung getroffen wurde, hat sich der Gründer jedoch bestimmten Anforderungen zu stellen, über die die Motivationsforschung keinen Aufschluß gibt. Daher sind umfassendere Ansätze zur Rolle des Unternehmers im Wettbewerb vonnöten. Diese bieten eine theoretische Basis sowohl zur Unternehmerrolle als auch zur Motivstruktur von Unternehmensgründern und integrieren auf diese Weise die empirisch dominierte, relativ isoliert stehende Motivationsforschung.

4.2 Rollen des Unternehmers im Überblick

Untersuchungen zur Unternehmerrolle wurden im Verlauf der Geschichte ökonomischen Denkens von mehreren Wissenschaftlern vorgenommen, die dem Unternehmer unterschiedliche Aufgaben zusprachen. HÉBERT/ LINK haben in einer umfangreichen Literaturauswertung diese historischen Rollen des Unternehmers aus verschiedensten Theorieansätzen zusammengetragen.[187] Sie arbeiteten 12 mögliche Funktionen des Unternehmers heraus (vgl. Tabelle 4), die sich auf drei bedeutende Hauptströmungen reduzieren lassen, die die Unternehmerforschung maßgeblich prägten. Diese sind durch die Merkmalsgruppen **Innovation**, **Risiko/ Unsicherheit** und **Aufmerksamkeit/ Findigkeit** gekennzeichnet.[188]

Dabei wurde der Status des Unternehmers im Lauf der Zeit jedoch unterschiedlich wahrgenommen: während die französischen Wissenschaftler RICHARD CANTILLON und JEAN-BAPTISTE SAY im 18. Jahrhundert dem Unternehmer zum ersten Mal große Aufmerksamkeit zollten,[189] verringerte sich mit Beginn der Neoklassik dessen Bedeutung: der Betrieb löste den Unternehmer als Untersuchungsgegenstand ab. Die Rolle

[185] Vgl. McQueen/ Wallmark (1991), S. 105 und Zdrowomyslaw/ Rethmeier/ Huber u.a. (1999), S. 18. Die Voraussetzung, hochschulnah angesiedelt zu sein, ist zumindest in räumlicher Sicht in den meisten Fällen erfüllt, da 82% der Gründer sich in einem Umkreis von 50 km um die Forschungseinrichtung niederlassen, vgl. Knigge/ Petschow (1986), S. 57 und Berndts/ Harmsen (1985), S. 51.

[186] Vgl. Berndts/ Harmsen (1985), S. 69.

[187] Vgl. Hébert/ Link (1988), S. 152ff.

[188] Vgl. Hébert/ Link (1988), S. 153 und Ripsas (1998c), S. 105f.

[189] Vgl. Hébert/ Link (1988), S. 19ff. und 35ff.

des Unternehmers wurde zwar gewürdigt; da sie jedoch schwer in mathematische Modelle und Konzepte zu integrieren war, wurde der Unternehmer vornehmlich ergänzend dazu beachtet.[190]

Tabelle 4: Funktionen des Unternehmers in der ökonomischen Theorie
Quelle: Hébert/ Link (1988), S. 152.

The entrepreneur is the person who assumes the risk associated with uncertainty *(e.g., Cantillon, Thünen, Mangoldt, Mill, Hawley, Knight, Mises, Cole, Shackle).*
The entrepreneur is the person who supplies financial capital *(e.g., Smith, Turgot, Böhm-Bawerk, Edgeworth, Pigou, Mises).*
The entrepreneur is an innovator *(e.g., Baudeau, Bentham, Thünen, Schmoller, Sombart, Weber, Schumpeter).*
The entrepreneur is a decision maker *(e.g., Cantillon, Menger, Marshall, Wieser, Amasa Walker, Francis Walker, Keynes, Mises, Shackle, Cole, Schultz).*
The entrepreneur is an industrial leader *(e.g., Say, Saint-Simon, Amasa Walker, Francis Walker, Marshall, Wieser, Sombart, Weber, Schumpeter).*
The entrepreneur is a manager or superintendent *(e.g., Say, Mill, Marshall, Menger).*
The entrepreneur is an organizer and coordinator of economic resources *(e.g., Say, Walras, Wieser, Schmoller, Sombart, Weber, Clark, Davenport, Schumpeter, Coase).*
The entrepreneur is the owner of an enterprise *(e.g., Quesnay, Wieser, Pigou, Hawley).*
The entrepreneur is an employer of factors of production *(e.g., Amasa Walker, Francis Walker, Wieser, Keynes).*
The entrepreneur is a contractor *(e.g., Bentham).*
The entrepreneur is an arbitrageur *(e.g., Cantillon, Walras, Kirzner).*
The entrepreneur is an allocator of resources among alternative uses *(e.g., Cantillon, Kirzner, Schultz).*

Mittlerweile erfährt der Unternehmer wieder gesteigerte Aufmerksamkeit als Triebkraft wirtschaftlicher Entwicklung. Diese Entwicklung läutete nicht zuletzt die Wettbewerbsprozeßtheorie der österreichischen Schule der Nationalökonomie ein, die sich in kritischer Auseinandersetzung mit der Neoklassik ausführlich mit der Bedeutung des Unternehmers im Wettbewerb befaßt hat. Sie erlebt derzeit eine Renaissance, denn sie bietet eine geeignete Grundlage für die ökonomische Analyse von Unternehmertum im Wettbewerbsprozeß und wird daher als Ausgangspunkt der neueren Unternehmerforschung verwendet.

---

[190] Vgl. Baumol (1968).

4.3 Die österreichische Schule der Nationalökonomie

Gegründet wurde die österreichische Schule der Nationalökonomie von CARL MENGER, der mit seiner Idee des Grenznutzens eine völlig neue Sichtweise für Güter eröffnete. Der Wert einer Gütermenge bemißt sich dabei aus dem subjektiven Nutzenzuwachs der zuletzt eingesetzten Gütermenge. Für MENGER sind es insbesondere die Wertschätzungen der Konsumenten, die über die Preisbildung entscheiden. Er lehnt das Verhaltensmodell des homo oeconomicus ab und betont menschliches Handeln in der Wirtschaft.[191] Anders als WALRAS und JEVONS, die parallel zu MENGER die Grenznutzentheorie entwickelten, verwendete MENGER jedoch keine mathematische Form.

Sowohl MENGER'S explizite Ausführungen zum Thema Unternehmer als auch die seiner indirekten Schüler FRIEDRICH V. WIESER und EUGEN V. BÖHM-BAWERK sind eher knapp gehalten.[192] Ihrer Tradition, insbesondere dem BÖHM-BAWERK-Seminar der Universität Wien, entsprang jedoch eine neue, dritte Generation von österreichischen Wissenschaftlern, die die Annahmen der neoklassischen mikroökonomischen Theorie kritisierten und die Rolle des Unternehmers in einem dynamischen Wettbewerb präzisierten. Ihr gehörten sowohl LUDWIG V. MISES als auch JOSEPH A. SCHUMPETER an. FRIEDRICH A. V. HAYEK stellt den prominenten Hauptvertreter der vierten Generation dar. ISRAEL M. KIRZNER ist der herausragende Wissenschaftler der fünften Generation.[193] Die Eingruppierung SCHUMPETERS ist jedoch nicht unumstritten. HÉBERT/ LINK zählen ihn zusammen mit JOHANN HEINRICH VON THÜNEN zu einer deutschen Schule.[194] MANTZAVINOS ordnet SCHUMPETER nicht in die österreichische Tradition ein,[195] während bei PIPER MENGER, SCHUMPETER, MISES und HAYEK unter das Kapitel „Österreicher" fallen.[196] KURT LEUBE, ein Mitgründer des Internationalen Instituts ‚Österreichische Schule der Nationalökonomie', zählt SCHUMPETER definitiv zur dritten Generation. Er kann dennoch nicht als reiner Österreicher gelten, da er im Laufe seines Lebens eine Vielzahl anderer Einflüsse in seine Werke integriert hat, insbesondere die der sogenannten Lausanner Schule. Dessenungeachtet wird er mit Einschränkungen der dritten Generation zugerechnet.[197]

---

[191] Vgl. Meyer (1995), S. 25. Siehe auch Menger (1968).
[192] Vgl. Hébert/ Link (1988), S. 64ff.
[193] Vgl. Leube (1995) und Leube (1996).
[194] Vgl. Hébert/ Link (1988), S. 153ff.
[195] Vgl. Mantzavinos (1994), S. 115.
[196] Vgl. Piper (1994), S. IX.
[197] Vgl. Leube (1995) und Leube (1996).

Die Rolle des Unternehmers wird von diesen verschiedenen Ökonomen nicht einheitlich gesehen, daher beinhaltet die Wettbewerbsprozeßtheorie eine inspirierende Vielfalt von Ansichten zur unternehmerischen Aufgabe. Vereinzelt haben sich auch weitere Wissenschaftler, die nicht direkt zu der österreichischen Schule gehören, mit den Fragen nach der unternehmerischen Aufgabe und nach dem Unternehmergewinn auseinandergesetzt und die Österreicher, die heute bis in die 7. Generation reichen, beeinflußt. Die Tatsache, daß die drei Hauptströmungen der Unternehmerforschung, die nach HÉBERT/ LINK durch die Merkmalsgruppen **Innovation**, **Risiko/ Unsicherheit** und **Aufmerksamkeit/ Findigkeit** gekennzeichnet sind, sämtlich im Gedankengut der österreichischen Schule enthalten sind, unterstreicht die breitgefächerte Behandlung der unternehmerischen Aufgabe durch die Wettbewerbsprozeßtheorie.

Der Unternehmer wird im Rahmen dieser Schule einerseits als **Innovator** betrachtet, d.h. er setzt neue Kombinationen durch. Prominentester Vertreter dieser Richtung ist JOSEPH A. SCHUMPETER. Seine Sichtweise des Unternehmers stellt den am meisten verwendeten Ausgangspunkt der neuesten Unternehmer- und Unternehmensgründungsforschung dar.

Weiterhin kann der Unternehmer als Träger von **Risiko/ Unsicherheit** gesehen werden. Dieser Ansicht folgt zunächst FRANK H. KNIGHT. Der Ansatz des Nicht-Österreichers KNIGHT übt damit Einfluß auf die österreichische Schule der Nationalökonomie aus, indem er den Übergang von der Sichtweise SCHUMPETER'S, der das Tragen von Unsicherheit als unternehmerische Aufgabe ablehnt, zu der von MISES und HAYEK darstellt, die Unsicherheit als unternehmerisches Element betrachten. MISES und HAYEK argumentieren weiter, daß im Wettbewerb die Orientierung an den Nachfragerwünschen die zentrale unternehmerische Aufgabe darstellt, so daß **Kundenorientierung** eine weitere äußerst wichtige Unternehmerrolle darstellt.

MISES und HAYEK beeinflußten insbesondere das Werk von ISRAEL M. KIRZNER, der aufbauend auf den Erkenntnissen von HAYEK die **Aufmerksamkeit** und **Findigkeit** von Unternehmern in den Mittelpunkt des Interesses stellt. KIRZNER arbeitet die von HAYEK skizzierte Rolle des Unternehmers als Kundschafter auf der Suche nach unausgenutzten Gelegenheiten weiter aus und sieht den Unternehmer als Arbitrageur.

Nahezu alle der genannten Autoren betrachten den Unternehmer als Führerfigur im wirtschaftlichen Prozeß, so daß weiterhin der Aspekt der **Führung** als unternehmerische Aufgabe betont wird. Schließlich weisen die Ausführungen der Wissenschaftler dem Unternehmer die Rolle der **marktorientierten Unternehmensführung** zu; ein Aspekt, der sich aus der Gewinnerzielungsabsicht des Unternehmers ergibt. Sämtliche dieser kurz skizzierten Rollen können dabei nicht als operative „Aufgabe" interpretiert werden, die es zu erledigen gilt. Vielmehr stellen sie die Philosophie des Unternehmerdaseins dar, d.h. sie liegen dem gesamten Geschäftsverständnis zugrunde.

Dieser kurze Abriß der Aufgaben eines Unternehmers macht deutlich, daß diejenigen Unternehmerrollen, die von HÉBERT/ LINK als die bedeutendsten Hauptströmungen in der Unternehmerforschung identifiziert wurden (vgl. Kapitel 4.2), im Gedankengut der österreichischen Schule der Nationalökonomie enthalten sind und durch weitere wichtige Aspekte wie Kundenorientierung, Führung und marktorientierte Unternehmensführung ergänzt werden. Die Ansätze der Wettbewerbsprozeßtheorie sowie der Werke von Wissenschaftlern, die diese Schule beeinflußten, eignen sich daher in besonderem Maße für die Analyse der Aufgaben des Unternehmers im Wettbewerb.

Die Wissenschaftler der österreichischen Schule entwickelten ihre Ansätze zur Rolle des Unternehmers stets in Auseinandersetzung mit der Neoklassik. Dieser Entwicklungsprozeß ausgehend von der Neoklassik hin zu einer Theorie des Wettbewerbsprozesses, in der der Unternehmer eine zentrale Rolle spielt, wird im folgenden nachvollzogen, um ein tieferes Verständnis für die Vorgehensweise und das Gedankengut der Wettbewerbsprozeßtheorie zu erlangen.

4.3.1 Die Auseinandersetzung zwischen Neoklassik und österreichischer Schule im Überblick

Ausgangspunkt der Neoklassik war das Konzept der freien Konkurrenz der nationalökonomischen Klassiker, die unbeschränkten Wettbewerb forderten und diesen gedanklich mit wirtschaftlichem Fortschritt verbanden.[198] ADAM SMITH war der Ansicht, daß jeder seine eigenen Interessen verfolgen solle und damit, wie von unsichtbarer Hand gelenkt, unwissentlich und unbeabsichtigt das Gesamtinteresse der Gesellschaft verfolgen würde.[199]

Aufbauend auf diesem Konstrukt der „unsichtbaren Hand des Marktes" entwickelte sich die neoklassische mikroökonomische Theorie, die an den klassischen Lehren anknüpft.[200] LÉON WALRAS konkretisierte als erster die noch verschwommene Vorstellung davon, wie die unsichtbare Hand es schafft, egoistische Einzelinteressen zum

198 Vgl. Aberle (1980), S. 22.
199 Vgl. Kurz (1994).
200 Vgl. Meyer (1995), S. 21. Über den Begriff der Neoklassik und die Zuordnung von Wissenschaftlern und Gelehrten zur Neoklassik besteht keine Einigkeit. Eine Zuordnung von Wissenschaftlern

Wohle aller zusammenzufügen, indem er einen Auktionator generiert, der sich an den Gleichgewichtspreis herantastet (tâtonnement).[201] WALRAS, WILLIAM S. JEVONS und CARL MENGER entwickelten unabhängig voneinander das Konzept des abnehmenden Grenznutzens, d.h. jede zusätzlich konsumierte Einheit einer Ware bewirkt eine Nutzensteigerung, die jedoch immer geringer ausfällt.[202] Diese subjektive Wertlehre wurde von ALFRED MARSHALL in eine steigende Angebots- und eine fallende Nachfragekurve umgesetzt: aus dem Schnittpunkt von objektiven Kosten und subjektivem Nutzen ergibt sich der Gleichgewichtspreis.[203]

Die Aufgabe der neoklassischen mikroökonomischen Theorie besteht darin, Tauschbedingungen und Koordinationsmechanismen im Markt zu analysieren, um zu zeigen, daß der Preismechanismus zu einer optimalen Ressourcenallokation führt. Dafür werden Modelle konstruiert, in denen sich der Markt in einem statischen Gleichgewicht befindet und vollkommener Wettbewerb herrscht.[204] Dieser ist durch folgende Prämissen gekennzeichnet:[205]

a) Es existieren sehr viele Anbieter und Nachfrager, deren Angebots- bzw. Nachfragemengen nur einen sehr geringen Anteil am gesamten Angebot bzw. Nachfrage ausmachen. Es besteht eine atomistische Angebots- bzw. Nachfragestruktur.

b) Es bestehen keine sachlichen, zeitlichen, räumlichen oder persönlichen Präferenzen seitens der Anbieter und Nachfrager. Die Güter sind homogen.[206]

c) Marktzutrittsbeschränkungen für Anbieter und Nachfrager sind nicht existent.

d) Alle Marktakteure verfügen über vollkommene Information. Dies bedeutet, daß der Markt vollständig transparent ist. Sämtliche Daten, die die Akteure benötigen, um ihre Pläne zu koordinieren, sind bekannt, insbesondere die Preisinformationen.

e) Anbieter und Nachfrager verhalten sich rational im Sinne ihrer Gewinn- bzw. Nutzenmaximierung.

---

zu bestimmten Richtungen und Schulen ist dabei um so schwerer vorzunehmen, je mehr man sich in der Betrachtung der Gegenwart nähert, vgl. Winkel (1994), S. 55.

201 Vgl. Oltmanns (1994b), S. 66f.

202 Dieser Sachverhalt wird nach dem Mann, der sich darüber bereits 30 Jahre vor WALRAS, JEVONS und MENGER klar wurde, 1. GOSSEN'sches Gesetz genannt, vgl. Schumann (1992), S. 5 und Oltmanns (1994b), S. 65.

203 Vgl. Oltmanns (1994a), S. 78.

204 Vgl. Kirzner (1978), S, 1ff. und Meyer (1995), S. 21f.

205 Vgl. Schumann (1992), S. 211ff., Meyer (1995), S. 22f., Olten (1995), S. 45f. und Neumann (1982), S. 71f.

206 Dadurch wird insbesondere der Einsatz eines absatzpolitischen Instrumentariums durch einen Anbieter, sprich Unternehmer, ausgeschlossen.

Das Marktergebnis stellt sich folgendermaßen dar:

a) Auf dem betrachteten Markt kann es nur einen Preis geben, es besteht das Prinzip der Preisunterschiedslosigkeit (law of indifference). Daher werden alle Tauschvorgänge zu diesem Preis abgewickelt.

b) Anbieter und Nachfrager haben aufgrund ihrer geringen Angebots- und Nachfragemengen kaum Einfluß auf den Preis und können sich nur als Mengenanpasser verhalten.

c) Das Preissystem liefert den Akteuren alle nötigen Informationen, um die Pläne untereinander abzustimmen und den Nutzen bzw. den Gewinn zu maximieren. Das Verhaltensmodell des homo oeconomicus steht hinter diesem Rationalitätsprinzip.

Die Annahmen und Schlußfolgerungen des vollkommenen Wettbewerbs machen deutlich, daß im Rahmen dieser Modelle der Spielraum für unternehmerisches Handeln sehr gering ausfällt. Dabei wird das unternehmerische Element durchaus noch wahrgenommen, die Wissenschaftler integrieren es jedoch nicht in mathematische Modelle, sondern nehmen separat dazu bezug;[207] ein Umstand, der von BARRETO kritisiert wird: „The word ‚entrepreneur' may still occasionally be used, but it has lost any real meaning. Entrepreneurship, in any of its various facets, does not play a vital role in modern microtheory."[208]

So betont WALRAS die Unternehmerrollen Koordination und Arbitrage. Letztere kommt dadurch zum Tragen, daß der Unternehmer auf diversen Märkten agiert und dadurch Lieferanten und Abnehmer miteinander verbindet. Weiterhin koordiniert der Unternehmer das wirtschaftliche Geschehen, indem er Arbeiter beschäftigt, Boden vom Landbesitzer pachtet und sich vom Kapitalisten Geld leiht. Obwohl WALRAS die Unternehmerrolle charakterisiert, gelingt es ihm nicht, sie in seine mathematischen Modelle aufzunehmen. Er läßt den Unternehmer außen vor, um das Gleichgewichtsmodell konsequent zu formulieren.[209]

Weiterhin sah MARSHALL im Unternehmer den Risikoträger, der wachsam hinsichtlich kostensparender, neuer Ideen sein muß. Wenn er als energiegeladene Persönlichkeit ein Unternehmen verläßt, um andere Wege zu gehen, ist er schwer zu ersetzen. Wei-

---

[207] Vgl. Welzel (1995), S. 41.
[208] Barreto (1989), S. 1.
[209] Vgl. Hébert/ Link (1988), S. 73.

terhin weist er dem Unternehmer die Rollen des Koordinators, Arbitrageurs und Innovators zu. Aber auch MARSHALL rückt nicht vom Marktgleichgewichtsgedanken ab.[210]

Die Annahmen der neoklassischen mikroökonomischen Theorie, die den Spielraum für unternehmerisches Handeln innerhalb mathematischer Modelle gering ausfallen lassen, abstrahieren dabei stark von der Realität. Auf andere Weise ist der Anspruch, die komplexe Materie der marktwirtschaftlichen Koordination zu untersuchen, zunächst jedoch kaum zu verwirklichen, da immer ein trade-off besteht zwischen dem Realitätsgehalt und damit verbunden hoher Komplexität und auf der anderen Seite Einfachheit und Verständlichkeit von Modellen, was jedoch nicht zu einer Ausblendung relevanter Sachverhalte führen darf.[211] Die besondere Bedeutung dieser herkömmlichen neoklassischen Theorie, wie KIWIT sie nennt,[212] liegt darin, daß sie das umfassende Fundament für die weiterführende Analyse der marktwirtschaftlichen Koordination legt und Raum für weitere, aktuelle wissenschaftliche Forschung aufzeigt.

So beschäftigt sich bspw. die neue Institutionenökonomik damit, neben der Koordinationsinstitution der Märkte, die von der neoklassichen mikroökonomischen Theorie behandelt wird, weitere Institutionen wie Unternehmungen und Kooperationen zwischen diesen zu untersuchen. Wichtigster Zweig ist dabei der Transaktionskostenansatz mit den Hauptvertretern RONALD COASE und OLIVER E. WILLIAMSON.[213] Auch wird durch neuere Ansätze die Annahme fehlender Präferenzen und homogener Güter aufgelöst. Vielmehr existieren Qualitätsunterschiede, über die die Anbieter, aber nicht die Nachfrager Bescheid wissen: asymmetrische Informationsverteilung kann dann zu adverser Selektion führen.[214] Weiterhin ist die neoklassische Theorie auch auf andere Märkte wie den Arbeitsmarkt übertragbar und wird auch in diesem Zusammenhang weiterentwickelt. So stellt z.B. die Humankapitaltheorie eine Erweiterung des neoklassischen Modells dar, indem die Annahme der Homogenität des Faktors Arbeit aufgelöst wird: Investitionen in Humankapital, d.h. Qualifizierungsmaßnahmen, führen zu

---

210 Vgl. Barreto (1989), S. 55 und 66.

211 Vgl. Schumann (1992), S. 3.

212 Vgl. Kiwit (1994), S. 5. Auch die Bezeichnung „neoklassisches Standardmodell“ oder „harter Kern der Allgemeinen Gleichgewichtstheorie“ werden verwendet, vgl. Sesselmeier/ Blauermel (1990), S. 17.

213 Vgl. Schumann (1992), S. 433ff. und Ziegler (1998), S. 212. Siehe auch Kiwit (1994) zur Überwindung der Defizite „herkömmlicher neoklassischer Theorie“ durch den Transaktionskostenansatz.

214 Vgl. Akerlof (1970). Siehe auch Schumann (1992), S. 416ff.

einem differenzierten Arbeitsangebot und damit zu Einkommensunterschieden zwischen den Arbeitnehmern.[215]

Auch die Wettbewerbsprozeßtheorie der österreichischen Schule der Nationalökonomie verwendet die neoklassische Theorie als Ausgangspunkt ihrer Überlegungen, löst systematisch Prämissen auf und entwickelt die neoklassische mikroökonomische Theorie damit weiter. Der Wettbewerb ist für die Wissenschaftler der österreichischen Schule nicht durch vollkommene Konkurrenz, vor allem vollkommene Information und Markttransparenz, gekennzeichnet, vielmehr bestimmen Unsicherheit und Dynamik den Wettbewerbsprozeß. Insbesondere HAYEK wendet sich gegen die Annahme vollkommener Information und zeigt auf, daß Informationen erst im Verlauf des Wettbewerbsprozesses entdeckt und verarbeitet werden, was einen wirksamen, dynamischen Wettstreit unter den Anbietern von Leistungen impliziert.[216] SCHUMPETER ist besonders darauf bedacht, den dynamischen Charakters des Wettbewerbsprozesses herauszuarbeiten, der in statischen Gleichgewichtsmodellen nicht abgebildet werden kann. Das dynamische Element im wirtschaftlichen System ist für SCHUMPETER dabei der Unternehmer, der Gleichgewichte zerstört und zu wirtschaftlicher Entwicklung führt.[217]

Indem die Vertreter der Wettbewerbsprozeßtheorie den Wettbewerb als dynamischen Prozeß skizzieren, der Informationen aufdeckt, geben sie der unternehmerischen Tätigkeit, die in der neoklassischen Theorie nahezu nicht vorkommt, Raum. Die Bedeutung der neoklassischen Gleichgewichtsanalyse für die Unternehmerfunktionen liegt nach MISES genau in diesem Ausschluß, da dadurch die Rolle des Unternehmers deutlich ersichtlich wird.[218] Mit dieser Vorgehensweise ist es die Wettbewerbsprozeßtheorie, welche die neoklassische Theorie in eine Richtung weiterentwickelt, die den Unternehmer als besonderes Element betont und ihn zum endogenen Bestandteil des Wettbewerbsprozesses macht.[219]

Nach Ansicht der Verfasserin bietet die Wettbewerbsprozeßtheorie daher den geeigneten Ausgangspunkt der folgenden Ausführungen, da keine andere Theorierichtung

---

[215] Vgl. Sesselmeier/ Blauermel (1990), S. 19ff. und 57ff. und Knecht (1988). Vgl. auch Schulz (1998), S. 6 und S. 9 zum Zusammenhang zwischen Humankapitalinvestitionen und Gründungserfolg sowie Schulz (1995), S. 141ff.

[216] Vgl. Hayek (1968).

[217] Vgl. Schumpeter (1993a), S. 75-87 und Brandt (1993), S. 327ff.

[218] Vgl. Mises (1940), S. 240.

[219] Vgl. Mantzavinos (1994), S. 142. Andere Weiterentwicklungen der neoklassischen Theorie, wie z.B. die neue Institutionenökonomie, gehen in eine andere Richtung und werden daher nicht vertieft.

die Unternehmertätigkeit derart umfassend behandelt. Obwohl die Wettbewerbsprozeßtheorie in anderen Arbeiten bereits behandelt wurde,[220] existiert bislang keine derart systematische, sorgfältige und umfassende Herausarbeitung der Unternehmerrolle im Gedankengut der österreichischen Schule, wie sie mit der vorliegenden Arbeit geleistet werden soll.

Im folgenden wird ideengeschichtlich vorgegangen, d.h. die Ansätze von SCHUMPETER, KNIGHT, MISES, HAYEK und KIRZNER werden aufeinander aufbauend dargestellt. Dabei werden die Aufgaben des Unternehmers, wie sie sich nach dem Verständnis des jeweiligen Wissenschaftlers präsentieren, detailliert herausgearbeitet. Aus der Auseinandersetzung mit den wichtigsten Vertretern über die Zeit sind die Erkenntnisse über die Rollen des Unternehmers deutlich ersichtlich. Im Anschluß wird zunächst die Unternehmerrolle bei SCHUMPETER ausführlich dargestellt, da dieser sich sehr intensiv mit der Materie des Unternehmertums auseinandergesetzt hat. Heutzutage bildet der SCHUMPETER-Unternehmer den Ausgangspunkt der neueren Unternehmerforschung. Im Anschluß daran wird das Werk eines Nicht-Österreichers, FRANK H. KNIGHT, aufgezeigt, da dieser die Bedeutung von Unsicherheit explizit aufzeigt. Er markiert damit den Übergang von SCHUMPETER, der das Tragen von Unsicherheit als unternehmerische Funktion in der Tradition von MENGER ablehnt, hin zu MISES und HAYEK, die Unsicherheit als Voraussetzung für Unternehmertum sehen. Sowohl MISES als auch HAYEK betonen die Notwendigkeit, sich in einer Welt mit unvollkommener Information den Wünschen und Bedürfnissen der Nachfrager anzupassen und sind mit ihren Werken Denkväter von KIRZNER, der Aufmerksamkeit für unausgenutzte Gelegenheiten als die zentrale unternehmerische Funktion betrachtet.

4.3.2 Die Unternehmerrolle bei JOSEPH A. SCHUMPETER

4.3.2.1 Innovation als unternehmerische Aufgabe

HÉBERT/ LINK weisen nicht zu unrecht darauf hin, daß obwohl die Innovation als unternehmerische Aufgabe fast ausschließlich mit SCHUMPETER in Verbindung gebracht wird, JOHANN HEINRICH V. THÜNEN bereits vor SCHUMPETER das erfinderische Element im Unternehmertum betont.[221] THÜNEN trennt den Unternehmer zunächst vom Kapitalisten. Weiterhin vollzieht THÜNEN eine Abgrenzung zum Manager: während letzterer auch in schlechten Zeiten nach getaner Arbeit ruhig einschlafen kann, ist der

[220] Vgl. z.B. Meyer (1995) und Ripsas (1997).
[221] Vgl. Hébert/ Link (1988), S. 58.

Unternehmer als Träger der Unsicherheit mit dem Gedanken beschäftigt, wie er das Unglück von sich abwenden kann. Aufgrund dieser Bedrängnisse wird der Unternehmer zum Erfinder und Entdecker, da die Not die Mutter der Erfindungen darstellt.[222] Es darf jedoch nicht übersehen werden, daß THÜNEN damit den Inventor beschreibt, nicht den Innovator, der nach SCHUMPETER neue Kombinationen durchsetzt.

Die Trennung in Erfindung und deren Durchsetzung wurde zuerst von SCHUMPETER praktiziert.[223] Er definiert Innovation als die Aufstellung einer neuen Produktionsfunktion.[224] Dabei werden Faktoren auf eine neue Art als bisher bekannt kombiniert. Dies beinhaltet Produkt- und Prozeßinnovationen ebenso wie die Erschließung neuer Beschaffungs- und Absatzmärkte sowie neuer Organisationsformen.[225] Das Wesen der Innovation liegt in der *Durchsetzung* dieser Kombinationen auf wirtschaftlichem Gebiet. Charakteristisch für diesen Durchsetzungsprozeß ist dabei nicht das Finden oder Schaffen von neuen Möglichkeiten; diese sind oftmals bereits vorhanden und bekannt. Durchsetzen heißt, diese Möglichkeiten real und lebendig werden zu lassen.[226]

Diese Aufgabe kommt dem Unternehmer zu, sie ist wesensbestimmend für ihn. Die Durchsetzung neuer Kombinationen ist die Unternehmerfunktion, die für SCHUMPETER eine Rolle spielt. Spin-offs als innovative technologieorientierte Unternehmen können daher als Prototyp des SCHUMPETER'schen Unternehmers betrachtet werden. SCHUMPETER geht dabei von einer branchenspezifischen Sichtweise aus, d.h. Produzenten, die eine Innovation realisieren, die bereits ein anderer Produzent im gleichen Industriezweig vor ihnen durchgesetzt hat, sind für SCHUMPETER Imitatoren und damit keine Unternehmer. Er grenzt diese Funktion deutlich von anderen Rollen ab:

„Zunächst besteht Übereinstimmung zwischen unserer Fassung und der üblichen in dem fundamentalen Punkt der Unterscheidung zwischen ‚Unternehmern' und ‚Kapitalisten' [...]. Diese Unterscheidung ist heute und seit nunmehr geraumer Zeit, von einzelnen Rückfällen abgesehen, Gemeingut."[227]

---

[222] Vgl. Thünen (1966), Teil II/1, §7, S. 83-89. Siehe auch Welzel (1995), S. 52.
[223] Vgl. Leder (1990), S. 6.
[224] SCHUMPETER spricht dabei, ähnlich wie beim S-Kurven-Konzept, von einem Sprung auf die andere Kurve, vgl. Schumpeter (1961), S. 95f.
[225] Vgl. Schumpeter (1993a), S. 100f. und Schumpeter (1928), S. 483. Siehe auch Kramer (1985), S. 24 und Lydall (1992), S. 67. Innovation, verstanden als Neu-Kombinieren von Faktoren und Tätigkeiten, ist in der neueren Literatur insbesondere bei PORTER die Grundlage der Wettbewerbsstrategie eines Unternehmens, vgl. Porter (1997), S. 5.
[226] Vgl. Schumpeter (1993a), S. 128.
[227] Schumpeter (1993a), S. 112.

Weiterhin ist für SCHUMPETER auch der Manager eines Unternehmens kein Unternehmer, da dieser für ihn lediglich die Aufgabe der Kontrolle, Vertretung, Aufrechterhaltung der Disziplin hat. Damit verbunden sind außerdem laufende Verwaltungsarbeiten aller Art. Diese Aufgaben sind jedoch nicht geeignet, einen besonderen Typus von Wirtschaftssubjekt zu charakterisieren, da es sich um Arbeit wie jede andere handelt.[228] Dabei kann ein Unternehmer durchaus auch Manager und Kapitalist sein, die beiden Funktionen machen ihn jedoch nicht dazu. Weiterhin trennt er die Unternehmerrolle von der des Risikoträgers. Das finanzielle Risiko wird vom Kapitalgeber getragen, was der Unternehmer im allgemeinen nicht ist, bestenfalls zufällig. Wenn der Unternehmer dennoch Kapital beisteuert, dann trägt er das Risiko in seiner Funktion als Kapitalgeber, aber nicht in der Rolle als Unternehmer.[229]

SCHUMPETER betrachtet die Unternehmerrolle vielmehr als Spezialfall des sozialen Phänomens „Führerschaft".[230] Er stellt fest, daß auf allen Gebieten des Lebens zwischen Führern und Geführten unterschieden werden kann. Führer zeichnen sich aus durch praktische Initiative, durch Einflußnahme und Beherrschung anderer:

„[...] nicht die Leistung als solche bedeutet Führen, sondern die durch sie hindurch ausgeübte Wirkung auf andere: Nicht daß der Führer eines Rittergeschwaders, als erster in den Feind reitend, einen Gegner lege artis niedersticht, ist seine Führertat, sondern daß er dabei seine Leute mitzieht [...]".[231]

Führer sind dort anzutreffen, wo es etwas Neues durchzusetzen gibt. Demzufolge argumentiert SCHUMPETER konsequent, daß ein Unternehmer, verstanden als Führer auf dem Gebiet der Wirtschaft, nur dann Unternehmer ist, wenn er neue Kombinationen durchsetzt und nicht, wenn er Routinearbeit erledigt. Letzteres wird jedoch wesentlich häufiger vorkommen, so daß die Momente der Führerschaft, d.h. des Unternehmertums, naturgemäß die Ausnahme bilden.[232] Aufgrund dieser Argumentation über das Phänomen „Führerschaft" wird deutlich, warum SCHUMPETER den Erfinder vom Unternehmer trennt:

„Die Funktion des Erfinders oder überhaupt Technikers und die des Unternehmers fallen nicht zusammen. Der Unternehmer kann auch Erfinder sein und umgekehrt, aber

[228] Vgl. Schumpeter (1928), S. 481.
[229] Vgl. Schumpeter (1993a), S. 217 und Cauthorn (1989), S. 54. Er geht dabei jedoch ausschließlich auf das finanzielle Risiko ein, nicht jedoch auf andere Formen, z.B. Marktrisiken.
[230] Siehe auch Cauthorn (1989), S. 49.
[231] Schumpeter (1993a), S. 128.
[232] Vgl. Schumpeter (1928), S. 482.

grundsätzlich nur zufälligerweise. [...] Sowohl was sie tun, ist verschieden, als auch die Eignung zu dem, was sie tun – ‚Verhalten' und ‚Typus'."[233]

Da Erfinder sich nicht wie Führer verhalten, sind sie im allgemeinen auch keine Unternehmer.

Aus der Funktion des Durchsetzens neuer Kombinationen heraus resultiert auch der Unternehmergewinn, den SCHUMPETER als Kostenüberschuß definiert, d.h. als Differenz zwischen Erlös und Ausgang in einem Geschäftsbetrieb. Unter Ausgang faßt SCHUMPETER alle Auslagen, die dem Unternehmer durch die Produktion verursacht werden. Dazu gehört auch eine Entlohnung des Unternehmers für Arbeitsleistung, die er erbringt sowie evtl. eine Grundrente für ihm gehörigen Boden; weiterhin bezieht er eine Risikoprämie ein. Ob Kapitalzinsen zu den Kosten gehören, läßt SCHUMPETER offen.[234] Daß der Profit sich ausschließlich aus der Durchsetzung neuer Kombinationen ergibt, ist anhand der Tatsache ersichtlich, daß SCHUMPETER dem Unternehmer einen Lohn für die Zeit zuspricht, in der er keine neuen Kombinationen durchsetzt, sondern alltägliche Arbeiten erledigt.

Somit stellt sich die Frage, welcher Person im Unternehmen die unternehmerische Aufgabe zukommt. Auf diese Frage hat SCHUMPETER eine einfache Antwort: Unternehmer ist immer nur der, der diese Rolle tatsächlich ausfüllt, d.h. neue Kombinationen durchsetzt. Diese Rolle ist nicht an einen bestimmten Personentyp gebunden:

„Denn wir nennen Unternehmer nicht bloß jene ‚selbständigen' Wirtschaftssubjekte der Verkehrswirtschaft, die man so zu nennen pflegt, sondern alle, welche die für den Begriff konstitutive Funktion tatsächlich erfüllen, auch wenn sie, wie gegenwärtig immer häufiger, ‚unselbständige' Angestellte einer Aktiengesellschaft – aber auch Privatfirma –, wie Direktoren, Vorstandsmitglieder usw. sind [...]."[235]

Demnach können auch Manager Unternehmer sein, aber nur dann, wenn sie wie Unternehmer im SCHUMPETER'schen Sinn handeln. Allein der Status des Direktors macht die Person nicht zum Unternehmer. Diese Argumentation SCHUMPETER's wird in neuerer Zeit im Rahmen des sogenannten Intrapreneurship wieder aufgegriffen. Firmen fordern von ihren Mitarbeitern mehr unternehmerisches Engagement. Mitarbeiter

---

233 Schumpeter (1993a), S. 129. Diese Separation schließt jedoch aus, daß es nach der erfolgten Durchsetzung zu Überprüfungen und Korrekturen der Erfindung kommen kann; eine Interdependenz wird von SCHUMPETER nicht zugelassen. Dieser Aspekt wird von verschiedenen Autoren kritisiert, vgl. Maselli (1997), S. 11, Leder (1990), S. 7 und Lindermeir (1988), S. 12f.

234 Vgl. Schumpeter (1993a), S. 207f.

235 Schumpeter (1993a), S. 111.

im Unternehmen sollen wie Unternehmer agieren und damit innovativ denken und Innovationen durchsetzen.[236]

Die Unternehmer- bzw. Führerrolle ist jedoch nicht nur nicht auf Personengruppen begrenzt, sie ist sogar „[...] niemals rein in konkreten Personen verkörpert und daher muß ihr Wesen stets erst analytisch aus einem mehr oder weniger komplizierten Konglomerat herausgearbeitet werden."[237] Dies liegt daran, daß die Charakteristika der Unternehmerrolle erstens nicht immer bei derselben Person und zweitens generell nicht ständig präsent sind.

„Das kommt daher, daß die Durchsetzung von neuen Kombinationen so wenig ein Lebensberuf sein kann, der seinen Mann begrifflich rein kennzeichnen würde, wie das Fassen und Durchsetzen strategischer Entschlüsse [...]. Deshalb muß die wesentliche Funktion des Unternehmers immer zusammen mit andersgearteten Tätigkeiten auftreten [...]."[238]

Selbst Führer auf wirtschaftlichem Gebiet sind oft mit Managementaufgaben beschäftigt, weshalb SCHUMPETER die Gleichsetzung von Geschäftsführern mit Unternehmern durchaus toleriert, aber nicht wirklich akzeptiert, da in den Managementaufgaben nicht der wirkliche Kern des Unternehmertums liegt. Er argumentiert jedoch weiter, daß der Unternehmer in Erfüllung dieser Arbeiten meist erst zur Ausübung der spezifisch unternehmerischen Funktion gelangt.[239]

Obwohl „Unternehmersein kein Beruf ist und überhaupt in der Regel kein Dauerzustand",[240] arbeitet SCHUMPETER vier Typen des Unternehmertums heraus.[241] Zunächst ist der Fabrikherr und Kaufmann zu nennen, der derart viele Funktionen in sich vereinigt, z.B. die des Managers und Kapitalisten, daß es schwierig ist, das Wesentliche zu erkennen. Weiterhin nennt er den Industriekapitän, der ein Unternehmer in etwas reinerer Form ist, da er meist kein Kapitalist ist. Seine Macht begründet sich vielmehr auf Verfügungsgewalten über Aktienmajoritäten. Heutzutage würde man diesen Typus eher Vorstandsvorsitzenden nennen. Weiterhin kann auch ein Direktor Unternehmer

[236] Vgl. dazu z.B. Nerdinger (1999), S. 14ff., Carrier (1996), Hornsby/ Naffziger/ Kuratko u.a. (1993) und Bitzer (1991). Dabei stellt sich jedoch die Frage, ob unternehmerisches Denken stimuliert werden kann: SCHUMPETER unterscheidet zwischen Führern und Geführten. Dieser Unterschied beruht auf individueller Befähigung, d.h. entweder man ist Führer, d.h. Unternehmer, oder man ist es nicht, vgl. Schumpeter (1928), S. 482.

[237] Schumpeter (1928), S. 482.

[238] Schumpeter (1993a), S. 114f.

[239] Vgl. Schumpeter (1993a), S. 114f.

[240] Schumpeter (1993a), S. 116.

[241] Zu den folgenden Ausführungen vgl. Schumpeter (1928), S. 484f. Ähnliche Typen finden sich auch im Rahmen der begrifflichen Unternehmerforschung, vgl. Welzel (1995), S. 20.

sein, wenn er die Charakteristika des Unternehmertums erfüllt. Vom Industriekapitän unterscheidet ihn die geringere Ausstattung mit Macht. Schließlich nennt SCHUMPETER den Gründer, den Prototyp des Unternehmers, da dieser von der Idee nach rein auf die Unternehmerfunktion beschränkt ist.[242] Er hat den niedrigsten sozialen Status von allen Unternehmertypen, so daß er Schwierigkeiten hat, als Führer anerkannt zu werden. Außerdem muß er meist auch juristische und finanztechnische Arbeit leisten, wenngleich diese Aufgaben der Unternehmerrolle untergeordnet sind. Insbesondere beim Gründer kommt die Tatsache zum Tragen, daß der Unternehmer oft mit Managementaufgaben betraut ist.

„Er [der Gründer] war und ist auch meist sein eigener oberster Ein- und Verkäufer, das Haupt seines Bureaus, der Leiter seiner Angestellten und Arbeiter und mitunter, wenngleich er in der Regel Rechtsanwälte verwendet, in laufenden Sachen sein eigener Jurist."[243]

RIPSAS führt zu diesem Punkt aus, daß eine derartige Konzentration betriebswirtschaftlicher Funktionen in einer Person in den meisten Fällen nur bei Unternehmensgründern im Sinne von Eigentümerunternehmern auftreten kann.[244] Trotzdem ist auch ein Gründer nur dann Unternehmer, wenn er neue Kombinationen durchsetzt, weshalb er den Charakter verliert, wenn er die geschaffene Unternehmung dann kreislaufmäßig weiterbetreibt, also nur noch die Managementaufgaben wahrnimmt.[245]

Da SCHUMPETER den Gründer als reinste Form des Unternehmers identifiziert, bezieht sich die neuere Gründungsforschung vor allem auf seinen Ansatz. KIRCHOFF argumentiert, daß die Unternehmerrolle bei SCHUMPETER vier Dimensionen beinhaltet: (1) eine Erfindung, die (2) in eine Innovation umgesetzt wird, die dazu dient, (3) eine neue Unternehmung zu gründen, welche (4) erfolgreich wachsen soll.[246] Damit demonstriert KIRCHOFF deutlich, daß der SCHUMPETER'sche Unternehmer das Bindeglied zwischen Erfindung, Innovation, Unternehmensgründung und Unternehmenswachstum darstellt.

4.3.2.2 Motivation und Eigenschaften des SCHUMPETER-Unternehmers

In keinem anderen Werk zur Unternehmerrolle in der ökonomischen Theorie finden sich derart viele Überschneidungen zur Psychologie wie bei SCHUMPETER. Er illu-

---

242 Vgl. Schumpeter (1928), S. 485 und Schumpeter (1993a), S. 217.
243 Schumpeter (1993a), S. 114.
244 Vgl. Ripsas (1997), S. 31.
245 Vgl. Schumpeter (1993a), S. 116.

striert die Unternehmerpersönlichkeit mit psychologischen Aspekten und weist darauf hin, daß dies für das Verständnis wirtschaftlichen Handelns nötig ist.[247] Bereits bei der Darstellung des Phänomens „Führerschaft" sind die Eigenschaften, die SCHUMPETER dem Unternehmer zuschreibt, angeklungen; im folgenden ist eine übersichtliche Zusammenstellung der zumeist psychologischen Charakteristika, die einen Unternehmer, respektive Führer ausmachen abgebildet.

(1) Er ist typisch [...] Emporkömmling und traditionslos. Er ist Revolutionär der Wirtschaft und der unfreiwillige Pionier sozialer und politischer Revolutionen, und seine eigenen Genossen verleugnen ihn, wenn sie um einen Schritt weiter sind, so daß er mitunter im Kreise etablierter Industrieller nicht rezipiert wird.

(2) Er wird vom Drang nach Betätigung, der Freude am Selbsttun und schöpferischen Gestalten, nicht dagegen von dem Wunsch nach Bedürfnisbefriedigung motiviert.

(3) Er entscheidet nicht unter Abwägung von Grenzkosten und Grenznutzen.

(4) Er wägt bei seinen Entscheidungen Risiken und Chancen nicht gegeneinander ab. Er ist jener Typus, der hedonistisches Gleichgewicht verachtet und nicht ängstlich auf das Risiko blickt.

(5) Er studiert nicht alle möglichen alternativen Kombinationen sorgfältig, denn dann würde er nie dazu kommen zu handeln, sondern entscheidet unbewußt richtig.

(6) Er finanziert sich zu 100% mit Fremdkapital.

(7) Er überwindet alle äußeren Schwierigkeiten, und diese sind nicht gering, denn neuen Methoden widerstrebt der Arbeiter, neuen Produkten der Konsument, neuen Betriebsformen (die, d.Verf.) öffentliche Meinung, Behörden, Recht, Kreditgeber.

(8) Dieses Unternehmertum ist weder Beruf noch Dauerzustand, sondern bei einem geringen Prozentsatz der Individuen zeitweilig zu beobachtendes Verhalten.

(9) Die Folgen, die eine Niederlage für ihn haben muß, und die Frage, ob alle, die von ihm abhängig sind, dadurch nicht ihre Altersversorgung verlieren werden, beachtet er nicht.

Abbildung 11: Charakterisierung des SCHUMPETER-Unternehmers
Quelle: Albach (1984), S. 127f.

Insbesondere in Punkt zwei der Abbildung wird die Motivation des Unternehmers bei SCHUMPETER angesprochen. Diese soll nochmals näher beleuchtet werden, da die Motivation essentiell für das Unternehmerdasein ist: ohne Motivation wird aus einer „normalen" Person, aus einem abhängig Beschäftigten kein Unternehmer.

SCHUMPETER hält drei verschiedene Motive für bedeutend:[248]

(1) Zunächst ist es der Traum von einem eigenen Reich, in dem der Unternehmer nach Belieben schalten und walten kann. Dieses kann bei jedem Unternehmer anders aussehen: entweder ist der Wunsch nach Macht und Einfluß dominierend, beim

[246] Vgl. Kirchoff (1991). Auch Campbell (1992) verwendet den Unternehmerbegriff bei SCHUMPETER als Ausgangspunkt seiner Ausführungen.
[247] Vgl. Ripsas (1997), S. 32.

nächsten ist es die Freiheit, beim Dritten Snobismus. Insbesondere auf Gründer treffen diese Motive zu, da durch Unternehmensgründungen diese Träume am ehesten verwirklicht werden können. Diese Motivgruppe deckt sich mit der von BERNDTS/ HARMSEN empirisch ermittelten Motivation von Gründern nach Unabhängigkeit (vgl. Kapitel 4.1).

(2) Zweitens ist Siegerwille ein Motiv. SCHUMPETER zieht hier Vergleiche zu sportlichen Wettkämpfen, insbesondere Boxkämpfen.

(3) Dritte Motivgruppe ist die Freude am Gestalten bzw. Freude am Tun. Für diese Motivgruppe steht ihm ein Kraftüberschuß zur Verfügung, der Nicht-Unternehmern fehlt. Der Unternehmer hat Spaß an der Neuschöpfung als solcher: „es ist die Tat, die ihn lockt".[249]

4.3.2.3 Unternehmer und wirtschaftliche Entwicklung

SCHUMPETER begreift den Unternehmer als entscheidendes Element der wirtschaftlichen Entwicklung, wobei er unter Entwicklung spontane und diskontinuierliche Veränderungen des Kreislaufs des Wirtschaftslebens aus sich selbst heraus versteht. Äußere Einflüsse, wie z.B. Krieg, nach dessen Beendigung das Land wieder aufgebaut wird oder das bloße Wirtschaftswachstum durch Bevölkerungs- und Reichtumszunahme, werden von ihm nicht als Entwicklungsvorgang definiert.[250]

Diese Entwicklungsvorgänge vollziehen sich für SCHUMPETER in der Sphäre des industriellen und kommerziellen Lebens, nicht im Einflußbereich der Konsumenten und Endprodukte. Es handelt sich um eine angebotsorientierte Wirtschaft, in der den Konsumenten neue Bedürfnisse von der Produktionsseite her anerzogen werden; Konsumentensouveränität wird von SCHUMPETER ausgeschlossen. Der Unternehmer nötigt seine Produkte dem Markt vielmehr auf.[251] Deshalb vollzieht sich wirtschaftliche Entwicklung von der Angebotsseite durch Unternehmer, die Innovationen durchsetzen.[252] Anhand dieser Argumentation wird deutlich, daß der in Kapitel 3.2 beschriebene Sprung auf die andere S-Kurve, d.h. der Übergang auf neue Technologien, vom Unternehmer vollzogen wird. Dabei kann die Technologie durchaus an anderer Stelle entwickelt worden sein, z.B. in der Hochschule, aber die Initiative zum Sprung auf die

---

248 Vgl. Schumpeter (1993a), S. 138f.
249 Schumpeter (1912), S. 164.
250 Vgl. Schumpeter (1993a), S. 95-97.
251 Vgl. Schumpeter (1912), S. 133. Siehe auch Ridinger (1999), S. 32.
252 Vgl. Schumpeter (1993a), S. 99f.

neue Technologie geht vom Unternehmer aus. An dieser Stelle tritt die herausragende Bedeutung von innovativen technologieorientierten Hochschul-Spin-offs als Initiatoren der technologischen Entwicklung deutlich zutage, indem diese neueste Grundlagenforschung in den Markt transferieren.

Die Unternehmer, die neue Kombinationen durchsetzen, verteilen den Produktionsmittelvorrat einer Volkswirtschaft um. SCHUMPETER geht davon aus, daß es bestenfalls zufälligerweise ungenutzte Produktionsmittel geben kann; im Normalfall muß der Unternehmer die Mittel, die er braucht, alten Kombinationen entziehen. Auf diese Weise werden alte Betriebe niederkonkurriert und ein Prozeß der schöpferischen Zerstörung wird initiiert.[253] Um sich die Mittel zu besorgen, die er zur Durchsetzung neuer Kombinationen braucht, nimmt der Unternehmer Kredit beim Kapitalisten auf.[254] Es ist für den Unternehmer nicht wichtig, selbst Vermögen zu besitzen, vielmehr muß er die Verfügung über Vermögen erhalten, was durch Kreditaufnahme geschieht.

Durch diesen Prozeß der schöpferischen Zerstörung werden Konjunkturzyklen in Gang gesetzt: Ein Unternehmer übernimmt die Initiative und setzt eine Innovation durch. Andere folgen ihm, da der Marktzutritt durch sinkende Widerstände und wachsende Erfahrung einfacher wird (Prosperität, Aufschwung). Dadurch wird das bestehende Gleichgewicht zerstört, was zu Unsicherheit und steigendem Risiko führt. Mit der Durchsetzung weiterer Innovationen muß daher abgewartet werden, bis sich die wirtschaftliche Lage wieder beruhigt hat. Zudem ist irgendwann der Punkt erreicht, an dem Waren zu den niedrigsten Kosten produziert werden, die nur noch geringfügig unter dem Verkaufspreis liegen. Durch diese schmale Gewinnspanne versiegt der innovative Impuls (Rezession, Abschwung).[255]

SCHUMPETER beschreibt den Wettbewerb damit als dynamischen Prozeß, der aus sich selbst heraus und nicht bedingt durch exogene Einflüsse im Zeitablauf Veränderungen produziert. Damit erklärt er das statische, eine zeitliche Dimension entbehrende Modell der Neoklassik für unbrauchbar.[256] Dennoch hält SCHUMPETER am Gleichgewichtsgedanken der Neoklassik fest, indem er von einem Gleichgewicht ausgeht, wel-

---

[253] Vgl. Schumpeter (1993a), S. 102f. Vgl. auch die Ausführungen bei Schumpeter (1961), S. 95 bis 110. SCHUMPETER beschreibt hier den Innovationsprozeß, der das Aufsteigen und Absinken von Unternehmen und Industrien zur Folge hat. Er erläutert den Prozeß der schöpferischen Zerstörung auch in Schumpeter (1993b), Kapitel 7, S. 134-142.

[254] Vgl. Schumpeter (1993a), S. 104f.

[255] Vgl. Schumpeter (1961), S. 139-146. Siehe auch Aberle (1980), S. 11, der innovatorischen und imitatorischen Wettbewerb für gleichermaßen bedeutsam hält. RICKETTS nennt den Unternehmer im Sinne SCHUMPETERs „[...] a disruptive, destabilising force, responsible for cycles of prosperity and depression.“ Ricketts (1987), S. 60.

ches der innovative Unternehmer zerstört. Für diese Annahme ist er später von KIRZNER kritisiert worden, der der Ansicht ist, daß wenn der Unternehmer ein Gleichgewicht zerstöre, leicht der Eindruck entstehen könne, daß ohne den Unternehmer ein Gleichgewicht vorhanden wäre. Genau dies würde aber die Unternehmerrolle verkennen, da nach KIRZNER die Aktionen des Unternehmers dazu führen, daß sich die Preise dem Gleichgewichtspreis annähern.[257]

Der Wettbewerbsprozeß ist zudem eingebettet in den allgemeinen Wachstums- und Entwicklungsprozeß der Volkswirtschaft bzw. sogar der internationalen industriellen Entwicklung, die sich in den KONDRATIEFF-Zyklen widerspiegeln. Bei den KONDRATIEFF-Zyklen handelt es sich um lange Wellen der wirtschaflichen Entwicklung. Der russische Ökonom NIKOLAI D. KONDRATIEFF, der diese entdeckt hat, ging von 48- bis 60-jährigen Zyklen aus, denen die internationale industrielle Entwicklung folgt.[258] Diese sind in Abbildung 12 graphisch dargestellt.

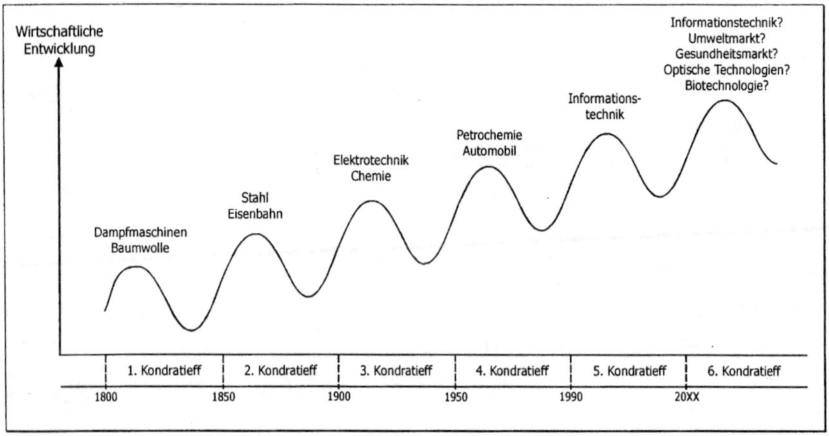

Abbildung 12: Kondratieff-Zyklen
Quelle: Verändert entnommen aus Nefiodow (1997), S. 96 und Ludwig (1989), S. 28.

SCHUMPETER griff diesen Ansatz auf und fügte noch mittlere (JUGLAR-) und kurze (KITCHIN-Zyklen) hinzu, so daß sich ein abgestimmtes Bild von kurz-, mittel- und langfristigen Wellen der wirtschaftlichen Entwicklung ergibt, wobei drei KITCHIN-

[256] Vgl. Neumann (1982), S. 94.
[257] Vgl. Ripsas (1997), S. 38f. Siehe auch eine vergleichende Darstellung der Unternehmerrollen von SCHUMPETER und KIRZNER bei Ricketts (1987), S. 58ff.

einen JUGLAR-Zyklus darstellen und sechs JUGLARS einen KONDRATIEFF.[259] Diese Ansätze wurden von verschiedener Seite angezweifelt,[260] dennoch hat sich ein Konsens dahingehend entwickelt, daß lange und auch kurze Wellen existieren, wenn auch nicht unbedingt mit fester Periodizität.[261] Die entscheidende Frage ist jedoch, was den Grund für eine Wellenbewegung darstellt.[262] SCHUMPETER geht, wie bereits erläutert, davon aus, daß die Durchsetzung von Innovationen die Ursache für zyklische Schwankungen darstellt.[263] MENSCH greift diese Argumentation auf: er geht davon aus, daß sich besonders Basisinnovationen während einer Stagnation (er spricht von einem technologischen Patt) häufen, da erst dann die Risikoscheu überwunden wird. Während der Wachstumsphase verlagert sich das Gewicht auf die Verbesserungsinnovationen, später auf die Scheininnovationen, die eine Innovation lediglich vortäuschen. Die Wirtschaft verfällt wieder in ein technologisches Patt, das nur durch Basisinnovationen überwunden werden kann.[264] Unternehmer als diejenigen, die Innovationen durchsetzen, sind damit für SCHUMPETER Initiatoren der wirtschaftlichen Entwicklung über Märkte, Technologien und Ländergrenzen hinweg.

4.3.3 Die Unternehmerrolle des Nicht-Österreichers FRANK H. KNIGHT

Der Unternehmer bei KNIGHT ist im Gegensatz zu SCHUMPETER vor allem Träger von Unsicherheit. KNIGHT grenzt dabei Unsicherheit deutlich von Risiko ab. Risiko bedeutet, die Wahrscheinlichkeit des Eintretens von Ereignissen entweder a priori zu kennen (z.B. ein Sechstel beim Wurf eines Würfels) oder durch statistische Wahrscheinlichkeiten zu bestimmen, die durch empirische Erhebungen großer Fallzahlen dieses Ereignisses ermittelt werden. Unsicherheit dagegen liegt dann vor, wenn keine Wahrscheinlichkeiten erkennbar sind und aufgrund geringer Fallzahl auch nicht statistisch ermittelt werden können, z.B. wenn es sich um eine einzigartige Situation handelt: Wahrscheinlichkeiten müssen dann auf Basis unvollkommener Information geschätzt werden.[265]

---

[258] Vgl. Kondratieff (1926), insbesondere S. 592, Ludwig (1989), S. 27 und Glismann/ Rodemer/ Wolter (1980), S. 16.

[259] Vgl. Schumpeter (1961), S. 179 und 183.

[260] Vgl. Kuznets (1940) und Weinstock (1964), Kapitel IV.2.

[261] Vgl. Schmietow (1988), S. 70.

[262] Vgl. Hall (1985), S. 9.

[263] Vgl. Schumpeter (1961), S. 176. Diese Auffassung wird auch von MENSCH geteilt. Weitere Autoren gehen jedoch von anderen Ursachen aus: Schwankungen von Kapital, Arbeit oder Rohstoffen, vgl. Delbeke (1984).

[264] Vgl. Mensch (1975), S. 54-60.

[265] Vgl. Knight (1921), S. 214ff. und S. 233.

Heutzutage ist diese Zweiteilung von KNIGHT in eine Dreiteilung verfeinert worden: Risiko bezeichnet den Zustand, in dem die Ergebnisse und deren Wahrscheinlichkeitsverteilungen bekannt sind. Unsicherheit bedeutet, daß die möglichen Ereignisse bekannt sind, aber keine Wahrscheinlichkeitsverteilungen ermittelt werden können. Radikale Unsicherheit ist dann gegeben, wenn selbst die möglichen Ergebnisse unbekannt sind.[266]

KNIGHT versucht, das Entstehen von Profit zu erklären und kommt auf diesem Weg zur Rolle des Unternehmers. Profit, den KNIGHT als Differenz zwischen dem Verkaufspreis und den Kosten definiert,[267] entsteht aus der Divergenz zwischen aktuellen Bedingungen und den Bedingungen, die erwartet und aufgrund derer geschäftliche Vereinbarungen getroffen wurden, d.h. aus falschen Erwartungen über die Zukunft.[268]

„Hence it is our imperfect knowledge of the future [...] which is crucial for the understanding of our problem."[269]

Diese Divergenz kann nur in einer Welt mit Unsicherheit entstehen, da ohne Unsicherheit der Zustand vollkommener Information herrschen würde. Aufgrund dieser Umstände kann kein Gleichgewichtszustand mehr aufrechterhalten werden:

„Since productive arrangements are made on the basis of anticipations and the results actually achieved do not coincide with these as a usual thing, the oscillations will not settle down to zero."[270]

Der Entscheidungsträger muß in einer Welt mit Unsicherheit und unvollkommener Information Urteile über die Wahrscheinlichkeitsverteilungen von Ereignissen fällen, z.B. muß er die Wünsche der Konsumenten voraussagen, d.h. schätzen, da er diese nicht kennt. LYDALL stellt dazu fest: „The exercise of such judgement is, in KNIGHT's opinion, the primary task of the entrepreneur."[271] Die größte Unsicherheit, mit der der Unternehmer im allgemeinen konfrontiert wird, ist für KNIGHT die mangelnde Kenntnis über die Verkaufspreise der Produkte.[272]

Um die Rolle und auch das Auftauchen des Unternehmers in einer Welt mit Unsicherheit genauer zu erläutern, geht KNIGHT von einer Welt ohne Unsicherheit aus und

---

266 Vgl. Hébert/ Link (1988), S. 96f.
267 Vgl. Knight (1921), S. 199.
268 Vgl. Knight (1921), S. 38. Siehe auch Picot/ Reichwald/ Wigand (1998), S. 30.
269 Knight (1921), S. 198.
270 Vgl. Knight (1921), S. 272.
271 Lydall (1992), S. 64f.
272 Vgl. Knight (1921), S. 317.

führt diese über in eine Welt mit Unsicherheit. In einer neoklassischen Welt besteht keine Notwendigkeit, Wahrscheinlichkeitsurteile über zukünftige Ereignisse zu fällen, da vollkommene Information besteht. Die Entscheidung, was und auf welche Weise etwas produziert werden soll, ist reine Routine und erfordert keine besonderen Fähigkeiten.[273] Wenn jedoch Unsicherheit besteht, wird die Entscheidung darüber, was und auf welche Art etwas hergestellt werden soll, zur obersten Problemstellung.[274] Es werden Menschen benötigt, die über Wissen, Urteilsfähigkeit und besondere Kompetenzen verfügen. Insbesondere die treffende Voraussage zukünftiger Entwicklungen ist von großer Bedeutung.[275] Derjenige, der die nötigen Entscheidungen trifft, nimmt die Funktion ein, die Produktion zu kontrollieren und die technische Richtung vorzugeben: dabei handelt es sich um den Unternehmer.

Die Unsicherheit verursacht also einen Selektionsprozeß, der die Menschen aufgrund von vier Kriterien voneinander trennt, gemäß

(1) ihren Urteilsfähigkeiten und ihrem Know-how,

(2) ihren Prognosefähigkeiten für die Zukunft,

(3) ihren Führungsqualitäten und

(4) ihrem Selbstvertrauen, welches in engem Zusammenhang zur Abenteuerlust steht.[276]

Das Resultat dieses Selektionsprozesses begründet die Organisation der Industrie in Unternehmen und Lohnsysteme, d.h. in Unternehmer und angestellte Arbeiter. Bei den Unternehmern handelt es sich um diejenigen, die aufgrund ihrer Urteils- und Prognosefähigkeiten, ihren Führungsqualitäten, ihrem Selbstvertrauen und ihrer Abenteuerlust bereit sind, Unsicherheit zu übernehmen. Sie kontrollieren die Produktion und übernehmen die Verantwortung für Entscheidungen. Diejenigen, die die Unsicherheit scheuen, lassen sich von den Unternehmern Garantien über feste Löhne geben; dafür treten sie das Recht, über die eigene Arbeit selbst bestimmen zu dürfen, an die Unternehmer ab. Auf diese Weise werden zwei Einkommensarten begründet: Profit für den Unternehmer, der die Unsicherheit trägt, und festes Einkommen für den Angestellten.[277] Das Unternehmereinkommen hat residualen Charakter. Es ist nicht fixiert und hängt davon ab, was nach der Entlohnung der Arbeiter übrigbleibt. Die Höhe des Pro-

---

[273] Vgl. Knight (1921), S. 276.

[274] KNIGHT spricht zunächst die Funktion des Risikoträgers an und leitet daraus eine weitere, die Koordinationsfunktion, ab.

[275] Vgl. Knight (1921), S. 268f.

[276] Vgl. Knight (1921), S. 270.

[277] Vgl. Knight (1921), S. 244-245 und S. 270f.

fits hängt sowohl von den Fähigkeiten als auch vom Glück des Unternehmers ab. Eine weitere Determinante besteht im Angebot an Unternehmern mit Selbstvertrauen, die die Macht haben, den Angestellten Einkommensgarantien zu geben:[278] der Profit wird umso höher sein, je weniger Personen dieses Typus vorhanden sind. Auf der anderen Seite sinkt das Unternehmereinkommen, wenn unbesonnene, überstürzte und furchtsame Unternehmer die Verhandlungen mit Arbeitnehmern über deren Lohn so führen, daß deren Einkommen steigt. Das Selbstvertrauen der Unternehmer als Klasse beeinflußt demnach die Höhe des Profits.[279]

Zusammenfassend gesagt, ist der Unternehmer nach KNIGHT derjenige, der bereit ist, die Unsicherheit zu tragen. Ähnlich wie SCHUMPETER unterscheidet KNIGHT die Unternehmer von Nicht-Unternehmern anhand persönlicher Eigenschaften. Weiterhin übernimmt der Unternehmer darauf aufbauend Koordinationsfunktionen, da es in einer Welt mit Unsicherheit oberste Aufgabe ist (‚primary function'), zu entscheiden, was zu tun ist und auf welche Weise dieses getan werden soll. Insbesondere bezüglich der Unsicherheitsfunktion besteht Uneinigkeit zu den Aussagen von SCHUMPETER, der der Ansicht ist, daß nur Kapitalisten Unsicherheit tragen, da es deren Vermögen ist, das eingesetzt wird. Selbst wenn ein Unternehmer eigenes Vermögen einsetzt und dieses verliert, so hat er dieses in seiner Eigenschaft als Kapitalist verloren, nicht in der Position des Unternehmers.[280] Unsicherheit spiegelt sich jedoch nach Ansicht der Verfasserin nicht ausschließlich in dem Problem wider, daß das eingesetzte Vermögen des Kapitalisten auf dem Spiel steht; es besteht für den Unternehmer bspw. auch die Unsicherheit, aufgrund von Änderungen der Nachfragerpräferenzen einen geringeren Profit als erhofft zu erzielen, ein Umstand, der zuerst den Unternehmer und nicht notwendigerweise den Kapitalisten tangiert.

Weiterhin führt RICKETTS aus, daß die Funktion des Unsicherheitsträgers und des Koordinators sehr unterschiedliche Aktivitäten beinhalten, auch wenn sie zusammenhän-

[278] Insbesondere diese Macht könnte implizieren, daß der Unternehmer über eigenes Kapital verfügen muß. Auf der anderen Seite erklärt KNIGHT, daß Unternehmer mit Fähigkeiten immer in der Lage sind, Zugang zu Kapital zu bekommen. KNIGHT ist sich nie ganz sicher, ob der Unternehmer nun eigenes Kapital benötigt oder nicht, vgl. dazu Lydall (1992), S. 65.

[279] Vgl. Knight (1921), S. 280ff. KNIGHT spricht damit die Einkommensverteilung zwischen Unternehmer und Arbeiter an: wenn der Unternehmer nicht selbstbewußt genug ist, wird das feste Einkommen des Arbeiters mehr und der Profit weniger. LYDALL führt dazu aus, daß es sich dabei um eine neoklassische Feststellung handelt, die auf dem Gedanken vollkommener Konkurrenz beruht; ein Konstrukt, welches KNIGHT kritisiert und ablehnt, vgl. Lydall (1992), S. 66.

[280] Vgl. Schumpeter (1993a), S. 217.

gen. Insbesondere die Koordinationsfunktion wird von RICKETTS als sehr bedeutend identifiziert, der eine sorgfältige Herausarbeitung dieser Rolle bei KNIGHT vermißt.[281]

4.3.4 Die spezifische Unternehmerfunktion bei LUDWIG V. MISES

LUDWIG VON MISES, der der dritten Generation der österreichischen Schule der Nationalökonomie angehört, argumentiert ähnlich wie KNIGHT. Er nimmt jedoch stärkeren Bezug zur Rolle des Unternehmers im Wettbewerb und bindet die Nachfragerperspektive weiter in seine Ausführungen ein als KNIGHT.

MISES sieht die Unternehmerfunktion im Wettbewerb „[...] im Einsatz der Produktionsfaktoren für die Produktion, somit für die Zukunft, und das Unternehmerrisiko entstammt der Ungewißheit, die über die künftige Marktlage herrscht."[282] MISES ist der Ansicht, daß das Risiko, das sich aus der unvorhersehbaren Zukunft ergibt, nicht ausschließlich vom Unternehmer, sondern von allen Beteiligten getragen wird: erstens von den Gläubigern der Unternehmer, die diesen Produktionsfaktoren oder Geld zur Verfügung stellen; weiterhin tragen auch die Arbeiter Risiko, da sie ihre Arbeitskraft als Inputfaktor für die Produktion zur Verfügung stellen und damit von der Marktlage abhängig sind; nicht zuletzt müssen auch die Unternehmer ihren Anteil am Marktrisiko tragen. Diese Ungewißheit über die zukünftige Gestaltung von Angebot und Nachfrage ist die Quelle ihres Unternehmergewinns oder -verlusts.[283] MISES erreicht damit im Gegensatz zu SCHUMPETER und KNIGHT eine ganzheitliche Betrachtung von Unsicherheit und Risiko, da er die Unsicherheit bzw. das Risiko nicht allein auf den Kapitalisten oder den Unternehmer beschränkt. Aufgrund dieser Argumentation von MISES können Unternehmergewinn und Zins niemals vollständig voneinander getrennt werden.[284]

MISES unterscheidet bei der Charakterisierung der Unternehmer ähnlich wie SCHUMPETER zwischen Führern, die vorausschreiten und Geführten, die nachfolgen. Führer unterscheiden sich von den Geführten durch angeborene bzw. durch Lebenserfahrung gewonnene Wesenszüge, die es ihnen ermöglichen, Datenveränderungen besser zu antizipieren. Sie sind weitblickende und wagemutige Menschen, die sich schneller und besser an Veränderungen der Marktlage anpassen. Sie sind *besonders* darauf bedacht, Unternehmergewinne zu erzielen und halten das Getriebe der Markt-

---

281 Vgl. Ricketts (1987), S. 49.
282 Mises (1940), S. 247.
283 Vgl. Mises (1940), S. 247f. MISES trennt dabei im Gegensatz zu KNIGHT Risiko nicht derart scharf von Unsicherheit.

wirtschaft in Gang.[285] Zum Unternehmer werden diejenigen, die sich vordrängen und sich den Prüfungen des Marktes stellen; dazu benötigt er eigenen Antrieb, d.h. intrinsische Motivation.[286] Um die besondere Rolle der Unternehmer im Marktprozeß herauszustreichen, spricht MISES auch von „unternehmenderen Unternehmern".[287]

Er charakterisiert damit die Unternehmer anhand psychologischer Merkmale, wie es auch SCHUMPETER getan hat. Das besondere Zusammenspiel zwischen Ökonomie und Psychologie, welches bei der Beschreibung der Unternehmerrolle im Wettbewerbsprozeß auftritt und sowohl als Herausforderung wie auch als Hindernis gesehen werden kann, wird an dieser Stelle besonders deutlich.[288]

Es scheint so, als ob die Unternehmer diejenigen wären, die die Märkte führen, da sie als Produktionsleiter arbeiten und antreiben, anordnen, lenken und Befehle erteilen.[289] Diese Auslegung des Unternehmerbegriffs wäre konsistent zu den Ausführungen SCHUMPETERS, der von einer angebotsorientierten Wirtschaft ausgeht, in der die Anbieter Initiative zeigen und den Konsumenten Bedürfnisse anerziehen.[290] Die Ausdrucksweise macht jedoch deutlich, daß MISES der Ansicht ist, daß dieser Schein trügt. In Wahrheit sind es für ihn die Verbraucher, die anhand ihrer Kaufentscheidungen das Angebot steuern. Mit ihrer Nachfrage entscheiden sie über das Schicksal der Unternehmer, die gezwungen sind, ihren Befehlen zu gehorchen.[291] Daraus resultierend ergibt sich ein Ausleseprozeß der Unternehmer, den nur die besten überleben:

> „Nur der kann Unternehmer werden und Unternehmer bleiben, der sich täglich von Neuem als vollkommenster Vollstrecker der Befehle der Verbraucher bewährt. Wer diese Prüfung nicht besteht, erleidet Verluste und wird, wenn er nicht, dadurch belehrt, sein Verhalten ändert, in seiner Unternehmerstellung gedrängt. Die Notwendigkeit, Gewinne zu erzielen, zwingt den Unternehmer, sich den Wünschen der Verbraucher, die auf dem Markte geäussert werden, so schnell und so vollkommen als möglich anzupassen. Wenn er das nicht vermag, oder wenn er sich dagegen auflehnt, wird er über kurz oder lang aufhören, Unternehmer zu sein."[292]

---

[284] Vgl. Kirzner (1988), S. 104.
[285] Mises (1940), S. 248f.
[286] Vgl. Mises (1940), S. 273.
[287] Vgl. Meyer (1995), S. 27.
[288] Siehe dazu auch Ripsas (1997), S. 49ff.
[289] Vgl. Mises (1940), S. 258.
[290] Vgl. Schumpeter (1993a), S. 100.
[291] Vgl. Mises (1940), S. 258f.
[292] Mises (1940), S. 271. Er führt weiter aus, daß es in einer Marktwirtschaft nur den Fall des Monopols gibt, im dem die Verbraucher nicht die Macht über die Unternehmer haben. Vgl. Mises (1940), S. 260ff.

Um die Wünsche der Nachfrager besser zu befriedigen als die Konkurrenz, hat der Unternehmer die Wahl, billiger oder besser zu sein.[293] MISES vollzieht damit den Wechsel von der Negierung der Konsumentensouveränität bei SCHUMPETER hin zur Kundenorientierung. Er nimmt dabei den Marketinggedanken und das Konzept der marktorientierten Unternehmensführung vorweg, das später von Wissenschaftlern wie MEFFERT, DRUCKER oder PORTER (neu?) entwickelt wurde.[294] Dabei erreicht MISES dennoch eine gelungene Synthese aus Angebots- und Nachfragermacht, indem er den Anbietern Einfluß auf die Verbraucher mit Hilfe von Werbung einräumt.[295]

MISES greift weiterhin das Unternehmerergebnis, das sich aus der spezifischen Aufgabe des Unternehmers im Wettbewerb ergibt, detailliert auf, und charakterisiert es folgendermaßen:

„Die Ungewissheit, die über die künftige Marktlage herrscht, gibt der Unternehmertätigkeit ihren Spekulationscharakter; aus ihr fließen Unternehmergewinn und Unternehmerverlust.[296]

Ein Gewinn ist nur dann möglich, wenn ein Unternehmer die zukünftige Marktlage besser beurteilt als die anderen Unternehmer, andernfalls erleidet er einen Verlust.[297] Aussichten auf hohe Unternehmergewinne ziehen jedoch weitere Unternehmer an, so daß der Preis sich den Herstellungskosten annähert. Damit sinken die Unternehmergewinne und die Unternehmer wenden sich neuen Betätigungsfeldern zu, die höhere Gewinne versprechen.[298]

Ausgehend von diesen Überlegungen grenzt MISES deutlich den Unternehmergewinn bzw. -verlust von anderen Erwerbsquellen ab.[299] Zunächst sind Unwägbarkeiten im Produktionsprozeß (z.B. Mißernten) zu nennen, die nicht die Quelle von Unternehmergewinn oder -verlust darstellen. Ein richtig rechnender Unternehmer bezieht eine Risikoprämie in seine Kosten ein. Sonstige exogene Einflüsse, wie z.B. ein Krieg haben ebenfalls nichts mit der Unternehmertätigkeit zu tun. Weiterhin ist die technische

---

293 Vgl. Mises (1940), S. 277.

294 Vgl. Meyer (1998).

295 Vgl. Mises (1940), S. 277-280.

296 Mises (1940), S. 265; vgl. auch S. 268f. Der Spekulationscharakter tritt auch schon bei WIESER in der zweiten Generation der österreichischen Schule der Nationalökonomie auf, vgl. Welzel (1995), S. 69.

297 Vgl. Welzel (1995), S. 255. Bei vollkommener Information käme es jedoch nicht zu Unternehmergewinnen oder –verlusten, da alle Beteiligten die zukünftige Entwicklung perfekt antizipieren würden, vgl. Mises (1940), S. 269.

298 Vgl. Mises (1940), S. 270.

299 Vgl. zu den folgenden Ausführungen Mises (1940), S. 266ff.

Leistungsfähigkeit des Unternehmers zu nennen, die lediglich eine Differentialrente darstellt. Damit befindet MISES sich nicht in der Tradition von SCHUMPETER, der neue Produktionsmethoden, die der Branche noch nicht bekannt sind, zu den Innovationen zählt, woraus für ihn der Unternehmergewinn resultiert. Dabei muß erwähnt werden, daß eine höhere technische Leistungsfähigkeit nicht unbedingt auf Prozeßinnovationen beruhen muß, so daß die beiden Phänomene durchaus voneinander verschieden sein können; die Möglichkeit besteht jedoch. Damit trennt MISES, genau wie SCHUMPETER, sehr sorgfältig die Tätigkeit, die der Unternehmer neben seiner spezifischen Unternehmerfunktion übernimmt, von der eigentlichen Unternehmeraufgabe. MISES ist ebenfalls der Ansicht, daß ein Unternehmer auch technische und organisatorische Aufgaben übernimmt. Aus diesen Tätigkeiten fließt jedoch kein Unternehmergewinn; Erträge, die sich daraus ergeben sollten, daß ein Unternehmer seine Managementfunktionen gut verrichtet, sind bestenfalls dazu geeignet, den Unternehmergewinn zu erhöhen oder den -verlust zu verringern. Letztendlich scheiden aber sowohl die in ihren Managementfunktionen als auch die in ihrer spezifischen Unternehmerrolle unterlegenen Unternehmer aus dem Wettbewerb aus.

MISES betont, daß es die Unternehmer sind, die die Einheit des Marktes herstellen. Er lehnt die Annahme vollkommener Information ab, nach der alle Marktteilnehmer insbesondere alle Preisinformationen präsent haben.[300] Vielmehr sind es nur wenige Unternehmer, die Datenänderungen realisieren und darauf reagieren, um Gewinne zu erzielen. Die unternehmenderen Unternehmer nützen Preisunterschiede aus. Sie kaufen ein, wo es billiger ist und verkaufen dort, wo die Preise höher sind. MISES spricht den Unternehmern damit eine Arbitragefunktion zu. Dieses unternehmerische Handeln würde erst dann enden, wenn die Preise der Konsumgüter gleich denen der Investitionsgüter wären, so daß der Unternehmer keinen Gewinn mehr erwirtschaften könnte. Dieser Gleichgewichtszustand wird jedoch nie erreicht, da die Realität ständigen Datenänderungen unterworfen ist.[301] Damit betont MISES wiederum die ungewisse Zukunft, die die Quelle des Unternehmerrisikos und damit des Unternehmergewinns bzw. -verlustes darstellt und grenzt sich von der neoklassischen Annahme vollkommener Information ab.

---

[300] Er spricht davon, daß es schon Engel sein müßten, die jeden Marktteilnehmer über alle Daten unterrichten.

[301] Vgl. Mises (1940), S. 284ff. Diese Abgrenzung wird weiterhin anhand seiner Ablehnung des Konstrukts des homo oeconomicus deutlich. MISES integriert vielmehr die Menschen mit allen Fehlern und Schwächen in seine Ausführungen, vgl. Mises (1940), S. 290f. Er zieht einen homo agens vor, der nicht nur anhand gegebener Ziele und Mittel maximiert, sondern selbst nach lohnenden Zielen und geeigneten Mitteln Ausschau hält, vgl. Mises (1940), S. 11-16.

4.3.5 FRIEDRICH A. V. HAYEK'S Ansatz des Wettbewerbs als Entdeckungsverfahren

HAYEK befaßt sich in seinen Ausführungen insbesondere mit der Informationsverarbeitung im Wirtschaftsprozeß. Er bezeichnet es als absurd anzunehmen, daß alle wesentliche Umstände als bekannt vorausgesetzt werden und wendet sich damit wie MISES gegen die neoklassische idealtypische Annahme vollkommener Information. In einem solchen Fall, der merkwürdigerweise vollkommener Wettbewerb genannt wird, ist das Problem, das übrigbleibt, lediglich ein Problem der Logik.[302] Wirklicher Wettbewerb ist dagegen gekennzeichnet durch unvollkommene Information. Weder sind den Verkäufern die Wünsche und Bedürfnisse ihrer Kunden vollkommen bekannt noch kennen sie die niedrigsten Produktionskosten für ein Gut. Auch den Konsumenten sind nicht alle Alternativen, die sie haben, um Wünsche zu befriedigen, geläufig. Dieses Wissen wird erst im Laufe des Wettbewerbsprozesses aufgedeckt und verbreitet.

Der Charakter des wirklichen Wettbewerbs kommt für HAYEK darin zum Ausdruck, daß ein Wettstreit zwischen den verschiedenen Anbietern stattfindet, die die Gunst der Nachfrager erringen wollen und zu diesem Zweck die Preise der anderen unterbieten und/ oder bessere Leistungen als diese offerieren.[303] Zu diesem Zweck müssen die Anbieter ständig neue Gelegenheiten finden und diese ausnutzen. Wettbewerb ist für HAYEK daher ein Entdeckungsverfahren, mit dessen Hilfe herausgefunden werden soll, welche Güter und Dienste den Verbrauchern eine bessere Befriedigung ihrer Bedürfnisse verschaffen als bisher.[304]

HAYEK versucht, die Bedingungen zu untersuchen, die dazu führen, daß auf der einen Seite ein intensiver Wettbewerb existiert und andererseits wettbewerbliche Aktivitäten zu Ende gehen, d.h. sich dem vollkommenem Wettbewerb annähern.[305] Im letzten Fall handelt es sich um einen Markt für standardisierte Güter, die von mehreren Herstellern produziert werden können. Es kann davon ausgegangen werden, daß sich die Preise den Grenzkosten annähern und der Wettbewerb erlahmt. Damit befindet HAYEK sich in der Tradition von MISES, der der Ansicht ist, daß in einer derartigen Situation der Gewinnanreiz für die Anbieter zurückgeht und diese sich neuen Projekten zuwenden, die höhere Chancen auf Gewinne bieten. Diese Konstellation, die dem vollkommenen

[302] Vgl. Hayek (1952a), S. 103 und Meyer (1995), S. 29f.
[303] Vgl. Hayek (1952b), S. 127f.
[304] Vgl. Hayek (1968), S. 3 und 7f. und Meyer (1995), S. 33.
[305] Vgl. zu den folgenden Ausführungen Hayek (1952b).

Wettbewerb sehr nahe kommt, ist für HAYEK jedoch ohnehin sehr selten anzutreffen, da die Güter im allgemeinen nie ganz gleich sind und auch der Geschmack der Nachfrager differiert. Die Hersteller versuchen daher, sich mit Hilfe einer Differenzierungsstrategie voneinander abzugrenzen und damit in der Wahrnehmung der Kunden eine einzigartige Leistung zu erbringen. Die Unvollkommenheit der Informationen, die daraus resultiert, bewirkt eine ansteigende Bedeutung von Reputation, Vertrauen, Image und persönlichen Beziehungen.[306] Unter diesen Bedingungen bringt der Wettbewerb eine Preisstruktur hervor, in der der Preis eines Gutes gerade so niedrig ist, daß das nächstbeste Konkurrenzprodukt ausgestochen wird, wobei die Kosten erheblich unter den Verkaufspreisen liegen können. Dieser hohe Gewinnanreiz bewirkt, daß andere Anbieter angezogen werden, so daß ein dynamischer Innovations- und Imitationswettbewerb initiiert wird,

„[...] in dem Kundschafter auf der ständigen Suche nach unausgenützten Gelegenheiten sind, die, wenn sie entdeckt wurden, dann auch von anderen genützt werden können [...].“[307]

Da die Bedürfnisse der Nachfrager sowie das Produktions-Know-how der Anbieter einem ständigen Wandel unterworfen sind, ist nicht davon auszugehen, daß der Wettbewerbsprozeß je zu Ende geht.[308] Diese Art von Wettbewerb „unvollkommen“ zu nennen, ist jedoch irreführend. Wenn man die Restriktion des unvollkommenen Wissens bedenkt, ist dieser Wettbewerb so „vollkommen“ wie möglich.[309]

Wettbewerb, wie HAYEK ihn versteht, ist damit mit erheblichen Informationsproblemen verbunden, d.h. mit unvollkommener Information. Dabei unterscheidet Hayek zwei Arten von Informationen: die Kenntnisse, die eher einzelnen Individuen bekannt sind sowie das Wissen, welches eher der Allgemeinheit bekannt ist. HAYEK bemängelt, daß das individuell vorhandene Know-how, welches er Kenntnis der besonderen Umstände von Ort und Zeit nennt, geringer eingeschätzt wird als die wissenschaftliche, eher allgemein vorhandene Kenntnis. Durch Kenntnis der besonderen Umstände von Ort und Zeit hat nahezu jedermann Vorteile vor anderen Menschen, da jeder Wissen besitzt, welches andere nicht haben, z.B. über eine unausgenutzte Maschine, die noch freie Kapazitäten besitzt oder über einen Lieferanten, der kurzfristig für einen anderen einspringen kann. Dieses Wissen ist für HAYEK ebenso wichtig wie neue wis-

---

[306] Damit hebt Hayek auch die neoklassischen Annahmen der fehlenden Präferenzen der Nachfrager und der homogenen Güter auf.

[307] Hayek (1968), S. 14.

[308] Vgl. Meyer (1995), S. 31ff.

senschaftliche, der Allgemeinheit bekannte Kenntnisse, die gemäß SCHUMPETER die wirtschaftliche Entwicklung eines Landes sprunghaft vorantreiben können. Das Ausnutzen von Kenntnissen der besonderen Umstände von Ort und Zeit führt dagegen nicht zu großen Technologiesprüngen, sondern zu konstanten kleinen Verbesserungen, die ebenso das wirtschaftliche Bild prägen, jedoch schwer faßbar sind und unterschätzt werden. HAYEK betont, daß das individuelle Wissen von Personen, welches stark mit dem Konstrukt der Erfahrung verwandt ist, benötigt wird, um sich an Veränderungen in den besonderen Umständen von Ort und Zeit anzupassen und auf diese Weise kleine, aber kontinuierliche Anpassungsprozesse und Fortschritte erzielt werden.[310]

Neben diesen individuellen Kenntnissen muß ein Entscheidungsträger jedoch auch Informationen über gesamtwirtschaftliche Änderungsprozesse besitzen, um seine Entscheidungen in dieses volkswirtschaftliche Gefüge einzubetten. Ein einzelner kann jedoch nicht sämtliche der vorhandenen Informationen aufnehmen und besitzen, um seine Pläne mit denen anderer zu koordinieren. HAYEK betont jedoch, daß ein Entscheider zu diesem Zweck nicht alle vorhandenen Informationen kennen muß. Die Informationen, die benötigt werden, um die Pläne der Marktteilnehmer aufeinander abzustimmen, werden vom Preissystem geliefert. Es ermöglicht die Koordination sämtlicher ökonomischer Aktivitäten ohne daß ein Entscheider alle Einflüsse kennen muß, die seine Entscheidung auf das gesamte Wirtschaftssystem hat. HAYEK verwendet an dieser Stelle ein Beispiel:[311] Er nimmt an, daß der Rohstoff Zinn knapper geworden ist, sei es aus dem Grund, daß eine Rohstoffquelle versiegt ist oder daß sich eine neue Verwendungsmöglichkeit ergeben hat, wobei der konkrete Grund keine Rolle spielt. Wesentlich ist, daß die Betroffenen mit dem Zinn nun wirtschaftlicher umzugehen haben. Diese Information wird vom steigenden Preis des Zinns geliefert und an alle Beteiligten weitergegeben, die sich darauf einstellen. Interessant ist, daß die Betroffenen nur wenig wissen müssen, um ihre Handlungen darauf abzustimmen. Der Preis liefert die Informationen, die sie brauchen. „Auf diese Weise erlaubt der Preismechanismus die Ausweitung ökonomischer Aktivitäten über die engen Grenzen des einzelnen menschlichen Verstandes hinaus."[312] HAYEK bezeichnet dieses Preissystem als „Wunder", da es alle Individuen dazu bringt, sich in einer wünschenswerten Weise zu verhalten, ohne daß man ihnen ihr Tun vorschreiben muß und ohne daß sie

---

[309] Vgl. Vaughn (1994), S. 59.
[310] Vgl. Hayek (1952a), S. 106ff.
[311] Vgl. Hayek (1952a), S. 114f.
[312] Meyer (1998), S. 74.

das System vollständig verstanden haben müssen. Das Preissystem ist damit elementare Voraussetzung für die Verwertung von Wissen in der Gesellschaft.

Preise vermitteln demnach die relative Wichtigkeit von Gütern und Diensten und lenken die Aufmerksamkeit von Unternehmern im Wettbewerb. Das Preissystem registriert jede Veränderung und teilt diese an alle mit, die davon in irgendeiner Weise betroffen sind.[313] Seine Funktion liegt darin, daß es den Unternehmern mitteilt, was sie leisten sollen:[314]

„[...] es sind jeweils die vorläufigen Ergebnisse des Marktprozesses, die den einzelnen sagen, wonach es sich zu suchen lohnt."[315]

Mit Hilfe ihrer einzigartigen Kenntnisse der besonderen Umstände von Ort und Zeit versuchen die Unternehmer daraufhin, sich bietende Gelegenheiten auszunutzen und sich im Wettstreit um die Gunst der Nachfrager vor der Konkurrenz zu plazieren, entweder durch Preisunterbietungen oder Differenzierung. Günstige Gelegenheiten wiederum ermutigen andere Anbieter, diese ebenfalls auszunutzen und ein unvollkommener, aber intensiver Wettbewerb kann beobachtet werden. Der Unterschied zwischen neoklassischen und österreichischen Unternehmern liegt somit darin, daß erstere nur auf gegebene Preisinformationen reagieren können, während letztere Preis- und Outputdaten aktiv beeinflussen können.[316]

4.3.6 Die Rolle des Unternehmers bei ISRAEL M. KIRZNER

KIRZNER'S Werk ist stark von den Gedanken von LUDWIG V. MISES und FRIEDRICH A. V. HAYEK geprägt. Der Ansatz von KIRZNER, der sich viel ausführlicher als die Ausführungen von MISES und HAYEK mit der Rolle des Unternehmers beschäftigen, greift zunächst auf das Konzept des homo agens von MISES zurück. Die konsequente Ausrichtung des Unternehmers auf die Wünsche der Nachfrager ist ebenfalls von MISES übernommen, ebenso wie der Arbitragegedanke. Weiterhin nimmt KIRZNER Bezug zu HAYEK, der dem Preissystem eine besondere Rolle verleiht, die den Unternehmer auf unausgenutzte Gelegenheiten aufmerksam machen soll. KIRZNER betont weiterhin, wie

---

[313] Vgl. Hayek (1952a), S. 115f. und Meyer (1998), S. 74. Es ist jedoch nicht nur der Preis, der den Unternehmer im Wettbewerbsgeschehen informiert. Da es sich bei der Koordination ökonomischer Aktivitäten um einen Meinungsbildungsprozeß handelt, spielen Werbung und Marktforschung eine wichtige Rolle, vgl. Meyer (1995), S. 36.

[314] Vgl. Hayek (1968), S. 13.

[315] Hayek (1968), S. 7.

[316] Vgl. Kirzner (1997), S. 70.

MISES und HAYEK, die Unvollkommenheit der Information im wirklichen Wettbewerbsprozeß.

KIRZNER arbeitet, wie alle Wissenschaftler in der Tradition der österreichischen Schule der Nationalökonomie, in seinen Ausführungen deutlich den Unterschied zwischen seinem Unternehmerkonzept und der Neoklassik heraus. Er greift dabei auf LORD ROBBINS zurück, der unter dem ökonomischen Aspekt individueller Aktivitäten die Allokation knapper Mittel in Bezug auf konkurrierende Zwecke versteht. Bei gegebenen Mitteln soll also deren geeignete Kombination dafür sorgen, daß möglichst viele gegebene Ziele erreicht werden können.[317]

KIRZNER ist der Ansicht, daß diese Betrachtungsweise irreführend für die Charakterisierung von Markt und Wettbewerb ist, da der ROBBINS'sche Maximierer *gegebene* Ziele und Mittel zur Verfügung hat. Er hält das von MISES entwickelte Konzept menschlichen Handelns, d.h. des homo agens, als Ausgangspunkt für wesentlich geeigneter. Der homo agens maximiert nicht bloß unter der Bedingung gegebener Ziele und Mittel, vielmehr hat er auch den Willen und die Findigkeit, geeignete Ziele und verfügbare Mittel überhaupt erst festzustellen. MISES' homo agens beinhaltet demnach sowohl ökonomisierendes als auch menschliches Verhalten, d.h. er stellt zunächst Ziele und Mittel fest und strebt dann nach Effizienz.[318] KIRZNER bezeichnet diese Komponente des menschlichen Handelns, die über den ROBBINS'schen Maximierer hinausgeht, als das unternehmerische Element und charakterisiert es als „[...] aktiv, kreativ und menschlich, statt passiv, automatisch und mechanisch."[319] Diese unternehmerische Komponente manifestiert sich dergestalt, daß ein Individuum

„[...] seine Augen und Ohren offen hält für all die Gelegenheiten, die ‚gerade um die Ecke' darauf warten, wahrgenommen zu werden. Er ist findig, abwartend und allzeit aufnahmebereit für sich zufällig ergebende Möglichkeiten."[320]

Findigkeit (alertness) ist der Ausdruck dafür, daß der Unternehmer weiß, wo er nach Wissen suchen muß. Es geht um das Wissen, wo man als Unternehmer Marktdaten entdecken kann, nicht um das Wissen über die Marktdaten selbst.[321] Die Auffindung

---

317 Vgl. Kirzner (1988), S. 16.

318 Vgl. Kirzner (1978), S. 26f. und Welzel (1995), S. 143.

319 Kirzner (1978), S. 28.

320 Kirzner (1988), S. 18. Hier bezieht KIRZNER sich auf HAYEK, der davon spricht, daß Kundschafter ständig auf der Suche nach unausgenutzten Gelegenheiten sind, wobei KIRZNER'S Unternehmer nicht aktiv nach diesen Gelegenheiten sucht.

321 Vgl. Kirzner (1978), S. 54f. KIRZNER konkretisiert weiterhin den Ausdruck der „vorteilhaften Gelegenheiten", indem er feststellt, daß es darum geht, Produkte billiger oder besser herzustellen als

einer Marktlücke kann dann die entscheidende Komponente für den Schritt in die Selbständigkeit sein, da das „Erkennen und Ausnutzen einer Marktlücke" als Motiv für eine Unternehmensgründung gemäß empirischen Untersuchungen angegeben wird (vgl. Kapitel 4.1). Die KIRZNER'SCHE Findigkeit kann damit als theoretische Basis für diese Art von Motivation angesehen werden.

KIRZNER ist der Ansicht, daß unternehmerische Aufmerksamkeit und Findigkeit eine Gabe, d.h. nicht erlernbar ist. Menschen, die sich dieser Gabe erfreuen, sind in der Lage, ohne gezielte Suche unausgenutzte Gelegenheiten zu entdecken.[322] KIRZNER argumentiert, daß das unternehmerische Element menschlichem Handeln innewohnt und jeder Handelnde immer auch ein Unternehmer ist. Unternehmertum ist damit an keine Personengruppe gebunden.[323] Aufgrund dieser Charakteristika der unternehmerischen Tätigkeit weist KIRZNER auch die Annahme von sich, es könnte sich beim Unternehmertum um einen ganz normalen Produktionsfaktor handeln, der nachgefragt wird.[324]

Die Findigkeit, die für KIRZNER das zentrale Element unternehmerischen Handelns darstellt, existiert jedoch nur in einer Welt mit unvollkommener Information. Bei vollkommener Information gäbe es keine unausgenutzten Gelegenheiten. KIRZNER ist der Ansicht, daß diese Annahme völlig unrealistisch ist und befindet sich damit ganz in der Tradition von HAYEK. In einer Welt mit unvollkommener Information besteht jedoch immer die Möglichkeit, sich bezüglich anscheinend guter Gelegenheiten zu täuschen. Nur die Möglichkeit, Fehler zu machen, bewirkt, daß überhaupt unausgenutzte Gelegenheiten entstehen können. Daher beinhaltet das Unternehmertum nach KIRZNER auch die Elemente Unsicherheit und Risiko.[325]

Diese Ausdehnung der Betrachtung auf eine Welt unvollkommener Information nimmt KIRZNER zum Anlaß, einen reinen Unternehmer zu kreieren. Der reine Unternehmer beschränkt sich ausschließlich auf das Element der Findigkeit bezüglich unbekannter Gelegenheiten; die Rolle der ROBBINS'schen Maximierer wird von nun an von allen

---

andere Anbieter und den Nachfragern diese Vorteile mit Hilfe der Werbung zu kommunizieren. Er greift dabei auf die Aussagen von MISES zurück und stellt die Strategien der Qualitäts- und Kostenführerschaft, genau wie MISES, bereits vor PORTER dar, vgl. Kirzner (1978), S. 19 und S. 121ff. Siehe auch Kirzner (1988), S. 19ff.

[322] Vgl. Kirzner (1988), S. 170f. und Kirzner (1997), S. 71. KIRZNER führt das Element der Überraschung ein, das den Unternehmer überkommt, wenn er etwas zufällig entdeckt: „It was under my very nose!", Kirzner (1997), S. 72.

[323] Vgl. Kirzner (1988), S. 180f. und Welzel (1995), S. 143.

[324] Vgl. Kirzner (1988), S. 205f.

[325] Vgl. Kirzner (1978), S. 62f. und Kirzner (1997), S. 70. KIRZNER hat seine Einstellung zur Bedeutung von Unsicherheit erst aufgrund von Kritik geändert, indem er nun betont, daß Unsicherheit eine bedeutende Rolle spielt, vgl. Hébert/ Link (1988), S. 132f.

anderen Marktteilnehmern außer den Unternehmern wahrgenommen. KIRZNER unterscheidet also Unternehmer und Ökonomisierer. Dies hat zur Konsequenz, daß die Aktivitäten aller anderen Marktteilnehmern lediglich das Gleichgewicht erklären. Veränderung bezüglich Preisen, Mengen und Qualitäten der Produktionsmittel und Güter können jedoch ausschließlich den Unternehmern zugeschrieben werden.[326]

Der reine Unternehmer ist in der Lage, ohne finanzielle Mittel unternehmerisch tätig zu werden. ROBBINS'sche Maximierer können dagegen nur mit bereits gegebenen Mitteln agieren, während die Unternehmer nach KIRZNER lediglich das Wissen benötigen, wo unausgenutzte Gelegenheiten existieren. Die entdeckte Diskrepanz kann der Unternehmer dann dadurch beseitigen, daß er bei denen kauft, die etwas billig anbieten und an die verkauft, die bisher überhöhte Preise bezahlt haben.[327] Daß der Unternehmer für diese Arbitragegeschäfte über keine finanziellen Mittel, sondern ausschließlich über Findigkeit verfügen muß, ist für KIRZNER elementar. Diese Arbitragefunktion des Unternehmers bezieht KIRZNER jedoch nicht nur auf gleichartige Produkte, die an einem Ort billiger und am anderen teurer sind, sondern er bindet den Unternehmer in die Produktion ein, da gerade an der Schnittstelle zwischen Ressourceneinkauf und dem Verkauf fertiger Produkte Unternehmertum benötigt wird. Arbitrage ist dann möglich, wenn der Verkaufspreis des fertigen Produkts über den Faktorpreisen liegt. KIRZNER unterstellt eine Sofortproduktion, so daß der Unternehmer kein Kapital benötigt. Nicht jeder Produzent ist jedoch Unternehmer. KIRZNER ist der Ansicht, daß sowohl Unternehmer als auch Ressourceneigentümer, d.h. Personen, die Finanz- oder Sachkapital besitzen, produzieren können; der Unterschied besteht darin, daß letzterer nur ein Maximierer ist, während der Unternehmer über Findigkeit, nicht jedoch über Kapital verfügen muß.[328]

Aufbauend auf dieser Argumentation analysiert KIRZNER den Unternehmergewinn. KIRZNER sieht seine Betrachtungsweise des Gewinns in der Tradition von MISES als Arbitragetheorie des Gewinns.[329] Dieser resultiert aus der Differenz zwischen dem Verkaufspreis des Produkts und dem Einkaufspreis der Ressourcen.[330] Entscheidend ist wiederum zunächst das Element der Findigkeit:

[326] Vgl. Kirzner (1978), S. 31ff. und S. 58.

[327] Vgl. Kirzner (1978), S. 32f., der den Arbitragegedanken von MISES aufgreift. KIRZNER abstrahiert dabei von der Zeit, d.h. für die Spanne zwischen An- und Verkauf werden keine Mittel benötigt. Siehe auch Kirzner (1988), S. 111f.

[328] Vgl. Kirzner (1978), S. 35ff.

[329] Vgl. Kirzner (1978), S. 68f.

[330] Vgl. Kirzner (1978), S. 38f.

„Unternehmertum besteht nicht darin, nach einem freien Zehndollarschein zu greifen, den man bereits irgendwo entdeckt hat, es besteht vielmehr darin, zu entdecken, daß es ihn gibt und daß er greifbar ist."[331]

Weiterhin weist KIRZNER auch in diesem Zusammenhang darauf hin, daß keine Mittel nötig sind, um Gewinne zu erzielen:

„Die Entdeckung von Gewinngelegenheiten bedeutet, *etwas zu entdecken, was ohne jede Gegenleistung erhältlich ist.* Es ist überhaupt keine Investition erforderlich [...]."[332]

Gewinne können für KIRZNER nur von Unternehmern und nicht von Ressourceneigentümern im Sinne ROBBINS'scher Maximierer erwirtschaftet werden, da letztere lediglich mit gegebenen Mitteln (ihren Ressourcen) den Ertrag maximieren. Unternehmer dagegen erzielen Gewinne, wenn die Differenz aus Verkaufs- und Einkaufspreis auf eine unternehmerische Entscheidung noch vor dem Kauf der Produktionsfaktoren zurückgeführt werden kann: die Entdeckung unausgenutzter Gelegenheiten, die auf der Findigkeit der Unternehmer basiert, verursacht die Entscheidung, Faktoren zu erwerben und die daraus entstehenden Produkte zu verkaufen. Nur wenn der daraus entstehende Erlös auf diese ursprüngliche Entscheidung zurückgeführt werden kann, wird er als Gewinn bezeichnet. Falls ein Produzent nach dem Ankauf der Produktionsfaktoren seine vorher gefaßten Pläne ändert, ist er nur noch in der Rolle eines Ressourceneigentümers, der seine gegebenen Mittel maximiert, und die entstehenden Erträge sind keine Gewinne.[333]

KIRZNER beläßt es jedoch nicht nur bei der Beschreibung dessen, was den Unternehmer ausmacht, sondern bindet ihn konsequent in einen gesamtwirtschaftlichen Rahmen, eine Markttheorie, ein. Er führt aus, daß Ungleichgewichtszustände eines Marktes durch enorme Unwissenheit gekennzeichnet sind. Marktteilnehmer betreten den Markt mit gewissen Erwartungen über geeignete Ziele und Mittel und über die Entscheidungen, die andere Menschen treffen. Wenn die Marktteilnehmer diesbezüglich Fehler machen, betreten sie den Markt am nächsten Tag mit korrigierten Preiserwar-

[331] Kirzner (1978), S. 38.

[332] Kirzner (1978), S. 39. KIRZNER sieht jedoch, daß im realen Leben selbstverständlich oftmals Investitionen erforderlich sind, da es keine Sofortproduktion gibt. Die benötigten Mittel können jedoch von Kapitalgebern oder Ressourceneigentümern beschafft werden, sofern die Gelegenheit soviel Ertrag abwirft, daß Zins und Tilgung geleistet werden kann. Auf diese Weise muß der Unternehmer keine eigenen Mittel einsetzen und die Unternehmerrolle wird analytisch von der Kapitalgeberrolle getrennt. Dies impliziert, daß auch der Gewinn vom Zins getrennt wird, vgl. Kirzner (1978), S. 39f. Siehe auch Kirzner (1988), S. 114ff.

[333] Vgl. Kirzner (1978), S. 40f.

tungen, d.h. sie lernen. Auf diese Weise werden die Pläne der Marktteilnehmer immer besser aufeinander abgestimmt und ein Prozeß hin zum Gleichgewicht entsteht, welches das Ende der wettbewerblichen Aktivitäten markieren würde, wenn es je erreichbar wäre. Dadurch werden jedoch die Gewinne bis auf Null heruntergedrückt. Gewinn ist damit die Verbindung zwischen unvollkommenem Wissen, welches Gewinnmöglichkeiten schafft und vollkommener Information, die im idealtypischen, jedoch nie erreichbaren Gleichgewichtszustand vorliegt.[334] KIRZNER argumentiert dabei ganz in der Tradition von HAYEK, der ausführt, daß die Preise den Marktteilnehmern fehlende Informationen liefern, die es den einzelnen Individuen ermöglichen, ihre Pläne aufeinander abzustimmen. Preise lenken für HAYEK die Aufmerksamkeit der Unternehmer im Wettbewerb, so daß diese erkennen, wo sich die besten Möglichkeiten bieten. Der Unternehmer nach KIRZNER hat damit eine gleichgewichtsbildende Funktion, da die Handlungen des Unternehmers als Reaktion auf bisher verpaßte Gelegenheiten entstehen. Der KIRZNER'sche Unternehmer bewirkt eine gegenseitige Anpassung von Elementen, die vorher nicht übereingestimmt haben.[335]

KIRZNER betont, daß der Unternehmer bezüglich der Gelegenheiten *re*-agiert, die bereits existieren und nur darauf warten, entdeckt zu werden. Er erzeugt keine Gewinnmöglichkeiten, sondern nimmt sie wahr. An dieser Stelle übt er an SCHUMPETER Kritik, indem er bemängelt, daß SCHUMPETER den Eindruck erweckt, daß Gleichgewicht ohne unternehmerisches Handeln zustande kommt. SCHUMPETER ist der völlig entgegengesetzten Ansicht, daß der Unternehmer die Wirtschaft aus einer Gleichgewichtssituation hinausstößt ins Ungleichgewicht. Der SCHUMPETER'sche Unternehmer agiert, während der KIRZNER'sche Unternehmertyp reagiert.[336] LYDALL kritisiert diese Charakterisierung des Unternehmers, da sie sehr passiv klingt und seiner Ansicht nach verbirgt, daß KIRZNER selbst den Unternehmer für aktiv und kreativ hält. Dynamisches Unternehmertum geht für LYDALL jedoch über eine reines Erkennen von Preisunterschieden und daraus resultierenden Arbitragegelegenheiten hinaus.[337]

4.4 Gemeinsamkeiten und Unterschiede in den Ansätzen

Die Erörterung der Ansätze von SCHUMPETER, KNIGHT, MISES, HAYEK und KIRZNER hat die Sichtweisen der einzelnen Wissenschaftler zur Rolle des Unternehmers im

---

334 Vgl. Kirzner (1988), S. 178f.
335 Vgl. Kirzner (1978), S. 56ff., Kirzner (1988), S. 128ff. und Ripsas (1997), S. 42.
336 Vgl. Kirzner (1978), S. 56ff., S. 65, S. 102ff. und S. 176ff. Siehe auch Kirzner (1988), S. 133ff.
337 Vgl. Lydall (1992), S. 71.

Wettbewerb deutlich gemacht. Durch die ideengeschichtliche Vorgehensweise wurde herausgearbeitet, wie die Vorstellungen der Vertreter der Wettbewerbsprozeßtheorie über die Zeit hinweg aufeinander aufbauen und in welchem Zusammenhang diese miteinander stehen. Im folgenden werden diese Ansätze miteinander verglichen, um Gemeinsamkeiten und Unterschiede konsequent herauszuarbeiten und zu analysieren. Die Analysen münden in einer umfassenden Fundierung moderner Unternehmensführungskonzepte in der Wettbewerbsprozeßtheorie.

4.4.1 „Technology push" versus „Demand pull"

Die verschiedenen Wissenschaftler, deren Ansätze im folgenden kurz zusammengefaßt werden, weisen dem Unternehmer unterschiedliche dynamische Rollen zu: SCHUMPETER sieht die unternehmerische Aufgabe darin, Innovationen durchzusetzen. Das alleinige Finden oder Schaffen von Möglichkeiten kennzeichnet für SCHUMPETER im Gegensatz zu KIRZNER nicht den Unternehmer, da er der Ansicht ist, daß diese Möglichkeiten oftmals bereits bekannt sind. Imitatoren, die lediglich die Aktivitäten des Unternehmers nachahmen, zählt er nicht zu den Unternehmern. SCHUMPETER hält weiterhin das Tragen von Unsicherheit nicht für eine unternehmerische Aufgabe, da diese Funktion ausschließlich dem Kapitalgeber obliegt. Im nächsten Schritt geht SCHUMPETER, ebenso wie andere Autoren, auf die psychologischen Merkmale des Unternehmers ein und charakterisiert ihn als führende und vorwärtsstrebende Persönlichkeit. Der SCHUMPETER'sche Unternehmer ist der am meisten verwendete Ausgangspunkt für neuere Forschungen in diesem Bereich.

KNIGHT ist der Ansicht, daß das Tragen von Unsicherheit charakteristisch für den Unternehmer ist. Dieser zeichnet sich vor allem dadurch aus, daß er die Unsicherheit bezüglich der zukünftigen Marktlage besser antizipiert als die anderen Marktteilnehmer. Aufgrund dieser Tatsache spalten sich die Individuen in zwei Gruppen: die Unternehmer und die Arbeitnehmer, die nicht bereit sind, Unsicherheit zu tragen und sich von den Unternehmern Garantien über feste Löhne geben lassen. Unsicherheit bezieht sich im Gegensatz zu SCHUMPETER also nicht nur auf den Kapitalgeber, vielmehr hängt der Gewinn des Unternehmers von seiner zutreffenden Einschätzung der Marktlage ab, daher betrifft die Unsicherheit auch ihn.

MISES betont, wie KNIGHT, die Unsicherheit, die bezüglich der zukünftigen Marktlage herrscht. MISES betrachtet das Tragen von Unsicherheit im Gegensatz zu SCHUMPETER und KNIGHT jedoch ganzheitlich: neben den Unternehmern und Kapitalgebern sind auch die Arbeitnehmer indirekt Träger von Unsicherheit, da sie ihre Arbeitskraft dem

Unternehmer zur Verfügung stellen. Der Unternehmer hat die Aufgabe, unter diesen unsicheren Bedingungen die Produktionsfaktoren zu kombinieren und er muß dabei vor allem die besonderen Wünsche und Bedürfnisse der Nachfrager berücksichtigen. Der Unternehmer nach MISES steht dabei für den Wechsel von der Angebotsorientierung des SCHUMPETER'schen Unternehmertyps hin zur Nachfragerorientierung. Damit wird die theoretische Basis für die heutige Konzeption einer marktorientierten Unternehmensführung im Sinne des Marketing geliefert.

HAYEK greift die Kundenorientierung bei MISES auf und spricht dem Unternehmer die Aufgabe zu, sich im Wettbewerb um die Gunst der Nachfrager zu bemühen. Zu diesem Zweck muß der Unternehmer Gelegenheiten finden und diese ausnutzen, um sich aus Sicht der Nachfrager vor den Konkurrenten zu plazieren. Den Wettbewerbsprozeß, der die dafür benötigten Informationen bereitstellt, beschreibt HAYEK als Entdekkungsverfahren. Insbesondere der Preismechanismus liefert den Unternehmern die nötigen Informationen und lenkt damit die Aufmerksamkeit der Unternehmer im Wettbewerb.

KIRZNER steht in der Tradition von HAYEK, wenn er Findigkeit, d.h. Aufmerksamkeit für unternehmerische Gelegenheiten als die eigentliche unternehmerische Aufgabe definiert. Unausgenutzte Gelegenheiten bestehen für KIRZNER darin, Produkte billiger oder besser als andere herzustellen. Diese bisher nicht ausgenutzten Möglichkeiten manifestieren sich in Arbitragegelegenheiten, die ein findiger Unternehmer entdeckt, ohne aktiv danach zu suchen. Es ist also, wie bei HAYEK, der Preismechanismus, der die Aufmerksamkeit der Unternehmer im Wettbewerb lenkt.

Im folgenden soll verdeutlicht werden, wie die verschiedenen unternehmerischen Rollen zusammenspielen und von Spin-off-Gründern wahrgenommen werden. Wie soeben aufgezeigt wurde, betonen die verschiedenen theoretischen Ansätze zu diesen Funktionen meist nur bestimmte Aspekte und die Autoren widersprechen sich teilweise in ihren Aussagen. An dieser Stelle soll jedoch aufgezeigt werden, wie diese Rollen zusammenwirken und sich ergänzen.[338] Spin-off-Gründer sind zunächst Träger von Unsicherheit, sowohl aus finanzieller Sicht als auch bezüglich der Marktunsicherheit, die aufgrund der unvorhersehbaren Änderungen der zukünftigen Marktlage herrscht. Um dies zu bewältigen, benötigen sie Urteilsfähigkeit, Prognosefähigkeiten für die Zukunft, Selbstvertrauen und insbesondere Führungsqualitäten. Weiterhin müssen Spin-offs Findigkeit und Aufmerksamkeit bezüglich unternehmerischer Gelegenheiten

[338] Auch SCHULZ betont, daß Unternehmerfunktionen als komplementär zueinander zu verstehen sind, vgl. Schulz (1998), S. 4.

an den Tag legen. Hier wird der KIRZNER'schen Argumentation gefolgt, während SCHUMPETER der Ansicht ist, daß es nur auf das Durchsetzen der Möglichkeiten ankommt und die Gelegenheiten selbst auf der Hand liegen würden. Allerdings wird ein potentieller Spin-off-Gründer ohne Findigkeit keine unausgenutzten Möglichkeiten entdecken, in die er mit seinen Produkten oder Leistungen vordringen kann. Diese ebenfalls wichtige Aufgabe verlangt eine genaue Marktbeobachtung und Marktanalyse; ein Aspekt, den Spin-off-Gründer oftmals nicht beherzigen.[339] Eng damit verbunden ist die Aufgabe, sich konsequent an den Wünschen und Bedürfnissen der Nachfrager zu orientieren, der sich heutzutage kein Unternehmer mehr entziehen kann. Wenn der Spin-off-Gründer dann unausgenutzte Gelegenheiten entdeckt hat, die es ihm ermöglichen, die Gunst der Nachfrager zu gewinnen, kann er innovative Produkte und Leistungen am Markt durchsetzen.

Diese konsequente Nachfragerorientierung steht im Gegensatz zur Angebotsorientierung SCHUMPETER's, der der Ansicht ist, daß den Kunden die Innovationen aufgenötigt werden müssen. SCHUMPETER geht demnach von einem „technology push" statt von einem „demand pull" aus. In bestimmten Fällen ist dieser Standpunkt durchaus gerechtfertigt. Gerade technologische Innovationen haben oftmals einen derart hohen Neuigkeitsgrad, daß die Kunden noch gar kein Bedürfnis dahingehend entwickeln konnten. Wenn man als Anbieter daher ausschließlich das produzieren würde, von dem man weiß, daß die Kunden es haben wollen, kämen viele technologische Innovationen nicht auf den Markt. Trotzdem spielen auch in diesem Fall die Nachfragerbedürfnisse eine wichtige Rolle, da es nicht Aufgabe des Anbieters sein kann, den Kunden vordefinierte, bekannte Produkte zu verkaufen, vielmehr soll er deren Probleme lösen. Wenn er diese nun mit Hilfe einer völlig neuen technologischen Innovation löst, liegt zwar ein „technology push" vor, dennoch erfolgte eine Orientierung an den Bedürfnissen der Kunden („demand pull"). Kundenbedürfnisse müssen daher auch innovativen, technologieorientierten Unternehmen als Richtschnur ihres Handelns im Technologie- bzw. im F&E-Bereich dienen.[340] An dieser Stelle spiegelt sich die Ergänzung der Aussagen von SCHUMPETER auf der einen, MISES und HAYEK auf der anderen Seite wider: Angebots- und Nachfragerorientierung wirken komplementär zueinander.

---

[339] Vgl. BMWi (1997b), S. 1, BMWi (1997d), S. 9 und BMWi (1996b), S. II.

[340] Vgl. Pleschak (1996a), S. 62, Trommsdorff/ Binsack (1997), S. 62f. und Jensen/ Rieker/ Schäfer (1999).

Die Feststellung, daß alle Rollen auf Spin-offs zutreffen, soll verdeutlichen, daß die verschiedenen Funktionen sich nicht ausschließen, sondern sich gegenseitig ergänzen: ein Unternehmer muß aufmerksam und findig bezüglich unausgenutzter Gelegenheiten sein, die sich aus der unsicheren zukünftigen Marktlage, insbesondere den wandelnden Wünschen der Konsumenten ergeben und seine Innovationen daran ausrichten, um diese dann im Markt durchzusetzen. Die Durchsetzung der Innovationen verlangt damit Nachfragerorientierung anstelle Angebotsorientierung.

4.4.2 Führungsrolle als gemeinsames Bindeglied

Die Erarbeitung der Unternehmerrollen bei den einzelnen Autoren hat erbracht, daß es eine Funktion gibt, die nahezu jeder der aufgearbeiteten Wissenschaftler auf den Unternehmer anwendet. Es handelt sich dabei um die Führungsrolle. Aus dem Grund, daß dieser Aspekt über die Ansätze der Autoren hinweg auftritt, wird er als Querschnittsfunktion bezeichnet. Insbesondere SCHUMPETER und MISES, aber auch KNIGHT und KIRZNER vereinen dadurch zwei widerstreitende Forschungsrichtungen: den „trait approach" und den „behavioral approach".[341] Letzterer stellt bei der Untersuchung der Unternehmerrolle auf die Handlungen des Unternehmers ab, nicht auf persönliche Merkmale. Der Unternehmer soll nach Ansicht der verschiedenen Wissenschaftler Innovationen durchzusetzen, Unsicherheit übernehmen, kundenorientiert handeln oder findig und aufmerksam sein. Der Unternehmer wird jedoch nicht ausschließlich an seinen Handlungen gemessen, vielmehr erfolgt zusätzlich eine Illustration durch Persönlichkeitsmerkmale. Dieser trait approach geht davon aus, daß ein Unternehmer einen bestimmten Persönlichkeitstypus repräsentiert, der durch Charaktereigenschaften geprägt ist, die angeboren oder anerzogen sind. Die Persönlichkeitsmerkmale, die man als Unternehmer mitbringen muß, wurden von den Wissenschaftlern detailliert beschrieben: der Unternehmer ist aktiv, kreativ, dynamisch, abenteuerlustig und besitzt Voraussicht für die Zukunft. Er repräsentiert den Typ des Führers, da er im Gegensatz zu anderen Marktteilnehmern die Initiative ergreift.[342] SCHUMPETER, MISES, KNIGHT und KIRZNER vereinen damit die beiden widerstreitenden Auffassungen, indem sie einerseits aufzeigen, was der Unternehmer zu tun hat und andererseits, was er sein muß: ein Führer.

---

[341] Vgl. dazu Grüner (1993), S. 490 und Gartner (1989).

[342] Diese Erkenntnisse zur Persönlichkeit des Unternehmers werden auch in empirischen Untersuchungen bestätigt. So fanden STEWART/ WATSON/ CARLAND U.A. heraus, daß sich selbständige Unternehmer im Gegensatz zu angestellten Managern durch höhere Leistungsmotivation, Risikobe-

Der Führungsaspekt spiegelt weiterhin die Motive von Unternehmensgründern wider, sich selbständig zu machen, die in Kapitel 4.1 aufgezeigt wurden. Das Streben nach Unabhängigkeit und höherem Einkommen sowie die Kritik an der mangelnden Entfaltungsfähigkeit am gegenwärtigen Arbeitsplatz lassen auf einen aktiven, dynamischen und selbstbewußten Unternehmer schließen, der nicht mehr gewillt ist, als abhängiger Angestellter nur seinen Vorgesetzten zuzuarbeiten. Er will die Initivative ergreifen und eigenverantwortlich Ideen umsetzen.[343] Der Querschnittsaspekt der Führung eignet sich daher besonders, die theoretische Basis für die empirisch ermittelten Motive für eine Unternehmensgründung zu liefern.

Der Aspekt „Führung" wird heutzutage unterschiedlich interpretiert und eingeordnet. Auf der einen Seite wird die gesamte Betriebswirtschaftslehre als Management- und Führungslehre interpretiert,[344] andererseits wird Führung als Teilaufgabe des Managements gesehen.[345] Unter Führen versteht man allgemein „einen Mitarbeiter bzw. eine Gruppe unter Berücksichtigung der jeweiligen Situation auf ein gemeinsames Ziel hin beeinflussen".[346] Beeinflussen wiederum umfaßt die Aufgaben der Kohäsion und der Lokomotion.[347] Kohäsion meint das Herbeiführen und Aufrechterhalten der Zusammengehörigkeit und des Bestandes der Gruppe und beinhaltet den menschlichen Aspekt. Übertragen auf die Ausführungen SCHUMPETER's bedeutet es, ein Rittergeschwader zusammenzustellen. Unter Lokomotion versteht man den sachlichen und innovatorischen Aspekt der Führung. Die Gruppe soll dazu veranlaßt werden, das gesteckte Ziel zu erreichen. Die Lokomotion braucht der Führer, um zu erreichen, daß seine Leute mit ihm in die Schlacht ziehen.

Obwohl der Bereich „Führung" im allgemeinen als unternehmensinterner Aspekt behandelt wird, sind die Aussagen bereichsübergreifend übertragbar. Die Aufgaben des Unternehmers, insbesondere des Spin-off-Gründers, sind nicht auf die unternehmensinterne Mitarbeiterführung beschränkt, vielmehr ist er ein gesamtwirtschaftlicher Führer, der verschiedenste Gruppierungen dazu bringen muß, ihn in seinem Ziel zu

---

reitschaft und Innovationsfreude auszeichnen und damit vorwärtsstrebende, kreative Persönlichkeiten darstellen, vgl. Stewart/ Watson/ Carland u.a. (1998). Siehe auch Gunderson (1990), S. 50.

343 Diese Auffassung hat sich auch in der Theorie der Führung etabliert: der stark prozessuale Führungsbegriff besitzt als konstitutives Element die Dynamik, vgl. Hentze/ Brose (1986), S. 21.

344 Vgl. Wunderer (1988).

345 Vgl. Steinmann/ Schreyögg (1997), S. 10. Daran ist ersichtlich, daß der Managementbegriff heutzutage nicht mehr nur Aufgaben wie Vertretung nach außen und Aufrechterhaltung der Disziplin beinhaltet, sondern eine strategische Komponente bekommen hat. Zu einer ausführlichen Abhandlung des Gebiets der Führung vgl. Heinen (1984).

346 Stroebe/ Stroebe (1987), S. 12.

347 Vgl. Stroebe/ Stroebe (1987), S. 14ff. und Hentze/ Brose (1986), S. 106.

unterstützen, eine Innovation im Rahmen eines neugegründeten Unternehmens erfolgreich am Markt durchzusetzen. Er benötigt insbesondere die Fähigkeit der Lokomotion, um potentielle Arbeitnehmer, Kapitalgeber, Ressourcenlieferanten und Abnehmer von seiner Idee zu überzeugen, um sie in die Tat umsetzen zu können.

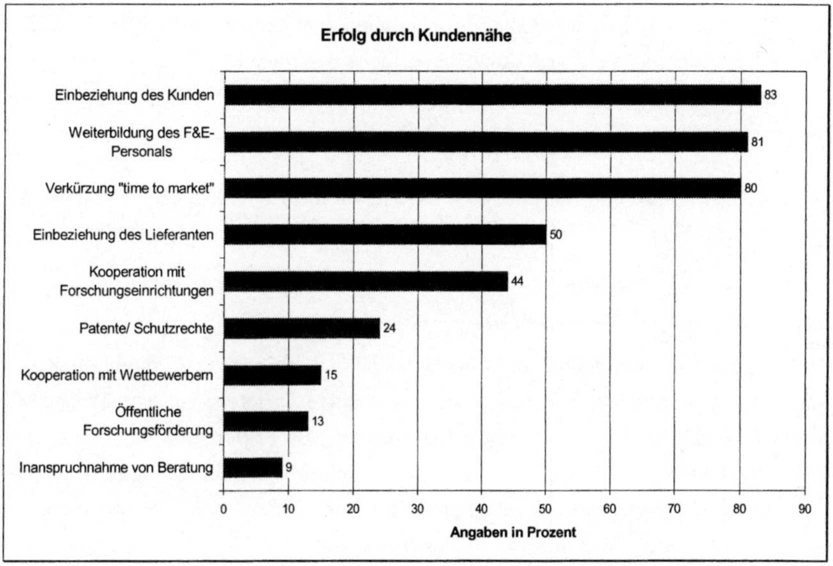

Abbildung 13: Wichtige Faktoren im Innovationsprozeß von Entrepreneuren
Quelle: Hirn/ Schmalholz (1999), S. 71.

Die Bedeutung der Führung für Spin-off-Gründer wird auch anhand von Faktoren ersichtlich, die von Unternehmern als bedeutend im Innovationsprozeß eingestuft werden (vgl. Abbildung 13). Es wird deutlich, daß Kooperationen mit Kunden, Lieferanten, Forschungseinrichtungen sowie Wettbewerbern, die bis zur Schaffung virtueller Unternehmensnetzwerke reichen können, im Rahmen der Innovationstätigkeit von Unternehmern einen hohen Stellenwert einnehmen. Kohäsion und Lokomotion stellt damit eine wichtige Unternehmeraufgabe dar.

4.4.3 Marktorientierte Unternehmensführung

Gemeinsamkeiten zwischen den Autoren findet sich nicht nur bezüglich des Aspekts der Führung, die Autoren weisen dem Unternehmer weiterhin übereinstimmend die Aufgabe der Erzielung von Arbitragegewinnen zu. Auch in der neueren Literatur wird dieser Gedanke von SCHNEIDER aufgegriffen.[348] Der Gewinn wird dabei definiert als Erlös für eine Leistung abzüglich der eingesetzten Inputfaktoren.[349] Ist diese Differenz positiv, liegen nach KIRZNER Arbitragegewinne vor.[350]

Arbitrage kann dabei in unterschiedlicher Weise auftreten.[351] Zum einen ist die bekannte Form der räumlichen Arbitrage anzuführen, bei der ein Produkt an einem Ort teurer ist als an einem anderen. Auch die zeitliche Arbitrage ist zu nennen, bei der ein Produkt zu verschiedenen Zeitpunkten unterschiedliche Preise hat. Die Unternehmer nutzen diese Diskrepanzen aus:

„[...] sie kaufen, wo und wann sie die Preise für zu niedrig halten, und verkaufen, wo und wann sie die Preise für zu hoch ansehen.“[352]

Aus dieser Differenz zwischen dem niedrigen Einkaufs- und dem höheren Verkaufspreis resultiert der Arbitragegewinn.

Arbitrage bezieht sich jedoch nicht ausschließlich auf eine Güterart, die billig eingekauft und teurer verkauft wird, so daß eine positive Differenz entsteht. Preisunterschiede können auch bei mangelnder Koordination von Faktor- und Produktmärkten ausgenutzt werden, d.h. wenn der Verkaufspreis eines Endprodukts höher ist als die Kosten für die eingesetzten Produktionsfaktoren. KIRZNER bindet den Unternehmer damit in die Güterproduktion ein.[353] Dieser bewirkt auf beiden Märkten durch seine Nachfrage bzw. sein Angebot Preisänderungen, so daß sich Faktor- und Güterpreise einander annähern.[354] Wenn sich die Aussicht auf Arbitragegewinne jedoch verringert, wenden sich die findigen und aufmerksamen Unternehmer neuen Gelegenheiten zu, um diese auszunutzen. Auf diese Weise treiben die unternehmenderen Unternehmer die wirtschaftliche Entwicklung voran.[355]

Nur die findigen Unternehmer nach MISES, HAYEK und KIRZNER sind in der Lage, Gewinnmöglichkeiten zu entdecken und auszuschöpfen. SCHNEIDER skizziert den findigen Unternehmer als Plänkler, der neue und unbekannte Pfade ausfindig macht und

[348] Vgl. Schneider (1985), S. 472ff.
[349] Vgl. Knight (1921), S. 199 und Schumpeter (1993a), S. 207.
[350] Vgl. Kirzner (1978), S. 38f. und S. 68f.
[351] Zu einer Übersicht über verschiedene Formen der Arbitrage vgl. Schneider (1985), S. 475 und Schneider (1995), S. 67.
[352] Mises (1940), S. 285.
[353] Vgl. Kirzner (1978), S. 35ff.
[354] Vgl. Ripsas (1997), S. 41f.
[355] Vgl. Mises (1940), S. 270.

absucht.[356] Der Unternehmer muß dazu auch die Fähigkeit besitzen, die zukünftige Marktlage treffender beurteilen zu können als andere, um in einer Welt mit unsicherer Zukunft richtige Einschätzungen über mögliche Gewinne treffen zu können. Findigkeit und die KNIGHT'sche Fähigkeit zur Antizipation von Unsicherheit sind damit elementare Voraussetzung zur Realisierung von Arbitragegewinnen.

Dieses Konzept der Arbitragetheorie des Gewinns spiegelt sich im modernen Wertkettenansatz von PORTER wider (vgl. Abbildung 14).

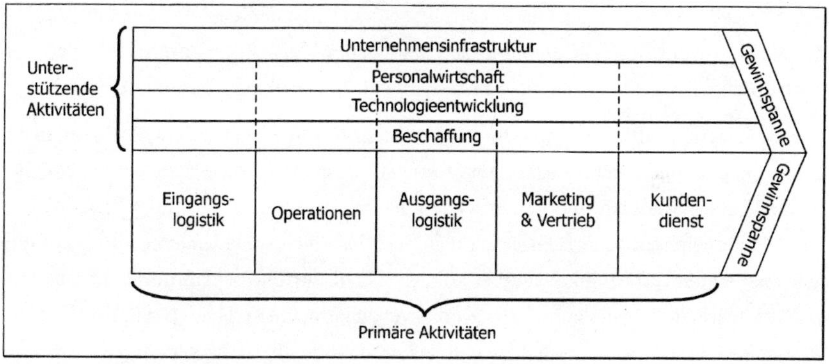

Abbildung 14: Wertkette nach PORTER
Quelle: Porter (1992), S. 62.

Das Konzept der Wertkette teilt ein Unternehmen in verschiedene Tätigkeiten auf, durch die ein Produkt entworfen, hergestellt, vertrieben, ausgeliefert und unterstützt wird. Bei diesen Tätigkeiten handelt es sich um Wertaktivitäten, aus denen ein Unternehmen ein Produkt schafft. Der Wert, den dieses Produkt aus Kundensicht hat, spiegelt sich im Verkaufspreis wider. Liegt der Verkaufspreis über den Kosten, die durch die Wertaktivitäten entstanden sind, entsteht ein Arbitragegewinn.[357]

PORTER argumentiert, daß ein Unternehmen die Wertaktivitäten billiger oder besser als die Konkurrenz erledigen muß, um sich einen Wettbewerbsvorteil zu verschaffen.[358] Auch MISES hat ebenso wie HAYEK auf die Strategien der Differenzierung und Kostenführerschaft hingewiesen. Die Gestaltung der Wertaktivitäten (billiger oder besser) hat damit Einfluß auf den Arbitragegewinn. Dabei kann jede einzelne Wertaktivität darüber entscheiden, ob ein Unternehmen Vorteile gegenüber anderen Unternehmen hat oder ob Abnehmerbedürfnisse besser befriedigt werden als von der Kon-

[356] Vgl. Schneider (1985), S. 10.
[357] Vgl. Porter (1992), S. 59ff. und Porter (1997), S. 3.
[358] Vgl. Porter (1992), S. 59.

kurrenz. Insbesondere die konsequente Abstimmung und Verbindung der Wertaktivitäten untereinander ist entscheidend für die nachhaltige Erlangung von Wettbewerbsvorteilen.[359] Damit nimmt jede einzelne Wertaktivität Einfluß auf den Arbitragegewinn.[360]

Um Wettbewerbsvorteile zu erzielen, müssen die Wertaktivitäten einerseits äußerlich an die Kundenwünsche angepaßt werden, wie MISES es von den Unternehmern verlangt. Andererseits hat eine interne Anpassung an äußere Veränderungen zu erfolgen,[361] wie HAYEK es mit seiner Forderung nach einer schnellen Anpassung an Veränderungen sowohl durch Kenntnisse der besonderen Umstände von Ort und Zeit als auch durch wissenschaftliche, allgemein vorhandene Kenntnisse formuliert.

Dieses wissenschaftliche Know-how kann beispielsweise in Kenntnissen über neue Prozeßinnovationen, neue Absatz- und Beschaffungsmärkte sowie neue Organisationsformen bestehen, deren interne Umsetzung nach SCHUMPETER ebenfalls zur Aufgabe eines Unternehmers gehört. Diese Innovationen haben entscheidenden Einfluß auf die Wertaktivitäten. Prozeßinnovationen können z.B. dazu führen, daß in der Produktion billiger gearbeitet wird als in einem Konkurrenzunternehmen. Neue Bezugsquellen für Rohstoffe können zur Folge haben, daß das Produkt qualitativ hochwertiger wird. Auf diese Weise werden Wertaktivitäten durch Innovationen billiger oder besser. Aufgrund dieser Neu-Kombination von Faktoren und Tätigkeiten resultieren dann Wettbewerbsvorteile und Arbitragegewinne.[362]

Zusammengefaßt betrachtet tragen die unternehmerischen Aufgaben nach SCHUMPETER, KNIGHT, MISES, HAYEK und KIRZNER dazu bei, Arbitragegewinne zu erzielen, indem durch die Gestaltung von Wertaktivitäten Wettbewerbsvorteile geschaffen werden. In dieser Aufgabe kommt das heutige Marketingverständnis, verstanden als marktorientierte Unternehmensführung mit dem Ziel, Wettbewerbsvorteile bzw. komparative Konkurrenzvorteile zu realisieren, zum Ausdruck. Die unternehmerische Aufgabe der Erzielung von Arbitragegewinnen impliziert damit eine Ausrichtung der gesamten Wertaktivitäten eines Unternehmens auf den Markt, um aus Sicht der Kunden billiger oder besser als die Konkurrenz zu sein. Marketing stellt damit die

---

[359] Vgl. Porter (1997), S. 10ff.
[360] Zur Gestaltung der Wertkette vgl. z.B. Schneider/ Baur/ Hopfmann (1994).
[361] Vgl. Meyer (1995), S. 37 und Meyer (1997), S. 76f.
[362] Vgl. dazu Porter (1997).

eigentliche unternehmerische Aufgabe im Wettbewerb dar,[363] was in den Worten von PETER DRUCKER deutlich zum Ausdruck kommt:

„There is only one valid definition of business purpose: to create a satisfied customer. It is the customer who determines what the business is. Because it is its purpose to create a customer, any business enterprise has two – and only these two – basic functions: marketing and innovation."[364]

Insgesamt betrachtet weisen die Vertreter der Wettbewerbsprozeßtheorie sowie ähnlich argumentierende Vertreter anderer Schulen dem Unternehmer folgende Aufgaben zu (vgl. Tabelle 5):

Tabelle 5: Unternehmerrollen

Rollen:	**Vertreter:**
Durchsetzen von Innovationen	Schumpeter
Tragen und korrektes Antizipieren von Unsicherheit	Knight, Mises, Hayek
Konsequente Nachfragerorientierung	Mises, Hayek
Aufmerksamkeit/ Findigkeit für unausgenutzte Gelegenheiten	Hayek, Kirzner
Führung	Schumpeter, Knight, Mises, Kirzner
Marktorientierte Unternehmensführung	Schumpeter, Knight, Mises, Hayek, Kirzner

Während die Aspekte der Innovation, Unsicherheit, Nachfragerorientierung und Findigkeit von verschiedenen Autoren betont werden, wird der Unternehmer nahezu von allen Wissenschaftlern als wirtschaftlicher Führer gesehen. Weiterhin weisen alle Autoren dem Unternehmer die Aufgabe der Erzielung von Arbitragegewinnen zu. Zu diesem Zweck ist es notwendig, sämtliche anderen Rollen wahrzunehmen, so daß die Intention der Erzielung von Arbitragegewinnen die weiteren unternehmerischen Aufgaben beinhaltet. Dieser Aspekt der Gewinnerzielung unter Zugrundelegung der anderen unternehmerischen Rollen impliziert eine marktorientierte Unternehmensführung, d.h. sowohl eine externe Ausrichtung auf die Bedürfnisse des Kunden als auch die interne Anpassung an die äußere Ausrichtung. Damit ist marktorientierte Unternehmensführung zentrale unternehmerische Aufgabe.

[363] Vgl. Meyer (1997), S. 74ff.
[364] DRUCKER, zitiert bei Meyer (1998), S. 74. Siehe auch Drucker (1956), S. 52.

4.5 Vom Unternehmertum zum Entrepreneurship

4.5.1 Entrepreneure als Unternehmer

Die österreichische Schule der Nationalökonomie teilt die unternehmerische Rolle im Wettbewerb in verschiedene Aufgaben auf und die Vertreter der Wettbewerbsprozeßtheorie halten jeweils andere Aspekte kennzeichnend für die unternehmerische Tätigkeit. Obwohl die Ansichten der Wissenschaftler sich überschneiden, legt jeder Autor andere Schwerpunkte in der Analyse der Unternehmerrolle. Diese Vorgehensweise bewirkt eine detaillierte Aufarbeitung der Verschiedenartigkeit unternehmerischer Aufgaben. Die Vertreter der Wettbewerbsprozeßtheorie leisten damit einen herausragenden Beitrag zur Aufarbeitung der vielfältigen Facetten des Unternehmertums.

Andererseits wird auf diese Weise die unternehmerische Aufgabe auseinanderdividiert. Da die Unternehmerrollen sich jedoch in der Person des Unternehmers vereinigen, ist es Aufgabe der Forschung, diese zusammenzufügen und deren innere Verbundenheit herauszustellen. Diesen Weg verfolgt die Entrepreneurship-Forschung. Obwohl die englischen Begriffe „Entrepreneur“ bzw. „Entrepreneurship“ im Deutschen mit „Unternehmer“ bzw. „Unternehmertum“ übersetzt würden, stimmen diese Begriffe inhaltlich nicht vollständig überein.[365] RIPSAS plädiert deshalb dafür, die englischen Begriffe in die deutsche Sprache einzuführen,[366] denn beide sind mit unterschiedlichen Forschungsrichtungen verbunden. Der Unternehmer im Sinne der österreichischen Schule stellt die theoretische Basis für die Entrepreneurship-Forschung dar, die diese Unternehmerrollen zusammenführt und in der Person des Entrepreneurs vereinigt.[367]

Dabei werden auch in der Entrepreneurship-Forschung die unternehmerischen Aufgaben kontrovers diskutiert. Beispielsweise besteht in der Literatur Uneinigkeit bezüglich des Aspekts, ob ein Entrepreneur Innovationen durchsetzen muß oder ob auch ein Imitator Entrepreneur sein kann.[368] Entscheidend ist jedoch, daß nicht eine einzelne Aufgabe den Entrepreneur kennzeichnet, sondern das Zusammenspiel der verschiedenen Rollen, was in folgender Definition deutlich zum Ausdruck kommt:

---

365 Vgl. Faltin (1998), S. 3.
366 Vgl. Ripsas (1997), S. 70.
367 Vgl. dazu Sandberg (1992), Jennings (1994), S. 12, Kao (1989), S. 91 und Stevenson/ Gumpert (1998), S. 96ff.
368 Vgl. dazu Faltin (1998), Baumol (1968), S. 65 und Baumol (1987), S. 415, Kao (1989), S. 91, Hisrich/ Peters (1989), S. 10.

„Entrepreneurship is the attempt to create value through recognition of business opportunity, the management of risk-taking appropriate to the opportunity, and through the communicative and management skills to mobilize human, financial, and material resources necessary to bring a project to fruition.“[369]

Der Entrepreneur ist dabei nicht, wie z.B. der Unternehmer bei SCHUMPETER, eine Funktion, die „[...] niemals rein in konkreten Personen verkörpert [ist] und daher muß ihr Wesen stets erst analytisch aus einem mehr oder weniger komplizierten Konglomerat herausgearbeitet werden.“[370] Vielmehr wird in der Entrepreneurshipforschung der Aspekt der Unternehmensgründung in den Vordergrund gestellt, d.h. es erfolgt eine Fokussierung auf den Gründer. Obwohl selbst SCHUMPETER den Unternehmensgründer als Prototyp des Unternehmers sieht, da dieser von der Idee her rein auf die Unternehmerfunktion beschränkt ist,[371] kann die Unternehmerrolle in der Wettbewerbsprozeßtheorie auch von anderen Personen wahrgenommen werden. Insbesondere im Fall wachsender Unternehmungen werden die unternehmerischen Aufgaben auf verschiedene Personengruppen und Abteilungen aufgeteilt.[372] Die Entrepreneurshipforschung konzentriert sich dagegen völlig auf den selbständig tätigen Unternehmensgründer, in dem sich die unternehmerischen Aufgaben vereinigen. Nach KLANDT „[...] ist wohl niemand typischer ein ‚entrepreneur‘ als derjenige, der eine Unternehmung aus dem Nichts heraus schafft.“[373] Auch JARILLO MOSSI sieht, wie HISRICH/ PETERS, Entrepreneure als „[...] those who start their own business.“[374] RIPSAS versteht unter Entrepreneurship „[...] das Erkennen, Schaffen und Nutzen von Marktchancen durch die Gründung von Unternehmen.“[375]

Entrepreneure nehmen die Unternehmerrolle demnach im Rahmen ihres neugegründeten Unternehmens wahr, in dem sie selbständig tätig sind.[376] Der Begriff des Entrepreneurs bezieht sich daher ausschließlich auf kleine, neue Unternehmenseinheiten und wird daher oftmals synonym zu dem Ausdruck *new venture creation* verwendet;

---

369 Kao (1989), S. 91. Vgl. auch Hisrich/ Peters (1989), S. 10.
370 Schumpeter (1928), S. 482.
371 Vgl. Schumpeter (1928), S. 485 und Schumpeter (1993a), S. 217.
372 Bei angestellten Personen, die innerhalb eines Unternehmens unternehmerisch agieren, spricht man jedoch von Intrapreneurship, vgl. dazu z.B. Wolff/ Wulffen (1999), Carrier (1996) und Hornsby/ Naffziger/ Kuratko u.a. (1993).
373 Vgl. Klandt (1984), S. 29.
374 Jarillo Mossi (1986), S. 17. Vgl. auch Hisrich/ Peters (1989), S. 10.
375 Ripsas (1997), S. 71.
376 Vgl. auch Drucker (1986), S. 51.

er kann am ehesten mit dem deutschen Ausdruck „Unternehmensgründer" übersetzt werden.[377]

Folgerichtig betonen BYGRAVE/ HOFER in ihrer Abgrenzung des Entrepreneurship gleichermaßen die Aspekte Unternehmensgründung, Gründungsprozeß und Rollen des Gründer:

a) „An Entrepreneurial Event involves the creation of a new organization to pursue an opportunity. [...]

b) The Entrepreneurial Process involves all the function, activities, and actions associated with the perceiving of opportunities and the creation of organizations to pursue them. [...]

c) An Entrepreneur is someone who perceives an opportunity and creates an organization to pursue it."[378]

Der Unterschied zwischen dem Entrepreneur und dem Unternehmer besteht somit darin, daß der Entrepreneur die Unternehmerrollen der Wettbewerbsprozeßtheorie in sich vereint und sämtliche Rollen im Rahmen seines neugegründeten Unternehmens wahrnimmt, während die Unternehmerrolle der österreichischen Schule auch von angestellten Personen wahrgenommen werden kann, insbesondere in größeren Unternehmen, in denen unternehmerische Aufgaben aufgeteilt werden. Entrepreneurship beinhaltet also die Handlungsorientierung hin zu einer Unternehmensgründung. Spin-off-Gründer sind daher Paradebeispiele für Entrepreneurship, da sie mit innovativen Leistungen Unternehmen gründen und auf diese Weise die Aufgaben eines Unternehmers wahrnehmen und in sich vereinen.

4.5.2 Entrepreneurship als Bindeglied verschiedener Disziplinen

Oben aufgezeigte Sichtweise unternehmerischen Handelns markiert gleichzeitig die im englischsprachigen Raum stattfindende Abkehr von der Fokussierung der Forschungsbemühungen auf die Analyse rein soziodemographischer Merkmale und persönlichen Eigenschaften eines Gründers. GARTNER stellt dazu fest: „Who is an Entrepreneur? is the wrong question".[379] Er stellt vielmehr den Aufbau neuer Organisationen in den Mittelpunkt des Interesses. Die empirisch geleitete psychologische Forschung, die So-

[377] Vgl. Ripsas (1997), S. 68.
[378] Bygrave/ Hofer (1991). Vgl. auch Bygrave (1998), S. 114.
[379] Vgl. Gartner (1989). Zu den Faktoren, die die Schaffung von Organisationen durch Unternehmensgründer beeinflussen, siehe auch Learned (1992).

ziodemographika, Motivationen und Einstellungen abfragt und sie in Verbindung zum Unternehmenserfolg setzt, bringt die Unternehmerforschung alleine nicht mehr voran, wird jedoch im sowohl im englisch-, als auch im deutschsprachigen Raum immer noch betrieben.[380] Eine Verbindung mit ökonomischen Theorien ist notwendig, um zu einer ganzheitlichen Sichtweise des Entrepreneurship zu gelangen.

Die neueste Entrepreneurship-Forschung versucht daher, sowohl ökonomische als auch verhaltenswissenschaftliche Aspekte zu integrieren, da beide Forschungsrichtungen Erklärungsbeiträge zum Entrepreneurship leisten. Wie in Kapitel 4.1 aufgezeigt wurde, ist die Motivation eine wesentliche Voraussetzung für die Aufnahme einer unternehmerischen Tätigkeit. Da dies allein zur Analyse der Unternehmerrolle nicht ausreicht, wurden im folgenden ökonomische Theorien herangezogen. BULL/ WILLARD fügen diese beiden Forschungsrichtungen in ihrem Ansatz „Towards a Theory of Entrepreneurship" zusammen.[381]

Die Autoren gehen von der SCHUMPETER'schen Unternehmerrolle und dem Gründer als Unternehmertyp aus, indem sie konstatieren, daß eine neue Kombination geschaffen wird, die schöpferische Zerstörung bewirkt, d.h. Entrepreneurship auftritt, wenn folgende Bedingungen vorliegen:

(1) „task-related motivation (some visions or sense of social value embedded in the basic task itself that motivates the initiator to act);

(2) expertise (present know-how plus confidence to be able to obtain know-how needed in the future);

(3) expectation of gain for self (economic and/ or psychic benefits); and

(4) a supportive environment (conditions that either provide comfort and support the new endeavor, or that reduce discomfort from a previous endeavor)."[382]

BULL/ WILLARD verknüpfen damit persönliche Eigenschaften und Motive mit ökonomischen Sachverhalten, wobei insbesondere bei den Motiven, die in den Punkten (1)

---

380 Zu diesem Ergebnis kommt auch Lang-von Wins (1999), S. 29. Vgl. zu dieser Art der Forschung beispielhaft Brüderl/ Preisendörfer/ Ziegler (1996) und Lorenzen (1996).

381 Vgl. Bull/ Willard (1995).

382 Vgl. Bull/ Willard (1995), S. 7. SHAPERO'S Modell des „Entrepreneurial Event" geht ergänzend davon aus, daß zunächst ein entweder positives (z.B. Erbschaft) oder negatives Ereignis (z.B. der Verlust des Arbeitsplatzes) auftreten muß, um den potentiellen Gründer aus seiner Trägheit aufzurütteln. Erst dann können weitere Faktoren ihre Wirkung entfalten und die Person evtl. zu unternehmerischem Handeln stimulieren, vgl. dazu Krueger/ Brazeal (1994).

und (3) zum Ausdruck kommen, eine starke Ähnlichkeit zu den Aussagen von SCHUMPETER zu erkennen ist.[383]

Task-related motivation kann als dritte Motivgruppe bei SCHUMPETER interpretiert werden: es ist die Tat, die ihn lockt, die Freude am Neuschöpfen und am Wagnis. BULL/ WILLARD sprechen in diesem Zusammenhang von enthusiasm, excitement und sense of having fun. Weiterhin führen sie aus, daß der Glaube an den Erfolg die nötige Energiemenge schafft, die ein Unternehmer im Gegensatz zum Nicht-Unternehmer benötigt.

Bei Expectation of gain for self besteht Ähnlichkeit zu den anderen beiden Motivgruppen von SCHUMPETER. Unternehmerisch tätig wird nach BULL/ WILLARD nur der, der sich davon Nutzen verspricht, sei es z.B. mehr persönliche Freiheit, wenn diese am gegenwärtigen Arbeitsplatz nicht gegeben ist. In dieser Argumentation spiegeln sich auch die empirischen Untersuchungsergebnisse von BERNDTS/ HARMSEN zur Motivation von Gründern wider, die schlechte Aufstiegsmöglichkeiten und Unabhängigkeit als Motive ermittelten (vgl. Kapitel 4.1). Auch ökonomische Gründe können unternehmerisches Agieren stimulieren, z.B. eine Gelegenheit, den anderen Marktteilnehmern voraus zu sein und auf diese Weise Konsumentenrente abzuschöpfen. BULL/ WILLARD beziehen sich hier auf den Unternehmer nach HAYEK und KIRZNER, der Gelegenheiten entdeckt und ausschöpft. Dabei sollen ökonomische Motive jedoch nicht so interpretiert werden, daß es hauptsächlich um den Erwerb von Reichtum geht: Der Unternehmer „[...] schafft rastlos, weil er nicht anders kann, er lebt nicht dazu, um sich des Erworbenen genießend zu erfreuen."[384] Auch BULL/ WILLARD führen aus, daß Gewinnmaximierung kein primäres Motiv ist, ein Unternehmen zu gründen. Dennoch ist es sicherlich nicht das Ziel eines Unternehmers, nach der Durchsetzung neuer Kombinationen finanziell schlechter zu stehen als vorher, was sich auch durch oben erwähnte empirische Untersuchung bestätigen läßt, in der Gründer ein höheres Einkommen als Motiv für die Selbständigkeit angegeben haben.

Weiterhin ist Expertise, d.h. Fachwissen und hohe Qualifikation, Bedingung für unternehmerisches Handeln. BULL/ WILLARD nennen einerseits technisches Wissen, welches allein jedoch nicht ausreicht, um erfolgreich zu agieren. Auch SCHUMPETER spricht davon, daß insbesondere Gründer ihre juristischen und finanztechnischen Angelegenheiten selbst regeln und daß Unternehmer oftmals eine Vielzahl betriebswirt-

---

[383] Zu den folgenden Aussagen über den Theorieansatz von BULL/ WILLARD vgl. Bull/ Willard (1995), S. 7-12.

[384] Schumpeter (1993a), S. 137.

schaftlicher Funktionen selbst übernehmen, so daß sie diesbezüglich Kenntnisse benötigen. BULL/ WILLARD gehen davon aus, daß es eine Vielzahl von Quellen gibt, über die Know-how beschafft werden kann. Die Nutzung dieser Quellen ist insbesondere deshalb ratsam, da neugegründete Unternehmen nach STINCHCOMBE an vier „liabilities of newness" leiden: (1) Fehlen von Vorbildern, (2) Fehlen standardisierter Kommunikationskanäle und daraus resultierende Probleme aufgrund fehlender Kenntnis über allgemeine Normen und Verhaltensweisen im Geschäftsleben, (3) Fehlen von Vertrauen und Reputation und (4) Fehlen einer Stammkundschaft.[385] Insbesondere die Inkubatororganisation kann Abhilfe leisten, indem sie den Gründer bezüglich der Bewältigung dieser „liabilities" unterstützt.

Weiterhin nimmt die Umwelt Einfluß auf unternehmerisches Handeln. Unter diesen Punkt fassen BULL/ WILLARD die verschiedensten Tatbestände. Zu nennen ist wiederum die Inkubatororganisation bzw. allgemein support networks, die dem Gründer behilflich sein können. Aber auch Einflüsse wie Umweltbedingungen, Marktkräfte, Regierungspolitik, Innovationen und Lebenszyklen beeinflussen die Gründung und das Wachstum neuer Unternehmen. Dabei darf jedoch nicht übersehen werden, daß insbesondere bezüglich ökonomischer Variablen die Unternehmer nach SCHUMPETER diejenigen sind, die durch ihre Aktionen Veränderungen herbeiführen und nicht auf diese reagieren.

Insgesamt betrachtet ist das auf dem Unternehmer nach SCHUMPETER basierende Theoriekonzept von BULL/ WILLARD ein vielversprechender Ansatz, der verhaltenswissenschaftliche und ökonomische Aspekte zusammenfaßt, unter denen sich unternehmerisches Handeln, welches zu schöpferischer Zerstörung und wirtschaftlicher Entwicklung führt, entwickelt. Lediglich die Bedeutung der Inkubatororganisation, die insbesondere für Hochschul-Spin-offs eine entscheidende Rolle spielt, stellt sich verschwommen dar, da sie sowohl bei der Expertise als auch bei der Umwelt in Erscheinung tritt. Eine bessere Herausarbeitung dieses bedeutenden Aspekts wäre wünschenswert.

4.5.3 Entrepreneure als Eigentümer und Manager

Entrepreneure, die die Unternehmerrollen der Wettbewerbsprozeßtheorie in sich vereinen und diese Aufgaben im Rahmen ihrer neugegründeten Unternehmen wahrnehmen, werden durch die Unternehmensgründung vor die Aufgabe gestellt, den gesam-

---

385 Vgl. Stinchcombe (1965), S. 148ff.

ten Gründungsprozeß von den ersten Gründungsüberlegungen bis hin zum erfolgreichen Unternehmenswachstum zu managen. Gemeint sind dabei „functions, activities, and actions associated with the [...] creation of organizations".[386] Zunächst werden der oder die Gründer alle damit verbundenen Aufgaben selbst erledigen. Man spricht dann von einem „owner-worker". Mit wachsender Unternehmensgröße und Komplexität der Aufgaben werden der oder die Eigentümer Aufgaben delegieren und vollziehen dann den Übergang zum „owner-manager".[387] Entrepreneure werden somit durch die Unternehmensgründung mit weiteren Unternehmerrollen konfrontiert: den Rollen des Eigentümers („owner") und des Managers/ Geschäftsführers („manager").

Die Eigentums- und Managementaspekte der Unternehmerrolle ziehen sich von der Klassik bis in die heutige Zeit, sind also keiner bestimmten Schule oder Theorierichtung zuzuordnen. Klassiker wie ADAM SMITH, DAVID RICARDO und JOHN STUART MILL gingen davon aus, daß der Kapitalgeber und der Kombinierer der Produktionsfaktoren dieselbe Person sind. Von einem Unternehmer wurde dann gesprochen, wenn dieser mit dem von ihm eingesetzten Kapital in seiner Unternehmung arbeitete.[388]

JEAN BAPTISTE SAY vollzog als erster eine Trennung des Kapitalisten von demjenigen, der die Unternehmung dirigiert, kontrolliert und die Produktionsfaktoren kombiniert. Er definiert Profit als Einkommen, das diesem Führer der Unternehmung zukommt und unterscheidet den Profit vom Kapitalzins.[389] Diese Unterscheidung zwischen Kapitalgeber und Unternehmer war für SAY sehr bedeutend, da es seiner Ansicht nach der Unternehmer ist, der im Mittelpunkt des Produktionsprozesses steht und der den größten Einfluß auf die gesamtwirtschaftliche Wohlfahrt hat, nicht der Kapitalist.[390] Die Unternehmerrolle bei SAY bezieht sich dabei auf Managementtätigkeiten bzw. auf die Geschäftsführung.[391] Diese Aufgabe wird im folgenden einer näheren Betrachtung unterzogen.

Die Aufgaben des Managers bestehen gemäß der modernen Managementforschung aus den Elementen Planung, Organisation, Personaleinsatz, Führung und Kontrolle.[392] Diese Aufgaben sind notwendig, da ein Unternehmen sich nach BARNARD einerseits extern an Kundenwünsche anpassen muß, andererseits eine interne Anpassung an die-

---

386 Bygrave/ Hofer (1991). Vgl. auch Bygrave (1998), S. 114.
387 Vgl. Hunsdiek/ May-Strobl (1986), S. 89.
388 Vgl. Kramer (1985), S. 23.
389 Vgl. Ricketts (1987), S. 46, Hoffmann (1994), S. 53 und Kramer (1985), S. 23.
390 Vgl. Ripsas (1997), S. 6.
391 Die Begriffe Geschäftsführer und Manager bzw. Geschäftsführung und Management werden im folgenden synonym verwendet.
392 Vgl. Steinmann/ Schreyögg (1997), S. 8f.

se externen Veränderungen durch technische und organisatorische Maßnahmen erforderlich ist.[393] Zur Verwirklichung dieser internen Anpassung an eine dynamische externe Umwelt müssen den internen Mitgliedern der Unternehmung (Mitarbeiter, Lieferanten, Kapitalgeber), die die Produktionsfaktoren bereitstellen, genügend hohe Anreize gesetzt werden, um sie zur Leistung ihrer Beiträge zu motivieren. Zur Erzielung dieses externen und internen Gleichgewichts bilden sich Führungsorgane heraus. Deren Aufgabe ist es, durch Planung, Organisation, Personaleinsatz, Führung und Kontrolle die Ansprüche der externen Mitglieder (Kunden) und der internen Mitglieder zu befriedigen. Manager werden damit nach BARNARD vor die Aufgabe gestellt, ein komplexes Anreiz-Beitrags-Gleichgewicht herzustellen.[394]

Gerade technologieorientierte, innovative Unternehmen werden dabei speziell mit der Etablierung eines Innovationsmanagements konfrontiert. Diese Aufgabe verlangt den Managern besondere Aufmerksamkeit ab, da es sich einerseits um eine Querschnittsaufgabe handelt, die alle Unternehmensbereiche tangiert, andererseits spiegelt sich im Innovationsmanagement die gesamte Dynamik des Wandels in der technologischen Umwelt, der Kundenbedürfnisse sowie der Fähigkeiten der Konkurrenz wider. Ohne ausgereiftes Innovationsmanagement sind Unternehmen in wettbewerbsintensiven Branchen jedoch nicht in der Lage, Wettbewerbsvorteile und damit Arbitragegewinne zu erzielen. In einer sich schnell verändernden Umwelt erfordert diese Aufgabe vom Management hohe Flexibilität, Kreativität und Aufgeschlossenheit. Einerseits muß das gesamte Management der Geschäftsprozesse straff koordiniert werden, andererseits sollten die Führungskräfte die Zügel bei der Mitarbeiterführung locker lassen, um ihnen kreativen Freiraum und Selbstverantwortung zu ermöglichen.[395] Nur auf diesem Weg gelangt man zu motivierten Unternehmern im Unternehmen, die die Basis für komparative Konkurrenzvorteile gegenüber anderen Unternehmen bilden, und damit zu einem internen und externen Anreiz-Beitrags-Gleichgewicht.

Das Management eines Unternehmens stellt damit im Gegensatz zu der Ansicht z.B. von SCHUMPETER[396] einen dynamischen Prozeß dar, der insbesondere den Aspekt der Führung wieder aufgreift. Nach HAYEK erfordert diese Aufgabe eine ständige Anpassung an Veränderungen sowohl durch Kenntnisse der besonderen Umstände von Ort

---

393 Vgl. Meyer (1995), S. 37 und 43f.

394 Vgl. Barnard (1968), S. 235ff. und Meyer (1995), S. 43f.

395 Vgl. Jensen/ Rieker/ Schäfer (1999). Auch STÜTZLE-LEINMÜLLER betont den hohen Stellenwert der Mitarbeiter im Innovationsprozeß, vgl. Stützle-Leinmüller (1998).

396 SCHUMPETER sieht den Manager als reinen Bürokraten, der nur die Aufgaben der Kontrolle, Vertretung, Aufrechterhaltung der Disziplin und Erledigung von Verwaltungsarbeiten hat, vgl. Schumpeter (1928), S. 481.

und Zeit als auch durch wissenschaftliche Kenntnisse, die ebenfalls einem ständigen Wandel unterworfen sind.[397] Die besondere Bedeutung dieser Managementaufgabe kommt bei KAO zum Ausdruck:

„Entrepreneurs who start companies must use managerial skills to implement their vision.“[398]

Dieser Verdienst SAY's, die Rollen des Kapitalgebers und des Managers voneinander zu trennen, um die verschiedenen Aufgaben theoretisch klar herauszuarbeiten, wurde auch von SCHUMPETER gewürdigt.[399] Dabei ist jedoch eine weitere Ausarbeitung der Kapitalgeberrolle unbedingt vonnöten. Kapitalgeber können Eigen- oder Fremdkapitalgeber sein. Die Rolle des Eigenkapitalgebers und des Eigentümers gehen Hand in Hand, da die Eigentümer das benötigte Eigenkapital zur Verfügung stellen. Den Eigentümern einer Unternehmung, Inhabern oder Gesellschaftern, stehen je nach Wahl der konkreten Rechtsform bestimmte Rechte zu, z.B. Leitungs- und Kontrollfunktionen. Sie müssen jedoch auch Pflichten, bspw. die Haftung mit ihrem eingesetzten Kapital, übernehmen und tragen damit das finanzielle Risiko.[400] Fremdkapitalgeber (Kreditgeber) zählen dagegen nicht zu den Eigentümern.[401] Ihnen steht keine Einflußnahme auf die internen Abläufe einer Unternehmung zu. Diese Unterscheidung spielt eine entscheidende Rolle bezüglich der Unternehmerrolle. Während Fremdkapitalgeber keinen Einfluß auf die Geschäftstätigkeit haben und daher in Übereinstimmung mit SAY niemals Unternehmer sein können, können Eigenkapitalgeber als Eigentümer der Unternehmung an der Lenkung der Geschäfte beteiligt sein. Es stellt sich nun die Frage, ob in Anlehnung an SAY auch die Funktionen des Eigentümers/ Eigenkapitelgebers und des Managers voneinander separiert werden müssen bzw. ob die Rolle eines Eigentümers zur unternehmerischen Aufgabe gehört.

HAWLEY interpretiert die Rolle des Eigentümers als dynamische Aufgabe. Er weist dem Eigentümer der Unternehmung die Schlüsselrolle im Produktionsprozeß zu. Der Eigentümer trägt die Verantwortung für den Produktionsprozeß und das Produkt, wel-

---

[397] Vgl. Hayek (1952a).

[398] Vgl. Kao (1989), S. 103.

[399] Vgl. Schumpeter (1928), S. 481. Dabei kritisiert er jedoch die Auffassung der Unternehmertätigkeit als Managementaufgabe.

[400] Vgl. Corsten/ Reiß (1996), S. 117ff. und S. 540. Daneben gibt es noch Sonderformen der Finanzierung, wie z.B. Venture-Capital-Finanzierung, eine zeitlich befristete Einlagen- und Beteiligungsfinanzierung, die dem Kapitalgeber weitreichende Möglichkeiten zum Eingriff in den betriebswirtschaftlichen Entscheidungsbereich des finanzierten Unternehmens gewährt, vgl. Räbel (1986), S. 33f. und Grüner/ Bur (1990), S. 326f.

[401] Zu verschiedenen Formen des Fremdkapitals vgl. Corsten/ Reiß (1996), S. 1033f.

ches sein Eigentum ist. Er ist es, der die Produktionsfaktoren dirigiert und entscheidet, was zu tun ist. Weiterhin ist der Eigentümer bei HAWLEY Träger von Unsicherheit, da er die Verluste erleidet, falls die Produktion zerstört wird oder die Konkurrenz mit Hilfe eines verbesserten Produkts seine Kundenanzahl dezimiert. Das Residualeinkommen, das aus dem Tragen dieser Unsicherheit und der Verantwortung resultiert, steht dem Eigentümer zu. HAWLEY sieht den Eigentümer somit als dynamische Persönlichkeit, die unternehmerische Entscheidungen trifft und die finanzielle Unsicherheit trägt.[402]

HAWLEY zeigt damit auf, daß Eigentum und Management dynamisches, unternehmerisches Handeln implizieren. Dies gilt besonders in kleinen, neugegründeten Unternehmen, in denen der Eigentümer die Geschäfte führt. In größeren Kapitalgesellschaften vollzieht sich jedoch eine stärkere Trennung von Eigentum und Geschäftsführung, insbesondere da Kleinaktionäre ihren Aktienbesitz oftmals ausschließlich als Geldanlage betrachten, nicht als Chance, die Firmengeschicke zu lenken.[403] GUTENBERG kritisiert diese Entwicklung, indem er aufzeigt, daß im Zuge des Wandels kapitalistischer Systeme das Eigentum in die Anonymität versank und Eigentümer auf eine reine Kapitalgeberfunktion reduziert wurden.[404] Derartige reine Eigenkapitalgeber, die kaum an der Lenkung des Unternehmens beteiligt sind, können in Überstimmung mit SAY auch nicht als unternehmerische Akteure gesehen werden.

Unternehmensgründer vereinen jedoch die Rollen des Eigentümers und Managers in sich und sind keine reinen Eigenkapitalgeber. Mit zunehmender Unternehmensgröße ist in späteren Jahren der Unternehmensentwicklung evtl. eine stärkere Trennung der Funktionen möglich, wenn das Unternehmen z.B. Aktien emittiert. In den Gründungs- und Frühentwicklungsphasen des Unternehmens spielt die Trennung von Eigentum und Management dagegen keine Rolle. Unternehmensgründer vereinen die beiden nach HAWLEY dynamischen Funktionen in ihrer Person. Daher werden sowohl die Eigentümer- als auch die Managerrolle zu den Aufgaben eines Entrepreneurs gezählt. Dieser Sichtweise des Unternehmers folgt auch GUTENBERG, indem er schreibt:

„Vereinigen sich Eigentum am Betrieb und Geschäftsführungsfunktion in einer Person, dann werden diese Personen als „Unternehmer“ bezeichnet.“[405]

[402] Vgl. Barreto (1989), S. 36-38 zu dem Ansatz von HAWLEY.
[403] Vgl. Schreyögg/ Steinmann (1981). Siehe auch Bismarck/ Leitermann (1990), S. 352f.
[404] Vgl. Gutenberg (1975), S. 499f.
[405] Gutenberg (1975), S. 487.

Folgende Graphik veranschaulicht den Entwicklungsprozeß einer Unternehmensgründung mit zunehmender Trennung von Eigentum und Management:

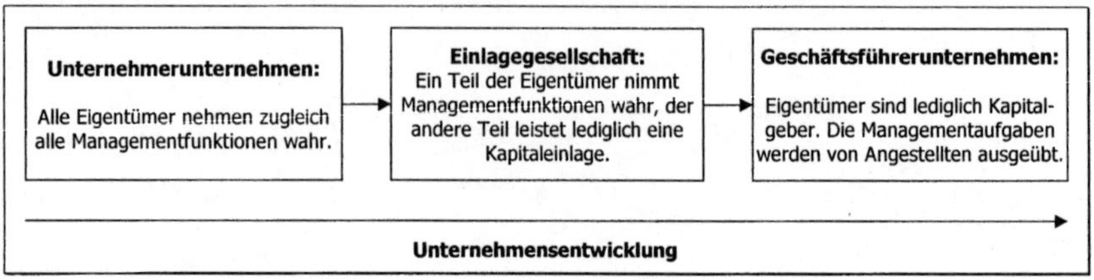

Abbildung 15: Unternehmenstypen nach GUTENBERG
Quelle: Gutenberg (1975), S. 487f.

Idealtypischerweise handelt es sich bei neuen Unternehmen zum Zeitpunkt der Gründung um Unternehmerunternehmen, d.h. alle Eigentümer sind mit Managementaufgaben betraut. Zu einem späteren Zeitpunkt werden dann reine Kapitalgeber akquiriert, die das Unternehmen mit Eigenkapital versorgen, aber nicht an der Geschäftsführung beteiligt sind. Damit wird bereits eine gewisse Trennung der beiden Funktionen verwirklicht. Diesen Unternehmenstyp nennt GUTENBERG Einlagegesellschaft. Im weiteren Verlauf der Unternehmensentwicklung verkaufen die Gründer entweder das Unternehmen und/ oder ziehen sich aus der Geschäftsleitung zurück. Dann kann eine vollständige Trennung von Eigentum und Management erfolgen und es handelt sich um ein Geschäftsführerunternehmen. Diese Entwicklung ist stark mit der Rechtsform des Unternehmens verknüpft. Während Unternehmerunternehmen tendenziell Personengesellschaften darstellen, überwiegt im weiteren Verlauf der Unternehmensentwicklung die Rechtsform der Kapitalgesellschaft.

Wie aus diesen Ausführungen deutlich wird, vereinen Entrepreneure nicht nur die Unternehmerrollen der Wettbewerbsprozeßtheorie in ihrer Person. Durch die Unternehmensgründung, welche Entrepreneure initiieren, um unternehmerisch tätig zu werden, sind sie zusätzlich mit den Aufgaben des Eigentümers und Managers konfrontiert. Auch SCHUMPETER stellt zum Unternehmensgründer fest:

„Er [der Gründer] war und ist auch meist sein eigener oberster Ein- und Verkäufer, das Haupt seines Bureaus, der Leiter seiner Angestellten und Arbeiter und mitunter, wenngleich er in der Regel Rechtsanwälte verwendet, in laufenden Sachen sein eigener Jurist."[406]

[406] Schumpeter (1993a), S. 114.

Die Klassifikation der Aufgaben eines Eigentümers und Managers als unternehmerische Aufgaben ist dabei umstritten. Die Vertreter der Wettbewerbsprozeßtheorie sind der Ansicht, daß eine Unternehmensgründung derartige Aufgaben zweifelsohne mit sich bringt, daß dies aber keine eigentlichen unternehmerischen Aufgaben sind, die einen Unternehmer kennzeichnen. Mit diesen Ausführungen sollte jedoch aufgezeigt werden, daß alle Rollen sich in der Person des Entrepreneurs vereinen, da dieser durch sein neugegründetes Unternehmen mit sämtlichen dargestellten Aufgaben konfrontiert wird. Die Entrepreneurship-Forschung ist bestrebt, verschiedene Ansätze zum Unternehmertum zu verbinden. Daher ist der Entrepreneur nicht allein durch eine Rolle gekennzeichnet, erst die Gesamtheit der unternehmerischen Aufgaben macht ihn zum eigentlichen Unternehmer. Spin-off-Gründer als Entrepreneure und als Unternehmer sind daher Paradebeispiele für die Integration der verschiedenen Ansätze zur Unternehmerrolle in ihrer Person.

5 Probleme von Spin-offs im Gründungsprozeß

Spin-off-Gründer vereinen die Rollen des Unternehmers in ihrer Person. Sie müssen aufmerksam und findig bezüglich unausgenutzter Gelegenheiten sein, die sich aus der unsicheren zukünftigen Marktlage, insbesondere den wandelnden Wünschen der Konsumenten ergeben, um ihre Innovationen im Markt durchsetzen zu können.

Da sie diese unternehmerischen Aufgaben im Rahmen eines neugegründeten Unternehmens wahrnehmen, übernehmen sie weiterhin die Rollen des Eigentümers und Managers. Spin-offs als Entrepreneure müssen den gesamten Gründungsprozeß von der ersten Idee bis zum erfolgreichen Unternehmenswachstum handhaben. Während des Gründungsprozesses wandeln sich diese strategischen und operative Problemstellungen, so daß der Gründer in jeder Lebenszyklusphase des Unternehmens typische Aufgaben bewältigen muß, um im Wettbewerb auf Dauer überleben zu können. Im folgenden werden diese Lebenszyklusphasen des Unternehmens skizziert und darauf aufbauend die zu vollbringenden Aufgaben der Gründer detailliert herausgearbeitet.

5.1 Lebenszyklusphasen der Unternehmung

Der Lebenszyklus einer Unternehmung wird in verschiedenen Ansätzen in unterschiedliche Phasen eingeteilt.[407] Eine Reihe von Autoren teilen den Lebenszyklus grob auf in eine Gründungsphase bzw. einen Entstehungszyklus und eine sich anschließende Entwicklungsphase. Die Gründungsphase beinhaltet dabei den Zeitraum, in dem noch keine Umsätze getätigt werden.[408] Diese Einteilung basiert auf Marktentwicklungsmodellen, die davon ausgehen, daß Entfaltung und Wachstum der Märkte die Entwicklung einer Unternehmung beeinflussen. Der Unternehmenslebenszyklus beruht somit auf dem Produktlebenszykluskonzept.[409] Während das Wachstum von Unternehmen in der Managementliteratur bereits sehr früh und sehr ausgiebig behandelt wird,[410] findet die Gründungsphase und die sich anschließende Frühentwicklungsphase erst in jüngerer Zeit Beachtung.[411] Mehrere Untersuchungen haben aufbauend auf der

---

[407] Vgl. dazu Nathusius (1979), S. 104-121.

[408] Diese Dualität wird bspw. von Terpstra/ Olson (1993), Eschenbach/ Plasonig (1987), S. 49, Hunsdiek/ May-Strobl (1986), Szyperski/ Nathusius (1977b), S. 30f. und Scheidt (1995), S. 54ff. vorgenommen.

[409] Vgl. Scheidt (1995), S. 52.

[410] Vgl. dazu die Arbeiten von Chandler (1995), S. 383ff., Hull/ Hjern (1987), Churchill/ Lewis (1983), Geiser (1983), Albach (1976), der zwar auch auf die Gründungsphase, jedoch verstärkt auf die Wachstumsphase eingeht.

[411] Vgl. Scheidt (1995), S. 51.

Zweiteilung in Gründungs- und Entwicklungsphase die Probleme von Unternehmensgründern analysiert.[412] Das Interesse beschränkt sich im Rahmen dieser Arbeit auf die Probleme der Gründungs- und Frühentwicklungsphase. Die am häufigsten zitierten Problemaspekte in diesen Phasen sind Finanzierungs-, Absatz- und Personalprobleme.[413]

Um jedoch die Problemstellungen von Spin-off-Gründern bis ins Detail betrachten zu können, wird der Lebenszyklus weiter ausdifferenziert. In Anlehnung an KULICKE/ GERYBADZE wird der Unternehmenslebenszyklus in folgende Phasen eingeteilt:[414]

a) Gründungsvorbereitung,
b) Gründungskonzeption,
c) Konzeptumsetzung,
d) Markteinführung und
e) Marktetablierung.

Dabei darf nicht übersehen werden, daß es sich um eine idealtypische Einteilung des Gründungsprozesses handelt. In der Regel findet ein fließender Übergang bzw. eine Überlappung der verschiedenen Phasen statt.[415] Die einzelnen Phasen sind in Abbildung 16 übersichtlich dargestellt und werden im folgenden kurz skizziert.

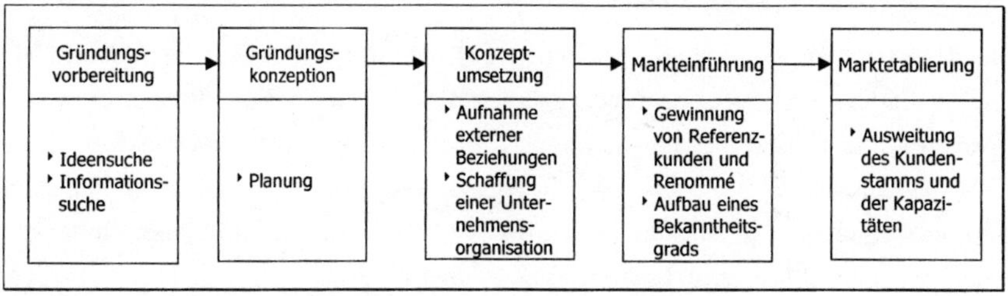

Abbildung 16: Lebenszyklusphasen

Die Gründungsvorbereitung umfaßt dabei das Herauskristallisieren der Gründungsidee, die die Basis für die spätere Geschäftstätigkeit darstellt. Weiterhin muß der

---

412 Vgl. Kamp/ Clemens/ Langen (1978), S. 24, Becker (1982), S. 513, Terpstra/ Olson (1993), Hunsdiek (1987), S. 30, Hunsdiek/ May-Strobl (1986), S. 66.

413 Vgl. Domeyer/ Funder (1991), S. 46f. und Scheidt (1995), S. 55f. Auch Kazanjian (1988) gelangt in seiner ausdifferenzierteren Analyse zu ähnlichen Ergebnissen. Siehe auch Cowan (1990), der eine Klassifikationsstruktur für die wichtigsten organisationalen Problembereiche entwickelt.

414 Vgl. Kulicke/ Gerybadze (1990), S. 7. Der Ansatz von KULICKE/ GERYBADZE beinhaltet noch die Phase der Konsolidierung, welche im Rahmen dieser Arbeit nicht berücksichtigt wird, da diese nicht mehr zu den interessierenden Zeiträumen der Gründung und Frühentwicklung gehört.

415 Vgl. Kulicke/ Gerybadze (1990), S. 6 und 8ff.

Gründer einen hohen Informationsstand bezüglich betriebswirtschaftlicher und rechtlicher Aspekte der Unternehmensgründung erreichen.

Die Phase der Gründungskonzeption beinhaltet die Konkretisierung von Zielen für das zu gründende Unternehmen. Da Ziele den Ausgangspunkt aller betrieblichen Überlegungen bilden,[416] müssen die Gründer Zielvorstellungen für ihr Unternehmen entwickeln, bspw. die Anvisierung eines bestimmten Marktanteils innerhalb eines Zeitraums. Darauf aufbauend erfolgt das Aufstellen eines Geschäftskonzepts bzw. Businessplans, in dem das Vorhaben detailliert charakterisiert und geplant wird. Mit Beendigung der Phase der Gründungskonzeption sind die Vorbereitungen zur Unternehmensgründung abgeschlossen. Üblicherweise findet zu diesem Zeitpunkt die formale Gründung statt, d.h. die Anmeldung des Gewerbes und der Eintrag ins Handelsregister.[417]

Im Rahmen der Konzeptumsetzung erfolgt durch die konkrete Verwirklichung des geplanten Vorhabens die Schaffung des Leistungsangebots, mit dem der Gründer sich am Markt plazieren will. Insbesondere F&E-Arbeiten müssen zu diesem Zweck zu Ende geführt werden. Die Konzeptumsetzung beinhaltet die Etablierung der Unternehmensorganisation und die Beschaffung notwendiger Ressourcen. Damit verbunden ist der Aufbau eines Kontaktnetzes zu Marktpartnern wie Kapitalgebern, Lieferanten und Kunden.

In der Markteinführungsphase präsentiert sich das neugegründete Unternehmen als neuer Marktteilnehmer. Die Gründer müssen Bekanntheitsgrad und Renommé erwerben, was die Umsetzung von Marketing-, insbesondere kommunikationspolitischen Maßnahmen und die Akquisition von Referenzkunden impliziert. Insgesamt betrachtet verändern sich die Aufgaben der Spin-off-Gründer in der Markteinführungsphase weg von technologiebezogenen Fragestellungen hin zu Vermarktungsaufgaben.[418] Spätestens zu diesem Zeitpunkt ist nicht mehr der Erfinder, sondern der SCHUMPETER'sche Innovator gefragt, der die Innovation durchsetzt.

Im Rahmen der Marktetablierung steht die Ausweitung des Kundenstammes sowie der Fertigungs- und Vertriebskapazitäten im Vordergrund. Außerdem stellt sich zu diesem Zeitpunkt die Frage, ob die Gründer aufbauend auf den bis zu diesem Zeitpunkt erzielten Vermarktungserfolgen neue Produkte entwickeln oder neue Märkte bearbeiten sollen.[419] Im Rahmen der Marktetablierungsphase wird, falls die Unternehmensent-

---

[416] Vgl. Backhaus (1997), S. 41.
[417] Vgl. Kulicke/ Gerybadze (1990), S. 8.
[418] Vgl. Kulicke/ Gerybadze (1990), S. 10.
[419] Vgl. dazu Nieschlag/ Dichtl/ Hörschgen (1994), S. 900.

wicklung bis dahin positiv verlaufen ist, üblicherweise der erste Gewinn erzielt, nachdem die vorherigen Phasen vor allem von Kosten geprägt sind, die Hochschul-Spin-offs oftmals unterschätzen.[420]

Im folgenden werden die verschiedenen Gründungsphasen mit den bereits im Rahmen dieser Arbeit aufgezeigten Innovations- und Technologietransferphasen in Bezug gesetzt. Auf diese Weise entsteht ein abgerundetes Bild der verschiedenartigen Aktivitäten, die die Spin-offs im Lauf der Zeit wahrnehmen (vgl. Abbildung 17).

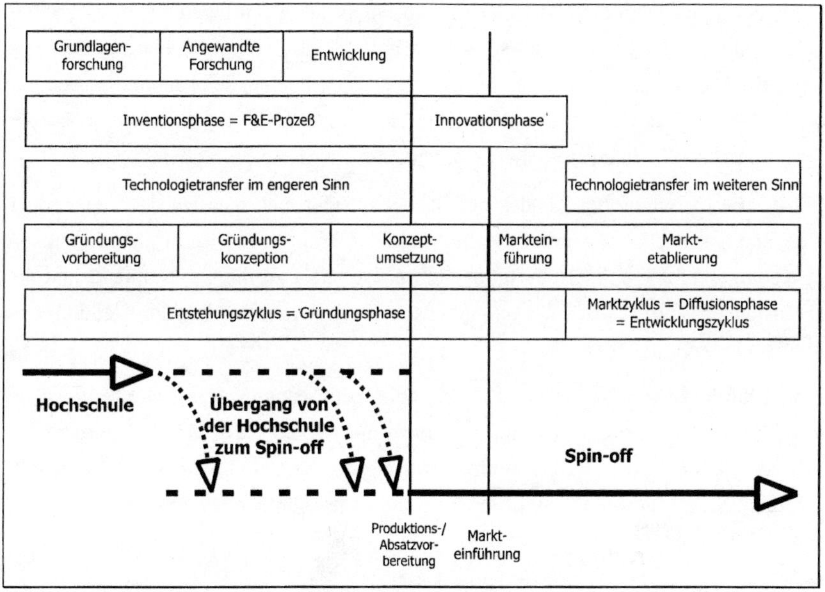

Abbildung 17: Gründungs-, Innovations- und Technologietransferphasen

Die Gründungsvorbereitung erfolgt während der Tätigkeit an der Hochschule zu Beginn des Inventions- und Technologietransferprozesses, d.h. dem potentiellen Gründer kommt während der forscherischen Tätigkeit an der Hochschule die Idee zu einer Unternehmensgründung.

Nachdem der Gründer seinen Informationsbedarf zu Fragestellungen der Gründung gedeckt hat, folgt die Gründungskonzeption. Währenddessen beginnt der Übergang von Personen und Wissen von der Hochschule zum Spin-off, da sich zu diesem Zeitpunkt das Gründungsvorhaben konkretisiert. Der Spin-off übernimmt die Technologie, um eine technologische Innovation als Basis seiner Geschäftstätigkeit zu schaffen.

[420] Vgl. Lamont (1972), S. 121.

Die Phase der Konzeptumsetzung kann bereits vor Abschluß des gesamten Inventions- und Technologietransferprozesses angestoßen werden. D.h. dem Gründer ist es möglich, externe Beziehungen aufzunehmen oder eine Unternehmensorganisation zu schaffen, bevor die Invention vollständig auf den Spin-off transferiert wurde. Mit Abschluß der F&E-Arbeiten und des Technologietransfers auf den Spin-off dauert die Konzeptumsetzungsphase jedoch noch an, da Produktions- und Absatzvorbereitungen getroffen werden müssen.

Die Konzeptumsetzungsphase endet mit Abschluß dieser Vorbereitungen, da zu diesem Zeitpunkt die Markteinführungsphase initiiert wird. Dieser Zeitraum, der eine weite Spanne von wenigen Tagen bis mehreren Jahren beinhalten kann, neigt sich mit der Akquisition der ersten Kunden dem Ende entgegen.[421] In dieser Phase ist der SCHUMPETER'sche Innovator gefragt, der die Innovation am Markt durchsetzt.

Sobald die Erfindung bei Kunden auf Resonanz stößt und erste Umsätze oder sogar Gewinne erwirtschaftet werden, ist die Markteinführungs- und damit die Gründungsphase abgeschlossen. Auch die Innovationsphase endet zu diesem Zeitpunkt und die Diffusionsphase bzw. der Technologietransfer im weiteren Sinn beginnt. Dadurch etabliert sich der Spin-off am Markt.

Findet die Innovation ein tragfähiges Marktsegment, entwickelt sich der Spin-off im weiteren Verlauf des Lebenszyklus zu einem mittelständischen und evtl. Großunternehmen weiter. In dem Fall, daß die Erfindung des Spin-offs jedoch nicht dauerhaft erfolgreich am Markt bestehen kann, endet die Unternehmensentwicklung mit der Geschäftsaufgabe.[422]

5.2 Problemstellungen während der Lebenszyklusphasen

Ausgehend von den dargestellten Gründungs- und Frühentwicklungsphasen, die eng mit den Innovations- und Technologietransferphasen verbunden sind, werden die besonderen Probleme von Hochschul-Spin-off-Gründern detailliert herausgearbeitet. Da bestimmte Aspekte phasenübergreifend auftreten, ist eine phasenspezifische Analyse nicht geeignet. Vielmehr werden die Probleme und Aufgaben einzeln ausführlich diskutiert und den Phasen zugeordnet, in denen sie auftreten.

---

[421] Vgl. Kulicke/ Gerybadze (1990), S. 9f.

[422] Darin spiegelt sich die Kritik an den Marktentwicklungsmodellen wider. Diese gehen von einer Einproduktunternehmung aus, deren Lebenszyklus beendet ist, wenn der Produktlebenszyklus sich dem Ende entgegenneigt: Produktmodifikationen oder „relaunches“ werden ausgeblendet. Vgl. Scheidt (1995), S. 52f. und Nathusius (1979), S. 109.

Um eine praxisnahe Aufarbeitung der Problemstellungen im Gründungsprozeß zu erreichen, wird zusätzlich das Fallbeispiel der 4 SC Drug Discovery GmbH herangezogen. Die Unternehmung 4 SC diente bereits in Kapitel 2.5 als Fallbeispiel. Die Ausgangslage stellt sich wie folgt dar:

Die 4 SC Drug Discovery GmbH (4 SC) wurde im November 1997 aus der Universität Würzburg ausgegründet. Es handelt sich dabei um ein Unternehmen der Computerchemie und Biotechnologie, dessen Kernkompetenz im Bereich der pharmazeutischen Wirkstofforschung liegt. Dabei greift 4 SC auf neueste wissenschaftliche Erkenntnisse im Bereich der computergestützten Wirkstofforschung zurück, die als Computer Aided Molecular Design (CAMD) bezeichnet werden. Die Technik besteht darin, am Computer Moleküle nach Maß zu entwickeln. Die Vorteile dieses Verfahrens ergeben sich daraus, daß pharmazeutische Wirkstoffe durch den Einsatz innovativer Computertechnologie wesentlich schneller und mit weniger Aufwand aus einer Vielzahl potentieller Wirkstoffe ermittelt werden können. Somit stellt 4 SC ein innovatives Unternehmen dar, dessen Geschäftstätigkeit maßgeblich auf neuen Verfahren beruht, die in der Universität Würzburg erforscht und von 4 SC weiterentwickelt wurden.

*4 SC besteht neben weiteren Gesellschaftern, die (noch) nicht aktiv im Unternehmen arbeiten, aus zwei geschäftsführenden Gesellschaftern, die beide an der Universität Würzburg promovieren. Einer der Geschäftsführer ist im Rahmen des bayerischen FLÜGGE-Programms (**F**örderprogramm zum **l**eichteren **Ü**ber**g**ang in eine **G**ründer**e**xistenz) halbtags an der Universität beschäftigt. Der andere Geschäftsführer arbeitet ebenfalls halbtags an der Universität Würzburg.*

In einem persönlichen Gespräch mit den Gründern von 4 SC wurden die Problemstellungen und Aufgaben, die von der Firma bislang bewältigt werden mußten, ausführlich behandelt.[423] Weiterhin ergaben sich aus der Diplomarbeit, die am Lehrstuhl für Betriebswirtschaftslehre und Marketing der Universität Würzburg für 4 SC verfaßt wurde und der damit verbundenen engen Betreuung des Lehrstuhls ein umfassendes Verständnis für die Aufgabenstellung junger Gründer im allgemeinen und 4 SC im speziellen. Die gewonnen Erkenntnisse dienen der praxisnahen Veranschaulichung der folgenden Ausführungen.

---

[423] Vgl. Busemann/ Vitt (1998).

5.2.1 Ideenfindung

In der Herauskristallisierung der Gründungsidee liegt der Ausgangspunkt aller Überlegungen und damit der Beginn der Gründungsvorbereitungsphase. Die Idee kann das Resultat eines bewußten Suchprozesses darstellen oder auf dem eher zufälligen Entdecken einer Marktchance basieren, deren Verwertung im Rahmen der Tätigkeit an der Hochschule nicht möglich ist.[424] RIPSAS sieht verschiedene Quellen für unternehmerische Ideen, die in Abbildung 18 übersichtlich dargestellt sind.

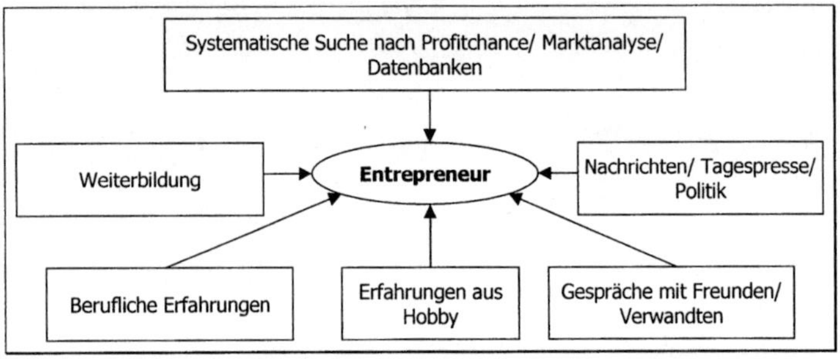

Abbildung 18: Quellen unternehmerischer Ideen
Quelle: Ripsas (1997), S. 95.

Für Hochschul-Spin-offs stellen vor allem die beruflichen Erfahrungen den Ausgangspunkt unternehmerischer Ideen dar. Weitere Quellen, wie Pressemitteilungen, die die Bedeutung neuer Technologien herausstellen oder Gespräche mit Freunden und Verwandten, die die Gründer in ihrer Idee bestärken, ergänzen den Ideengewinnungsprozeß.

Die Idee zur Gründung von 4 SC kam den Geschäftsführern durch ihre beruflichen Erfahrungen, da beide am Institut für organische Chemie der Universität Würzburg im Bereich der Wirkstofforschung arbeiten und auch promovieren.

FALTIN sieht neben der Kreation vollständig neuer Einfälle folgende Möglichkeiten zur Generierung unternehmerischer Ideen:[425]

a) Vorhandenes Entdecken

Damit folgt er der Argumentation KIRZNERS, der der Ansicht ist, daß der Unternehmer aufmerksam und findig sein muß, um bereits vorhandene unternehmerische Gelegenheiten zu entdecken.

---

[424] Vgl. Kulicke/ Gerybadze (1990), S. 8 und Klandt/ Finke-Schürmann (1998), S. 40ff.
[425] Vgl. Faltin (1998), S. 5-9.

b) „Gegen den Strich bürsten“

Damit meint FALTIN, daß potentielle Unternehmer auch unkonventionelle Ideen aufgreifen und erfolgreich verwirklichen können, die der herrschenden Ansicht radikal widersprechen.

c) „Neu-kombinieren“

Neue Ideen entstehen auch dann, wenn man bekannte Elemente neu zusammensetzt oder in einem anderen Zusammenhang verwendet.

Unbestreitbar ist die Tatsache, daß mit der unternehmerischen Idee das Projekt Unternehmensgründung steht oder fällt, weswegen RIPSAS die Idee auch als Erfolgsfaktor für Unternehmensgründungen einstuft.[426] Neben Kreativität und unternehmerischer Findigkeit nach HAYEK und KIRZNER spielt in diesem Zusammenhang auch Marktkenntnis eine wichtige Rolle. Unternehmensgründer benötigen Informationen darüber, ob eine ähnliche Idee am Markt bereits existiert und ob der Markt derartige Innovationen akzeptiert.

5.2.2 Betriebswirtschaftlicher und rechtlicher Informationserwerb

Neben der Herauskristallisierung einer tragfähigen Geschäftsidee müssen potentielle Gründer sich in der Phase der Gründungsvorbereitung das notwendige betriebswirtschaftliche und rechtliche Know-how aneignen. Viele Probleme können vermieden werden, indem Spin-off-Gründer die Unternehmensgründung sorgfältig vorbereiten.[427] Gerade technologieorientierte Spin-offs aus Hochschulen weisen gravierende Mängel im kaufmännischen Bereich auf, weswegen LAMONT empfiehlt, sobald wie möglich Personen mit betriebswirtschaftlichem und juristischem Know-how ins Unternehmen zu holen, sei es als Mitgründer oder Angestellte.[428]

4 SC haben bislang noch keine Kaufleute im Team. Die Firma ist der Ansicht, daß im Moment keine Controller und Finanzspezialisten gebraucht werden, da diese bei hohen Kosten und geringen Einnahmen „den Laden dicht machen würden“. Auch Marketingfachleute einzustellen ist nach Ansicht von 4 SC schwierig, da diesen das technologische Verständnis fehlt. 4 SC bevorzugt die Weiterbildung von Naturwissenschaftlern mit kaufmännischem Know-how.

---

[426] Vgl. Ripsas (1997), S. 88ff. Siehe auch Gillies (1998), S. 13.

[427] Vgl. Wolff (1998), S. 167. Auch KNECHT stellte im Rahmen einer empirischen Untersuchung fest, daß es an Marktkenntnissen und Gründungswissen mangelt, allerdings auch an der Zeit, sich dieses Know-how anzueignen, vgl. Knecht (1998), S. 108.

Probleme der betriebswirtschaftlichen Qualifikation der Unternehmensgründer zeigen sich in einer unzureichenden Gründungsplanung,[429] so daß Geschäftspläne nicht sorgfältig betriebswirtschaftlich durchdacht sind. Auch Probleme im Management lassen auf Qualifikationsprobleme schließen. HEMER/ KULICKE fordern daher Qualifizierungsmaßnahmen potentieller Gründer bereits vor der erfolgten Gründung.[430]

Nachstehende Tabelle bietet einen Überblick über den entsprechenden Informationsbedarf von Gründern.

Tabelle 6: Betriebswirtschaftlicher und rechtlicher Informationsbedarf von Unternehmensgründern

a) Beschaffung Besonderheiten der zu beschaffenden Güter und Dienstleistungen, strategische und operative Beschaffungsplanung, Organisationsformen der Beschaffung, Kontrolle der Beschaffungsaktivitäten und Informationsmanagement in der Beschaffung.[431]	*b) Marketing* Elemente einer Marketingkonzeption: Nachfrager-, Anbieter- und Konkurrenzanalysen, darauf aufbauend Situationsanalysen und Festlegung von Zielen, Strategien und Maßnahmen (Produkt-, Preis-, Distributions- und Kommunikationspolitik).[432]
c) F&E Planungsprozesse im F&E-Bereich sowie die Durchführung, Steuerung und Kontrolle von Forschungs- und Entwicklungsprozessen.[433]	*d) Produktion* Produktionsprogrammplanung, Planung, Steuerung und Kontrolle des Produktionsprozesses, Potentialgestaltung.[434]
e) Personal Personalbedarfsermittlung, Personalplanung, Deckung des Personalbedarfs, Steuerung des Personaleinsatzes, Personalfreistellung und Personalverwaltung.[435]	*f) Organisation* Organisationstechniken, Festlegung der Aufbau- und Ablauforganisation, Implementierung von Organisations- und Führungsstrukturen.[436] - Text wird fortgesetzt -

428 Vgl. Lamont (1972), S. 122.
429 Vgl. Pleschak (1996b), S. 19. Insbesondere Hunsdiek führt diesen Aspekt als Problembereich neugegründeter Unternehmen in der Gründungs- und Frühentwicklungsphase auf.
430 Vgl. Hemer/ Kulicke (1995), S. 53.
431 Vgl. z.B. Mugler (1995), S. 444-481 und Arnold (1997).
432 Vgl. z.B. Backhaus (1997), Frische (1990), Baaken (1990), Meffert (1998) und Nieschlag/ Dichtl/ Hörschgen (1994).
433 Vgl. z.B. Engelke (1991), Stock (1990) und Brockhoff (1992).
434 Vgl. z.B. Corsten (1990) und Lebefromm (1995).
435 Vgl. z.B. Mugler (1995), S. 326-377, Dubbert (1990), Mackebrandt/ Salvers (1990) und Braune-Krickau (1990).
436 Vgl. z.B. Bühner (1994) und Dieterle (1990).

g) Finanzierung Finanzplanung und Ermittlung des Kapitalbedarfs, Möglichkeiten der Außen- und Innenfinanzierung sowie der Finanzierung über Förderprogramme des Staates.[437]	*h) Steuern, Buchführung, Jahresabschluß* Steuerarten, Einfluß der Besteuerung auf betriebliche Entscheidungen, Grundlagen und Prinzipien der Buchführung, Gewinn- und Verlustrechnung, Bilanzierung.[438]
i) Standort Beschaffungs-, produktions- und absatzspezifische Kriterien zur Suche und Auswahl des geeigneten Standorts, Besonderheiten nach Branchen.[439]	*j) Rechtliche und verwaltungstechnische Aspekte* Rechtsformwahl, Versicherungen, Gründungsformalitäten, Vertragsgestaltung, Arbeitsrecht, gewerblicher Rechtsschutz, Handels- und Gewerberecht, Datenschutz.[440]

Die Gründer von 4 SC konnten ihren Informationsbedarf überwiegend in Form von „Learning by doing" decken. Weiterhin haben sie jedoch auf Know-how von externen Beratern zurückgegriffen. Zu nennen sind dabei der Steuerberater, der sich um die Bereiche Steuern, Buchführung und Jahresabschluß kümmert. Einer der Gründer plant zudem Fortbildungsmaßnahmen im Rahmen eines Aufbaustudiums „Master of Business Administration". 4 SC ist der Ansicht, daß Vortragsreihen über betriebswirtschaftliche und juristische Sachverhalte für Unternehmensgründer, wie sie seit geraumer Zeit an mehreren Hochschulen, z.B. in Würzburg, Bochum, Kassel und Regensburg,[441] angeboten werden, eine geeignete Maßnahme darstellen, den Informationsbedarf von Gründern zumindest anfänglich zu decken.

5.2.3 Erstellung eines Businessplans

Die Gründer müssen, aufbauend auf den erworbenen betriebswirtschaftlichen und juristischen Kenntnissen, im Rahmen der Gründungskonzeptionsphase ein Geschäftskonzept entwickeln - auch Unternehmensplan, Geschäftsplan, Gründungsplan oder Businessplan genannt.[442] Dieser Aspekt ist besonders wichtig, da einerseits die Gründer gezwungen sind, sich über ihre anstehende Unternehmertätigkeit Gedanken zu machen

[437] Vgl. z.B. Kußmaul (1998), S. 171-210, Schwengler (1990), Petersen (1990), Albach/ Hunsdiek/ Kokalj (1986), Wolf (1997), S. 131-151, BMWi (1996a) und BMWi (1997c).
[438] Vgl. z.B. Kußmaul (1998), S. 211-340 und Schnackenburg (1990).
[439] Vgl. z.B. Lüders (1990) und Wolf (1997), S. 82ff.
[440] Vgl. z.B. Bismarck/ Leitermann (1990), Dombrowsky/ Schmidt (1990), Sonntag (1990), Winckler (1990) und Wolf (1997), S. 55ff. und 84ff.
[441] Vgl. Emmerich (1998b), König (1998b), König (1998a), Hildebrand (1998) und Dietze (1998).
[442] Zur Erstellung von Businessplänen vgl. Klandt/ Finke-Schürmann (1998), Klandt (1996a), Ripsas (1998b) und Mancuso (1979), (1983) und (1986).

und ihre Ideen und Pläne zu strukturieren. Andererseits verlangen insbesondere Kapitalgeber einen detaillierten und überzeugenden Businessplan, bevor sie das Unternehmen finanziell unterstützen. LAMONT betont, daß gerade Spin-offs aus Hochschulen sehr viel Wert auf die Planung legen müssen, um den Grundstein für einen erfolgreichen Unternehmensverlauf zu legen.[443] Dabei darf ein Businessplan jedoch nicht einseitig auf Finanzierungsaspekte ausgerichtet werden. Der Finanzierungsexperte CURT WINNEN mahnt: „Ein Busineßplan ist mehr als nur die Fortschreibung der Geschäftszahlen."[444] Andere elementare Fragen, z.B. nach den Stärken des Unternehmens und dem Kundennutzen des Produkts müssen ebenfalls beantwortet werden.

Eine sorgfältige Planung garantiert zwar keinen Schutz vor einem Konkurs, dennoch steigen damit die Überlebenschancen: einer Studie des Instituts für Mittelstandsforschung zufolge verschwinden in den ersten drei Jahren nach erfolgter Gründung wesentlich mehr Unternehmen vom Markt, die ohne ausgereiften Businessplan starten.[445] Angesichts der hohen Zahl an Insolvenzen ist eine gründliche Planung daher unbedingt erforderlich.[446] Die Unternehmensgründer können und sollen dabei auch auf Hilfestellung von außen zurückgreifen. Angefangen von Industrie- und Handelskammern über Unternehmensberater und nicht zuletzt auch Hochschulen existiert eine Vielzahl von Einrichtungen, die die Gründer bei der Erstellung des Geschäftskonzepts unterstützen können.[447]

4 SC hat sich bei der Erstellung des Businessplans von verschiedenen Seiten beraten lassen. Zum einen hat der Lehrstuhl für Betriebswirtschaftslehre und Marketing der Universität Würzburg das Geschäftskonzept aus Marketinggesichtspunkten begutachtet. Weiterhin hat der Gründungsberater der Industrie- und Handelskammer das Konzept mit 4 SC besprochen. 4 SC bemängelt jedoch den Aspekt, daß der Berater nicht auf technologieorientierte Unternehmensgründungen spezialisiert ist und ihm das Fachwissen im High-Tech-Bereich fehlt; ein Problem, das auch in der Literatur des öfteren angesprochen wird.[448] Zudem hat 4 SC von einem Vorstandsmitglied der Volkswagen AG wichtige Hinweise erhalten. Schließlich hat sich der Geschäftsplan

---

[443] Vgl. Lamont (1972), S. 122.
[444] WINNEN in o.V. (1999a).
[445] Vgl. BMWi (1997a), S. 2. Zur Bedeutung der Planung für den Erfolg neugegründeter Unternehmen vgl. auch Jungbauer-Gans/ Preisendörfer (1991).
[446] Für das Jahr 1997 wurde mit geschätzten 32.000 und tatsächlich realisierten 27.500 Pleiten ein neuer Rekord an Insolvenzen vermeldet, vgl. o.V. (1997c) und Keller (1998).
[447] Einen Überblick über unterstützende Organisationen bietet BMWi (1997a), S. II.
[448] Vgl. Klandt (1996a), S. 210.

durch mehrere Gespräche mit Kapitalgebern zu seiner bislang endgültigen Form entwickelt.

In letzter Zeit hat auch die Zahl der sogenannten Businessplanwettbewerbe zugenommen, bei denen Gründer ihre Geschäftskonzepte an kompetente Einrichtungen schikken, die diese beurteilen. Die Gründer mit den besten Plänen erhalten finanzielle Prämien.[449] Zudem beginnen vereinzelt Hochschulen damit, ein Training für die Entwicklung von Businessplänen anzubieten.[450]

Bei der Erstellung des Businessplans müssen gerade Hochschul-Spin-offs darauf achten, daß dieser nicht zu technisch orientiert ist und zu viele Fachtermini beinhaltet. Ansonsten fühlen sich potentielle Kapitalgeber überfordert. Außerdem sollten Gründer auch für Gespräche mit Kunden lernen, ihr Geschäftskonzept mit einfachen Worten überzeugend darzustellen.[451]

Einen Überblick über die Fragen, die ein Geschäftskonzept beantworten muß, enthält nachstehende Abbildung:

---

[449] Vgl. z.B. Schmidt (1998) und o.V. (1998c).
[450] Vgl. Oy (1998).
[451] Vgl. Lamont (1972), S. 122.

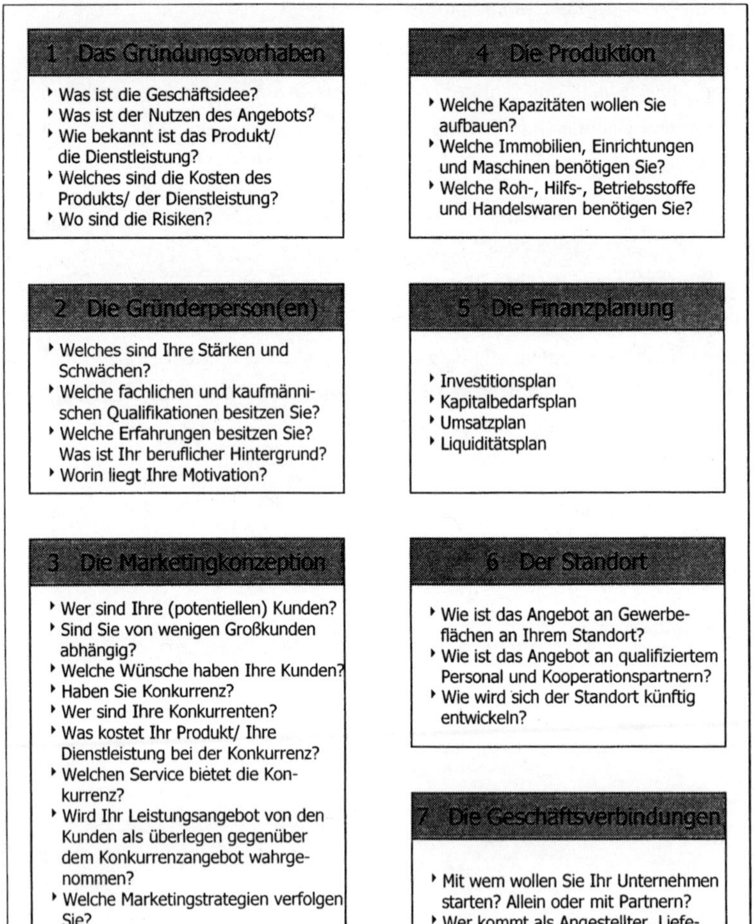

Abbildung 19: Businessplan
Quelle: In Anlehnung an BMWi (1997a), S. I, Klandt (1996a), S. 98 und Sahlman (1998).

5.2.4 F&E-Arbeiten

Da der Gründer eine Technologie der Hochschule übernimmt und daraus marktreife Leistungsangebote entwickelt, ist in den Gründungsvorbereitungs-, Gründungskonzeptions- und Konzeptumsetzungsphasen die Durchführung von F&E-Arbeiten erforderlich. Während der Gründungsvorbereitungen werden die Ergebnisse der Grundlagenforschung zum Spin-off-Gründer transferiert, der bis zum Ende der Konzeptumsetzungsphase angewandte Forschung sowie Entwicklung betreibt und damit marktfähige Produkte oder Dienstleistungen entwickelt.[452]

Um eine Technologie in eine marktfähige Leistung überzuführen, welche aus Kundensicht ein höheres Problemlösungspotential als Konkurrenzprodukte besitzt, bedarf es verschiedener Ablaufschritte, die in folgender Abbildung dargestellt sind.

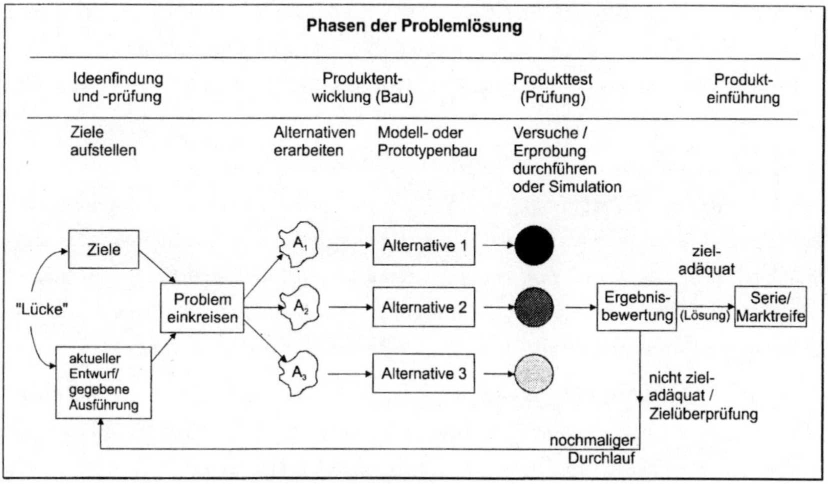

Abbildung 20: Problemlösung mit Hilfe eines Entwurf-Bau-Prüf-Zyklus
Quelle: Wheelwright/ Clark (1994), S. 308.

Ausgehend von den Kundenbedürfnissen definiert man Ziele für die Produktentwicklung. Darauf aufbauend erarbeitet die Produktentwicklungsabteilung Konstruktionsalternativen zur Lösung der Kundenwünsche. Diese Alternativen werden durch den Bau von Arbeitsmodellen realisiert. Die Prüfphase dient der Erprobung der Modelle sowohl aus technischer Sicht als auch aus Sicht der Kunden, bis eine zieladäquate Lösung gefunden ist, die vom Markt akzeptiert wird.[453]

Forschung und Entwicklung und darauf aufbauend Produktion nehmen gerade bei technologieorientierten Gründungen einen hohen Stellenwert ein. Dieser Prozeß ist

452 Vgl. dazu o.V. (1996b).
453 Vgl. Wheelwright/ Clark (1994), S. 306ff.

unter Umständen sehr zeit- und kostenintensiv[454] und bedarf hoher Aufmerksamkeit, da er über Erfolg oder Mißerfolg der Gründung entscheiden kann. Eine am Markt neu angebotene Leistung verspricht dann erfolgreicher zu werden, wenn der F&E-Prozeß sorgfältig geplant und durchgeführt wird und Entwicklung, Produktion und Verkauf aufeinander abgestimmt sind.[455]

Diese F&E-Arbeiten verlangen dem Gründer über die Phasen hinweg enorme finanzielle Anstrengungen ab, da die Weiterentwicklung der Grundlagenforschung in konkrete Leistungen nicht mehr an der Hochschule erfolgen kann.[456] Die Gründer müssen daher unter Umständen in Laborflächen und eine apparative Ausstattung investieren. Weiterhin benötigen sie Materialien und evtl. Entwicklungspersonal. Auch die Fremdvergabe von F&E-Aufträgen an externe Entwicklungspartner kann vonnöten sein.[457]

4 SC verwendete das computerchemische Verfahren, welches zur Wirkstofforschung an der Universität Würzburg entwickelt worden war, als Ausgangspunkt weiterer Forschungen, um daraus ein marktfähiges Leistungsangebot zu erstellen. Die Forschungsarbeiten waren im Fall von 4 SC nicht mit immens hohen Kosten verbunden, da die Gründer die Arbeiten am PC durchführten. Dennoch mußte auch Hard- und Software erst angeschafft werden.

4 SC ist im November 1997, ab der erfolgten Gründung, ins Technologie- und Gründerzentrum (TGZ) Würzburg eingezogen. Jedoch existieren im Würzburger TGZ keine Labor- und Produktionsflächen, sondern ausschließlich Verwaltungsräume. Auch wird von 4 SC bemängelt, daß die Mieten nicht geringer sind als auf dem freien Markt. TGZ bieten nach Ansicht von 4 SC dennoch die Vorteile, daß eine gute Infrastruktur vorhanden ist (Kopierer, Fax, Sekretariatsdienstleistungen etc.) und daß die Möglichkeit besteht, auch sehr kleine Flächen zu mieten, um so die Verwaltungskosten niedrig zu halten.

5.2.5 Patentierung

Die Ergebnisse des F&E-Prozesses sollten noch im Rahmen der Konzeptumsetzungsphase und damit vor der Markteinführung patentiert werden. Auf diese Weise wird ein gewerblicher Rechtsschutz an den Innovationen erreicht. Dieser Aspekt spielt gerade

---

454 Vgl. Kulicke/ Gerybadze (1990), S. 9.
455 Vgl. Meier (1998), S. 61.
456 Vgl. o.V. (1996b).
457 Vgl. Kulicke/ Gerybadze (1990), S. 9.

für technologieorientierte Spin-offs eine besondere Rolle, da ein fehlendes Patent die Geschäftsgrundlage des Spin-offs vernichten kann, falls eine Erfindung unberechtigt nachgeahmt wird. Neben Gebrauchsmustern, Geschmacksmustern und Marken besteht für Patente ein Sonderrechtsschutz. Der Inhaber eines Patents erhält eine besondere Rechtsmacht, die mit dem Eigentum vergleichbar ist. Dieses Recht an der geistig gewerblichen Leistung gilt gegenüber jedermann.[458]

Für die Erteilung eines Patents bestehen mehrere Voraussetzungen. Es muß sich zunächst um eine Erfindung mit technischem Charakter handeln. Diese liegt dann vor, wenn sie sich für den Fachmann nicht in naheliegender Weise aus dem Stand der Technik ergibt. Normale technologische Weiterentwicklungen werden demnach durch Patente an sich nicht geschützt.[459] Um jedoch die Patentierungsaktivitäten voranzutreiben, hat das Europäische Patentamt die Anforderungen an eine Erfindung im Lauf der Zeit reduziert, so daß bereits kleinere Weiterentwicklungen zum Patent angemeldet werden können.[460]

Nicht unter den Begriff der Erfindung fallen unter anderem Programme für Datenverarbeitungsanlagen, wissenschaftliche Theorien, mathematische Methoden sowie Entdeckungen. Unter einer Entdeckung wird dabei das Auffinden oder Erkennen bisher unbekannter, aber objektiv in der Natur schon vorhandener Gesetzmäßigkeiten, Wirkungszusammenhänge, Eigenschaften oder Erscheinungen verstanden.[461] Entdeckungen sind damit der Grundlagenforschung zuzuordnen, die nicht zweckgebundenes Basiswissen hervorbringt.[462] Da der Grundlagenforschung die Handlungsorientierung fehlt, können Entdeckungen nicht patentiert werden. Gleiches gilt für wissenschaftliche Theorien. Erkenntnisse der Grundlagenforschung müssen demnach erst in konkrete Handlungsanweisungen umgesetzt werden, um eine Patentierbarkeit zu erreichen.[463]

Weiterhin wird verlangt, daß die Erfindung eine Neuheit darstellen muß, was gegeben ist, wenn diese nicht zum Stand der Technik gehört. Zuletzt muß eine gewerbliche Anwendbarkeit vorliegen.[464]

---

[458] Vgl. Altin-Sieber (1996), S. 36f.
[459] Vgl. Altin-Sieber (1996), S. 39f.
[460] Vgl. Cohausz (1998), S. 36.
[461] Vgl. Kraßer/ Schricker (1988), S. 14f.
[462] Zum Begriff der Grundlagenforschung vgl. Enßlin (1989), S. 35.
[463] Vgl. Kraßer/ Schricker (1988), S. 15.
[464] Vgl. Altin-Sieber (1996), S. 39ff.

Patente schützen Ideen und Innovationen durch temporäre Eigentums- und exklusive Nutzungsrechte für maximal 20 Jahre und ermöglichen es den Erfindern, sich Erträge aus deren wirtschaftlicher Verwertung anzueignen. Patente können dadurch als Anreiz zur Durchführung von Innovationen verstanden werden. Ohne Patentschutz besteht dieser Anreiz nicht, da den Erfindern die Besitzrechte nicht oder nur eingeschränkt zur Verfügung stehen würden.[465] Patente sind in der Regel die einzigen Möglichkeiten, eine technologisch herausgehobene Position oder sogar eine Alleinstellung im Markt auf längere Zeit zu erreichen und sich vor Nachahmern zu schützen.[466] Patente oder anderweitige gewerbliche Schutzrechte sind damit kritische Erfolgsfaktoren (strategische Engpaßfaktoren) junger Technologieunternehmen.[467]

Da jedoch die Patentierung von Forschungsergebnissen an Hochschulen sowohl in Forschung als auch Lehre einen untergeordneten Stellenwert einnimmt, existieren kaum Einrichtungen oder Lehrveranstaltungen zu dieser Thematik.[468] Daher müssen Spin-off-Gründer diesbezüglich Informationsdefizite selbst oder anderweitig decken. Die Patentierung beinhaltet weiterhin einen kostspieligen und zeitlich umfangreichen Prozeß. Zur Erteilung eines Patents bedarf es einer schriftlichen Anmeldung der Erfindung beim Patentamt. Um Fehler zu vermeiden, die die Qualität des Patents beeinträchtigen, ist die Konsultation eines Patentanwalts empfehlenswert. Die Kosten des Anwalts und die Amtsgebühren trägt der Anmelder. Ein umfassender regionaler Schutz kann dabei Kosten im sechsstelligen Bereich verursachen.[469]

4 SC wird das neue, verbesserte Verfahren mit Unterstützung eines Patentanwalts als Patent anmelden. Die Gründer sind der Ansicht, daß die Patentierung eine äußerst wichtige Angelegenheit ist, die nur allzu oft von Gründern vernachlässigt wird. 4 SC beabsichtigt, alle Produkte und Verfahren, die in Zukunft von der Firma entwickelt werden, zu patentieren.

5.2.6 Externer Beziehungs- und interner Organisationaufbau

Ab der Phase der Konzeptumsetzung müssen die Gründer zunächst den internen Organisationsaufbau bewältigen. Dabei ist eine Aufbau- und Ablauforganisation zu etablieren.[470] Weiterhin umfaßt der organisatorische Aspekt bei Gründungen rechtliche und

---

465 Vgl. BMBF (1996), S. 6 und Picot/ Schneider (1988), S. 98.
466 Vgl. BMBF (1996), S. 13f.
467 Vgl. Meier (1998), S. 64.
468 Vgl. Schipanski (1998).
469 Vgl. Stmukwk/ Fraunhofer-Patentstelle (1998), S. 14.
470 Vgl. Schierenbeck (1995), S. 91.

verwaltungstechnische Aspekte. Spin-off-Gründer müssen sich dabei mit Fragen der Rechtsform- und Standortwahl, Gründungsformalitäten oder Vertrags- und Arbeitsrecht beschäftigen.

Weiterhin ist eine Kontaktaufnahme zu externen Partnern erforderlich. Dabei geht es vor allem um die Aufnahme von Geschäftsbeziehungen zu Zulieferern (Roh-, Hilfs-, Betriebsstoffe, Dienstleistungen) und Abnehmern und um die Beschaffung von unternehmensnotwendigen Ressourcen wie Kapital, Arbeitskräften sowie Grundstücken, Gebäuden, Laborflächen und Anlagen.[471]

Spätestens zu diesem Zeitpunkt muß der Gründer seine Führungsqualitäten unter Beweis stellen. Er hat zunächst intern Führungsaufgaben zu erledigen, da er das entstehende Unternehmen aufbauen und leiten muß. Andererseits muß er eine Führungsrolle nach außen wahrnehmen, indem er externe Partner wie Kunden oder Kapitalgeber von seiner Idee überzeugt, um sie zur Zusammenarbeit zu bewegen. Führung nach innen und außen als unternehmerische Aufgabe entspricht insbesondere der Führungsrolle nach BARNARD.[472] Der Unternehmer ist dabei gemäß BARNARD in ein externes und internes Interaktionssystem eingebettet. Er muß die internen Prozesse an die äußeren Verhältnisse anpassen. Beide wechselseitig abhängigen Bereiche müssen vom Unternehmer aufeinander abgestimmt und koordiniert werden, um ein ökonomisches Gleichgewicht herzustellen. Diese beruht nach BARNARD auf Effizienz (die angestrebten Ziele der internen Mitglieder der Unternehmung werden erreicht; interner Anpassungsprozeß) und Effektivität (die angestrebten Ziele der Unternehmung werden erreicht; externer Anpassungsprozeß).[473]

Gerade in den Außenbeziehungen haben neugegründete Unternehmen jedoch oftmals Probleme, da auf Seiten der Marktpartner Unsicherheit darüber besteht, ob der Spin-off in der Lage ist, sein Vorhaben durchzuführen.[474] Daher sind die Geschäftsbeziehungen zu Beginn selten von Vertrauen geprägt und die externen Geschäftspartner sichern sich durch Verträge mit ungünstigen Konditionen für den Spin-off ab, falls es dem Spin-off überhaupt gelingt, Geschäftsbeziehungen aufzunehmen.[475] Gemäß empirischen Untersuchungen zählen folgende Probleme zu den gravierendsten der Gründungsphase:[476]

---

[471] Vgl. dazu Szyperski/ Nathusius (1977b), S. 38ff.
[472] Vgl. dazu Meyer (1995), S. 37 und S. 43 sowie Barnard (1969).
[473] Vgl. Barnard (1970), S. 58ff. und Meyer (1995), S. 46.
[474] Zum Begriff der Unsicherheit vgl. Kapitel 4.3.3.
[475] Vgl. Weihe/ Reich (1994a), S. 33. Siehe zu diesem Themengebiet z.B. Plötner (1995).
[476] Vgl. Hunsdiek/ May-Strobl (1986), S. 66.

a) Ungünstige Konditionen wegen geringer Bestellmenge,

b) Beschaffung qualifizierten Personals,

c) Kunden zweifeln an der Leistungsfähigkeit des jungen Unternehmens und

d) zu hohe Sicherheitsanforderungen von seiten der Kapitalgeber.

4 SC hat dennoch die Erfahrung gemacht, daß Seed- und Venture-Capital-Unternehmen keine zu hohen Sicherheitsanforderungen stellen, da diese oftmals auf High-Tech-Firmen spezialisiert sind und wissen, daß den Beteiligungen in Millionenhöhe keine materiellen Sicherheiten in gleicher Höhe gegenüberstehen. Banken und Sparkassen sind dagegen nach der Erfahrung von 4 SC sehr sicherheitsbewußt und eignen sich daher nicht für eine Frühfinanzierung.[477]

Die Akquisition von Mitarbeitern wurde bislang nicht in größerem Umfang vorgenommen, da die anfallende Arbeit bislang noch von den Gründern bewältigt werden kann und die finanziellen Mittel eine Einstellung von Arbeitskräften nicht erlauben. Mit einem potentiellen Mitarbeiter wurde dennoch bereits ein Vorvertrag abgeschlossen.

4 SC plant die Verlegung der Geschäftstätigkeit nach Martinsried bei München, was vor allem an der fehlenden Anbindung an Lieferanten, Kunden und Kooperationspartner in Würzburg liegt. Die Firma hat die Erfahrung gemacht, daß man als junge Firma Teil der entsprechenden „Community" sein muß, um Geschäftskontakte aufzubauen. In Martinsried existiert eines der wichtigsten deutschen Zentren der Biotechnologie und angrenzender Fachbereiche, so daß sich dort wesentlich einfacher Kontakte zu Geschäftspartnern knüpfen lassen.

5.2.7 Marketingkonzept

Der Marketingaspekt ist für neugegründete Unternehmen besonders wichtig und zieht sich durch die gesamte Gründungs- und Entwicklungsphase der Unternehmung. Da Marketing, verstanden als marktorientierte Unternehmensführung, bereits in Kapitel 4.4.3 als wichtige unternehmerische Aufgabe im Wettbewerb identifiziert wurde, müssen Gründer der konkreten Umsetzung dieser Aufgabe besondere Aufmerksamkeit widmen.

[477] Siehe auch die Erfahrungen von Gründern bei Zinger/ Blanco/ Zanibbi u.a. (1996), S. 354.

In empirischen Untersuchungen wird oftmals auf die besondere Bedeutung von Absatzproblemen hingewiesen.[478] Bei KAMP/ CLEMENS/ LANGEN finden sich Absatzprobleme auf dem zweiten Rang der Problemstellungen neugegründeter Unternehmen. Die Untersuchung von TERPSTRA/ OLSON ermittelt diesen Bereich hingegen als das mit Abstand größte Problem. Bei BECKER sind Absatzprobleme jedoch erst auf Rang neun zu finden. Zu den Hauptproblemen im Absatzbereich gehören bei HUNSDIEK/ MAY-STROBL die Aspekte „Konkurrenz durch im Markt bereits etablierte Unternehmen" und „Kunden zweifeln an der Leistungsfähigkeit des jungen Unternehmens". HUNSDIEK sieht insbesondere den zu geringen Stellenwert der Marketinginstrumente als Ursache für Probleme an.

Marketing darf jedoch nicht auf den Absatzbereich beschränkt werden, vielmehr wird Marketing heute, wie bereits ausgeführt, als Konzept der marktorientierten Unternehmensführung gesehen mit dem Ziel, komparative Konkurrenzvorteile zu schaffen und umzusetzen. Komparative Konkurrenzvorteile bestehen dann, wenn der Anbieter einer Leistung in der Wahrnehmung der Kunden besser als die Konkurrenz eingestuft wird.[479] Nur durch die Erzielung derartiger Wettbewerbsvorteile ist das Unternehmen in der Lage, Arbitragegewinne nach KIRZNER zu erzielen.[480] Ohne komparative Konkurrenzvorteile sowie geeignete Strategien und Maßnahmen, um potentielle Kunden von der Vorteilhaftigkeit der Leistung zu überzeugen, wird das Unternehmen dagegen auf Dauer nicht überleben können.[481] Von besonderer Bedeutung ist dabei die Gestaltung der Wertaktivitäten nach PORTER.[482] Zu diesem Zweck ist die Entwicklung einer Marketingkonzeption von besonderer Bedeutung. Das Unternehmen muß dabei Wettbewerbs- und Markteintrittsstrategien sowie Maßnahmen im Marketing-Mix entwikkeln. Die weitverbreitete Ansicht „Wenn es die Firma erst einmal gibt, werden die Kunden schon kommen" verspricht dagegen keinen Erfolg.[483]

Die besondere Bedeutung des Marketing wird in jeder Phase des Lebenszyklus ersichtlich. Bereits bei der Gründungsidee muß der Gründer die Bedürfnisse der Abnehmer als wichtige Aufgabe nach MISES und HAYEK erkunden. Weiterhin hat er das

---

[478] Vgl. zu den folgenden Ausführungen Kamp/ Clemens/ Langen (1978), S. 24, Becker (1982), S. 513, Terpstra/ Olson (1993), Hunsdiek (1987), S. 30 und Hunsdiek/ May-Strobl (1986), S. 66.
[479] Vgl. Backhaus (1992), S. 6ff. und S. 17, Trommsdorff/ Binsack (1997), S. 63 und Baaken (1990), S. 151. Siehe auch BMWi (1997b), S. 3.
[480] Vgl. Kirzner (1978), S. 35ff. und Kapitel 4.4.3.
[481] Zur Entwicklung von Marketingkonzeptionen vgl. Backhaus (1997), Becker (1992) und Frische (1990).
[482] Vgl. Porter (1992), S. 59ff.
[483] Sahlman (1998), S. 88.

Problemlösungspotential möglicher Konkurrenten zu ermitteln, um so einen komparativen Konkurrenzvorteil zu schaffen. Dabei spielt Marktforschung eine wichtige Rolle, um auf diese Weise das vorhandene Informationsdefizit zu verringern. Daher muß der Gründer dem Erwerb von Marketing-Know-how besondere Aufmerksamkeit widmen.

Im nächsten Schritt ist der Marketingaspekt im Rahmen der Erstellung des Businessplans von hoher Bedeutung. SAHLMAN ist der Ansicht, daß im Unternehmenskonzept übertriebene Zahlenspiele fehl am Platz sind; stattdessen wollen gerade Kapitalgeber etwas über die Gründer, die Idee und die Abnehmer wissen.[484] Kapitalgeber sind daran interessiert, wer die Gründer sind, welchen Hintergrund/ Erfahrungen und welche Motive sie haben und mit welchen Geschäftspartnern sie zusammenarbeiten wollen.[485] Sie müssen von der Geschäftsidee überzeugt werden, denn der materielle Wert der Unternehmung, sprich der Geldwert, hängt wesentlich von dem materiellen Wert der Strategie aus Sicht der Kunden ab. Die Marketingkonzeption stellt damit das Herzstück des Businessplans dar und sollte mit besonderer Aufmerksamkeit und Sorgfalt erstellt werden.

Zu diesem Zweck wurde vom Lehrstuhl für Betriebswirtschaftslehre und Marketing der Universität Würzburg im Rahmen einer Diplomarbeit eine Marketingkonzeption entwickelt. Die Ergebnisse der Arbeit haben dazu beigetragen, daß die Unternehmensstrategie von 4 SC komplett modifiziert wurde. 4 SC übernimmt nun folgende Schritte in der Wertschöpfungskette:

Den Ausgangspunkt stellt ein Target dar, d.h. ein Indikationsbereich, der im allgemeinen von biotechnologischen Firmen entwickelt wird. Dabei wird bspw. ein Protein für eine bestimmte Krankheit isoliert. Damit hat man den Schlüssel, um die Krankheit zu „packen", aber nicht den Wirkstoff, sie zu besiegen. Dieses Target wird von 4 SC gekauft oder die Firmen werden für die Überlassung am Umsatz von 4 SC beteiligt. Als nächstes folgt die Wirkstoffentwicklung mit Hilfe computerchemischer Verfahren. Dies stellt die Kernkompetenz von 4 SC dar. Vor der Strategieänderung war dies die einzige Leistung, die 4 SC anbot. Im Anschluß folgt die tatsächliche Wirkstoffentwicklung, die nun ebenfalls Teil des Leistungsangebots von 4 SC ist. Dabei werden evtl. Kooperationspartner eingebunden. Die fertigen Moleküle werden patentiert und an interessierte Unternehmen lizensiert. 4 SC erhält einen Anteil am Umsatz des Pharmaunternehmens, der zwischen 12% und 18% liegen soll. Diese Beteiligung richtet sich danach, welchen Anteil 4 SC an der Wertschöpfung des Pharmaunternehmens übernimmt.

---

[484] Vgl. Sahlman (1998). Siehe auch Brandenstein-Zeppelin (1992), S. 61 und o.V. (1998b).
[485] Vgl. Sahlman (1998), S. 86.

4 SC hat aufgrund der Diplomarbeit erkannt, daß Pharmaunternehmen nicht daran interessiert sind, mit Targetherstellern, Wirkstofforschern sowie Wirkstoffentwicklern zu kooperieren, da der Koordinationsaufwand zu hoch ist. Vielmehr wollen sie alle Leistungen aus einer Hand, d.h. den fertig entwickelten Wirkstoff angeboten bekommen. Weiterhin brachte die Diplomarbeit die Erkenntnis, daß die Kunden die Daten, die 4 SC für ihre Forschungen benötigen, ungern weitergeben. Damit war jedoch die Geschäftsgrundlage für die Auftragsforschung nicht gegeben.

4 SC mußte sich deshalb von einem Auftragsforscher, der einen kleinen Teil der pharmazeutischen Wirkstofforschung und -entwicklung übernimmt, zu einem Anbieter fertiger Wirkstoffe entwickeln. Die Unternehmenskonzeption bedurfte einer kompletten Modifikation.

Nach Abschluß der strategischen Planungen folgt die konkrete Umsetzung der geplanten Aktivitäten. Der Gründer muß nun die an den Bedürfnissen der Kunden orientierte Innovation am Markt durchsetzen. Für Spin-offs als Anbieter von zumeist erklärungsbedürftigen Produkten ist es insbesondere wichtig, Referenzkunden zu gewinnen, um Renommé zu erwerben. Auf diese Weise muß versucht werden, die Unsicherheit auch bei zukünftigen Abnehmern abzubauen.[486]

Dabei haben die Spin-off-Gründer zumeist mit Markteintrittsbarrieren zu kämpfen, die sich sowohl in der fehlenden Reputation als auch in der schwierigen Position des Out-Suppliers äußern.[487] Um diese Barrieren zu überwinden, ist es unter anderem wichtig, den Bekanntheitsgrad zu steigern. Dabei ist das herausragende Potential folgender Kommunikationsinstrumente hervorzuheben, die sich durch eine hohe Effektivität bei der Erreichung kommunikationspolitischer Ziele auszeichnen: Kataloge, Unterlagen seitens des Anbieters, persönliche Beratungsgespräche, Artikel in Fachzeitschriften sowie Messepräsenz.[488] Je nachdem, ob es sich um kundenindividuelle Produkte oder Güter für den anonymen Markt handelt, sollten Spin-offs bestimmte Instrumente auswählen und für die Steigerung des Bekanntheitsgrades nutzen. Weiterhin werden in der Markteinführungsphase die Fertigungs- und Vertriebskapazitäten auf- und ausgebaut, sobald eine steigende Nachfrage abzusehen ist. Im Rahmen der Marktetablierung steht die weitere Ausweitung des Kundenstammes sowie der Kapazitäten im Vordergrund. Außerdem stellt sich zu diesem Zeitpunkt die Frage, ob die Gründer aufbauend

[486] Vgl. Backhaus (1992), S. 60.
[487] Vgl. Kulicke/ Gerybadze (1990), S. 9.
[488] Vgl. Meyer/ Beer/ Diehl u.a. (1997), S. 119.

auf den bis zu diesem Zeitpunkt erzielten Vermarktungserfolgen neue Produkte entwickeln oder neue Märkte bearbeiten sollen.[489]

4 SC führt im Moment ein Referenzprojekt im Bereich der Wirkstofforschung für eine Infektionskrankheit durch. Um im Bereich der Wirkstofforschung Renommée zu erwerben ist es wichtig, daß die Technologie, mit der 4 SC arbeitet, validiert ist. Weiterhin will 4 SC versuchen, über Artikel in Fachzeitschriften, Vorträge und Pressemitteilungen einen Bekanntheitsgrad zu erwerben. Sehr wichtig ist in diesem Zusammenhang auch die Homepage im Internet als Aushängeschild der Firma.

Allgemein bleibt festzuhalten, daß die Marketingaufgaben in der Gründungsphase oftmals unterschätzt und selbst in der Wachstumsphase nur schwer bewältigt werden.[490] Zwangsläufig bestehen typische Marketingfehler von Hochschul-Spin-offs in der Unwissenheit über die Erfordernisse des Marktes.[491] Die Umsetzung technologieorientierter Innovationen in marktfähige Produkte richtet sich zu sehr an den rein technischen Möglichkeiten aus, was die Kunden weder schätzen noch honorieren.[492]

5.2.8 Finanzierung

Der Stellenwert von Finanzierungsproblemen im Lebenszyklus der Unternehmung wird unterschiedlich eingeschätzt. Während die Finanzierung sowohl in den empirischen Untersuchungen von KAMP/ CLEMENS/ LANGEN und BECKER auf Platz eins der Problemliste steht und bei TERPSTRA/ OLSON die Plätze zwei (Externe Finanzierungsprobleme) und drei (Internes Finanzmanagement) einnimmt, ist HUNSDIEK der Ansicht, daß Finanzierungsprobleme überschätzt werden.[493] In der Untersuchung von HUNSDIEK/ MAY-STROBL wurden die Problemfelder spezifischer abgefragt: eine zu geringe Eigenkapitalausstattung nimmt hier den zweiten Platz in der Liste der Probleme ein. Aber auch die Aspekte „zu hohe Sicherheitsanforderungen von seiten der Kapitalgeber“ und „unzureichende Informationen über Finanzierungsinstrumente“ werden als häufige Probleme identifiziert. Auch wenn Gründungsprobleme oftmals zu einseitig auf den Finanzierungsaspekt reduziert werden, handelt es sich dennoch um ein wichtiges Problemfeld, welches phasenübergreifend auftritt. Finanzielle Schwie-

---

[489] Vgl. dazu Nieschlag/ Dichtl/ Hörschgen (1994), S. 900.
[490] Vgl. Hunsdiek/ May-Strobl (1986), S. 76ff.
[491] Vgl. BMWi (1997b), S. 1, BMWi (1997d), S. 9 und BMWi (1996b), S. II.
[492] Vgl. Pleschak (1996b), S. 26 und Pleschak (1996a), S. 62ff. und Hirn/ Klusmann (1997), S. 146. Die meisten fehlgeschlagenen Produktneueinführungen sind daher der Kategorie „Die bessere Mausefalle, die keiner wollte“ zuzurechnen, vgl. Backhaus (1992), S. 242.

rigkeiten bringen einen Teufelskreis aus Eigenkapitalverzehr und mangelnder Kreditwürdigkeit mit sich und führen letztendlich zum Scheitern der Unternehmung.[494]

Finanzierungsaspekte beginnen bereits bei der Erstellung des Geschäftskonzepts. Die Finanzierungsrechnung und Liquiditätsplanung ist deshalb so wichtig, da bereits ein kurzer Zeitraum der Illiquidität zum Konkurs führen kann. Neugegründete Unternehmen, die über geringen finanziellen Spielraum verfügen und sich noch nicht am Markt etabliert haben, müssen diesem Aspekt daher besondere Bedeutung beimessen.[495]

Zunächst finden Planungsprozesse statt. Dabei ist die Erstellung eines Investitionsplans, eines Kapitalbedarfsplans, eines Umsatzplans und eines Liquiditätsplans nötig.[496] *4 SC hat in diesem Zusammenhang die Erfahrung gemacht, daß es keine Instrumente bzw. Software gibt, die für die Finanzierungsplanung von High-Tech-Unternehmen geeignet sind, da kleine und grobe Planungstabellen, wie sie in Büchern zu finden sind, nicht ausreichen. 4 SC hat daraufhin eine eigene Planungssystematik entwickelt.*

Weiterhin müssen die Gründer sich Gedanken darüber machen, wer das nötige Kapital beisteuert. In der Planungs- und insbesondere Konzeptumsetzungsphase steht die Kontaktaufnahme zu Kapitalgebern an. Im einzelnen handelt es sich dabei um[497]

a) Eigenkapitalgeber (Kapitalbeteiligungsgesellschaften, Venture-Capital-Geber, Staat)

b) Fremdkapitalgeber (Banken, Staat) und

c) öffentliche Förderprogramme des Staates.

An dieser Stelle soll insbesondere auf die Bedeutung ausreichenden Eigenkapitals hingewiesen werden. Wie bereits in Kapitel 5.1 ausgeführt wurde, ist zu wenig Eigenkapital eines der großen Probleme von neugegründeten, aber auch bereits existierenden mittelständischen Unternehmen.[498] Eine hohe Eigenkapitalquote bietet folgende Vorteile:[499]

a) Verringerung der Gefahr von Liquiditätsproblemen,

b) Langfristiges Kapital ohne feste Zins- und Tilgungsleistungen,

---

493 Vgl. zu den folgenden Ausführungen Kamp/ Clemens/ Langen (1978), S. 24, Becker (1982), S. 513, Terpstra/ Olson (1993), Hunsdiek (1987), S. 30, Hunsdiek/ May-Strobl (1986), S. 66.

494 Vgl. Hemer/ Kulicke (1995), S. 50 und Bruno/ Leidecker/ Harder (1987).

495 Vgl. Klandt (1996a), S. 170.

496 Vgl. dazu Klandt (1996a), Kapitel 4.

497 Vgl. Brandenstein-Zeppelin (1992), S. 62f. zum Adressatenkreis des Businessplans.

498 Vgl. BMWi (1996a), S. 1.

499 Vgl. Kußmaul (1998), S. 184f. und BMWi (1996a), S. 1 und S. 8.

c) Haftungs- bzw. Garantiefunktion: Verluste mindern zuerst das Eigenkapital, was die Sicherheit der Gläubiger erhöht. Dies hat zur Folge, daß
d) Eigenkapital zu mehr Fremdkapital führt.

Zu bedenken ist jedoch, daß Eigenkapitalgebern evtl. Mitspracherechte in der Unternehmenspolitik eingeräumt werden müssen.

4 SC war zunächst auf der Suche nach einer Finanzierung für die frühen Phasen der Unternehmensentwicklung, die Seed-Phase. Es ist 4 SC mittlerweile gelungen, Beteiligungskapital in Höhe von 900.000 DM im Rahmen des sogenannten bayerischen Drittelmixes zu akquirieren. Bei diesem Konzept beteiligen sich drei Investoren mit jeweils 300.000 DM. Die Bio^{M} AG aus Martinsried, die sich als Kapitalgeber, Dienstleistungsnetzwerk und Kontaktstelle für Existenzgründer versteht, stellt den Leadinvestor dar. Die Bayern Kapital Risikokapitalbeteiligungs GmbH sowie die Technologie-Beteiligungs-Gesellschaft mbH der Deutschen Ausgleichsbank sind die Coinvestoren. Weiterhin ist 4 SC auf der Suche nach einem oder mehreren Risikokapitalgebern für die weitere Unternehmensentwicklung, wofür nach dem Stand der bisherigen Planung 12 Mio. DM benötigt werden. 4 SC steht diesbezüglich in Verhandlungen mit verschiedenen Kapitalgebern.[500]

Während sich der Kapitalbedarf in der Vorbereitungs- und Konzeptionsphase noch relativ moderat entwickelt, ist während der Umsetzungsphase und der Markteinführungsphase ein stark steigender Bedarf an finanziellen Mitteln zu verzeichnen. Die Gründer müssen Räumlichkeiten (Verwaltungsräume, Laborflächen, ggf. Produktionsstätten) mieten oder kaufen und evtl. Personal einstellen. Auch Werbe-, Verkaufsförderungs- und PR-Maßnahmen sind mit hohen Kosten verbunden. Der hohe finanzielle Aufwand spiegelt sich in der Bezeichnung „Nur-Kosten-Phase" wider, der auf dieses Stadium der Unternehmensgründung angewandt wird. Die Gründer sind aufgrund hoher Investitionen an einem „Punkt ohne Rückkehr" angelangt.[501]

Schließlich steigt der Kapitalbedarf zur Marktetablierungsphase hin nochmals enorm an, wenn ein Ausbau der Fertigungs- und Vertriebskapazitäten erfolgt. Im Rahmen dieser Phase wird, falls die Unternehmensentwicklung bis dahin positiv verlaufen ist, üblicherweise der erste Gewinn erzielt, nachdem die vorherigen Phasen vor allem von Kosten geprägt sind (vgl. Abbildung 21).

---

[500] Vgl. dazu auch Mohr (1998), die ausführt, daß Gründer, die zu risikoscheu sind und denen zu wenig Startkapital zur Verfügung steht, eine geringere Überlebenschance aufweisen.

[501] Vgl. Rüggeberg (1997), S. 13.

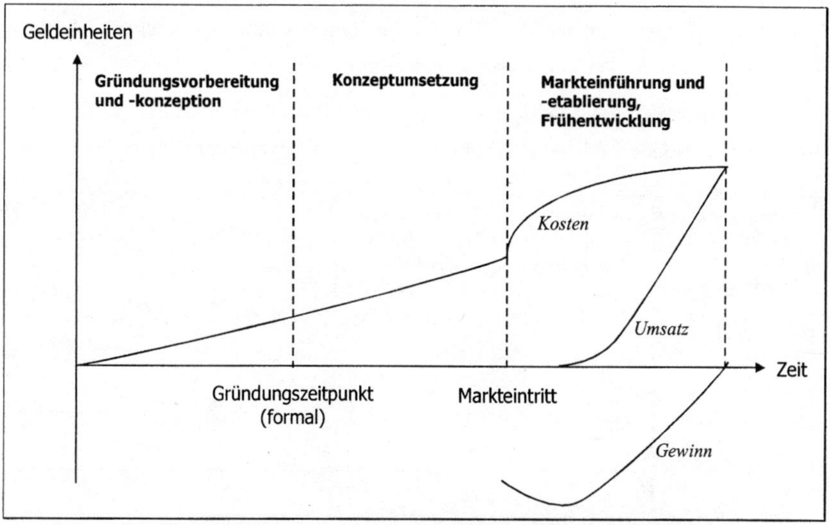

Abbildung 21: Lebenszyklusphasen und finanzielle Situation der Gründer
Quelle: Verändert entnommen aus Rüggeberg (1997), S. 12.

4 SC rechnet nach frühestens sechs Jahren mit der Erzielung der ersten Gewinne, da der Zyklus der Wirkstofforschung und -entwicklung sehr lange dauert, insgesamt zwölf Jahre. Die Technologie von 4 SC beschleunigt die Phase der Forschung und Entwicklung um 1 bis 1½ Jahre. Die sechs Jahre dauernde klinische Phase der Wirkstofferprobung ist aber auf jeden Fall zu durchlaufen und kann nicht beschleunigt werden. Da 4 SC am Umsatz der Pharmaunternehmen beteiligt sein will, kann die Firma nicht vor Ablauf der klinischen Phase mit Gewinnen rechnen.

5.3 Zusammenfassung

Diese differenzierte Betrachtung der Lebenszyklusphasen erbrachte einen detaillierten Einblick in die verschiedenen Aktivitäten, denen die Spin-offs im Gründungsprozeß nachgehen. Dabei wird deutlich, daß bestimmte Aufgaben und Problemstellungen schwerpunktmäßig in bestimmten Lebenszyklusphasen auftreten. In der Phase der Gründungsvorbereitung steht der Ideen- und der Informationssuchprozeß im Vordergrund. Die anschließende Gründungskonzeption beinhaltet den strategischen Planungsprozeß. Die Konzeptumsetzungsphase ist gekennzeichnet durch die Beendigung der F&E-Arbeiten, deren Ergebnisse oftmals patentiert werden. In diesen Zeitraum fällt auch der Beginn externer Beziehungen zu Kunden und Ressourcenlieferanten. Die besonders wichtigen Aufgaben der Finanzierung und des Marketing ziehen sich praktisch durch den gesamten Verlauf des Lebenszyklus.

Die nachstehende Graphik verdeutlicht, in welchen Phasen die diskutierten, für Spin-off-Gründer besonders relevanten Problemstellungen schwerpunktmäßig auftreten.[502]

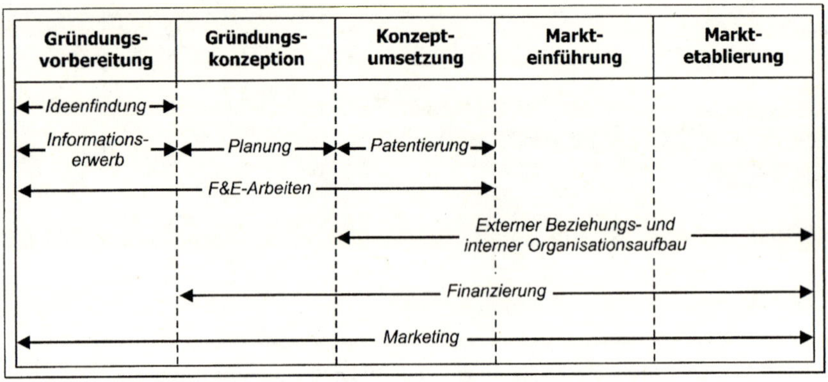

Abbildung 22: Problemstruktur in den Lebenszyklusphasen

Dabei müssen nicht alle Gründer sämtliche damit verbundenen Rollen und Aufgaben übernehmen. Vielmehr können diese auch auf die Gründer verteilt werden, beispielsweise übernimmt einer der Gründer das Finanzmanagement, während ein anderer sich auf Beschaffung und Absatz spezialisiert. Diese Angelegenheit der internen Arbeitsteilung soll jedoch nicht weiter vertieft werden. Entscheidend ist, daß die Spin-off-Unternehmung als Einheit mit den Problemstellungen konfrontiert wird.

Nachdem die gesellschaftspolitische Bedeutung von innovativen technologieorientierten Hochschul-Spin-offs sowie die Rollen und Aufgaben, denen Spin-off-Gründer sich im Wettbewerb stellen müssen, klar herausgearbeitet sind, stellt sich vor diesem Hintergrund im nächsten Schritt die Frage, wie Spin-offs diese Problemstellung bewältigen und welche Einrichtungen ihnen dabei helfen können. Besondere Bedeutung kommt dabei der Hochschule zu, die in ihrer Funktion als Inkubatororganisation durch hochschulpolitische Maßnahmen das Auftreten und die Erfolgschancen von Hochschul-Spin-offs beeinflussen kann, damit diese im Wettbewerb bestehen. GREGORY/ SHEAHEN sind der Ansicht, daß viele Probleme verringert werden könnten,

---

502 Diese idealtypische Darstellung soll jedoch nicht als starre Zuordnung von Aufgaben zu Lebenszyklusphasen verstanden werden. Die Übergänge zwischen den Aufgaben und Phasen sind vielmehr fließend.

„[...] if the university would take a more active part in the spin-off process by creating a structure and mechanisms that allow the development to take place in an orderly fashion with the proper talents and resources."[503]

BULL/ WILLARD identifizieren die Inkubatororganisation schließlich als Einrichtung, die Spin-off-Gründern vielfältige Hilfestellung bieten kann und somit als institutionelle Rahmenbedingung wirkt, die Unternehmensgründungen vorantreibt.[504] Die Analyse der Ausgestaltungsmöglichkeiten, die sich Hochschulen bieten, um Spin-off-Gründungen zu fördern und zu unterstützen, ist Gegenstand des nächsten Kapitels.

---

[503] Gregory/ Sheahen (1991), S. 150.
[504] Vgl. Bull/ Willard (1995), S. 8f.

Teil II: Die Rolle der Hochschulen im Ausgründungsprozeß

6 Hochschulen als Promotoren von Spin-off-Gründungen

Spin-off-Gründer werden durch den Entschluß, unternehmerisch tätig zu werden, mit einer Vielzahl von meist unstrukturierten und komplexen Rollen und Aufgaben konfrontiert. Bei der Wahrnehmung und Lösung dieser Problemstellungen können fördernde und unterstützende Einrichtungen den Gründern Hilfestellung bieten, so daß sie nicht auf sich allein gestellt sind. Förderakteuren wird in diesem Zusammenhang ein nicht zu unterschätzender Beitrag zum Erfolg junger Technologieunternehmen zugesprochen.[505] Dabei muß unterschieden werden zwischen öffentlichen Förderakteuren und privaten Leistungsanbietern. Erstere zeichnen sich dadurch aus, daß den Leistungen, die sie für die Gründer erbringen, keine entsprechenden Gegenleistungen gegenüberstehen. Die Ressourcen der privaten Leistungsanbieter müssen die Gründer dagegen über den Markt zu den dort üblichen Konditionen beziehen.[506]

Vor diesem Hintergrund spielen die Hochschulen eine wichtige Rolle. Sie sind den öffentlichen Förderakteuren zuzurechnen; sie lassen sich die Leistungen, die sie erbringen, zwar in einigen Fällen honorieren, allerdings entspricht dieses Entgelt meist kaum den tatsächlich entstandenen Kosten. Besondere Bedeutung kommt der Hochschule dabei in ihrer Funktion als Inkubatororganisation zu.[507] Gerade für Spin-offs spielt die Mutterorganisation als erste Anlauf- und Kontaktstelle eine entscheidende Rolle im Ausgründungsprozeß, was sich aus der naturgemäß engen Beziehung zwischen Inkubator und Spin-off zwangsläufig ergibt. Hochschulen beeinflussen auf vielfältige Weise ihre Angehörigen und Mitglieder und damit auch Spin-off-Gründer. Sie wirken somit nicht nur auf die Ausgründungsentscheidungen, sondern auch auf den Entstehungs- und Entwicklungsprozeß der Spin-off-Unternehmen.[508]

In diesem Zusammenhang ist zunächst die Hochschule als Forschungsinstitution interessant. Da Forschungsergebnisse in Form neuer Technologien bzw. technologischer Innovationen die Basis technologieorientierter, innovativer Spin-offs darstellen, legen Hochschulen das Fundament der Geschäftstätigkeit. Weiterhin werden potentielle Spin-off-Gründer durch die Hochschule in Form von Aus-, Weiterbildungs- und För-

---

505 Vgl. Scheidt (1994) und Brüderl/ Preisendörfer (1998).
506 Vgl. Scheidt (1995), S. 111.
507 Vgl. Cooper (1985), Cooper (1973), Cooper (1970b) und Szyperski/ Klandt (1980).
508 Vgl. Scheidt (1995), S. 112.

dermaßnahmen geprägt.[509] Schließlich resultieren aus einer akademischen Tätigkeit an einer Hochschule nicht nur wissenschaftliche Kenntnisse, sondern evtl. auch Know-how in Personalführung oder Projektmanagement, was sich für eine Unternehmensgründung als hilfreich erweist.[510] Die Hochschule determiniert damit Wissen, Erfahrungsschatz und nicht zuletzt Persönlichkeit ihrer Angehörigen;[511] Faktoren, die wiederum darüber entscheiden können, ob eine Person ein Unternehmen gründet oder nicht. COOPER faßt diesen Einfluß wie folgt zusammen:

„The new firm typically depends upon what the founder knows and can do. That is often related to what the founder learned to do in the incubator organization."[512]

Aus dieser engen Beziehung zwischen dem neugegründeten Unternehmen und der Inkubatororganisation resultiert die besondere Stellung der Hochschule als Ansprechpartner im Prozeß der Unternehmensgründung. Für die Gesamtheit der Hochschulen ergibt sich daraus eine besondere Verantwortung gegenüber Spin-off-Gründern. Um diese Verantwortung deutlich herauszuarbeiten, wird im folgenden das Verhältnis zwischen Institutionen und Organisation vertiefend erörtert, da es sich aus der Sicht eines Spin-offs bei Hochschulen um institutionelle Rahmenbedingungen handelt, die auf die Entstehung und Entwicklung von Organisationen, d.h. Spin-offs einwirken.

6.1 Hochschulen: institutionelle Rahmenbedingungen

NORTH versteht unter Institutionen „[...] jegliche Art von Beschränkung, die Menschen zur Gestaltung menschlicher Interaktion ersinnen [...]".[513] Es handelt sich dabei, in Analogie zum Sport, um Spielregeln menschlichen Verhaltens.[514] KUBON-GILKE stellt dazu fest, daß Institutionen meist als Restriktionen interpretiert werden und wirft die Fragestellung auf, ob Institutionen darauf reduzierbar sind.[515] Bereits 1971 wurde von DAVIS/ NORTH eine grundlegende Definition entwickelt, auf die später, z.B. von WILLIAMSON, zurückgegriffen wurde:

---

[509] Vgl. die Aufgaben der Hochschulen nach § 2 des Hochschulrahmengesetzes.
[510] Vgl. Scheidt (1995), S. 112.
[511] Vgl. dazu Szyperski/ Klandt (1981), S. 28ff. und Weihe/ Reich (1994b), S. 233f.
[512] Cooper (1985), S. 77. Siehe auch Allen/ Norling (1991), S. 99, die ähnlich argumentieren.
[513] North (1992), S. 4. Vgl. zum Verhältnis zwischen Institutionen und Organisationen nach NORTH auch Meyer/ Völker (1998), S. 6f.
[514] Vgl. North (1992), S. 4.
[515] Vgl. Kubon-Gilke (1997), S. 24f. und S. 27.

„The *institutional environment* ist the set of fundamental political, social, and legal ground rules that establishes the basis for production, exchange, and distribution."[516]

Anhand dieser Aussage wird deutlich, daß Institutionen zwar Regeln aufstellen und damit restriktiv wirken, dabei aber die Grundlagen für koordinierte ökonomische Handlungen bilden. Ähnlich wie in einem Spiel, welches ohne Spielregeln vonstatten geht, würden die wirtschaftlichen Aktivitäten ohne institutionelle Rahmenbedingungen chaotisch ablaufen. Institutionen haben damit zwar restriktiven Charakter, machen aber ökonomisches Handeln erst möglich.

NORTH unterscheidet zwischen formellen Regeln, informalen Beschränkungen und den Instrumenten ihrer Durchsetzung, z.B. Strafandrohung oder Bestrafung. Unter formalen Regelungen werden Gesetze und Eigentumsrechte gefaßt. Diese müssen ergänzt werden durch informelle Regeln, bestehend aus Konventionen, Normen, Werten und Traditionen, die unterstützend wirken und die Kosten der Durchsetzung formeller Regeln senken.[517] DIETL spricht in diesem Zusammenhang von rational planbaren und fundamentalen Institutionen, wobei letztere kaum beeinflußbar sind.[518]

Daneben sind für NORTH die Organisationen von Interesse. Darunter versteht er Gruppierungen aus Einzelpersonen, die durch einen gemeinsamen Zweck, die Erreichung eines bestimmten Ziels, verbunden werden. In Analogie zum Sport handelt es sich um Spieler, die ein Match gewinnen wollen und dabei die Spielregeln zu beachten haben. Unter die Organisationen faßt NORTH öffentliche Körperschaften (z.B. politische Parteien, Verwaltungsbehörden), Rechtspersonen des Wirtschaftslebens (z.B. Unternehmen) sowie Anstalten des Bildungswesens (z.B. Schulen, Universitäten).[519] Spin-offs als neugegründete Unternehmen sind damit als Organisationen zu verstehen.

Spin-offs werden jedoch nicht ausschließlich von Institutionen nach NORTH, sondern auch von anderen Organisationen wie den Hochschulen beeinflußt. Um sowohl den Einfluß von Institutionen als auch von Organisationen auf Spin-off-Gründungen erfassen zu können, werden im weiteren Verlauf der Arbeit in Anlehnung an DIETL und FREY unter den Institutionenbegriff sowohl

a) formale Regeln und informelle Normen (Institutionen im Sinne NORTHS) als auch

---

[516] Davis/ North (1971), S. 6. Vgl. dazu auch Maselli (1997), S. 17 und Erlei (1998), S. 24ff.

[517] Vgl. North (1989a), S. 239, North (1993), S. 20 und North (1984), S. 8. Vgl. zu den formlosen Beschränkungen auch North (1992), S. 43-54 und zu den formellen Restriktionen North (1992), S. 55-64.

[518] Vgl. Dietl (1993), S. 71ff.

[519] Vgl. North (1992), S. 5.

b) Organisationen, die Einfluß auf Spin-off-Gründungen ausüben

subsumiert.[520] Diese Abgrenzung ist insbesondere im Rahmen dieser Arbeit ein sinnvoller Ansatz, da diese im Gegensatz zu den volkswirtschaftlichen Arbeiten von NORTH aus der einzelwirtschaftlichen Perspektive eines Spin-offs geschrieben ist. Aus der Sicht des Gründers stellen andere Organisationen genauso einen Teil des für ihn relevanten institutionellen Rahmens dar wie z.B. Gesetze oder Traditionen.[521] Der Institutionenbegriff wird daher im folgenden in der weiten Abgrenzung benutzt; falls die engere Abgrenzung nach NORTH gemeint ist, wird der Ausdruck „Institutionen im Sinne NORTHS" benutzt. Mit MASELLI sollen institutionelle Rahmenbedingungen als gesellschaftliche, rechtliche und ökonomische Einflußfaktoren betrachtet werden, die auf das Potential von Spin-off-Gründungen einwirken, wobei sowohl Institutionen im Sinne NORTHS als auch Organisationen inbegriffen sind.[522]

Die Beziehung zwischen der Hochschule als institutioneller Rahmenbedingung und einem Spin-off als neuer Organisation läßt sich auch auf Basis des erweiterten Institutionenbegriffs am Verhältnis zwischen Institutionen und Organisationen nach NORTH erklären. NORTH vertritt die Ansicht, daß sich Institutionen und Organisationen gegenseitig beeinflussen. Dabei stellen die Institutionen zunächst gegebene Rahmenbedingungen dar, innerhalb derer Organisationen entstehen. Die Akteure, die sich zu Organisationen zusammenfinden, eignen sich Know-how an, wie sie unter den gegebenen institutionellen Restriktionen maximale Erträge erzielen können. Im Rahmen dieser Aktivitäten beeinflussen die Organisationen jedoch ihrerseits die Institutionen, sei es direkt z.B. durch aktive Beteiligung an Gesetzgebungsverfahren oder indirekt bspw. durch Unterwanderung informeller Beschränkungen. Auf die Beziehung zwischen Hochschule und Spin-off übertragen könnten beispielsweise Spin-off-Gründer, die noch an der Hochschule tätig sind, aktiv in Gremien der Hochschule mitarbeiten und so die weitere Entwicklung der Institution Hochschule gestalten. Institutioneller Wandel stellt also einen langfristigen Prozeß dar, der über das kurzfristige Ausnutzen profitabler Gelegenheiten angestoßen wird.[523] Dieser Wandel wird durch eine beständige Interaktion zwischen Institutionen und Organisationen erreicht.[524] Dabei kommt den

---

520 Vgl. Dietl (1993), S. 35f. und S. 70ff.; Frey (1990), S. 160f.

521 Vgl. dazu auch Maselli (1997), S. 70. Diese weite Abgrenzung hat sich bereits im Rahmen der Forschungsrichtung der Neuen Institutionenökonomik etabliert, deren Untersuchungsgegenstand sowohl die Insitutionen im Sinne NORTHS als auch die Organisationen sowie deren Wechselwirkungen darstellen, vgl. Richter (1991), S. 396f. und Picot (1991), S. 144.

522 Vgl. Maselli (1997), S. 67.

523 Vgl. North (1989a), S. 242 und North (1989b), S. 666f.

524 Vgl. North (1993), S. 17.

Organisationen und insbesondere den Unternehmern als Auslöser institutionellen Wandels eine bedeutende Rolle zu: „The agent of change ist the entrepreneur – political or economic.“[525]

NORTH betont, daß sich in diesem Zusammenspiel nicht immer effiziente Organisationen entwickeln. Organisationen streben immer im Rahmen der gegebenen Möglichkeiten nach maximalen Erträgen. Unter den Bedingungen ineffizienter Institutionen, wie sie vielfach vorzufinden sind, bilden sich dann Organisationen heraus, die die Gesellschaft noch unproduktiver machen und die Volkswirtschaft lähmen, anstatt sie zu fördern. Man könnte es als eine „Abwärtsspirale“ bezeichnen. Ineffiziente Hochschulen sind daher kaum in der Lage, produktive Spin-offs zu erzeugen, die Wirtschaft und Gesellschaft voranbringen.

Wenn man umgekehrt positive symbiotische Beziehungen zwischen Institutionen und Organisationen erzeugen will, müssen Gesellschaft und politische Entscheidungsträger die institutionellen Rahmenbedingungen so setzen, daß sich leistungsfähige Organisationen mit positiven Rückkopplungen auf die Institutionen entwickeln.[526] Um Spin-off-Gründungen aus Hochschulen gezielt zu fördern, müssen demnach geeignete institutionelle Rahmenbedingungen geschaffen werden, die zu einer Vielfalt an Spin-offs mit ihrerseits positiven Effekten auf die institutionellen Gegebenheiten führen. Das bedeutet, Hochschulen als institutionelle Rahmenbedingungen müssen so gestaltet werden, daß aus ihnen leistungsfähige Spin-offs entspringen.

Die Erreichung dieser Zielsetzung verlangt die Etablierung einer gründerfreundlichen Infrastruktur an Hochschulen, was insbesondere von staatlicher Seite mittlerweile explizit verlangt wird. So fordert die Hochschulrektorenkonferenz die Hochschulen auf, sich zu Gründerschmieden weiterzuentwickeln, um den Anforderungen der Zukunft gewachsen zu sein. Sie sollen in Zusammenarbeit mit der Praxis Unternehmensgründung zu einer ihrer Aufgaben machen und eine Kultur für Selbständigkeit und unternehmerische Initiative schaffen.[527] Auch das Bundesbildungsministerium fordert unter dem Stichwort „Mut zur Veränderung“:

---

[525] North (1989b), S. 666.
[526] Vgl. North (1992), S. 8-11 und Maselli (1997), S. 68f.
[527] Vgl. HRK (o.J.). Siehe auch Konegen-Grenier (1998).

„Besonders wichtig ist die ***Ausbildung zu selbständigen Unternehmerinnen und Unternehmern*** und die ***Förderung von Unternehmensgründungen*** durch die Hochschulen."[528]

Eine verstärkte Förderung von Gründungsaktivitäten durch die Hochschulen führt zu mehr Unternehmertum, Technologietransfer sowie Arbeitsplätzen. Gerade technologieorientierte Unternehmen, die einen hohen Beitrag zur technologischen Weiterentwicklung der Volkswirtschaft liefern, bedürfen in diesem Zusammenhang der Unterstützung. Außerdem wird von den Hochschulen verlangt, Verantwortung für ihre Absolventen und Mitarbeiter zu übernehmen, indem diese in Zeiten hoher Arbeitslosigkeit für die berufliche Alternative der Selbständigkeit vorbereitet werden.[529] Durch die zielgerichtete Unterstützung wird insgesamt eine bessere Entwicklung der Gründungen erreicht als wenn die Gründer ohne Hilfe der Hochschule in die unternehmerische Aufgabe starten.[530] Das bedeutet, die Umgestaltung der institutionellen Rahmenbedingung „Hochschule" führt zu verbesserten Bedingung für Spin-offs.[531]

Der Staat versucht dabei, über finanzielle Anreize eine schnelle Verwirklichung dieser Zielsetzung zu erreichen und damit der Aufgabe nach NORTH gerecht zu werden, die institutionellen Rahmenbedingungen positiv zu modifizieren. Vor diesem Hintergrund enstand der vom Bundesministerum für Bildung und Forschung im Dezember 1997 ausgeschriebene Wettbewerb „EXIST - Existenzgründer aus Hochschulen". Dabei wurden Hochschulen aufgefordert, zusammen mit lokalen Partnern der jeweiligen Region Konzepte für die Etablierung einer nachhaltigen Gründerkultur an deutschen Hochschulen zu entwickeln. Den Ende August 1998 ermittelten Siegern des Wettbewerbs (Ilmenau/ Jena/ Schmalkaden, Dresden, Wuppertal/ Hagen, Karlsruhe/ Pforzheim und Stuttgart/ Hohenheim/ Esslingen) stehen insgesamt 45 Mio. DM für die Umsetzung ihrer Konzepte zur Verfügung.[532] Aber nicht nur in Form von Wettbewerben werden finanzielle Anreize geschaffen, die Förderung von Spin-offs als wichtige Aufgabe zu verstehen. Vielmehr existieren Planungen seitens des Bundesbildungsministe-

---

[528] BMBF (1999), S. 17f. Bereits der ehemalige Bundesbildungsminister forderte: „An unseren Hochschulen muß die Gründerausbildung zur Selbstverständlichkeit werden.", vgl. RÜTTGERS in Schmidt (1998a).

[529] Vgl. Schmidt (1998a) und Schmidt (1998b).

[530] Vgl. BMBF (1999), S. 18.

[531] NERDINGER kommt in diesem Zusammenhang zu dem Schluß: „Wenn Entre- und Intrapreneure ihre ‚segensreiche' Wirkung entfalten sollen, dann müssen immer auch erfolgversprechende Bedingungen für ihr Handeln geschaffen werden.", Nerdinger (1999), S. 19f.

[532] Vgl. Rüttgers (1998a) und o.V. (1998d).

riums, Ausgründungserfolge durch eine bessere Ausstattung der jeweiligen Hochschulen mit Haushaltsmitteln zu belohnen.[533]

Staatliche Anreize in Form von Förder- und Haushaltsmitteln sind jedoch nicht ausreichend. Die Etablierung einer Spin-off-Unterstützung verlangt eine interne Umorientierung der Hochschulen. Sie müssen die Förderung von Unternehmensgründungen von sich aus als eine ihrer Aufgaben verstehen, da der Staat nur begrenzte Einflußmöglichkeiten auf die immer mehr nach Autonomie strebenden Hochschulen hat. Ein Umdenken ist daher die Basis einer Spin-off-Förderung:

„Aber am wichtigsten ist die Überzeugung derjenigen, die in den Hochschulen und für die Hochschulen Verantwortung tragen, daß die Beschleunigung des Strukturwandels, die Schaffung neuer Arbeitsplätze durch Unternehmensgründungen und Technologietransfer in die Wirtschaft eine zentrale Aufgabe der Hochschulen ist."[534]

Diejenigen, die sich innerhalb der Hochschule dieser Aufgabe stellen, werden als „Veränderungsmanager" bzw. „change agents" tätig.[535] Generell ist davon auszugehen, daß es sich dabei um die Hochschulleitung handelt, die von selbst oder auf Anregung von Hochschulangehörigen die Initiative ergreift. Ihnen obliegt es, die gesamte Hochschule von der Bedeutung einer Spin-off-Förderung zu überzeugen. Dies setzt bei allen Beteiligten die Bereitschaft zur Veränderung voraus. Während an Hochschulen oftmals die Strategie des Bewahrens scheinbar bewährter Zustände vorherrscht, ist eine Veränderung der Aufgabenstellung einer Hochschule hin zur Unterstützung von Unternehmensgründungen mit Wandel verbunden. Ein Umdenken in den Köpfen kann dabei einen langwierigen und schwierigen Veränderungsprozeß mit sich bringen, da organisationsinterne Widerstände zu überwinden sind.[536]

Aus diesem Grund ist es bei der Etablierung von Aktivitäten zur Gründungsförderung notwendig, sämtliche an einer Hochschule vertretenen Personengruppen zu involvieren, da auf diese Weise die Akzeptanz gesteigert wird. Eine Veränderung in der Aufgabenstellung einer Hochschule kann ohnehin nicht von oben verordnet werden. Daher muß die Hochschulleitung weitere Stellen wie z.B. die Dekane der verschiedenen Fakultäten einbinden. Auch Vertreter der wissenschaftlichen Mitarbeiter sowie der Studierenden sollten involviert werden. Weiterhin wird die Bildung von Arbeits- und

[533] Vgl. Dürand (1998), S. 68.
[534] BMBF (1999), S. 18.
[535] Vgl. Simon (1990), S. 8f. Siehe zum change agent auch Mohr (1996), S. 98ff. und Meyer/ Diehl (1998), S. 84.
[536] Siehe dazu auch Allen/ Norling (1991), S. 87.

Projektgruppen empfohlen.[537] Auf diese Weise kann eine Strategie zur Etablierung einer Gründungsförderung unter Einbeziehung aller betroffenen Personenkreise entwickelt werden, was die Akzeptanz fördert.[538]

Spin-off-Förderung an Hochschulen beginnt daher mit der Schaffung einer Gründerkultur, einer Culture of Entrepreneurship. Konkrete Fördermaßnahmen gedeihen erst dann, wenn die gesamte Hochschulkultur die Bedeutung des Unternehmertums und des Technologietransfers reflektiert und in sich aufgenommen hat. Erst wenn sowohl die potentiellen Gründer als auch die weiteren Hochschulmitglieder Unternehmertum wahrnehmen und bejahen, kann mit einer gezielten Unterstützung von Spin-offs begonnen werden. Daher ist eine Culture of Entrepreneurship die Basis einer Spin-off-Förderung. Sie ist das Fundament für die weiteren konkreten Projekte. Ohne ausgeprägte Culture of Entrepreneurship haben die anschließenden Ausbildungs- und Förderprojekte einen sporadischen und unkoordinierten Charakter, da diese nicht in die Philosophie der Hochschule eingebettet sind.

6.2 Culture of Entrepreneurship als Voraussetzung

Eine Gründerkultur an Hochschulen hat zweierlei Wirkungen: zum einen stellen sich die Hochschulen und damit die Hochschulangehörigen intern auf ihre neue Aufgabe der Spin-off-Förderung ein. Wenn eine Culture of Entrepreneurship schließlich etabliert ist, ist sich die Hochschule ihrer Verantwortung gegenüber Spin-off-Gründern bewußt. Zum anderen werden potentielle Gründer mit der Möglichkeit einer Unternehmensgründung konfrontiert und dadurch sensibilisiert. Eine Gründerkultur ist dabei noch keine direkte, spezifische Maßnahme zur Förderung von Spin-offs. Vielmehr bietet sie den Nährboden, auf dem sich Spin-off-Gründungen erst entwickeln können.

Bei einer Culture of Entrepreneurship oder auch Unternehmerkultur an Hochschulen geht es inhaltlich darum, Unternehmensgründung zu einer zentralen Aufgabe bzw. einem zentralen Thema innerhalb der Hochschule zu machen, so daß diese ihre neue Rolle als Promotor von Spin-off-Gründungen wahrnimmt. Culture of Entrepreneurship beinhaltet dabei eine Atmosphäre, in der einerseits die Gründung eines Unternehmens als Handlungsalternative zur abhängigen Beschäftigung überhaupt erst wahrgenom-

---

537 Vgl. Simon (1990), S. 10 und Heinen (1987), S. 169ff.

538 Diese Einbeziehung der Betroffenen, die in Teamarbeit an Entscheidungsprozessen beteiligt werden, zeichnet wiederum eine funktionierende Organisationskultur aus, vgl. Bromann/ Piwinger (1992), S. 5f.

men wird. Weiterhin soll die Gründungskultur dazu beitragen, daß Gründungen schließlich realisiert werden.

Es handelt sich bei der Schaffung einer Culture of Entrepreneurship um eine allgemeine, übergreifende Maßnahme, die als Basis einer Spin-off-Förderung dient, da keine konkreten, einzelfallbezogenen Spin-off-Aktivitäten unterstützt werden. Vielmehr geht es um die Etablierung eines hochschulweiten gründungsfreundlichen Klimas, welches auf interessierte Personenkreise anregend und ermutigend wirken soll, sich mit der Gründung eines Spin-offs zu beschäftigen.[539] Ein Wissenschaftsbetrieb, der von einer derartigen Unternehmerkultur geprägt ist, wird von FALTIN/ ZIMMER folgendermaßen charakterisiert:

„[...] die Universität - auch, nicht nur! - als eine Versammlung von intelligenten, Wissenschaft betreibenden und von wissenschaftlich gestütztem Einfallsreichtum lebenden Unternehmen, in denen Professoren wie Studenten lernen, Risiken auszuhalten. Die Universität als Vulkan mit ständigen Eruptionen von neuen, visionären Ideen? Die Universität als Versammlung der unternehmerischen Avantgarde, der Professoren, die sich ihre Lehrstühle zum Teil selbst erwirtschaften, der Studenten, die nicht zu Dauerjugendlichen werden, sondern von ihrer Alma Mater aus Tochterunternehmen starten?“[540]

Mit der Schaffung einer Culture of Entrepreneurship an Hochschulen verfolgt eine Hochschule folglich das Ziel, Entrepreneurship zu einem Schwerpunkt der Hochschulpolitik zu machen, um auf diese Weise die Hochschulangehörigen zu Gründungen anzuspornen. Die Aktionen der betroffenen Personengruppen, d.h. der potentiellen Spin-off-Gründer, haben wiederum Auswirkungen auf die Unternehmerkultur, so daß sich ein interdependenter Prozeß ergibt, in dem die Kultur und das Verhalten der Organisationsmitglieder ständigen Änderungen unterworfen ist.[541]

Eine umfassende wissenschaftliche Fundierung dieses Aspekts der Gründungs- und Unternehmerforschung hat bislang noch nicht stattgefunden. Abhandlungen zu einer Culture of Entrepreneurship erfassen das Thema bislang überwiegend auf gesamtwirtschaftlicher Ebene, d.h. es wird die gesellschaftliche und kulturelle Verankerung des Unternehmertums untersucht.[542] Die intraorganisationale Perspektive findet hier keine

---

[539] Vgl. dazu auch Stevenson/ Gumpert (1998), S. 108f. Zu einer genauen Abgrenzung von Klima und Kultur vgl. Conrad/ Sydow (1991).
[540] Faltin/ Zimmer (1998), S. 265.
[541] Vgl. Heinen/ Dill (1990), S. 17 und Scholz (1990), S. 25.
[542] Vgl. dazu Lagemann/ Frick/ Welter (1999) und die Beiträge in Berger (1991). Siehe auch Frick (1999), der das Phänomen einer „Kultur der Selbständigkeit“ aus wirtschaftspolitischer Perspektive theoretisch untersucht.

Berücksichtigung. Geht man die Thematik aus der Richtung „Unternehmenskultur“ an, so handelt es sich dabei eher um Unternehmensgrundsätze, welche die Mitarbeiter verinnerlichen und nach denen sie handeln sollen. Es ist die Rede von einem sichtbar gelebten Wertesystem oder einem Werkzeug der Mitarbeiterführung,[543] welches den Kern von Culture of Entrepreneurship nicht trifft. Schließlich befassen sich Publikationen über Hochschulkultur damit, wie kulturelle Elemente (Kunst, Musik, Literatur etc.) in der Hochschule verankert werden können und zielen wiederum in eine andere Richtung.[544] Eine Affinität der Culture of Entrepreneurship besteht jedoch zum Konzept des Intrapreneurship. Dabei sollen Organisationsmitglieder zu unternehmerischem Verhalten innerhalb der Unternehmung motiviert werden, indem sie Ressourcen und Freiräume zur Verfügung gestellt bekommen.[545] Der Unterschied zwischen beiden Konzepten besteht jedoch darin, daß Intrapreneurship dem Unternehmenserfolg dienen, während eine Culture of Entrepreneurship an Hochschulen zu mehr Ausgründungen führen soll. Daher ist im Bereich der Unternehmerkultur an Hochschulen noch eine Forschungslücke zu konstatieren.

Die Erforschung der Culture of Entrepreneurship hat jedoch einen hohen Stellenwert, da eine gründungsfreundliche Atmosphäre als „auslösendes Moment“ einer Spin-off-Gründung fungieren kann. Dieses psychologische Konzept geht davon aus, daß es eines bestimmten Ereignisses oder Zustands bedarf, um bei Menschen eine Handlung auszulösen, wodurch ein latent vorhandenes Potential erst zur Entfaltung gebracht wird.[546] Eine Unternehmerkultur kann dabei ein auslösendes Moment darstellen, da potentielle Gründer durch die Entrepreneurship-Kultur evtl. erst mit der Möglichkeit einer Unternehmensgründung konfrontiert werden. Daher ist die nachhaltige Schaffung einer Gründungskultur von besonderer Bedeutung. Ein Fehlen könnte zur Folge haben, daß Personen, die eine Bereitschaft zur Unternehmensgründung mit sich bringen, dennoch keinen Spin-off gründen, da das „auslösende Moment“ fehlt.

Eine Culture of Entrepreneurship, die die Gründung von Hochschul-Spin-offs anregen soll, wirkt dabei auf alle potentiellen Gründer. Dazu zählen sowohl die Studierenden als auch der wissenschaftliche Mittelbau und die Professoren (vgl. Abbildung 23). Neben dem direkten Einfluß, den eine Gründungskultur auf diese Personengruppen

---

543 Vgl. Heinen/ Dill (1990), S. 13f. Siehe dazu auch Dierkes/ Rosenstiel/ Steger (1993), Bromann/ Piwinger (1992), Lattmann (1990), Scholz/ Hofbauer (1990), Albers/ Herrmann/ Kahle u.a. (1989), Schwarz (1989), Heinen (1987), Hauser (1985) und Matenaar (1983).

544 Vgl. Fohrbeck (1986a) und (1986b). Anders jedoch Mittelstraß (1991), der beim Begriff „Hochschulkultur“ auf das Wesen der Hochschule abstellt.

545 Vgl. Hornsby/ Naffziger/ Kuratko u.a. (1993), Carrier (1996) und Scheutz (1986).

546 Vgl. Krueger/ Brazeal (1994), S. Shapero/ Sokol (1982), S. 79f. und Ripsas (1997), S. 198f.

nimmt, existiert weiterhin der indirekte Einfluß über die Lehrenden auf die Studierenden, d.h. die positive Wirkung eines Gründungsklimas auf Angestellte wird an die Studenten weitergegeben. Professoren, die Unternehmergeist entwickeln, dienen ihren Studierenden dabei als Vorbilder und spornen sie auf diese Weise zu einer eigenen Gründung an. Andererseits könnten wissenschaftliche Mitarbeiter und Professoren, die bereits Spin-offs gründeten, ihre Erfahrungen in die Lehre einfließen lassen und den Studenten auf diese Weise die Effekte einer Gründerkultur weitergeben.[547]

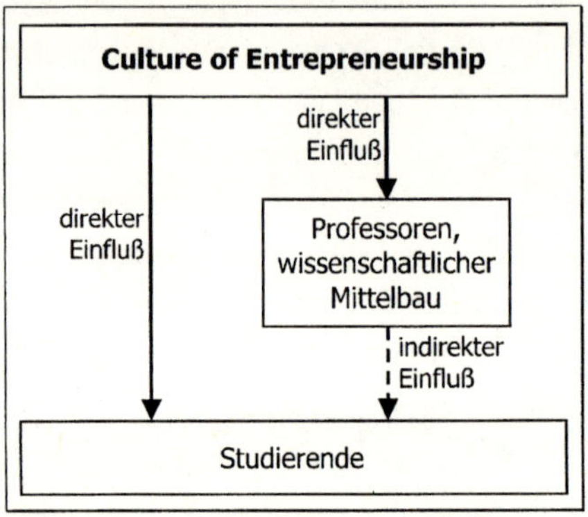

Abbildung 23: Adressaten und Wirkung einer Culture of Entrepreneurship an Hochschulen

Für die konkrete Etablierung eines gründungsfreundlichen Klimas an Hochschulen werden im folgenden verschiedene Strategien sowie dazugehörige Maßnahmen entworfen. Damit soll ein Beitrag zur Weiterentwicklung der Gründungskultur-Forschung geleistet werden.

Die erste Variante besteht in der aktiven Forcierung der Gründungsthematik in der Hochschullandschaft. Unternehmensgründung soll als berufliche Alternative bzw. Ergänzung bekannt gemacht und diskutiert werden. Sämtliche potentiellen Gründer, jedoch besonders die Studierenden, sollen auf diese Weise für eine Spin-off-Gründung sensibilisiert und motiviert werden, daher handelt es sich um eine **Sensibilisierungsstrategie**. Konkrete Maßnahmen stellen bspw. die Einrichtung von Businessplanwettbewerben sowie die Ausrichtung von Symposien, wissenschaftlichen Tagungen oder Messen dar, wodurch sowohl eine theoretische als auch praktische Auseinandersetzung mit der Aufgabenstellung Unternehmensgründung erreicht wird. Da diese Maßnahmen hohe Außenwirkung besitzen, können Hochschulen sich auch öffentlich als

[547] Vgl. dazu auch Haacke (1999).

Einrichtungen mit starkem Schwerpunkt auf dem Thema „Spin-off-Gründung“ profilieren.

Eine andere strategische Stoßrichtung besteht darin, an Hochschulen Rahmenbedingungen im Sinne einer **Erleichterungsstragie** zu schaffen, die die Gründung eines Spin-offs vereinfachen. Administrative und rechtliche Hemmnisse, die eine Gründung erschweren, sollen aus dem Weg geräumt werden. Auf diese Weise werden potentielle Gründer von Zwängen befreit. In diesem Zusammenhang ist an Initiativen für weniger Bürokratie, aber auch an Novellierungen z.B. des Nebentätigkeitsrechts zu denken. Diese Strategie zielt im Gegensatz zur Sensibilisierungsstrategie vor allem auf potentielle Gründer des akademischen Mittelbaus und der Professorenschaft, die neben ihrer Hochschultätigkeit einen Spin-off gründen wollen und sich bereits mit dem Thema Unternehmensgründung befaßt haben. Beide Strategien sind daher als komplementär zueinander zu verstehen, da sie mit ihrer unterschiedlichen Schwerpunktsetzung sämtliche potentiellen Spin-off-Gründer gezielt ansprechen.

Konkrete Einzelmaßnahmen, die dazu dienen, eine Culture of Entrepreneurship an Hochschulen zu etablieren, werden im folgenden vorgestellt. Sie sollen als Vorschlag zu einer ersten Bewußtmachung aller Hochschulangehörigen - der potentiellen Gründer als auch der weiteren Hochschulmitglieder - für die Bedeutung von Spin-offs und die Aufgabe der Spin-off-Förderung verstanden werden.

6.2.1 Sensibilisierungsstrategie: Wettbewerbe, Tagungen, Messen

Für die Schaffung einer Unternehmerkultur ist es als Hochschule empfehlenswert, im Rahmen einer Sensibilisierungsstrategie Aktivitäten zu entwickeln, die sich mit Unternehmertum und Gründung beschäftigen. Dazu zählen bspw. Messen, Tagungen und Wettbewerbe. Auf diese Weise wird der neue Schwerpunkt im Zielsystem der Hochschule nach innen und außen erkennbar: einerseits werden potentielle Gründer auf die Möglichkeit einer Spin-off-Gründung aufmerksam gemacht; andererseits wird die Hochschule von der Öffentlichkeit als Einrichtung mit Unternehmerkultur wahrgenommen und kann sich vor staatlichen und privaten Stellen sowie Studierenden profilieren. Nachfolgend aufgezeigte Initiativen repräsentieren etablierte Gründerkulturen und können von weiteren Hochschulen als Vorbild genommen werden.

Zunächst ist in diesem Zusammenhang die Jahreskonferenz des G-Forums zu nennen. Beim G-Forum handelt es sich um eine virtuelle Informations- und Kommunikationsplattform zur deutschsprachigen Gründungsforschung im Internet. Einmal jährlich findet eine „reale“ Konferenz statt, zu der alle Gründungsforscher und -interessierten eingeladen sind. Ziel ist der Austausch von Forschungsergebnissen und Erfahrungen, um das Forschungsgebiet voranzubringen. Die Konferenz findet in den Jahren 1999 bis 2001 an der Universität zu Köln, der Wirtschaftsuniversität Wien sowie der Fachhochschule Lüneburg statt.[548] Derartige Tagungen schaffen besonders aus wissenschaftlicher Perspektive anregende Dialoge und Diskussionen zur Unternehmensgründung an den Hochschulen, die Gastgeber der Konferenz sind.

Weiterhin kann in diesem Zusammenhang die Tagung „Von der Uni zum Entrepreneur" aufgeführt werden, die 1998 an der Universität Gesamthochschule Kassel stattfand. Vorträge und Diskussionen sollten potentiellen Gründern und Interessierten Informationen zu den Problemstellungen von Spin-off-Gründern bieten. Die Tagung fügt sich dabei nahtlos in das Weiterbildungsprogramm für Unternehmensgründer ein, was auf eine ausgeprägte Gründerkultur an der Universität Gesamthochschule Kassel hinweist.[549]

Ein weiteres Beispiel für Aktivitäten im Bereich der Unternehmensgründung sind Messen, auf denen Gründungswillige oder -interessierte sich über verschiedene Aspekte, die für den Schritt in die Selbständigkeit relevant sind, informieren können. Mit am bekanntesten ist in diesem Zusammenhang die Messe „START - Die Existenzgründermesse für Deutschland", die seit 1999 jährlich an vier Standorten stattfindet und von einem Messemarketing-Unternehmen veranstaltet wird.[550] Auch Hochschulen könnten jedoch in Erwägung ziehen, eine Gründermesse zu veranstalten, evtl. regional begrenzt mit Partnern aus dem jeweiligen Raum. Diese Vorgehensweise ist besonders aus praktischer Sicht für die Spin-off-Gründer interessant, um ihnen die Kontaktaufnahme zu erleichtern.

Schließlich sind Wettbewerbe zu nennen, die potentielle Gründer motivieren sollen, sich im Wettstreit mit Mitbewerbern um Preise und Auszeichnungen zu bemühen. Einerseits existieren dabei Businessplanwettbewerbe, bei denen die Gründer Businesspläne einreichen, die dann von einer Jury bewertet werden. Die besten erhalten eine meist finanzielle Prämierung. Bei den Veranstaltern handelt es sich im allgemeinen um mehrere Partner, unter denen durchaus Hochschulen sein können.[551] Auf der anderen Seite gibt es in Deutschland Initiativen wie „Entrepreneur des Jahres", die bundesweit herausragende unternehmerische Leistungen in verschiedenen Kategorien auszeich-

548 Vgl. dazu die Informationen bei G-Forum (1999).
549 Vgl. dazu die Informationen bei Universität Gesamthochschule Kassel (1999).
550 Vgl. dazu die Informationen bei START (1999).
551 Vgl. dazu z.B. Businessplan-Wettbewerb Nordbayern (1998) zum Businessplanwettbewerb Nordbayern.

nen.[552] Hochschulen könnten dieses Konzept übernehmen, um hochschulintern hervorragende Spin-off-Gründer zu prämieren. So vergibt beispielsweise die Universität von New Hampshire alle zwei Jahre einen „Innovator Award“ an Fakultätsmitglieder, die innovative Ideen unternehmerisch umsetzen.[553]

Die dargestellten Initiativen sollten die Möglichkeiten skizzieren, die sich Hochschulen bieten, um interessierte Personenkreise für Spin-off-Gründungen zu sensibilisieren und zu motivieren. Derartige Aktionen dienen der Schaffung einer Gründerkultur an Hochschulen und zeigen, daß das Thema „Spin-off-Gründung“ an einer Hochschule besondere Aufmerksamkeit erfährt.

6.2.2 Erleichterungsstrategie: Nebentätigkeit und Bürokratie

Im Rahmen der Erleichterungsstrategie können change agents weiterhin Unternehmerkulturen fördern, indem sie rechtliche und bürokratische Hemmnisse beseitigen. In diesem Zusammenhang ist insbesondere an Vorschriften zur Nebentätigkeit zu denken. Das Nebentätigkeitsrecht ist dann von Bedeutung, wenn der oder die Spin-off-Gründer weiterhin an der Hochschule beschäftigt sind und damit den Vorschriften zur Nebentätigkeit im öffentlichen Dienst unterliegen. Dies ist beispielsweise der Fall, wenn ein Professor ein Unternehmen gründet, aber nicht ausschließlich in den Spin-off wechselt, sondern seine Tätigkeit an der Hochschule fortführt.

Das Nebentätigkeitsrecht schränkt die Handlungsfreiheit der Beamten ein, da Beamte sich prinzipiell ihrem Beruf, d.h. ihrer Haupttätigkeit zu widmen haben. Da die Gründung eines Spin-offs nicht zur Hauptaufgabe von Hochschulmitarbeitern gehört, fällt diese unter den Begriff der Nebentätigkeit. Im Hochschulbereich ist jedoch der Dienstherr (das Bundesland oder die Hochschule) oftmals an der Ausübung einer Nebentätigkeit interessiert, da er sich davon Vorteile verspricht. Zu nennen sind dabei neue Impulse für Forschung und Lehre durch Praxiskontakte, die meist außerhalb der Hochschulaufgaben erworben und gepflegt werden. Weiterhin werden von einer engen Beziehung zwischen Wissenschaft und Praxis Hilfen bei der Bewältigung des Strukturwandels sowie eine Stärkung der Wirtschaft im internationalen Wettbewerb erwartet.[554]

---

[552] Vgl. die Sieger des Wettbewerbs im Jahr 1999 bei Hirn/ Schmalholz (1999).

[553] Vgl. Morrison/ Wetzel (1991), S. 118. Auch ALLESCH/ FIEDLER sehen Preisverleihungen innerhalb der Hochschulen als geeignetes Mittel, eine Culture of Entrepreneurship zu fördern, vgl. Allesch/ Fiedler (1983), S. 100.

[554] Vgl. Scheven (1990), S. 161f.

Die Rechtsgrundlagen ergeben sich zunächst aus dem Beamtenrechtsrahmengesetz (BRRG), welches ein einheitliches Nebentätigkeitsrecht für den gesamten öffentlichen Dienst festsetzt. Danach sind prinzipiell alle Nebentätigkeiten genehmigungspflichtig außer bestimmten, explizit aufgeführten Tätigkeiten, worunter die Gründung eines Spin-off-Unternehmens jedoch nicht fällt. Zusätzlich besteht nach § 52 des Hochschulrahmengesetzes eine Anzeigepflicht für alle entgeltlichen wissenschaftlichen Tätigkeiten von Professoren, unabhängig davon, ob sie genehmigungspflichtig sind. Weiterhin sind Nebentätigkeitsvorschriften in den Landesbeamtengesetzen sowie den Hochschullehrernebentätigkeitsverordnungen der Länder enthalten. Die Kultusminister bemühen sich jedoch um eine Angleichung des Nebentätigkeitsrechts, so daß die Komplexität dieser Vorschriften und damit die Rechtsunsicherheit von Spin-off-Gründern reduziert werden kann.[555]

Nebentätigkeiten können in Nebenamt und Nebenbeschäftigung unterschieden werden. Während Nebenämter Dienstaufgaben darstellen, die im Rahmen des Dienstverhältnisses zusätzlich zur Haupttätigkeit ausgeübt werden, handelt es sich bei Nebenbeschäftigungen um Tätigkeiten, die nicht im Rahmen des Dienst- oder Arbeitsverhältnisses wahrgenommen werden.[556] Unter den Begriff der Nebenbeschäftigung fällt die Gründung einer Spin-off-Unternehmung. SCHEVEN führt aus, daß derartige Nebentätigkeitsvorhaben nicht zuletzt für die Aufgabenerfüllung an der Hochschule von Bedeutung sein können, z.B. als Basis für weitere Forschungen oder für die Beschaffung von Praktikanten- und Doktorandenplätzen.[557]

Falls die Hochschulmitglieder bei der Ausübung der Nebentätigkeit auf Einrichtungen, Personal oder Material der Hochschule zurückgreifen, ist ein Nutzungsentgelt an die Hochschule zu entrichten. Die meisten Bundesländer verlangen 10% der Bruttovergütung (Bruttobetrag inklusive Mehrwertsteuer) für die Inanspruchnahme von Personal und je 5% für andere Leistungsarten. Viele Hochschullehrer sind deshalb dazu übergegangen, auf die Nutzung von Personal und Einrichtungen der Hochschulen zu verzichten, da diese anderweitig kostengünstiger akquiriert werden können. Seitdem ist bereits ein Fall bekannt geworden, bei dem die Hochschule einen Professor zu Inanspruchnahme eines Apparats verpflichten wollte, damit sich die Anschaffungskosten amortisieren, was die Grundsätze des Nebentätigkeitsrechts ad absurdum führt.[558]

---

[555] Vgl. Püttner/ Mittag (1989), S. 182f. und Scheven (1990), S. 163. Zu den nicht-genehmigungspflichtigen Tätigkeiten vgl. Battis (1985), S. 87.
[556] Vgl. Battis (1985), S. 86.
[557] Vgl. Scheven (1990), S. 165f.
[558] Vgl. Püttner/ Mittag (1989), S. 198ff.

Nebentätigkeiten wie die Gründung von Spin-offs sind zu untersagen, wenn dienstliche Interessen beeinträchtigt werden.[559] Dienstliche Interessen reichen dabei vom öffentlichen Interesse über das dienstliche Interesse im Hinblick auf die Allgemeinheit, auf Beamtengruppen bis hin zum dienstlichen Interesse im Hinblick auf den konkreten Dienstposten.[560] Beispielsweise könnte eine Genehmigung im Interesse der Förderung wissenschaftlichen Nachwuchses untersagt werden, wenn ein Professor eine Spin-off-Unternehmung im gleichen technologischen Umfeld wie ein Nachwuchswissenschaftler gründet, der sich in Hochschulnähe angesiedelt hat.[561]

Hochschulmitarbeiter dürfen durch die Ausübung der Nebentätigkeit weder zeitlich noch inhaltlich an der Erfüllung ihrer Hauptaufgaben beeinträchtigt werden, da ansonsten dienstliche Interessen verletzt werden. Demnach soll die Ausübung der Nebentätigkeit nicht mehr als einen Arbeitstag pro Woche betragen. Dabei kann § 42 Abs. 3 BRRG, der die Ausübung der Nebentätigkeit während der Dienstzeit untersagt, auf Dozenten und wissenschaftliche Assistenten angewendet werden, nicht jedoch auf Professoren, da diese selbst über den Zeitpunkt der Erfüllung ihrer Dienstaufgaben bestimmen und dadurch keine festgeschriebenen Dienstzeiten haben. Inhaltlich darf keine Interessenkollision mit den Hauptaufgaben bestehen. Insbesondere darf die Nebentätigkeit der Hochschule keine Forschungsaufgaben entziehen, so daß Forschungsaufträge eigennützig privatisiert werden.[562]

Diese Fülle an Bedingungen, die eine problemlose Genehmigung von Nebentätigkeiten und damit Spin-off-Gründungen erschwert, hat nachteilige Auswirkungen auf eine Culture of Entrepreneurship an Hochschulen. Es ist für potentielle Gründer schwierig, sich einen Überblick über alle relevanten Vorschriften zu verschaffen, was entmutigend wirkt. Aufgrund der Vielzahl an Vorschriften vertritt SANDBERGER sogar die Ansicht, daß Spin-off-Gründungen von Hochschullehrern kaum genehmigt werden können, und diese sich demzufolge schnell entscheiden müssen, ob sie in der Hochschule oder im Spin-off arbeiten wollen.[563]

Eine weitergehende Flexibilisierung der beamtenrechtlichen Vorschriften durch die Legislative würde sich vor diesem Hintergrund positiv auf ein Gründungsklima an Hochschulen auswirken. So ist es beispielsweise in den USA problemlos möglich, sich

---

[559] Zur beispielhaften Aufzählung von Versagungsgründen siehe § 42 Abs. 2 BRRG, vgl. Battis (1991), S. 114.
[560] Vgl. Jansen (1983), S. 89.
[561] Vgl. Scheven (1990), S. 168.
[562] Vgl. Scheven (1990), S. 167ff. und Püttner/ Mittag (1989), S. 185.
[563] Vgl. Sandberger (1986), S. 153f.

als Professor für einige Monate beurlauben zu lassen, um in einem Unternehmen Forschungsprojekte wahrzunehmen, was den Unternehmergeist fördert. Das deutsche Beamtenrecht sieht derartig innovative Interpretationen der Professorentätigkeit jedoch kaum vor. Stattdessen wird die Frage gestellt, wie sich diese Vorgehensweise auf die Berechnung der Pensionen auswirkt. Diese bürokratische Handhabung von Unternehmertum und Technologietransfer führt dazu, daß gerade 0,08% der deutschen Professoren beurlaubt werden.[564]

Vor diesem Hintergrund besteht für Hochschulen jedoch eine andere Variante, die Personalpolitik zu flexibilisieren, um Unternehmertum bei Hochschulmitarbeitern zu fördern. So ist die Einrichtung von Teilzeitstellen zu befürworten, die ausschließlich darauf zugeschnitten sind, den Mitarbeitern Freiraum für unternehmerische Tätigkeiten und ihnen dennoch die Sicherheit eines festen Einkommens zu gewähren. Analog zu den FLÜGGE-Stellen, die der bayerische Staat an Gründer vergibt (vgl. Kapitel 2.5), könnte ein gleitender Übergang in die Selbständigkeit vor allem für den wissenschaftlichen Mittelbau erfolgen.[565]

Trotz rechtlicher Hemmnisse existiert jedoch heutzutage eine Vielzahl von Spin-offs unter der Federführung von Hochschullehrern, die gleichzeitig im Spin-off und an der Hochschule arbeiten und damit Forschung und Lehre bereichern. SCHEVEN vertritt dabei die Ansicht, daß es aus dem Nebentätigkeitsrecht heraus eigentlich gar keine ernsthaften Hindernisse für den Transfer der Wissenschaft in die Praxis gibt.[566] Dies ist jedoch nur dann möglich, wenn Verwaltung und Wissenschaft an einer Hochschule zusammenarbeiten. Die Ausnutzung der im Gesetz bereits vorhandenen Ermessensspielräume zur Bewilligung von Spin-off-Gründungen in Nebentätigkeit ist in diesem Zusammenhang ebenso zu nennen wie kürzere und unbürokratische Genehmigungsverfahren. Zu diesem Zweck ist es jedoch notwendig, daß sich das Selbstverständnis der Administration als staatliche Verwaltungsbehörde hin zu der Aufgabe eines kundenorientierten Dienstleisters wandelt.[567]

---

[564] Vgl. Wettach (1998). Siehe dazu auch Beier (1985), S. 113 und Allesch/ Preiß-Allesch (1987), S. 45. Eine vom Bundesbildungsministerium im Sommer 1999 eingesetzte Expertenkommission soll jedoch Vorschläge unterbreiten, wie Wissenschaftler künftig flexibler zwischen Hochschule und Wirtschaft wechseln können, ohne Pensionsansprüche einzubüßen, vgl. o.V. (1999f).

[565] Diese Ansicht wird von MCQUEEN/ WALLMARK und ALLESCH/ FIEDLER geteilt. Siehe McQueen/ Wallmark (1991), S. 105 und Allesch/ Fiedler (1983), S. 102.

[566] Vgl. Scheven (1990), S. 172.

[567] Vgl. Amrhein (1998), S. 116 und S. 128f. Siehe dazu auch Allen/ Norling (1991), S. 87 und Tillmann (1999), S. 28.

Hochschulen sollten daher anstreben, bürokratische Handlungsabläufe zu reduzieren und zu flexibilisieren. Zur Umsetzung dieses Ziels bedarf es kompetenter Verwaltungsmitarbeiter, die motiviert an einer Veränderung ihrer Rolle mitarbeiten. Als Anreiz für eine Umorientierung ist z.B. die Auszeichnung „Bürokratieberuhigte Zone" zu nennen, die jährlich von der Industrie- und Handelskammer Würzburg-Schweinfurt an unbürokratische Verwaltungseinrichtungen verliehen wird. Besondere Bedeutung kommt dabei dem Aspekt der Ausschöpfung von Ermessensspielräumen zu. Ziel ist es, die Haltung von behördlichen Einrichtungen dahingehend zu ändern, daß sie den Anliegen, die an sie herangetragen werden, positiv gegenüberstehen.[568] Auch Hochschulverwaltungen sollten sich als Promotoren, nicht Opponenten für Unternehmeraktivitäten verstehen.[569]

Zusammenfassend betrachtet, handelt es sich bei **Gesetzesänderungen** und/ oder beim Abbau von **Bürokratie** um Maßnahmen, die im Rahmen der Erleichterungsstrategie zur Schaffung einer Unternehmerkultur an Hochschulen beitragen können. In Verbindung mit einer Sensibilisierungsstrategie, welche die Unternehmensgründung als berufliche Alternative bekanntmacht und hochschulweit präsentiert, kann mit Hilfe der aufgezeigten Maßnahmen begonnen werden, eine vielversprechende Unternehmerkultur an Hochschulen zu etablieren. Die in Tabelle 7 dargestellten zehn Berliner Gründungsthesen, die auf den Deutschen Existenzgründertagen 1999 entwickelt wurden, zeigen die Richtung auf, in die die zukünftige Entwicklung einer Gründerkultur an Hochschulen gehen muß.

---

568 Vgl. IHK Würzburg-Schweinfurt (1995), S. 9ff. Die bayerische Julius-Maximilians-Universität Würzburg war 1998 einer der Preisträger.

569 Zu Promotoren und Opponenten vgl. Witte (1976) und Klöter (1997), S. 37ff.

Tabelle 7: Zehn Berliner Gründerthesen zur Förderung unternehmerischer Kultur an Hochschulen
Quelle: o.V. (1999h), S. 108 sowie Deutsche Existenzgründertage (1999).

1) Eine gezielte Förderung von selbständigem Denken und Handeln im Sinne eines Beitrages zu einer Kultur des Entrepreneurship ist möglich und eine vornehme Aufgabe der Hochschulen.

Noch immer sind zu viele Lehrinhalte stark an traditionellen Laufbahnen im Öffentlichen Dienst und an Großunternehmen orientiert.

2) Selbständigkeit sollte durch die Hochschulen auf drei Ebenen gefördert werden:

a) eine allgemeine Befähigung zu selbständigem Handeln,

b) einer ökonomischen Selbständigkeit (z. B. im Rahmen freier Berufe),

c) einer spezifischen Befähigung zur unternehmerischen Selbständigkeit,

zum Schaffen von Arbeitsplätzen durch die Gründung von Unternehmen.

3) Der Unternehmensgeist an den Hochschulen sollte alle Fachbereiche erreichen.

Hochschulen sollen für unternehmerische Initiativen ein geeignetes Umfeld (Setting) schaffen. Unternehmensgeist sollte dabei auch Eingang finden in wirtschaftsferne Studiengänge und Fachdisziplinen. Verstärkte Interdisziplinarität kann die Kreativität und Qualität entsprechender Initiativen steigern.

4) Es sollten "Centers of Enterpreneurship" an den Hochschulen geschaffen werden.

Kompetenzzentren können unternehmerisches Ambiente schaffen, welche hohe akademische Ansprüche mit den notwendigen Freiräumen des kreativen unternehmerischen Prozesses verbinden.

5) Die Handlungsorientierung in Studium und Lehre sollten entwickelt und intensiviert werden.

Selbständiges Denken und Handeln erlernt man am besten durch selbständiges Denken und Handeln. Aufgabe der Hochschullehrer ist es, Methoden zu entwickeln und zu verfeinern, die die Möglichkeit bieten, selbständiges Denken und Handeln zu erproben und zu trainieren.

Die Gründerausbildung soll die Chancen bieten, sich zur Unternehmerpersönlichkeit zu entwickeln, sich Fachinhalte und Handlungsweisen individuell in den unterschiedlichen Gründungsphasen (Idee, Planung, Realisierung, Wachstum) anzueignen.

6) Unternehmerpersönlichkeiten sollten sich in den Kernprozessen der Hochschule entfalten können. Flexibilität, Führungskraft, Teamgeist, das Gespür für Situationen sind wichtige Fähigkeiten zum Erschließen von Wissensquellen und können in Studium, Lehre und Forschung vermittelt werden.

- Text wird fortgesetzt -

Es gibt keinen typischen Selbständigen oder Unternehmensgründer. Unterschiedliche Ausgangssituationen erfordern unterschiedliche Strategien. Gerade in schnellen Märkten, müssen Gründungen durch mannigfaltige Kompetenzen abgesichert sein. Der Unternehmer des 21. Jahrhunderts ist nicht mehr allein der Einzelkämpfer, in Situationen ist Teamgeist und Führungsfähigkeit gefragt.

7) Originäre Aufgabe der Hochschulen ist die Reflexion des Bestehenden. Dies kann Ausgangspunkt für unternehmerische Ideenfindung und -entwicklung sein.

Wissensressourcen, Infrastruktur und internationale Netzwerke der Hochschulen stellen einen Nährboden für die Entwicklung unternehmerischer Ideen/ Konzepte/ Initiativen dar.

8) Vorbilder spielen bei Motivation zu unternehmerischen Aktivitäten eine wichtige Rolle.

Die eigenen unternehmerischen Erfahrungen oder die Praxiserfahrungen Dritter sollten integraler Bestandteil der Ausbildung sein. In diesem Sinne kann das Co-Teaching von Akademikern und Praktikern ein wirkungsvolles Instrument sein.

9) Gründerförderung erfordert auch flexible Lehrende und flexible Strukturen der Hochschulorganisation und –verwaltung.

Oft ist der kreative, schwer steuerbare Prozeß der unternehmerischen Ideenentwicklung und –realisierung nur schwer in Einklang mit der Hochschulorganisation zu bringen. Auch die Infrastruktur muß sich leichter für die wirtschaftlich orientierten Gründungen erschließen lassen. Eine besondere Bedeutung bei der Entfaltung unternehmerischer Initiativen kommt dem aktiven Engagement der Hochschullehrer zu.

10) Das Ziel einer hohen Qualität der Ausbildung bedarf der Motivation wie auch der Selektion, d.h. fördern und fordern.

Damit eine Hochschule möglichst gut vorbereitete Unternehmensgründer hervorbringt, bedarf es einer Kombination aus motivierten und geeigneten Studenten und der Möglichkeit einer intensiven persönlichen Begleitung.

Mit einer Culture of Entrepreneurship ist damit der Nährboden für die Gründung von Spin-offs gelegt, der potentielle Gründer motivieren und auf die Möglichkeiten einer Unternehmensgründung aufmerksam machen soll. Darauf aufbauend kann eine gezielte Förderung der Gründer an Hochschulen eingerichtet werden. Dabei stellt sich die Frage, wie die Entwicklung der Hochschulen hin zu Gründerschmieden inhaltlich ausgestaltet werden soll. Hochschulen stehen vor der Problemstellung, welche Konzepte und Maßnahmen erforderlich sind, um Spin-off-Gründungen aktiv voranzutreiben und zu unterstützen. Nach Ansicht der Verfasserin haben sich die Aktivitäten der Hochschulen danach zu richten, welchen Anforderungen und Problemen Spin-offs im Wettbewerb gegenüberstehen. Wenn Hochschulen Spin-offs hervorbringen wollen, die leistungsfähig und wirtschaftlich erfolgreich sind, müssen die Maßnahmen der Hochschulen geeignet sein, Spin-offs bei der Bewältigung ihrer unternehmerischen Aufgaben im Wettbewerb und der unmittelbar daraus resultierenden Gründungsprobleme zu unterstützen. Das folgende Rahmenkonzept faßt die unternehmerischen Rollen und Aufgaben von Unternehmensgründern im Wettbewerb zusammen, so daß darauf aufbauend ein Konzept zur Unterstützung und Förderung von Spin-offs durch Hochschulen entwickelt werden kann.

6.3 Konzeptionelle Ausgestaltung einer Spin-off-Förderung

6.3.1 Unternehmerrollen im Wettbewerb als Grundlage einer Förderung durch Hochschulen

Hochschul-Spin-offs leisten aufgrund ihrer innovativen technologieorientierten Ausrichtung und ihrer Stellung im Technologietransfer von Hochschulen in die Wirtschaft einen bedeutenden Beitrag zum Fortschritt der Gesellschaft. Durch die Wahrnehmung dieser gesellschaftlich wichtigen Funktion in Form einer Unternehmensgründung werden Spin-offs mit einer Vielzahl von Aufgaben und Problemstellungen konfrontiert.

Zunächst ist dabei auf die dynamischen Unternehmerrollen einzugehen. SCHUMPETER stellt die Durchsetzung von Innovationen in den Mittelpunkt des Interesses. KNIGHT und MISES betonen die Unsicherheit, der sich der Unternehmer stellen muß. Eine konsequente Nachfragerorientierung ist nach MISES und HAYEK für den Unternehmer überlebenswichtig. KIRZNER wiederum betont wie HAYEK die Aufmerksamkeit und Findigkeit für unternehmerische Gelegenheiten. Diese Rollen werden als komplementär zueinander verstanden, so daß die Partialansätze der einzelnen Autoren im Rahmen dieser Arbeit zusammengeführt werden.

Diese Rollen sind jedoch nicht speziell auf Unternehmensgründer zugeschnitten, vielmehr können sie auch in bereits bestehenden Organisationen wahrgenommen werden. Das Konzept des Entrepreneurs stellt jedoch die Handlung einer Unternehmensgründung in den Mittelpunkt des Interesses. Der Entrepreneur ist demnach der, der eine neue Organisation ins Leben ruft, um auf diese Weise die eben beschriebenen Unternehmerrollen wahrzunehmen. Er wird damit zusätzlich mit den Rollen des Eigentümers und Managers konfrontiert.

Anhand der Ausführungen wird deutlich, daß die Unternehmerrollen die Basis für das Konzept des Entrepreneurs darstellen, welches eine Fokussierung auf den Unternehmensgründer beinhaltet und dadurch die Rollen des Eigentümers und Managers einschließt. Aus dem Aspekt der Unternehmensgründung heraus resultieren spezielle, strategische und operative Problemstellungen. Während diese sukzessive bewältigt werden müssen, liegen die Unternehmer- und Entrepreneurrollen der gesamten Geschäftstätigkeit zugrunde. Abbildung 24 gibt einen Überblick über das Zusammenspiel der Unternehmerrollen und -aktivitäten.

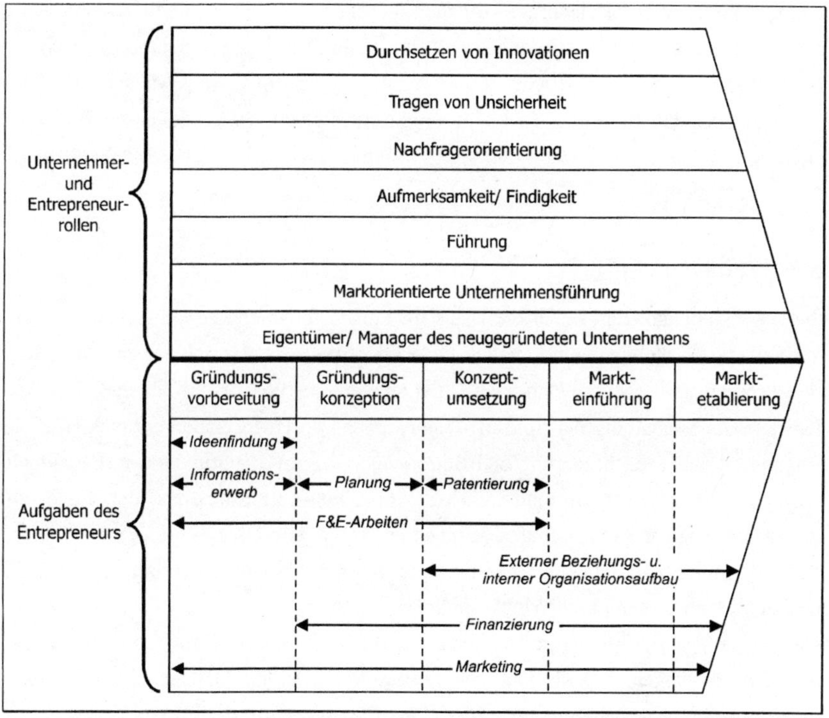

Abbildung 24: Rahmenkonzept der Aufgaben und Rollen des Unternehmers und Entrepreneurs

Sämtliche Rollen und Aufgaben verhalten sich komplementär zueinander und fügen sich auf diese Weise zu einem Rahmenkonzept für die Problemstellungen von Spin-off-Gründern zusammen. Dieses Rahmenkonzept bildet die Gesamtheit der Aufgaben ab, mit denen Spin-off-Gründer konfrontiert werden. Es soll als Synthese aus theoretischen und praktischen Erkenntnissen zu den Rollen eines Unternehmers im Wettbewerb verstanden werden.

An dieser Stelle soll nochmals betont werden, daß nicht alle Aufgaben und Rollen von jedem Gründer wahrgenommen werden müssen, insbesondere was die operativen Aufgaben des Entrepreneurs betrifft. Ebenso wie bei WU wird im Rahmen dieser Arbeit die Ansicht vertreten, daß im Fall einer Mehrpersonengründung die Unternehmerrollen von verschiedenen Personen wahrgenommen werden können und sollen, analog zur Arbeitsteilung unter Angestellten. Auf diese Weise entsteht je nach Neigung und Können eine Vielfalt an Unternehmertypen.[570] PICOT/ LAUB/ SCHNEIDER vertreten ebenfalls die Ansicht, daß je nach Phase des Innovations- und Gründungsprozesses, bedingt durch die verschiedenen Aufgaben dieser Phasen, unterschiedliche Unternehmertypen gefragt sind.[571] Diese interne Arbeitsteilung zwischen verschiedenen Gründern ist jedoch nicht Gegenstand dieser Ausführungen. Im Rahmen dieser Arbeit ist entscheidend, daß Spin-offs als kleine organisatorische Einheit mit diesen Problemstellungen konfrontiert werden und sie bewältigen müssen, wenn sie im Wettbewerb bestehen wollen.

6.3.2 Förderkonzept

Obiges Rahmenkonzept bildet die Basis für ein im folgenden zu entwickelndes Förderkonzept. Ausgehend vom Leistungsbedarf der Spin-offs, der sich aus den Aufgaben und Problemstellungen eines jungen Unternehmens im Wettbewerb ableitet, wird ein Konzept zur Gestaltung der Spin-off-Unterstützung an Hochschulen entwickelt. Zielsetzung ist dabei die Förderung und Betreuung von Spin-off-Gründungen. Es handelt sich um eine allgemein formulierte Konzeption, welche an die speziellen Gegebenheiten der einzelnen Hochschulen anzupassen ist, da jede Organisation genau wie jedes Individuum nach HAYEK Kenntnisse der besonderen Umstände von Ort und Zeit besitzt.[572] Daher verfügt jede Hochschule über andere Möglichkeiten zur Nutzung dieses Vorschlags zur Etablierung einer nachhaltigen Gründerförderung. Es wird dabei davon ausgegangen, daß die Hochschulen die vorgestellten Maßnahmen soweit wie möglich selbst wahrnehmen, d.h. selbst durchführen und in die Strukturen der Hochschule implementieren. Dies erfordert hohes Engagement der Hochschulen sowohl ideell als auch personell und finanziell, was jedoch in besonderem Maße zur nachhaltigen Etablierung einer Spin-off-Förderung beiträgt.

Spin-off-Gründer sind, wie obiges Rahmenkonzept zeigt, im Rahmen ihrer Gründungsaktivitäten mit einer Vielzahl von Aufgaben und Problemstellungen konfrontiert. Gerade technologieorientierte Spin-offs stehen in diesem Zusammenhang vor enormen Herausforderungen, da die Entwicklung von technologischen Innovationen andere An-

---

[570] Vgl. Wu (1989), S. 123ff. Siehe auch Wilem (1991), S. 189ff., der eine ähnliche Ansicht vertritt.
[571] Vgl. Picot/ Laub/ Schneider (1989), S. 42ff.
[572] Vgl. Hayek (1952a), S. 106.

forderungen stellt als deren Durchsetzung im Markt in Form einer Unternehmensgründung.[573]

Hochschulen können Spin-off-Gründer vor diesem Hintergrund in zweifacher Hinsicht unterstützen: erstens können sie den Gründern Kenntnisse und Fähigkeiten beibringen, die sie in die Lage versetzen, die Aufgabenstellung eines Unternehmers zu bewältigen. Dieser Teil des Förderkonzepts beinhaltet Lehrangebote zum Thema Unternehmensgründung und Unternehmertum. Derartige Ausbildungsmaßnahmen werden in der Literatur **Entrepreneurship Education** genannt. In der Unternehmensgründungsforschung findet dieser Aspekt mittlerweile verstärkt Berücksichtigung. Entrepreneurship Education, welches auf Spin-off-Gründer zugeschnitten ist, muß dabei sowohl die Rollen des Unternehmers im Wettbewerb als auch die Aufgaben des Unternehmensgründers einschließen, da den Gründern ein möglichst umfassendes Know-how vermittelt werden soll.

Im zweiten Schritt können Hochschulen die Spin-off-Gründer bei der konkreten Realisierung ihres Vorhabens durch aktive Fördermaßnahmen unterstützen. Bei den Maßnahmen, die in diesem Zusammenhang eine wichtige Rolle spielen, handelt es sich zunächst um betriebswirtschaftliches Coaching über die Phasen der Unternehmensgründung hinweg, da in diesem Bereich meist große Defizite bei Gründern bestehen. Weiterhin können Hochschulen die Gründer durch eine geeignete Patentpolitik sowie durch ein Angebot an Räumlichkeiten und Infrastruktur für F&E-Aufgaben vor allem in ihrer Rolle als technologieorientierte Innovatoren unterstützen. Schließlich kann eine Hochschule durch Kontaktnetzwerke zu Kapitalgebern die finanzielle Basis des Spin-offs verbessern helfen.[574] Die aufgezeigten Angebote sind aus der Sicht der Gründer der Kategorie „Sponsored-Spin-off" zuzurechnen, da sie Spin-off-Gründer mit konkreten Maßnahmen bei der Gründung und Etablierung des Unternehmens unterstützen.[575] Sie können als **Entrepreneurial Support** verstanden werden. Dieses zweistufige Förderkonzept, bestehend aus Entrepreneurship Education und Entrepreneurial Support ist in Abbildung 25 übersichtlich dargestellt.

---

[573] Vgl. Wilem (1991), S. 190.

[574] Siehe auch die vorgeschlagenen Maßnahmenpakete zur Förderung von Spin-offs bei Lamont (1972) und Morrison/ Wetzel (1991), S. 118. SMILOR/ GILL haben derartige Leistungsangebote als kritische Erfolgsfaktoren für die Förderung von Unternehmensgründungen herausgearbeitet, vgl. Smilor/ Gill (1986), S. 23-33.

[575] Vgl. zum Sponsored-Spin-off Nathusius (1979), S. 240, Maselli (1997), S. 14 und Kapitel 2.2.

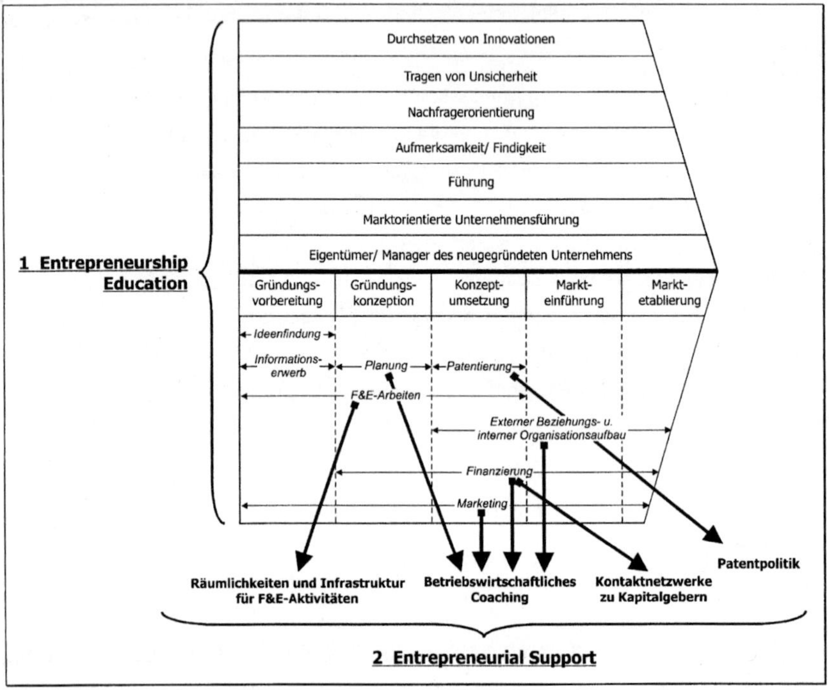

Abbildung 25: Förderkonzept: Entrepreneurship Education und Entrepreneurial Support

Entrepreneurship Education und Entrepreneurial Support bilden zusammen den Maßnahmenkomplex, mit dem Hochschulen Ausgründungen fördern können. Die Ausgestaltung der Förderung von Spin-offs als neue Aufgabenstellung der Hochschulen leitet sich dabei unmittelbar aus den theoretischen Erkenntnissen zu Unternehmertum und Entrepreneurship ab und besitzt folglich ein solides theoretisches Fundament insbesondere in der Wettbewerbsprozeßtheorie.

Eine Verankerung der Fördermaßnahmen in den Theorien zu Unternehmertum und Entrepreneurship ist dringend notwendig, da diese ansonsten theorielos und unzusammenhängend erforscht werden. Das Rahmenkonzept der Aufgaben und Rollen des Unternehmers und Entrepreneurs bietet dabei den Vorteil, die Vielzahl an konkreten Fördermaßnahmen in Beziehung zueinander zu setzen, so daß eine zielgerichtete, theoriegeleitete Erforschung der Angebote einer Hochschule zur Spin-off-Förderung möglich wird, die sich an den Anforderungen orientiert, die der Wettbewerb an Spin-off-Gründer stellt. Weitergehende Fördermaßnahmen, die sich im Lauf der Zeit entwickeln werden, können systematisch in das Rahmenkonzept integriert und damit problemlos mit den bereits bestehenden Aktivitäten der Hochschulen verbunden werden. Insofern besitzt das theoretische Fundament, auf dem die Fördermaßnahmen basieren, eine integrative Funktion.

Entrepreneurship Education und Entrepreneurial Support, die die konzeptionelle Ausgestaltung der Spin-off-Förderung markieren, bauen dabei systematisch aufeinander auf. Hochschulen, die beide Förderelemente in ihren Strukturen verankert haben, bieten ein ganzheitliches Konzept der Gründungsförderung an. Die Education vermittelt theoretische Kenntnisse, die von potentiellen Gründern in Anspruch genommen werden. Dabei können sich unter den Teilnehmern des Education Programms auch Zuhörer befinden, die das Lehrangebot lediglich zur persönlichen Weiterbildung nutzen oder die im letzten Moment von der Idee einer Unternehmensgründung Abstand nehmen. Der Support offeriert dagegen konkrete Hilfestellung nur für diejenigen, die sich tatsächlich zur Gründung eines Spin-offs entschlossen haben. Die Unterstützung erfolgt individuell auf den Einzelfall einer speziellen Gründung bezogen.

Die aufeinander aufbauenden Teilelemente zeichnen sich daher durch steigende Fokussierung auf den tatsächlichen Gründer aus. Die Schaffung einer Culture of Entrepreneurship, dem Nährboden für Spin-off-Gründungen, stellt vor diesem Hintergrund die Basis der Spin-off-Förderung dar (vgl. Abbildung 26).

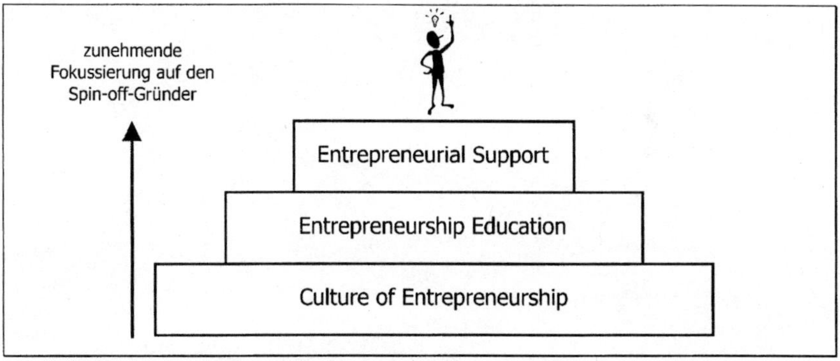

Abbildung 26: Konzeptioneller Aufbau der Spin-off-Förderung an Hochschulen

Eine intensive Analyse dieses Förderkonzepts ist Gegenstand der folgenden Kapitel. Im Rahmen des nächsten Abschnitts über Entrepreneurship Education wird die personelle, methodische und inhaltliche Ausgestaltung eines Ausbildungsprogramms erörtert, um das Lehrangebot möglichst zielgruppengerecht zu konzipieren. Der anschließende Teil zum Entrepreneurial Support beschäftigt sich mit den Möglichkeiten der konkreten Unterstützung von Spin-offs. Besonderer Beachtung bedarf dabei der

Aspekt, daß die change agents, die die Durchführung eines Förderkonzepts in Angriff nehmen, im allgemeinen eingeschränkte Weisungsbefugnisse besitzen, da es hochschulintern außer in der Verwaltung und innerhalb der Lehrstühle keine hierarchischen Über- und Unterordnungen gibt.[576] Daher können Maßnahmen, die sich z.B. auf Lehrstühle und Professoren beziehen, nicht ohne deren Zustimmung umgesetzt werden. Weiterhin fallen bestimmte Vorschläge, wie z.B. Gesetzesänderungen, in den Einflußbereich der Legislative. Dennoch wird in den folgenden Ausführungen vereinfachend die Annahme getroffen, daß „die Hochschule" aktiv wird. Falls die vorgeschlagenen Maßnahmen nicht ohne die Zustimmung weiterer Beteiligter durchführbar sind, wird darauf hingewiesen.

[576] Vgl. Müller-Böling (1997), S. 606. Darin spiegelt sich die Freiheit der Wissenschaft und der Wissenschaftler wider. Dennoch unterliegen auch diese durch die organisatorische Einbindung in die Hochschulstrukturen gewissen Einschränkungen und Pflichten, was mit dem Begriff „Schrankenvorbehalt des besonderen Gewaltverhältnisses" ausgedrückt wird, vgl. Kimminich (1985), S. 9.

7 Entrepreneurship Education

Entrepreneurship ist eine sehr junge Forschungs- und Lehrdisziplin, in der sich noch keine einheitliche inhaltliche Ausbildungsrichtung und -methodik durchgesetzt hat.[577] Vielmehr wird versucht, bereits bestehende und in der Praxis erprobte Programme zur Unternehmerausbildung an Hochschulen und anderen Institutionen in die wissenschaftliche Diskussion einzubringen, um auf diese Weise zu einem Konsens zu gelangen.[578] Die Diskussion wird dadurch erschwert, daß Entrepreneurship in Forschung und vor allem Lehre um seine Existenzberechtigung kämpft und sich gegen die Ansicht verteidigen muß, daß bereits das „traditionelle“ Studium der Betriebswirtschaftslehre potentiellen Gründern das notwendige Wissen vermittelt.[579] Das Betriebswirtschaftsstudium widmet sich jedoch primär den großen und gereiften Unternehmungen und bereitet die Studenten durch eine stark funktionale Ausbildung auf Tätigkeiten der Vorstands-, Stabs- und Spezialistenebene vor.

Eine Entrepreneurshipausbildung ist im Gegensatz dazu auf die Gründungs- und Frühentwicklungsphasen neugegründeter Unternehmen ausgerichtet. Die Gründung eines Unternehmens umfaßt einen ganzheitlichen Prozeß, der eine Vielzahl verschiedener Aufgaben für den Gründer beinhaltet. Es handelt sich dabei um eine unstrukturierte, komplexe Situation mit vielen Unwägbarkeiten. Aus diesem Grund werden an eine Entrepreneurship Education besondere Anforderungen gestellt, da diese den Gründern unter unsicheren und sich ständig ändernden Rahmenbedingungen Kenntnisse vermitteln muß.[580] Die Ausbildung muß geeignet sein, die Teilnehmer zu einer selbständigen Wahl von Zielen anzuregen. Bereits KIRZNER hat unter Berufung auf MISES argumentiert, daß ein Unternehmer im Gegensatz zum reinen Ressourcenmaximierer nicht bloß unter der Bedingung gegebener Ziele und Mittel handelt, vielmehr besitzt er den Willen, Ziele überhaupt erst festzustellen.[581] Auch sollte berücksichtigt werden, daß Unternehmer unter Unsicherheit, Zeit- und Kostendruck Informationen suchen und Entscheidungen treffen müssen. Schließlich muß die Entrepreneurausbildung eine ganzheitliche Sichtweise über den betriebswirtschaftlichen Aspekt hinaus bieten. Dabei verbindet die Entrepreneurshipforschung und -lehre verschiedene Disziplinen wie

---

577 Vgl. Klandt/ Knecht (1999).

578 Diesbezüglich finden regelmäßig internationale Konferenzen zum Entrepreneurship Education (IntEnt) statt. Vgl. die Beiträge zur IntEnt93 Konferenz in Klandt/ Mugler/ Böling (1994).

579 Vgl. Klandt (1991).

580 Vgl. Klandt (1991), Ulrich/ Reinhart (1998), Ripsas (1998a), S. 226 und Tillmann (1999), S. 28.

581 Vgl. Kirzner (1978), S. 26f.

Wirtschaftswissenschaften, Psychologie, Soziologie und Geschichte und ist damit breiter und ganzheitlicher angelegt als das Studium der Betriebswirtschaftslehre.[582]

Vor diesem Hintergrund wird in Deutschland dazu übergegangen, Entrepreneurship bzw. Gründungsmanagement als eigenständiges Fachgebiet zu etablieren. Etwa 20 Entrepreneurshiplehrstühle, zumeist Stiftungslehrstühle, sind derzeit an Hochschulen geplant[583] und es ist abzusehen, daß damit erst der Grundstein für diese Disziplin gelegt wird. Die USA liegen gegenüber Deutschland im internationalen Vergleich weit vorne. Dort wurde Entrepreneurship als Ergänzung zum Betriebswirtschaftsstudium etabliert und bereits in den achtziger Jahren durch Lehrstühle sowie Forschungs- und Transfer-Institute (Entrepreneurial Centers, Centers for Entrepreneurial Studies etc.) institutionalisiert.[584] Anfang der neunziger Jahre lehrten in den Vereinigten Staaten Institute und Lehrstühle an 370 Hochschulen das Fach Entrepreneurship. Damit stellt die USA 85% des weltweiten Angebots an Entrepreneurship-Kursen bereit.[585]

Ein fundiertes Lehrangebot für Entrepreneurship ist notwendig, um die Hochschulangehörigen, die an der Gründung eines eigenen Unternehmens interessiert sind, zu motivieren und zu fördern. Während ca. ein Drittel der Studierenden an beruflicher Selbständigkeit interessiert ist, nimmt dieser Wert nach Abschluß des Studiums auf 15% ab.[586] Diese gründen weiterhin auch nicht alle ein Unternehmen; die Zahl der Studenten, die sich selbständig macht, schwankt je nach Untersuchung zwischen 0,3% und 15%.[587] Das Studium scheint die Gründungsneigung der Studierenden damit nicht zu erhöhen. Neben der bereits aufgegriffenen mangelnden Ausrichtung des betriebswirtschaftlichen Lehrangebots auf kleine und junge Unternehmen wird auch kritisiert, daß die Hochschule die zur Unternehmertätigkeit erforderlichen Haltungen und Schlüsselqualifikationen nicht vermittelt. MINKS ist der Ansicht, daß man dies von einer Institution, die selbst nicht gezwungen ist, Wettbewerb vorzuleben, auch kaum erwarten könne. Er erkennt jedoch richtig, daß es selbst an den Hochschulen Ansätze zum unternehmerischen Denken gibt, die es auszubauen gilt,[588] so daß die Etablierung einer

---

582 Vgl. Klandt (1991), S. 481, Lück/ Böhmer (1994), S. 406 und Gorman/ Hanlon/ King (1997), S. 71. RABBIOR stellt insgesamt 25 Anforderungen an eine erfolgreiche Unternehmerausbildung, die sowohl inhatlich als auch methodisch Entrepreneurship Education zu einem ganzheitlichen, fachübergreifenden Ausbildungsbereich machen, vgl. Rabbior (1990).

583 Vgl. Gronwald (1999), Klandt/ Knecht (1999) und Leendertse (1998). Siehe auch Ridinger/ Weiss (1999), S. 22.

584 Vgl. Frank/ Plaschka (1995), S. 940 und Klandt/ Münch (1990), S. 186.

585 Vgl. Lück/ Böhmer (1994) und Katz (1991), S. 87.

586 Vgl. Weihe/ Reich (1994b).

587 Vgl. o.V. (1997a), Minks (1998), S. 8, BMWi (1998), S. 5 und o.V. (1999d).

588 Vgl. Minks (1998), S. 27.

eigenständigen, interdisziplinären und ganzheitlichen Entrepreneurship Education den Schritt in die richtige Richtung darstellt.

Nachstehende Tabelle gibt einen Überblick über die Fragen, die sich aus dieser Zielsetzung heraus für eine wissenschaftliche Diskussion über Unternehmerausbildung an Hochschulen ergeben.

Tabelle 8: Fragen der Entrepreneurship Education
Quelle: Verändert entnommen aus Block/ Stumpf (1992), S. 22.

1) Ist eine Unternehmerausbildung möglich?
2) Wer sind die Lehrenden und die Adressaten?
3) Welche Lehrmethoden gibt es und wie eignen sich diese für eine Unternehmerausbildung?
4) Was genau sollte inhaltlich gelehrt werden? Welche Ziele sind damit verbunden?

Ausgehend vom Fragenkatalog von BLOCK/ STUMPF entwickelte SVEN RIPSAS als einer der ersten im deutschen Sprachraum ein dreistufiges universitäres Entrepreneurship Education Programm, bestehend aus den Elementen Basisveranstaltungen, Experimentelles Lernen und Trainieren sowie Start des unternehmerischen Projekts.[589] Dieses Programm soll weist jedoch mehrere Schwächen und Lücken auf, die im Rahmen dieser Arbeit durch die eigenständige Entwicklung eines Entrepreneurship Education Programms vermieden werden sollen. So unterscheidet RIPSAS nicht sorgfältig zwischen Entrepreneurship Education und Entrepreneurial Support. Teilweise bezieht er Unterstützungsmaßnahmen mit in das Konzept ein, andererseits behandelt er diese gesondert als Infrastruktur. Weiterhin skizziert er die drei Stufen schlagwortartig, so daß innerhalb der Teilelemente eine Struktur und eine konkrete Vorgehensweise bei der Durchführung des Programms in der Universität schwer zu erkennen sind. Er entwickelt die Kursinhalte auch nicht im Rückgriff auf vorher getroffene Ausführungen insbesondere zu Rollen und Aufgaben des Unternehmers. Dadurch stehen Elemente wie „Querdenken, Finden innovativer Lösungen", die der allgemeinen Philosophie des Unternehmertums zuzurechnen sind, unkommentiert neben betriebswirtschaftlichen Unterrichtselementen wie Kursen zu Finanzierung und Steuern, ohne den Zusammenhang herzustellen. Schließlich stellt RIPSAS keine Überlegungen an, wie ein derartiges Programm organisatorisch in die Hochschule eingebunden werden kann; eine Fragestellung, die in der Literatur bislang generell vernachlässigt wurde.

[589] Vgl. Ripsas (1997), S. 263 und (1998a).

Im folgenden wird daher zur Überwindung dieser Schwächen und zur Weiterentwicklung der Entrepreneurship Education Forschung ausgehend von den Fragestellungen von BLOCK/ STUMPF ein eigenständiges Ausbildungskonzept entwickelt, welches ausschließlich Lehrangebote beinhaltet; eine Erörterung der Unterstützungsmaßnahmen, die sich auf den speziellen Fall konkreter Gründungen beziehen, erfolgt gesondert im nächsten Teil „Entrepreneurial Support". Obige Fragen werden sorgfältig unter Bezugnahme auf die Aufgaben des Unternehmers und Gründers beantwortet, um zu einem strukturierten Konzept für die Entrepreneurshipausbildung zu gelangen. Diese soll geeignet sein, den Spin-off-Gründern das notwendige Know-how zur Bewältigung der unternehmerischen Aufgabe zu vermitteln. Daher wird das Konzept aufbauend auf dem Rahmenkonzept der Aufgaben und Rollen des Unternehmers und Entrepreneurs entwickelt (vgl. Abbildung 24). Anschließend folgt eine Erörterung der Möglichkeiten zur organisatorischen Einbindung des Ausbildungsprogramms in die Hochschulstrukturen.

7.1 Möglichkeiten und Grenzen

Entrepreneurship Education setzt an der Frage an, ob man Personen zu Unternehmern ausbilden kann oder ob man zum Unternehmer geboren sein muß und sich eine Ausbildung demzufolge erübrigt. Eine empirische Untersuchung von WEIHE/ REICH ergab, daß lediglich ca. 16% der befragten Studenten der Ansicht waren, daß das Unternehmertum von vorneherein in der Persönlichkeit verankert sein muß. Die meisten Befragten vertraten die Ansicht, daß diese Hypothese teilweise zutrifft.[590]

Insbesondere bezüglich technologieorientierten Gründern verschärft sich diese Fragestellung noch. Es wird gerade bei ihnen bezweifelt, ob sie unternehmerische Eigenschaften mitbringen bzw. ob man ihnen unternehmerisches Denken vermitteln könne. SCHUMPETER geht davon aus, daß Erfinder und Unternehmer zwei gegensätzliche Funktionen darstellen, die sich nur zufällig in einer Person vereinen:

„Die Funktion des Erfinders oder überhaupt Technikers und die des Unternehmers fallen nicht zusammen. Der Unternehmer kann auch Erfinder sein und umgekehrt, aber grundsätzlich nur zufälligerweise. [...] Sowohl was sie tun, ist verschieden, als auch die Eignung zu dem, was sie tun – ‚Verhalten' und ‚Typus'."[591]

---

[590] Vgl. Weihe/ Reich (1994b), S. 224.
[591] Schumpeter (1993a), S. 129.

Auch HISRICH/ PETERS skizzieren Erfinder und Unternehmer als zwei völlig unterschiedliche Personentypen. Der Erfinder mißt seinen Erfolg daran, wieviele Inventionen er schafft und wie hoch die Anzahl der Patente ist. Er kümmert sich ausschließlich um die technische Seite der Erfindung und interessiert sich nicht für finanzielle Erträge. Der Unternehmer dagegen lebt für sein neugegründetes Unternehmen, in dem er seine Vision durchsetzen will.[592] Es ist die Rede von „Science Culture“ und „Business Culture“, die nahezu nichts gemeinsam haben.[593]

Da technologieorientierte Spin-off-Gründer den Typus des Erfinders repräsentieren, aber unternehmerisch tätig werden wollen, werden sie damit konfrontiert, beide Funktionen wahrzunehmen. Durch ihren Wunsch, ihre Invention im Rahmen eines neugegründeten Unternehmens umzusetzen, ist bei ihnen ohnehin eine Affinität zum Unternehmertum gegeben. Bei Spin-off-Gründern handelt es sich daher nicht um rein technisch orientierte Personen, die ausschließlich an der technischen Invention um ihrer selbst willen interessiert sind, vielmehr wollen sie ihre Erfindung auch marktlich verwirklicht sehen. Daher besteht bei Hochschul-Spin-offs bereits eine starke Nähe zur Business Culture. Zweifellos müssen sie sich jedoch umfangreiches Wissen bezüglich der Aufgaben und Rollen eines Unternehmers aneignen, um Science und Business Culture zu vereinen.

Dabei stellt sich die Frage, welche Elemente, die einen Unternehmer ausmachen, angeboren oder anerzogen sein müssen und welche Kenntnisse, die der Gründer braucht, um im Wettbewerb bestehen zu können, vermittelbar sind. Diesbezüglich kann unterschieden werden in den „Trait Approach“, der davon ausgeht, daß ein Unternehmer durch bestimmte Persönlichkeitsmerkmale gekennzeichnet ist, und den „Behavioral Approach“, der Entrepreneuren ein Set von Verhaltensmustern zuspricht.[594] Wie bereits in Kapitel 4.4.2 ausgeführt wurde, integriert die österreichische Schule der Nationalökonomie beide Ansätze in ihre Theoriekonzepte. Die Wettbewerbsprozeßtheoretiker gehen davon aus, daß ein Unternehmer einerseits durch bestimmte Eigenschaften charakterisiert ist. Er ist ein aktiver, kreativer, dynamischer und vorwärtsstrebender Persönlichkeitstypus, der andere mitzieht und das Risiko nicht scheut.[595] Auf der anderen Seite hat er Aufgaben wahrzunehmen wie die Durchsetzung von Innovationen,

---

592 Vgl. Hisrich/ Peters (1989), S. 69ff.
593 Vgl. Samsom/ Gurdon (1993), S. 65f.
594 Vgl. Grüner (1993), S. 490.
595 Siehe dazu Kirschbaum (1990), S. 81f. Auch STEWART/ WATSON/ CARLAND U.A. fanden heraus, daß diese Eigenschaften Unternehmer gegenüber angestellten Managern auszeichnen, vgl. Stewart/ Watson/ Carland u.a. (1998).

kundenorientiertes Handeln, marktorientierte Unternehmensführung und Findigkeit für unausgenutzte Gelegenheiten. Schließlich muß der Spin-off-Gründer die Aufgaben wahrnehmen, die im Zusammenhang mit einer Unternehmensgründung anfallen.

Gerade in bezug auf die unternehmerischen Aufgaben wird die Ansicht vertreten, daß Unternehmertum erlernbar ist. Dies gilt einerseits für die strategischen und operativen Aufgaben, die der Gründer beim Aufbau des Unternehmens zu bewältigen hat. Aus der Sichtweise der allgemeinen Betriebswirtschaftliche gelangt man zu der Überzeugung, daß benötigte Kenntnisse wie Finanzierung, Steuerlehre, Rechnungswesen, Kostenrechnung, Beschaffung und Absatz, Produktion etc. vermittelt werden können. Aber auch die unternehmerischen Aufgaben und Rollen nach der Wettbewerbsprozeßtheorie können Gründern durch Lehrende nahegebracht werden.

Vertreter des „Trait Approaches", die die Charakteristika des Unternehmers in den Vordergrund stellen, gehen davon aus, daß Unternehmertum nicht erlernbar ist, da bestimmte Persönlichkeitseigenschaften nicht gelehrt oder gefördert werden können. Diese Auffassung ist teilweise richtig. Bestimmte Anlagen muß ein Gründer, speziell ein technologieorientierter Spin-off-Gründer bereits mitbringen, ansonsten ist er zum Unternehmer weniger geeignet. Dazu gehört bspw. eine aktive, dynamische Persönlichkeit, Freude am Umgang mit Menschen, Verantwortungsbewußtsein und die Fähigkeit, Entscheidungen souverän zu treffen.[596] Derartige Eigenschaften sind angeboren oder anerzogen und äußern sich oft schon im Kindesalter. Bestimmte Merkmale lassen sich jedoch mit Lehrmethoden zumindest beeinflussen, z.B. läßt sich Kreativität und Phantasie durch Kreativitätstechniken unterstützen. Auf diese Weise ist Entrepreneurausbildung neben der Vermittlung unternehmerischer Aufgaben und Rollen auch für die Förderung bestimmter Elemente der unternehmerischen Persönlichkeit geeignet,[597] weswegen der Aussage von GORMAN/ HANLON/ KING zugestimmt werden kann: entrepreneurship can be taught.[598]

7.2 Adressaten und Lehrkräfte

Im Rahmen der Einrichtung einer Unternehmerausbildung an Hochschulen ist zunächst die gewünschte Zielgruppe zu bestimmen. Dabei handelt es sich in erster Linie um potentielle Spin-off-Gründer, die der Hochschule angehören oder angehörten. Darunter fallen Studierende, Angehörige des akademischen Mittelbaus sowie Professoren.

---

[596] Vgl. Durand-Noll (1996), S. 36f.
[597] Vgl. Gorman/ Hanlon/ King (1997), S. 71.

Diese entstammen bei technologieorientierten Spin-offs überwiegend den technisch-naturwissenschaftlichen Fakultäten; eine Schwerpunktsetzung der Ausbildung auf diesen Bereich ist daher sinnvoll. Die Ausbildung sollte so angelegt sein, einerseits Techniker mit kaufmännischem Know-how zu versorgen. Andererseits muß Entrepreneurship Education Kaufleute mit den Besonderheiten technologieorientierter Unternehmen vertraut machen, um Teamgründungen anzuregen und zu erleichtern. Nichtsdestotrotz sollte Entrepreneurship Education anderen Fachrichtungen nicht verschlossen bleiben, da bestimmte Lehrinhalte für jede Art von Gründung zutreffen.

Des weiteren können Hochschulen ihr Lehrangebot auf sekundäre Zielgruppen wie Gründungshelfer und -berater, selbständige Unternehmer und andere Interessierte ausweiten.[599] Da es jedoch in erster Linie um die Forcierung und Förderung technologieorientierter Spin-offs geht, ist zunächst eine Beschränkung auf potentielle Spin-off-Gründer empfehlenswert.

Im nächsten Schritt stellt sich die Frage, welches Lehrpersonal zum Zweck einer Entrepreneurship Education geeignet erscheint. Es wird diskutiert, sowohl Hochschullehrer als auch Praktiker einzubinden.[600] Bei letzteren handelt es sich vor allem um Entrepreneure. Auch Unternehmensberater oder Angestellte von Technologie- und Gründerzentren bzw. Industrie- und Handelskammern können in diesem Zusammenhang als Dozenten tätig werden, um praxisnahe Kenntnisse zu vermitteln.

Auf diesem bislang noch weitgehend unerforschten Gebiet existieren verschiedene Fragestellungen. So wird diskutiert, ob Entrepreneure geeignete Dozenten darstellen, da sie im allgemeinen keine Lehrerfahrung besitzen und wenig theoriegeleitet vorgehen. Aus diesem Grund werden sie von den regulären Fakultätsmitgliedern oftmals abgelehnt. Da sie jedoch wichtige Vorbildfunktionen übernehmen und praktische Erfahrungen vermitteln können, wird eine gute Auswahl und Anleitung durch die Hochschule empfohlen. Auch die Einrichtung eines Patenschaftssystems, bei dem Fakultätsmitglieder die Dozenten aus der Praxis betreuen und ihnen beratend zur Seite stehen, erscheint in diesem Zusammenhang geeignet.[601] Auf diese Weise entsteht eine Integration in den Fachbereich, was die Ablehnung verringert.

---

[598] Vgl. Gorman/ Hanlon/ King (1997), S. 71. Siehe auch Ronstadt (1987) und (1990).

[599] Vgl. die weite Abgrenzung möglicher Zielgruppen bei Block/ Stumpf (1992), S. 27ff. und Klandt (1991), S. 482f.

[600] Vgl. Block/ Stumpf (1992), S. 25f., Gronwald (1999), S. 276f. und Hills (1988).

[601] Vgl. Grüner (1993), S. 491f. und Hills (1988).

Auf der anderen Seite wird bei Hochschullehrern die Frage gestellt, inwiefern sie geeignet sind, Entrepreneurship-Kurse anzubieten, da sie selbst meist keine Gründungserfahrung besitzen.[602] Ihr theoriegeleitetes Vorgehen qualifiziert sie jedoch insbesondere für Kurse, die ein theoretisches Fundament legen und Zusammenhänge vermitteln. Dennoch ist eine Weiterqualifizierung von Hochschullehrern speziell auf den Aspekt der Gründung erforderlich, da die überwiegende Mehrheit von akademischen Dozenten aus Bereichen kommt, die nicht speziell auf eine Unternehmensgründung zugeschnitten sind, wie z.B. Betriebswirtschaftslehre. An diesem akademisch gebildeten Personal mangelt es jedoch, da die Strukturen für eine Qualifizierung von Hochschullehrern für Entrepreneurship fehlen, vor allem da die Einrichtung von Entrepreneurshiplehrstühlen noch am Anfang steht. Wissenschaftlicher Nachwuchs bildet sich deshalb im Moment nur vereinzelt an Lehrstühlen heraus, die Engagement zeigen und den Bereich Unternehmensgründung in Forschung und Lehre als zusätzlichen Schwerpunkt verfolgen.[603]

Insgesamt betrachtet ist sowohl der Einsatz von akademischen Hochschullehrern als auch Dozenten der Praxis sinnvoll, da beide Personengruppen unterschiedliche Teilbereiche der Unternehmerausbildung wahrnehmen können. Nur auf diese Weise erhält eine Entrepreneurship Education einen ganzheitlichen Charakter. Beide Gruppen sollten dabei zusammenarbeiten, damit sie einerseits voneinander lernen und andererseits ihre Lehrveranstaltungen koordinieren können, um auf diese Weise zu einem aufeinander abgestimmten Curriculum zu gelangen.

7.3 Methodische Ausgestaltung

Die Komplexität einer Entrepreneurship Ausbildung impliziert eine ganzheitliche methodische Vorgehensweise, die dem umfassenden Charakter einer unternehmerischen Ausbildung gerecht wird. Aktiven, eigendynamischen Lehrmethoden, die den Lernenden einbeziehen, anstelle ihm nur die passive Rolle des Informationsaufnehmenden zuzuweisen, sollte neben den „traditionellen" Ausbildungsmethoden, die für den reinen Wissenserwerb notwendig sind, besondere Bedeutung beigemessen werden.[604]

---

[602] Vgl. Block/ Stumpf (1992), S. 25.

[603] Vgl. Klandt/ Knecht (1999).

[604] Vgl. Klandt (1998), S. 200f., Klandt (1991), S. 488, Gronwald (1999), S. 276 und Tillmann (1999), S. 28.

Folgende Methoden werden in diesem Zusammenhang in Abhängigkeit verschiedener Lernphasen vorgeschlagen:[605]

Tabelle 9: Lehrmethoden in Abhängigkeit von Lernphasen
Quelle: In Anlehnung an Klandt (1991), S. 488, Klandt (1998), S. 201 und Heidack (1992), S. 54.

Wissensvermittlung	Mittelbare Anwendung	Unmittelbare Anwendung
Vorlesungen	Gruppenarbeit/ Workshops	Rollenspiele
Übungen	Projektstudium	Planspiele
Selbststudium über Literatur	Präsentation/ Diskussion	Zusammenarbeit mit Unternehmern
Hausarbeit/ Diplomarbeit	Fallstudien	Praktikum bei Unternehmern
	Vorträge/ Success-Stories	Businessplanerstellung für die eigene Geschäftsidee
	Exkursionen	

Die Ausbildungsmethoden, die der Lernphase der reinen Wissensvermittlung dienen, werden eher am Anfang der Entrepreneurship Education angewandt, um die Teilnehmer mit der Materie vertraut zu machen. Auf diese Weise soll die theoretische Basis gelegt werden, auf der die weiterführenden Veranstaltungen aufbauen. Dabei werden bekannte und erprobte Lehrmethoden wie z.B. Vorlesungen eingesetzt. Im nächsten Schritt folgt die mittelbare Anwendung, bei der die theoretischen Erkenntnisse mit Beispielen aus der Praxis verknüpft werden, was eine Veranschaulichung und praxisnahe Einübung des Stoffs bewirkt. Dies kann z.B. anhand von Success-Stories erfolgreicher Gründer, Exkursionen oder Fallstudien, die in Projektgruppen bearbeitet werden, erreicht werden. Schließlich folgt die unmittelbare Anwendung, bei der die Teilnehmer direkt in die Rolle des Spin-off-Gründers schlüpfen. In diesem Zusammenhang können z.B. Rollenspiele durchgeführt werden, bei der die Kursteilnehmer verschiedene Rollen einnehmen, z.B. Unternehmer/ Kunde oder Unternehmer/ Lieferant. Auch Computerplanspiele, die die Gründungs- und Frühentwicklungsphase des Unternehmens realitätsnah abbilden und vom Planspielteilnehmer verlangen, wie ein Unternehmer ständig neue Entscheidungen zu treffen, simulieren die unternehmerische Aufgabe praxisnah. Weiterhin können die Auszubildenden die Aufgaben eines Entrepreneurs z.B. durch konkrete Zusammenarbeit mit Unternehmern auch real miterleben.

[605] Die Zuordnung der Lehrmethoden zu den verschiedenen Lernphasen ist fließend. Beispielsweise kann eine Haus- oder Diplomarbeit reine Wissensaneignung und -aufarbeitung darstellen. Sie kann jedoch auch der mittelbaren Anwendung dienen, wenn der Stoff im Rahmen der Arbeit auf einen konkreten Fall angewandt wird.

Diese Methoden werden als besonders wirksam und hilfreich für die unternehmerische Ausbildung betrachtet.[606]

Die Lernphasen der wissensmäßigen Aneignung, mittelbaren und unmittelbaren Anwendung bauen aufeinander auf, wobei die Grenzen fließend sind; z.B. können auch im Rahmen einer auf Wissensvermittlung angelegten theoriegeleiteten Unterrichtseinheit Fallbeispiele verwendet werden. Die idealtypische Abfolge spiegelt ein steigendes Erkenntnis- und Qualifikationsniveau wider[607] (vgl. Abbildung 27).

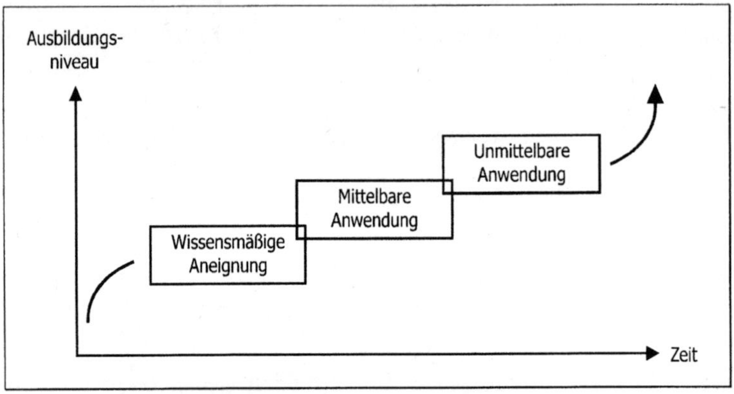

Abbildung 27: Steigendes Erkenntnis- und Ausbildungsniveau beim aktiven Lernen
Quelle: Heidack (1992), S. 54.

Derartige umfassende, systematisch aufeinander aufbauende Qualifikationsschritte werden dem ganzheitlichen Prozeß einer Unternehmerausbildung gerecht, indem eine Vermittlung theoretischer Erkenntnisse erfolgt, die auf die Praxis angewandt und schließlich unter realitätsnahen Bedingungen erprobt und trainiert werden.

7.4 Inhaltliche Ausgestaltung

Um der anspruchsvollen Aufgabenstellung einer Unternehmerausbildung gerecht zu werden, beginnt die inhaltliche Ausgestaltung der Entrepreneurship Education mit einer sorgfältigen Entwicklung von Lehrzielen, die mit Hilfe der Veranstaltungen verwirklicht werden sollen. Die Ausbildung muß dabei grundsätzlich geeignet sein, die Gründer bei der Bewältigung der unternehmerischen Aufgaben zu unterstützen, d.h.

---

606 Vgl. Klandt (1994), S. 42.
607 Vgl. Heidack (1992), S. 54f.

sie muß sich an den Anforderungen, die der Wettbewerb an Spin-off-Gründer stellt, orientieren.

Aus diesem Anspruch heraus ergeben sich folgende Lehrziele:[608]

(1) Motivation zur Gründung eines Spin-offs,

(2) Schaffung einer Wertebasis,

(3) ökonomische Kreativität,

(4) Entscheidungsfähigkeit unter Unsicherheit und Risiko,

(5) Führungs- und Schlüsselqualifikation und

(6) betriebswirtschaftliches und rechtliches Methodenwissen.

Die einzelnen Elemente werden im folgenden aufgegriffen und vertieft.

7.4.1 Motivation

Die Ausbildung von Unternehmern beginnt mit der Motivierung potentieller Gründer. SZYPERSKI/ NATHUSIUS stellen dazu fest, daß die Gründungsneigung, d.h. die Bereitschaft zur Gründung einer selbständigen Existenz unter anderem bei Absolventen technisch orientierter Studiengänge eher gering ausgeprägt ist.[609] Daher muß die Hochschule im ersten Schritt einer Entrepreneurship Education aufbauend auf der geschaffenen Unternehmerkultur Anregungen bieten, um die Selbständigkeit als Karrierealternative im Bewußtsein der Hochschulmitglieder zu verankern. Derartige Veranstaltungen werden „Eisbrecher" genannt. Sie sind für eine große Personenanzahl gedacht und haben Erstinformationscharakter bezüglich der Gründung eines Spin-offs. Ein hoher Praxisbezug wird durch die Einbeziehung von erfolgreichen Gründern gewährleistet, die als Gastreferenten Succes-Stories erzählen können. Die Teilnehmer sollen weiterhin dazu angeregt werden, sich aktiv mit der Selbständigkeit auseinanderzusetzen, beispielsweise durch Videoschauen oder die Aufforderung, die Wirtschaftspresse zu lesen sowie die anschließende Diskussion über aktuelle Fälle, die in der Presse präsent sind.[610] CHHABRA schlägt in diesem Zusammenhang „entrepreneurial awareness camps" vor, in denen potentielle Gründer sich in einem drei- bis sechstätigen Seminar zur Motivation und Bewußtmachung der Selbständigkeit als Karrierealternative zusammenfinden.[611]

---

608 Vgl. dazu Schulte/ Klandt (1998), S. 4f. und Ripsas (1998a), S. 218f.
609 Vgl. Szyperski/ Nathusius (1977a).
610 Vgl. Schulte/ Klandt (1998), S. 2ff. und Ripsas (1998a), S. 224f.
611 Vgl. Chhabra (1998).

Ebenso sollen in den Eisbrecherkursen die Vor- und Nachteile des Wechsels in die Selbständigkeit erörtert werden. Die Vorteile decken sich im allgemeinen mit den Motiven von Unternehmensgründern (vgl. dazu Kapitel 4.1). Gründer erfahren mehr Freiheit und Unabhängigkeit, da sie keinen Vorgesetzten haben. Mäßige Aufstiegsschancen, wie sie an Hochschulen aufgrund zunehmender Stellenstreichung teilweise anzutreffen sind, stellen für Gründer ebenfalls kein Problem dar. Auch das eigenständige Erkennen und Ausnutzen einer Marktlücke, die Freude am Tun, ist ein Vorteil und ein Motiv für eine Unternehmensgründung. Aber auch die Nachteile und Risiken einer Gründung sollten aufgezeigt werden. Dazu gehören z.B. ein unsicheres, anfänglich geringes Einkommen, lange Arbeitszeiten sowie Streß und Unruhe.[612]

Die Lehrenden können dabei auf Checklisten zurückgreifen, die in gängigen Gründungsratgebern enthalten sind.[613] Sie bieten einen Überblick über Chancen und Risiken sowie persönliche und fachliche Voraussetzungen für eine Unternehmensgründung. Jeder Kursteilnehmer kann damit prüfen, ob er sich für eine Unternehmertätigkeit bereit fühlt und ob er die Eigenschaften mitbringt, die nicht erlernbar, sondern angeboren oder anerzogen sind.

Diese Vorteile, Nachteile und Voraussetzungen sowie die offene Diskusion im Kurs über dieses Themengebiet stellen wesentliche Elemente von Eisbrecherveranstaltungen dar. Nach Beendigung derartiger Kurse sollten die Teilnehmer einen ersten Überblick über die Selbständigkeit im Vergleich zur abhängigen Beschäftigung erhalten haben und sich darüber klar geworden sein, ob diese beruflich Option zumindest vorstellbar ist oder sicher ausgeschlossen werden kann.[614]

7.4.2 Wertebasis

Die Entwicklung einer Wertebasis schafft Verständnis und Wertschätzung für die Funktion des Unternehmers im Wirtschaftsprozeß und kann bei den Kursteilnehmern die wahrgenommene Attraktivität der Handlungsoption „Gründung eines Unternehmens“ steigern.[615] Der Erfolg eines neugegründeten Unternehmens hängt nicht zuletzt davon ab, wie gut die Rollen des Unternehmers im Wettbewerb erkannt und umgesetzt

---

612 Vgl. dazu Weihe/ Reich (1994a), S. 217 und Klandt (1996b).

613 Vgl. z.B. Klandt/ Finke-Schürmann (1998), Wollny (1998), Hammer (1995), Kirschbaum/ Naujoks (1996) und Durand-Noll (1996).

614 WEßLING vertritt die Auffassung, daß das Seminarziel auch dann erreicht ist, wenn jemand erkennt, daß berufliche Selbständigkeit nicht sein Weg ist, vgl. Weßling (1998). Siehe auch Ridinger/ Weiss (1999), S. 25.

615 Vgl. Ripsas (1998a), S. 218.

werden.[616] Im Gegensatz zu praxisnahen, spielerischen Eisbrecherveranstaltungen handelt es sich dabei um theoriegeleitete Kurse, die einer übersichtlichen Aufarbeitung der unternehmerischen Rollen dienen. Aktuelle Forschungsergebnisse zur unternehmerischen Aufgabe stellen die Basis der Veranstaltungen dar. Bereits LEONARDO DA VINCI stellt in diesem Zusammenhang fest:

„Diejenigen, welche glauben, an der Praxis ohne Wissenschaft Gefallen zu finden, sind Schiffer, die ohne Kompaß und Steuer fahren. Sie wissen nie wohin die Fahrt geht. Immer muß die Praxis auf guter Theorie beruhen.“[617]

Auf diese Weise erhalten die Teilnehmer einen umfassenden wissenschaftlichen Einblick in die Aufgaben eines Unternehmers und seiner Stellung in der Gesamtwirtschaft.

In diesem Zusammenhang kann auf die Unternehmer- und Entrepreneurrollen, die in Kapitel 4 herausgearbeitet wurden, zurückgegriffen werden. Die Vermittlung dieser Kenntnisse verhilft dem Gründer zu einer besseren Beurteilung der Situation, in die er sich mit der Gründung eines Spin-offs begibt. Dieses Hintergrundwissen ist für die Handhabung des gesamten Gründungsprozesses wichtig. Beispielsweise lernt ein technologieorientierter Gründer, daß er mit einem neuen Produkt auf Marktwiderstände stoßen kann, da er damit evtl. einen Sprung auf eine neue S-Kurve initiiert, den die Konkurrenten mit größerer Marktmacht verhindern wollen. In der Vergangenheit zeigte sich häufig, daß Gründer bei der Wahrnehmung unternehmerischer Aufgaben erhebliche Lücken aufwiesen, die durch Vermittlung unternehmerischen Denkens hätten vermieden werden können:

a) Für den technisch-orientierten Gründer ist der Aufbau einer Unternehmensorganisation häufig nur eine Pflichtübung, um sein technologisches Ziel erreichen zu können. Management, kaufmännisch- und marktorientiertes Denken ist ihm zunächst noch fremd.

b) Dem Gründer fehlt am Anfang noch die Objektivität. Er ist meist besessen von seiner Idee, und da Partei, wo Neutralität gewünscht ist. Mißerfolge werden erst beim Eintritt der Katastrophe eingestanden.[618]

Für die Bewußtmachung unternehmerischen Denkens bestehen mehrere methodische Vorgehensweisen. Zunächst ist die reine Wissensvermittlung vom Dozenten zu den Teilnehmern denkbar. Darauf aufbauend sollte eine Interaktion zwischen Lehrenden

[616] Vgl. Wilem (1991), S. 189ff.

[617] LEONARDO DA VINCI, zitiert nach Zdrowomyslaw/ Rethmeier/ Huber u.a. (1999), S. 16f.

und Lernenden in Form von Diskussionen über die unternehmerische Aufgabe und die Philosophie von Markt und Wettbewerb stattfinden. Auch sollten die Teilnehmer aufgefordert werden, Beispiele für die eher abstrakt gehaltenen theoretischen Erkenntnisse zu finden, um ein Gespür für Unternehmertum zu entwickeln. Zudem können Fallstudien herangezogen werden, die die Hörer eigenständig bearbeiten sollen. Ein anschließender Vortrag dient der Darstellung der Ergebnisse sowie der Schulung des Präsentationsvermögens.[619] Kurse dieser Art dienen als theoretische Basis für weiterführende Veranstaltungen, in denen die Hochschulangehörigen die erworbenen Kenntnisse praktisch anwenden und ausprobieren können, so daß eine Kombination aus theoriegeleiteten und praxisnahen Veranstaltungen realisiert wird.[620]

7.4.3 Ökonomische Kreativität

Ökonomische Kreativität beinhaltet die Fähigkeit, innovative und gleichzeitig ökonomisch erfolgreiche Produkte und Dienstleistungen zu kreieren. Zur Erreichung dieser Zielsetzung bedarf es einerseits kreativen Denkens, andererseits Kenntnissen über den Zielmarkt.[621] GOEBEL untersucht in diesem Zusammenhang, was einen ökonomisch erfolgreichen, kreativen Gründer auszeichnet.[622] Der kreative Gründer ist getrieben vom Drang nach Erfahrung verbunden mit einer großen Hingabe an das angestrebte Ziel. Weiterhin sinniert er ununterbrochen und produziert auf diese Weise ständig neue Ideen zur Lösung von Problemen. Dabei sind kreative Gründer nicht nur darauf aus, die Ideen um ihrer selbst willen zu produzieren, sie haben auch den Drang, diese produktiv umzusetzen und so zur Weiterentwicklung der technisch-wirtschaftlichen Leistungsfähigkeit beizutragen. Sie sind getrieben von der Lust an der Leistung, was SCHUMPETER mit den Worten umschreibt: „es ist die Tat, die ihn lockt".[623] In dieser Skizzierung des kreativen Gründers spiegelt sich deutlich die Findigkeit für Probleme und Problemlösungen sowie der Willen zur Umsetzung dieser Ideen wider. Auch die psychologischen Eigenschaften des Unternehmers, wie SCHUMPETER sie beschrieben hat, sind offenkundig zu erkennen. Um jedoch ein kreativer, gleichzeitig aber ökonomisch erfolgreicher Gründer zu sein, darf der Unternehmer den wirtschaftlichen Erfolg

---

618 Kirschbaum (1990), S. 83.
619 Vgl. Ripsas (1998a), S. 223ff.
620 Vgl. Fiet (1997), der für eine theoriegeleitete Vorgehensweise mit anschließender Anwendung plädiert.
621 Vgl. Ripsas (1998a), S. 219.
622 Vgl. zu den folgenden Ausführungen Goebel (1998).
623 Schumpeter (1912), S. 164.

nicht aus den Augen verlieren. Dies erreicht er, indem er seine Ideen auf die Kundenbedürfnisse abstimmt.

Ökonomische Kreativität vereint damit die unternehmerischen Aufgaben der **Findigkeit** für unausgenutzte Gelegenheiten nach KIRZNER und HAYEK, welche sich aus den Wünschen der Nachfrager ergeben und damit **Kundenorientierung** nach MISES und HAYEK implizieren; diese **Innovationen** werden nach SCHUMPETER am Markt durchgesetzt. Übergeordnete Aufgabe ist damit die **marktorientierte Unternehmensführung.** In Entrepreneurship-Kursen zur ökonomischen Kreativität sollen die Teilnehmer diese unternehmerischen Rollen erkennen und in die Tat umsetzen.

Dabei sind nicht alle Elemente der ökonomischen Kreativität durch Veranstaltungen vermittelbar, insbesondere die psychologischen Eigenschaften des Gründers. Dennoch können in Entrepreneurship-Kursen Techniken gelehrt werden, die den Gründern bei der Bewältigung dieser Aufgaben nützlich sind. Dazu gehören neben Kenntnissen zum Produktinnovationsmanagement insbesondere Kreativitäts- und Kommunikationstechniken, die das Erkennen unternehmerischer Gelegenheiten fördern.[624] Die Teilnehmer müssen ermuntert werden, die Dinge aus einem anderen Blickwinkel zu sehen, um auf unausgenutzte Gelegenheiten zu stoßen: „Turn a problem into an entrepreneurial opportunity".[625] Fallbeispiel und Fallstudien können die Teilnehmer dabei zu kreativem Denken anleiten und motivieren. Da es sich bei ökonomischer Kreativität um einen kundenspezifischen Problemlösungsprozeß handelt,[626] ist die Vermittlung von Marktforschungskenntnissen zur systematischen Beschaffung und Aufarbeitung von Marktinformationen ebenfalls sehr wichtig.[627]

Nach dem Erlernen von Techniken sollten die weiterführenden Veranstaltungen so gestaltet werden, daß die Teilnehmer in kreativen Freiräumen Gelegenheit erhalten, diese unternehmerischen Rollen zu trainieren.[628] Ökonomische Kreativität ist keine Problemstellung, die schnell erfolgreich gelöst werden kann, vielmehr verlangt sie von den Teilnehmern beständige Experimentierfreude und Lernen.[629] Den Gründern sollte z.B. in Workshops die Gelegenheit zur Entdeckung und Erprobung von Geschäftsideen gegeben werden, die schließlich vor allen Teilnehmern vorgestellt und diskutiert

---

[624] Vgl. Ripsas (1997), S. 267 und Hills/ Lumpkin (1997).
[625] Vgl. Faltin (1998), S. 6. Er schlägt verschiedene Methoden zur Generierung neuer Ideen vor, vgl. Faltin (1998), S. 5-9.
[626] Vgl. Hills/ Lumpkin (1997).
[627] Vgl. dazu z.B. Berekhoven/ Eckert/ Ellenrieder (1996), Baaken (1990) und Kepper (1994).
[628] Vgl. Ulrich/ Reinhart (1998).
[629] Vgl. Hills/ Lumpkin (1997).

werden. Zu diesem Zweck empfiehlt sich die Einrichtung einer Projektwerkstatt, eines „Labors" für Entrepreneurship, wie es z.B. an der Freien Universität Berlin bereits realisiert ist. Dieses Labor ist in ein Lehrkonzept für Entrepreneurship Education integriert und dient der Hinführung von Studenten zu einem innovativen unternehmerischen Konzept. Fallstudien, Gespräche mit Unternehmensgründern sowie Mitarbeit in realen Gründungsunternehmen sollen zusätzlich zur Gestaltung und Umsetzung der eigenen Geschäftsideen ökonomische Kreativität stimulieren.[630]

Den Unterrichtenden kommt in diesem Prozeß eine besondere Rolle zu. Sie sind keine Lehrer, die gesichertes Wissen vermitteln. Vielmehr handelt es sich um einen interaktiven Prozeß, der Zurückhaltung fordert, wenn die Teilnehmer mit Experimentieren und Trainieren beschäftigt sind; beim Auftreten von Problemen und der Vermittlung relevanter Techniken springt der Kursleiter ein und gibt Hilfestellung.[631] Ihm obliegt die Aufgabe, eine Atmosphäre zu schaffen, in der Kommunikation möglich ist, Risiken akzeptiert werden und Mißerfolge erlaubt sind.[632]

7.4.4 Entscheidungsfähigkeit unter Unsicherheit und Risiko

Spin-off-Gründer werden durch die Aufnahme einer unternehmerischen Tätigkeit mit Unsicherheit konfrontiert. Dabei ist zunächst die finanzielle Unsicherheit zu nennen, die sich aus der Aufgabe einer abhängigen Beschäftigung ergibt. Eine besondere Rollen spielt jedoch die Ungewißheit über die zukünftige Marktlage, aus der das Unternehmerrisiko entspringt.[633] Da die zukünftige Gestaltung von Angebot und Nachfrage nicht bekannt ist, muß der Unternehmer seine Entscheidungen unter unvollkommener Information treffen. KNIGHT stellt heraus, daß unter diesen Bedingungen nur diejenigen Unternehmer werden und bleiben können, die über bessere Urteils- und Prognosefähigkeiten bezüglich zukünftiger Entwicklungen verfügen.[634] Diese unternehmerische Eigenschaft ist dabei eng mit der Findigkeit verknüpft, d.h. mit dem Aufspüren ungenutzter Chancen.

Eine bessere Urteils- und Prognosefähigkeit kann dabei auf einer ausgeprägten Intuition bzw. Gespür für zukünftige Entwicklungen und Veränderungen der Kundenwün-

---

630 Vgl. Ripsas (1997), S. 258f. Siehe auch Ulrich/ Reinhart (1998).
631 Vgl. Ripsas (1998a), S. 226.
632 Diese Anforderungen werden von Ulrich/ Reinhart (1998) gestellt.
633 Vgl. Mises (1940), S. 247.
634 Vgl. Knight (1921), S. 270.

sche beruhen.[635] Techniken zur Entscheidung unter Unsicherheit sind jedoch auch erlernbar:

„Entrepreneurial education or training should focus on developing innovation, risk taking, imagination, and problem solving; in other words, the decision-making skills. These skills can best be developed through active programs."[636]

Dabei soll die Entscheidungsfindung unter Unsicherheit erleichtert werden, indem die Unsicherheit reduziert wird. Da Unsicherheit auf unvollkommener Information beruht, wird der Entscheidungsprozeß durch eine Erhöhung des Informationsstandes vereinfacht.[637] In diesem Zusammenhang spielen Preise als Informationsquelle eine wichtige Rolle. Das Preissystem informiert Anbieter und Nachfrager über die Bedeutung von Gütern und Diensten und lenkt damit die Aufmerksamkeit von Unternehmern im Wettbewerb.[638] Anhand der Preise läßt sich somit feststellen, welchen Wert die Kunden einem Produkt beimessen, was die Entscheidungsfindung aus Sicht des Anbieters erleichtert. Preise sind jedoch nicht die einzigen Informationsquellen des Unternehmers zur Reduktion der Unsicherheit. Für neue Kundenbedürfnisse, die gerade im Entstehen begriffen sind, gibt es evtl. noch gar keinen Preis. Die Unternehmer müssen sich die benötigten Informationen dann über Markt- und Konsumentenforschung beschaffen.[639]

Die Vermittlung dieses Know-hows kann zunächst über Vorlesungen erfolgen; Fallstudien, Referate von erfolgreichen Gründern sowie Planspiele ermöglichen ergänzend dazu die praxisnahe Aneignung und Erprobung des Wissens.

7.4.5 Führungs- und Schlüsselqualifikationen

Der Führungsaspekt zieht sich wie ein roter Faden durch die verschiedenen Ansätze zur Rolle des Unternehmers. Die Vertreter der Wettbewerbsprozeßtheorie sehen im Unternehmer einen gesamtwirtschaftlichen Führer, der die wirtschaftliche Entwicklung vorantreibt. Die unternehmerischen Aufgaben der **marktorientierten Unter-**

---

635 GOTTWALD unterscheidet dabei in Akteure mit und ohne Bewertungsunsicherheiten, vgl. Gottwald (1990), S. 16f. Siehe auch Bretz (1988), Kapitel 4.3, zu einer ausführlichen Analyse unternehmerischer Intuition.

636 Vgl. Rushing (1990), S. 36.

637 Vgl. Holzheu (1987), S. 17 und 20.

638 Vgl. Hayek (1952a), S. 114ff. und Kaas (1991), S. 365.

639 Vgl. Meyer (1995), S. 36, Kaas (1991), S. 360f. und Kaas (1995b). Dieser Suchprozeß ist notwendig, da Informationen nicht wie Daten einfach vorhanden sind, sondern erst durch einen informationssuchenden Entscheider entstehen, vgl. Mag (1981), S. 478f.

nehmensführung und des **Managements** verlangen vom Unternehmer **Führung** nach außen und innen.[640]

Gerade im Bereich der Führung ist erkennbar, daß eine aktive, dynamische Persönlichkeit für einen Gründer vorteilhafter ist als Schüchternheit und Introvertiertheit. Dennoch gilt auch hier, daß Entrepreneurship Education notwendige Fertigkeiten und Techniken unterstützend lehren kann. Dabei handelt es sich einerseits um Führungs-, Planungs-, Entscheidungs-, Delegations-, Konfliktregelungs- und Motivationstechniken.[641] Auch die Etablierung interner Führungssysteme ist in diesem Zusammenhang zu nennen.[642] Diese Aspekte betreffen vor allem die interne Führung der Mitarbeiter und des Unternehmens.

Für Gründer fast noch wichtiger ist die Führung der nicht direkt zum Unternehmen gehörenden Personengruppen wie Kapitalgeber, Lieferanten und Kunden. Diese müssen davon überzeugt werden, den Gründer bei der Verwirklichung der Geschäftsidee zu unterstützen, indem sie Geschäftsbeziehungen zum Spin-off-Unternehmen aufnehmen. Die Überwindung des Mißtrauens und der Unsicherheit, die bei potentiellen Geschäftspartnern vorherrschen, ist Aufgabe eines Führers. Diesbezüglich kann eine Unternehmerausbildung Kenntnisse der Rhetorik, Argumentations- und Präsentationstechniken sowie Techniken für Kontakt- und Beziehungspflege (Networking) zum sicheren Auftreten und Präsentieren der Geschäftsidee vermitteln. Auch das Erlernen von Verhandlungsstrategien für Gespräche mit Banken ist notwendig.[643]

Neben einer theoretischen Erarbeitung dieser Kenntnisse ist die praktische Erprobung unabdingbar. Daher sollten Rollenspiele, z.B. zwischen Gründer und Kapitalgeber, stattfinden. Auch Präsentationen und Referate über die Geschäftsidee, evtl. auf Video aufgezeichnet und die anschließende Diskussion dienen der Einübung der erlernten Techniken.

7.4.6 Betriebswirtschaftliches und rechtliches Methodenwissen

Zur Gründung und zum Aufbau einer Spin-off-Unternehmung benötigen Gründer betriebswirtschaftliches und rechtliches Methodenwissen über Beschaffung, Produktion, Absatz, Marketing, Finanzierung, Personal und Organisation, Steuern, Buchführung,

---

640 Vgl. dazu auch Barnard (1968), S. 235ff. und Seiling (1994), der Mitarbeiter- und Kundenorientierung fordert.

641 Vgl. Seidel/ Jung/ Redel (1988), S. 27.

642 Vgl. Link (1996).

643 Vgl. Ripsas (1998a), S. 228f. und Ronstadt (1987), S. 46.

Jahresabschluß, Businessplanerstellung sowie rechtliche und verwaltungstechnische Aspekte.[644] Inhaltlich ähnelt dieser Teilbereich der Unternehmerausbildung dem Studium der Betriebswirtschaftslehre. Der Aufbau der Veranstaltungen ist im Betriebswirtschaftsstudium meist funktionalorientiert, d.h. oben genannte Funktionsbereiche der Unternehmung rücken sukzessive ins Zentrum der Betrachtung. Diese Vorgehensweise wird auch in den meisten US-amerikanischen Lehrveranstaltungen zum Entrepreneurship praktiziert. Dabei werden die Inhalte der Betriebswirtschaftslehre auf den Fall einer Unternehmensgründung angepaßt.[645] Im Rahmen einer Entrepreneurship Education ist jedoch noch eine zweite Variante denkbar: die prozeßorientierte Vorgehensweise unterteilt die Veranstaltungen in die verschiedenen Phasen des Unternehmensgründungsprozesses und erörtert phasenspezifisch die auftretenden Problemstellungen von der Ideenfindung und Businessplanerstellung bis zur Handhabung des Unternehmenswachstums.[646]

Eine Kombination aus beiden Methoden erscheint im Rahmen eines Entrepreneurship Education Programms vorteilhaft. Da technologieorientierte Spin-off-Gründer im allgemeinen nicht über betriebswirtschaftliche und rechtliche Kenntnisse verfügen, benötigen sie zunächst einen Einblick bzw. Überblick über diesen Themenkomplex, um Verständnis und Know-how bezüglich des betriebswirtschaftlichen und rechtlichen Aspekts einer Gründung zu erwerben. Derartige Veranstaltungen können sich an der funktionalen Vorgehensweise eines Betriebswirtschaftsstudiums orientieren. Vorlesungen und Übungen, in denen der erlernte Stoff anhand von Fallbeispielen vertieft wird, bieten eine geeignete methodische Grundlage.

Im nächsten Schritt wird ein phasenspezifisches Curriculum angeboten, in dem die Aufgaben des Gründers in den Phasen der Unternehmensentwicklung näher beleuchtet werden. Die zur Bewältigung dieser Aufgaben erforderlichen betriebswirtschaftlichen und rechtlichen Kenntnisse, die bereits überblicksartig vermittelt wurden, werden dabei vertieft und praxisnah angewendet. In der Gründungskonzeptionsphase steht die Entwicklung eines Businessplans im Vordergrund, was die Vermittlung von strategischen Planungstechniken impliziert. Die Konzeptumsetzungsphase ist durch den internen Organisationsaufbau sowie die Etablierung externer Beziehungen gekennzeichnet.

---

644 Einer empirischen Untersuchung zufolge wollen sich Studenten im Rahmen einer Unternehmerausbildung Kenntnisse aneignen über Finanzierung, Kostenrechnung, Personalwesen, Marketing und rechtliche Aspekte, vgl. Grüner (1993), S. 494.

645 Diesbezüglich existieren bereits Lehrbücher wie „Betriebswirtschaftslehre für Existenzgründer", vgl. Kußmaul (1998).

646 Vgl. Klandt/ Knecht (1999) und Klandt (1991), S. 483f.

Die Gründer vertiefen in dieser Phase Kenntnisse über Organisation, Rechtsformwahl, Gründungsformalitäten, Arbeitsrecht, Patentierung, Deckung des Finanzierungs- und Personalbedarfs etc. In der Markteinführungsphase steht die Gewinnung von Referenzkunden und Renommé sowie der Aufbau eines Bekanntheitsgrades im Vordergrund, was die stärkere Fundierung von Marketingkenntnissen beinhaltet. Die Ausweitung des Kundenstamms und der Kapazitäten kennzeichnet die Marktetablierungsphase. Dabei werden wiederum Marketing-, aber auch Produktions- und Finanzierungskenntnisse vertieft.

Im Rahmen dieses Ausbildungsabschnitts kann eine Kombination aus Wissensvermittlung und mittelbarer Anwendung erfolgen, d.h. es werden vertiefende Veranstaltungen angeboten, in denen theoretisches Wissen über Fallbeispiele und Diskussionen einen Praxistransfer erfährt. Begleitende Übungen, in denen das Wissen schließlich unmittelbar auf die spezifischen Problemstellungen des Gründers angewandt wird, ergänzen das Ausbildungsangebot. Beispielsweise können im Rahmen der Konzeptionsphase die Gründer in Übungen dazu angehalten werden, ihre eigenen Businesspläne zu erstellen. Schließlich sind Gründungsplanspiele ein hervorragendes Instrument, den Einsatz des betriebswirtschaftlichen Instrumentariums zu üben. Sie trainieren dabei die Eigentümer- und Geschäftsführerrolle, indem die Planspielteilnehmer ständig geschäftliche Entscheidungen treffen müssen.[647]

7.5 Gesamtmodell eines Entrepreneurship Education Programms

Die bisherigen Erkenntnisse werden im folgenden zu einem Gesamtmodell zusammengefügt, welches als Rahmenkonzept eines Entrepreneurship Curriculum verstanden werden soll. Darauf aufbauend ist die Entwicklung konkreter Lehrpläne möglich. Dieses Modell leitet sich aus dem **Rahmenkonzept der Aufgaben und Rollen des Unternehmers und Entrepreneurs** ab (vgl. Kapitel 6.3.1), da die Entrepreneurausbildung geeignet sein soll, die Spin-off-Gründer bei der Bewältigung der unternehmerischen Aufgaben zu unterstützen. Nachstehende Abbildung bietet einen Überblick über das Gesamtmodell.

[647] Die Grenzen von Planspielen liegen jedoch in der mangelnden Vermittlung sozialer Kompetenz. Vgl. Ripsas (1998a), S. 228 und Klandt (1998), S. 206f.

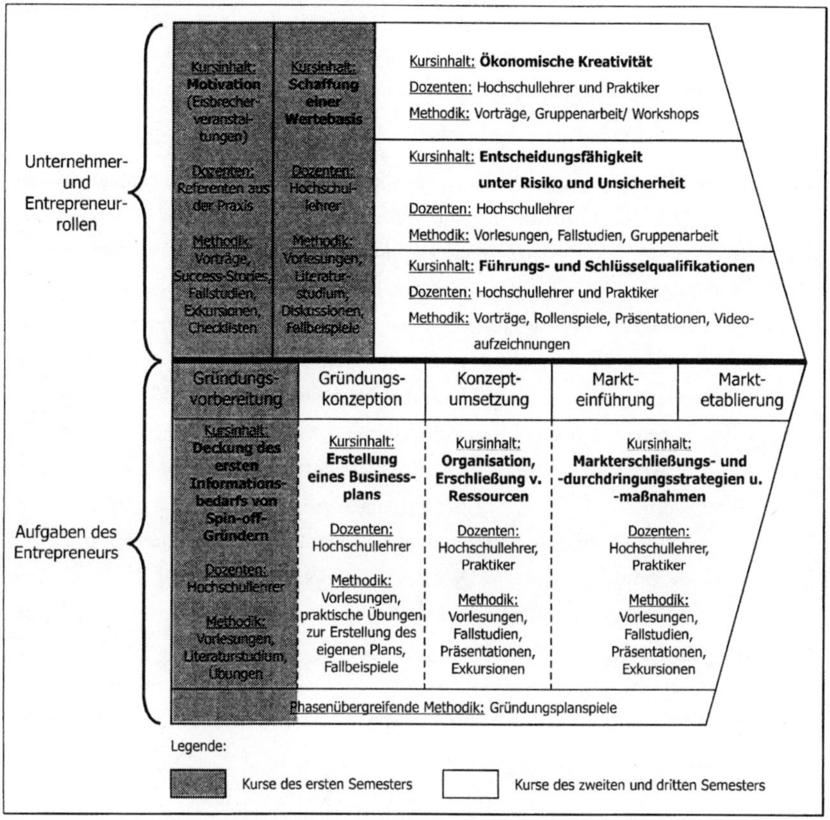

Abbildung 28: Gesamtmodell einer Entrepreneurship Education

Im oberen Teil der Graphik ist der Teilbereich des Entrepreneurship Education Modells abgebildet, der sich besonders mit den Unternehmer- und Entrepreneurrollen befaßt. Die Eisbrecherveranstaltungen dienen dabei der ersten Bewußtmachung und Motivation zur Übernahme einer unternehmerischen Aufgabe. Die Schaffung einer Wertebasis gibt einen Überblick über die Aufgaben des Unternehmers. Diese Unternehmerrollen nach den Vertretern der Wettbewerbsprozeßtheorie spiegeln sich schließlich in den Einzelkursen zu ökonomischer Kreativität, Entscheidungsfähigkeit unter Risiko und Unsicherheit sowie Führungs- und Schlüsselqualifikationen wider. Da die Unternehmerrollen der gesamten Geschäftstätigkeit zugrunde liegen, werden sie gründungsphasenübergreifend behandelt.

Der untere Teil des Modells hat die Kurse zum Inhalt, die sich mit den phasenspezifischen Aufgaben des Entrepreneurs beschäftigen, welche im Zusammenhang mit der

Unternehmensgründung anfallen. Die Kursinhalte greifen sukzessive die Problemstellungen des Entrepreneurs auf, um Hilfestellungen bei der Bewältigung der Aufgaben zu bieten.

Die Entrepreneurshipausbildung soll dabei so gestaltet sein, daß im ersten Schritt Informations- und Wissensveranstaltungen angeboten werden, die einen Einstieg bieten. Dazu gehören die Kurse Motivation, Schaffung einer Wertebasis sowie Deckung des anfänglichen Informationsbedarfs. Weiterhin können in diesem Zusammenhang Veranstaltungen angeboten werden, die die Besonderheiten und Erfolgsfaktoren technologieorientierter Unternehmen aufgreifen. Auch Lesekurse in englischsprachiger Entrepreneurship Literatur werden befürwortet.[648] Nach Beendigung dieses Ausbildungsabschnitts haben die Teilnehmer einen Überblick über die Aufgaben und Rollen des Unternehmers sowie erste Informationen zur Gründung eines Unternehmens erhalten. Im nächsten Schritt werden diese Erkenntnisse anhand der weiterführenden Veranstaltungen detailliert vertieft, so daß die Teilnehmer nach Abschluß des gesamten Entrepreneurship Education Programms umfassende Kenntnisse zu Unternehmertum und Gründung eines Spin-offs besitzen. Diese Aufbaukurse können dabei aufgrund ihres Umfangs z.B. auf zwei Semester aufgeteilt werden, so daß sich insgesamt ein dreisemestriger Zyklus ergibt.

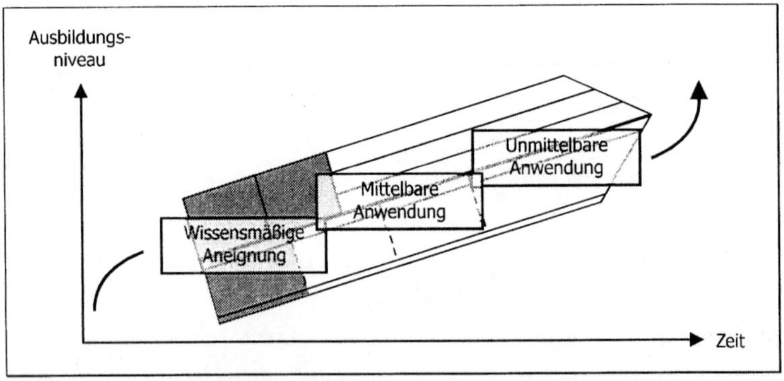

Abbildung 29: Entrepreneurship Education, Lernphasen und Lerneffekte

Diese Handlungsweise orientiert sich dabei an den Lernphasen, die die Teilnehmer durchlaufen (vgl. Abbildung 29). Die Anfangskurse dienen überwiegend der Wissensvermittlung, so daß die potentiellen Spin-off-Gründer danach über ein Basiswissen verfügen. Die weiterführenden Kurse vertiefen den Stoff und wenden ihn sowohl mittelbar als auch unmittelbar an. Während die Kurse zu Beginn der Unternehmerausbildung dabei noch strukturiert ablaufen, werden die Unterrichtseinheiten im Verlauf des Programms immer unstrukturierter, da sie der individuellen Initiative mehr Raum lassen.[649] Aus dieser Vorgehensweise resultiert ein steigendes Ausbildungs- und Erkenntnisniveau, welches die Kursteilnehmer dazu befähigen soll, eine unternehmerische Tätigkeit als Spin-off-Gründer zu beginnen.

Zur prüfungstechnischen Integration dieses Entrepreneurship Education Modells existieren mehrere Möglichkeiten. Zunächst bestünde gerade für Studenten die Möglichkeit, Entrepreneurship Education in die Prüfungsordnungen der einzelnen Studiengänge zu integrieren und damit z.B. als Wahlpflichtfach zu etablieren. Andererseits könnten potentielle Gründer höherer Hierarchieebenen das Programm auf gänzlich freiwilliger Basis durchlaufen, um sich Zusatzqualifikationen in Form unternehmerischen Know-hows anzueignen. Schließlich ist die Einrichtung eines Aufbaustudiums „Entrepreneurship" zu erwägen.

7.6 Implementierung in Lehre und Forschung

Eine Hochschule, die sich die Förderung von Spin-offs zum Ziel setzt und aus diesem Grund ein Entrepreneurship Education Programm anbietet, muß dieses in die Organisationsstruktur der jeweiligen Hochschule implementieren. Diese Maßnahme erfordert strategische Organisationentscheidungen, die zu neuen Strukturen führen und folgt damit der bekannten These von ALFRED D. CHANDLER: „structure follows strategy".[650]

Ziel ist dabei die fundierte Einbettung der Entrepreneurship Education in die Hochschulstrukturen, um einen hohen Integrationsgrad zu erreichen. Eine weitreichende Integration zeichnet sich dadurch aus, daß sowohl hochschulinterne als auch -externe Gruppierungen das Fach Entrepreneurship akzeptieren und unterstützen. Auch eine ausgeprägte Koordination und Kooperation mit anderen Fachbereichen kennzeichnet einen hohen Integrationsgrad. Während Qualifizierungsmaßnahmen mit geringem Integrationsgrad als unattraktiv und wenig fortschrittsfähig erachtet werden, da sie nur sporadisch und vereinzelt angeboten werden und dabei in bezug auf andere Lehrange-

[648] Vgl. Schulte/ Klandt (1998), S. 7. Diese Notwendigkeit besteht, da bislang wenig deutschsprachige Literatur existiert, die das Thema Unternehmensgründung umfassend und kompetent behandelt.

[649] Vgl. Ronstadt (1990), S. 79f., der explizit diesen Ausbildungsverlauf von strukturiert zu unstrukturiert fordert.

[650] Vgl. Chandler (1995), S. 14. CHANDLER geht dabei davon aus, daß die Strategie die Organisationsstruktur determiniert. Vgl. auch Schewe (1998) zu einer fundierten Aufarbeitung der Beziehung zwischen Strategie und Struktur.

bote unkoordiniert ablaufen, erfahren Programme mit hohem Integrationsgrad allgemeine Akzeptanz und Unterstützung und sind damit geeignet, potentiellen Spin-off-Gründern eine hochwertige Ausbildung zu vermitteln.[651]

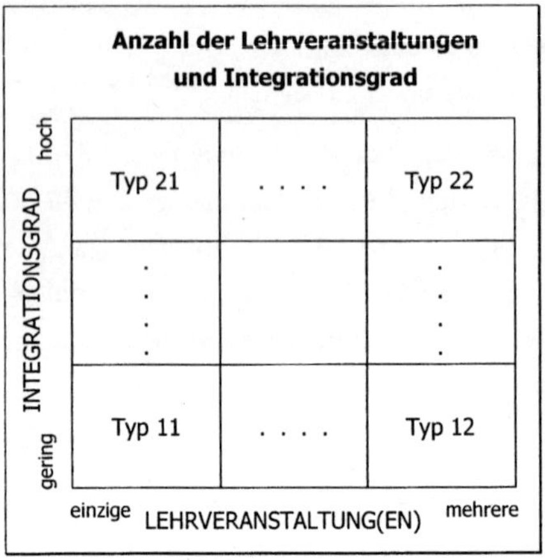

Abbildung 30: Implementierungsstrukturen
Quelle: Weihe/ Klenger/ Plaschka u.a. (1991), S. 284 und 289.

Zieht man zusätzlich das Kriterium der Anzahl der Lehrveranstaltungen heran, ergibt sich eine Matrix aus Integrationsgrad und Anzahl der Lehrveranstaltungen (vgl. Abbildung 30). Da das vorgeschlagene Gesamtmodell einer Entrepreneurship Education aus mehreren aufeinander abgestimmten Kursen besteht, ist eine Implementierung vom Typ 22 anzustreben, bestehend aus einem hohen Integrationsgrad mehrerer Veranstaltungen. Dieser Typ repräsentiert den „ideal state" der Implementierung einer Unternehmerausbildung in die Hochschulstrukturen.[652]

Für die konkrete organisatorische Einbindung des Ausbildungsprogramms für Entrepreneure in die Hochschulstrukturen existieren mehrere Möglichkeiten, die ausgehend vom organisatorischen Aufbau des wissenschaftlichen Bereichs einer Hochschule erarbeitet werden (vgl. Abbildung 31).[653]

---

[651] Vgl. Weihe/ Klenger/ Plaschka u.a. (1991), S. 283ff. und Plaschka/ Welsch (1990), S. 63ff.

[652] Vgl. Weihe/ Klenger/ Plaschka u.a. (1991), S. 286.

[653] Andere Bereiche der Hochschule, wie z.B. die Zentralverwaltung, werden nicht berücksichtigt, da sie für die organisatorische Einbindung eines Entrepreneurship Education Programms in Forschung und insbesondere Lehre nicht von Interesse sind.

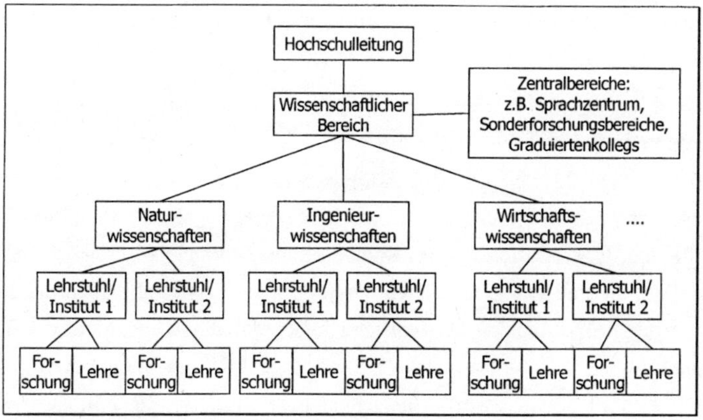

Abbildung 31: Organisatorischer Aufbau einer Hochschule

Im wissenschaftlichen Bereich einer Hochschule, d.h. dem Aufgabenfeld einer Hochschule, welches sich mit Forschung und Lehre beschäftigt, ist eine divisionale Organisationsstruktur vorzufinden.[654] Die Unterteilung erfolgt nach der inhaltlichen Ausrichtung der Fächer z.B. in natur-, ingenieur- und wirtschaftswissenschaftliche Fachbereiche.[655] Diese Organisationseinheiten sind meist in sich geschlossen und kooperieren kaum mit anderen Fakultäten.[656] Jeder dieser Fachbereiche ist in Lehrstühle und/ oder Institute aufgegliedert, die auf ihrem Fachgebiet die Aufgaben Forschung und Lehre übernehmen.[657] Daneben existieren noch Zentralbereiche, die keiner der Fakultäten angegliedert sind, da sie eine fachübergreifende Ausrichtung besitzen. Dazu können Sonderforschungsbereiche oder Graduiertenkollegs zählen. Auch ein Sprachzentrum, welches für alle Hochschulmitglieder Sprachkurse anbietet, ist als Zentralbereich zu klassifizieren.

Bei dieser Organisationsform ist zu berücksichtigen, daß es sich dabei lediglich um den strukturellen Aufbau handelt, der im Gegensatz zu privatwirtschaftlichen Unternehmen keine ausgeprägten Weisungsbefugnisse, z.B. zwischen Zentral- und Geschäftsbereichen, beinhaltet. Hierarchische Über- und Unterordnungen sind im akademischen Bereich ausschließlich lehrstuhlintern gegeben, so daß Entscheidungen de-

[654] Vgl. zur divisionalen Organisationsstruktur Krüger (1994), S. 100ff. und Bühner (1994), S. 124ff.
[655] Diese grobe und unvollständige Unterteilung ist ausreichend, um die Einbindung eines Entrepreneurship Education Programms an Hochschulen mit technologieorientierter Ausrichtung zu verdeutlichen.
[656] Vgl. Brinckmann (1998), S. 53 und Hasse (1996), S. 81.
[657] Zur Kritik an dieser Organisationsstruktur vgl. Brinckmann (1998), S. 47ff. und 127ff.

zentral nach dem Prinzip der Selbstabstimmung unter Gleichgestellten getroffen werden.[658]

Für die Einbindung von Entrepreneurship Education Maßnahmen in derartige Hochschulstrukturen sind mehrere Variationen denkbar. Die erste Möglichkeit besteht in der Integration von Entrepreneurship Education in das Lehrangebot der Wirtschaftswissenschaften (vgl. Abbildung 32). Dabei bieten die einzelnen Lehrstühle für Steuern, Marketing, Organisation etc. im Rahmen ihres Lehrangebots zusätzliche Veranstaltungen an, die auf den Vorlesungen des jeweiligen Faches aufbauen und sich auf gründungsspezifische Aspekte konzentrieren. Diese Methode entspricht der üblichen Handhabung von Entrepreneurship Education an US-amerikanischen Business Schools.[659] Diese Vorgehensweise wird jedoch dem multidisziplinären, ganzheitlichen Charakter der Entrepreneurausbildung in keiner Weise gerecht, da ausschließlich betriebswirtschaftliches Know-how Gegenstand der Veranstaltungen ist. Weiterhin wird damit von potentiellen Gründern verlangt, sämtliche regulären Vorlesungen der Betriebswirtschaftslehre zu besuchen. Daher kommt diese Vorgehensweise allenfalls für Wirtschaftswissenschaftler in Betracht, nicht jedoch für Gründer aus naturwissenschaftlich-technischen Fakultäten. Es kann schließlich davon ausgegangen werden, daß ein hoher Integrationsgrad der Ausbildung in die Hochschule nicht erreicht wird.

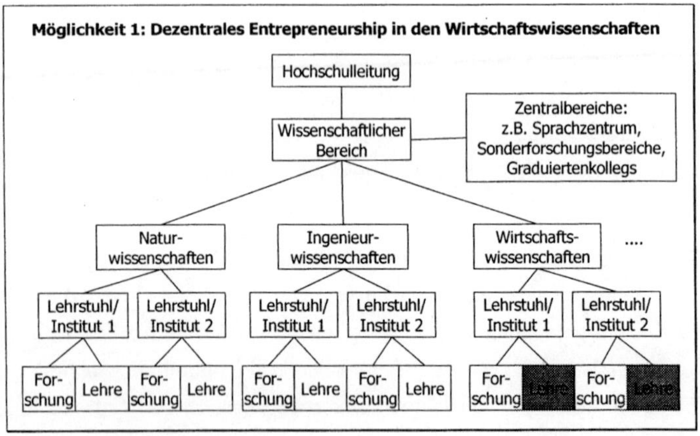

Abbildung 32: Dezentrales Entrepreneurship in den Wirtschaftswissenschaften

---

658 Vgl. Müller-Böling (1997), S. 606f. Aktuelle Entwürfe für Hochschulgesetze sehen jedoch eine Stärkung der Weisungsbefugnisse der Hochschulpräsidenten und Dekane vor, wodurch das Kollegialitätsprinzip abgelöst wird, vgl. Schwarzburger (1999) zum Entwurf des Hochschulgesetzes für das Bundesland Brandenburg.

659 Vgl. Lück/ Böhmer (1994), S. 409.

Die zweite Möglichkeit beinhaltet die Verankerung von Entrepreneurship Education in der Lehre der verschiedenen Fachbereiche, was aufgrund der Freiheit von Forschung und Lehre jedoch nur in Absprache mit den Fachbereichen realisiert werden kann (vgl. Abbildung 33). Beispielhaft seien hier die Kurse zum Entrepreneurship an der Fachhochschule Hildesheim/ Holzminden genannt, die als Wahlpflichtfach im Rahmen des Studiengangs Forstwirtschaft gewählt werden können, um Forstwirtschaftsstudenten für die Selbständigkeit als berufliche Alternative zu sensibilisieren und zu mobilisieren. Die Veranstaltungen bestehen aus den Teilelementen Existenzfindung, -gründung und -sicherung mit weitgehend betriebswirtschaftlichen Inhalten.[660] Derartige Ausbildungsangebote sprechen jedoch wiederum nicht für eine systematische Integration von Entrepreneurship Education vom Typ 22 in die Hochschulstrukturen. Vielmehr beruhen sie meist auf der anerkennenswerten Initiative einzelner Hochschullehrer, die ihren Studenten Gründergeist vermitteln wollen, treten daher aber nur sporadisch und vor allem unkoordiniert auf. Da viele Ausbildungsinhalte für Gründer verschiedener Fachbereiche gleich sind, werden durch die Dezentralisation Redundanzen geschaffen. Schließlich können Vorteile durch Arbeitsteilung und Spezialisierung nicht realisiert werden.[661] Daher wird im folgenden die Möglichkeit einer zentralen Entrepreneurship Ausbildung diskutiert, die jedoch in ihrem Lehrplan neben den Inhalten, die sich für alle Gründer ähneln, die Besonderheiten der einzelnen naturwissenschaftlich-technischen Fächer berücksichtigen sollte.

[660] Vgl. Bombosch (1998).

[661] Dies sind die häufig genannten Vorzüge einer funktionalen Organisationsstruktur, vgl. Krüger (1994), S. 96f.

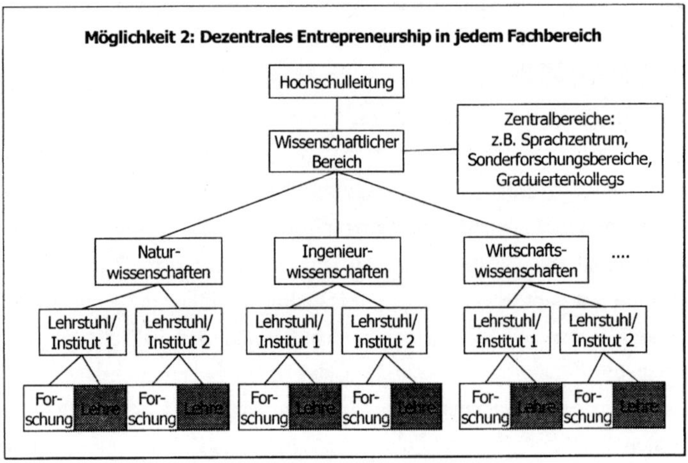

Abbildung 33: Dezentrales Entrepreneurship in jedem Fachbereich

Vor diesem Hintergrund stellt die Etablierung eines eigenen Instituts/ Lehrstuhls für Entrepreneurship einen geeigneten Ansatz dar. Dem Institut obliegt die Aufgabe, das interdisziplinäre Entrepreneurship Education Programm anzubieten und alle damit verbundenen Aktivitäten auszuführen und zu koordinieren, bspw. die Integration von Gastreferenten aus der Praxis in das Curriculum. Wie jedes andere Institut kann es gleichzeitig Forschungsaktivitäten im Bereich des Entrepreneurship entwickeln, deren Ergebnisse in die Lehre einfließen können. Für diese Zwecke muß das Institut personell mit einer Institutsleitung, Verwaltungsangestellten, multidisziplinären Dozenten (schwerpunktmäßig für Lehraktivitäten) sowie multidisziplinären wissenschaftlichen Mitarbeitern (schwerpunktmäßig für Forschungsaktivitäten) ausgestattet sein. Weiterhin müssen Mittel zur Vergütung von Gastreferenten zur Verfügung stehen. Auf diese Weise erreicht das Entrepreneurship Institut eine ganzheitliche, praxisnahe Unternehmerausbildung. Durch die Bündelung sämtlicher Aktivitäten in einer Organisationseinheit können Spezialisierungsvorteile durch Arbeitsteilung realisiert werden.[662]

Das Institut kann dabei entweder an eine Fakultät, z.B. an den wirtschaftswissenschaftlichen Fachbereich, angegliedert werden[663] (vgl. Abbildung 34) oder es wird als Zentralbereich eingerichtet und damit fachbereichsübergreifend implementiert (vgl. Abbildung 35). Durch eine Verankerung in einem Fachbereich besteht aufgrund des Einflusses der Fakultät die Gefahr, daß die Ausbildung eine einseitige Ausrichtung

[662] Vgl. Bühner (1994), S. 111.

[663] Diese Vorgehensweise wird in den meisten Fällen angestrebt, vgl. Gronwald (1999), S. 278.

erhält.[664] Deshalb ist darauf zu achten, daß Entrepreneurship Education durch die Einbindung in die Wirtschaftswissenschaften nicht auf die betriebswirtschaftliche Dimension reduziert wird.[665] Vielmehr muß durch geeignete Personalauswahl sowie Kooperationen mit anderen Fachbereichen eine interdisziplinäre Ausrichtung hergestellt werden. Diese Argumentation gilt analog für eine Angliederung eines derartigen Instituts an technisch-naturwissenschaftliche Fakultäten, wie es z.B. an der Universität Karlsruhe praktiziert wird.[666] In diesem Fall darf Entrepreneurship Education nicht zu technologielastig gelehrt werden.

Abbildung 34: Angliederung eines Entrepreneurship Instituts an die Wirtschaftswissenschaften

Die Etablierung eines Entrepreneurship Instituts als Zentralbereich vermeidet die Gefahr der einseitigen Unternehmerausbildung, da das Institut keiner Fakultät angegliedert ist, sondern bereichsübergreifend verankert wird. Der Vorteil besteht in einer größeren Eigenständigkeit gegenüber den Interessen einzelner Fakultäten. Das Institut kann daher eine unabhängige, eigenständige Problemlösungsperspektive entwickeln, die sich an den Anforderungen aller Fachbereiche orientiert, die mit Entrepreneurship Education angesprochen werden. Daher ist die Institutionalisierung als Zentralbereich in der Hochschule zu empfehlen, nicht zuletzt auch aus der Erkenntnis, daß Zentralbe

---

[664] Vgl. Kreisel (1995), S. 108.
[665] Vgl. dazu Faltin (1998), S. 3.
[666] Vgl. Pressestelle Universität Karlsruhe (1998) und Gronwald (1999), S. 278.

reiche eine hohe Wertschätzung der Organisation gegenüber dem betreffenden Aufgabenkomplex symbolisieren, was einen hohen Integrationsgrad impliziert.[667]

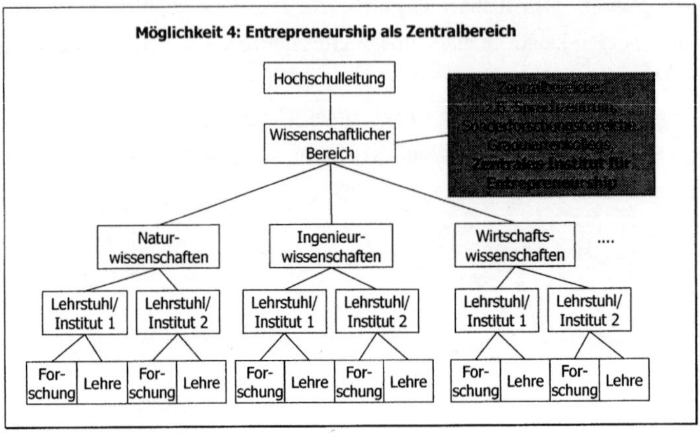

Abbildung 35: Entrepreneurship Institut als Zentralbereich

Abschließend soll die Einbindung eines Entrepreneurship Instituts in eine neue Organisationsstruktur der Hochschule aufgezeigt werden, wie sie in jüngster Zeit verstärkt gefordert wird. BRINCKMANN stellt fest, daß bislang fälschlicherweise davon ausgegangen wurde, daß aus der Einheit von Forschung und Lehre zwangsläufig der Fachbereich als für alle Fächer gleiche organisatorische Grundeinheit resultiert. Mit der gleichzeitigen Ausrichtung der Fachbereiche auf die Anforderungen der Lehre sowie der Forschung seien die Fachbereiche jedoch überfordert. Die Hochschulstruktur müsse sich vielmehr an den Merkmalen der Arbeitsaufgaben und -prozesse orientieren. Diese Prozeßorientierung fällt jedoch für die Aufgaben Forschung und Lehre unterschiedlich aus, da die beiden Kernaufgaben höchst unterschiedliche organisatorische Ausgestaltungsmaßnahmen erfordern.[668] Daher wird vorgeschlagen, die divisionale Struktur der Fachbereiche aufzugeben und durch eine funktionale Trennung in die Bereiche Forschung und Lehre zu ersetzen (vgl. Abbildung 36).[669]

Die Lehre wird dabei in Studiengänge unterteilt, die wie bisher weitgehend unidisziplinär und unabhängig voneinander konzipiert sind. In jedem Studiengang werden diejenigen Lehrstühle zusammengefaßt, die Inhalte lehren, die in diesem Fach benötigt

---

667 Vgl. Kreisel (1995), S. 108.

668 Vgl. Brinckmann (1998), S. 129 und Amrhein (1998), S. 118f.

669 Vgl. Müller-Böling (1997), S. 612f. und Müller-Böling/ Küchler (1997), S. 666f. Eine derartige Struktur ist an der Technischen Universität Hamburg-Harburg bereits realisiert, vgl. dazu Amrhein (1998), S. 118ff.

werden. Die an einem Studienfach beteiligten Lehrstühle bilden dabei eine Organisationseinheit Lehre. Studiendekane übernehmen das Management der Studiengänge. Der Forschungsbereich dagegen ist in multidisziplinär besetzte Forschungsprogramme untergliedert, was den Forderungen der Gesellschaft nach flexiblen, interdisziplinären Problemlösungen entgegenkommt.[670] In diesen Forschungsprogrammen finden sich immer die Lehrstühle zusammen, die gemeinsam an einem Problem forschen. Auf diese Weise bilden sich Organisationseinheiten Forschung. Bei hoher Forschungsdynamik sind diese Strukturen ständigen Fluktuationen unterworfen, so daß sich jeweils virtuelle Teams zur Lösung einer Aufgabe bilden, die sich nach erfolgter Problemlösung wieder trennen.[671] Der in der Gesellschaft zu beobachtende Trend zur Virtualisierung hält damit auch in die Hochschulen Einzug.

Jeder Lehrstuhl bzw. jedes Institut ist auf diese Weise Mitglied mindestens einer Organisationseinheit Lehre und mindestens einer Organisationseinheit Forschung, so daß sich eine duale Organisationsstruktur ergibt. In der kleinsten Organisationseinheit Lehrstuhl bzw. Institut vereinigen sich damit die Aufgaben Forschung und Lehre.[672] Diese Matrixorganisation ermöglicht eine wesentlich prozeßorientiertere Gestaltung der Aktivitäten und vermeidet die Überforderung von Fachbereichen, die sich aus organisatorischen Anpassungsmaßnahmen an unterschiedliche Aufgabenstellungen ergibt.

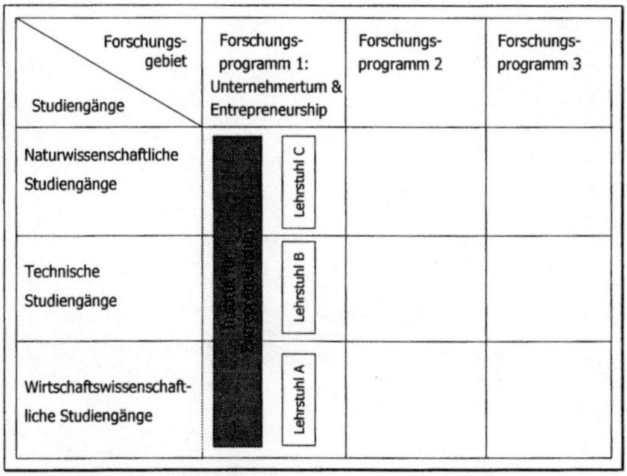

Abbildung 36: Implementierung von Entrepreneurship Education in eine funktionale Organisationsstruktur

---

[670] Vgl. Müller-Böling (1997), S. 613.

[671] Vgl. dazu Krystek/ Redel/ Reppegather (1997), S. 46ff. und Lipnack/ Stamps (1997). Siehe auch Amrhein (1998), S. 120.

[672] Vgl. Müller-Böling/ Küchler (1997), S. 667.

Falls Entrepreneurship Education im Rahmen einer derartigen Neuorganisation als Wahlpflichtfach in verschiedenen Studiengängen etabliert wird, ist ein Entrepreneurship Institut Mitglied aller beteiligten Lehr-Organisationseinheiten. Ist eine Unternehmerausbildung dagegen auf freiwilliger Basis ohne prüfungsrechtliche Relevanz konzipiert, wäre das Institut zwar kein Mitglied dieser Studiengänge, würde jedoch trotzdem fachübergreifend ein Ausbildungsangebot bereitstellen. Auf der anderen Seite könnte ein Entrepreneurship Institut Mitglied eines Forschungsbereichs Unternehmertum und Entrepreneurship sein, in welchem es mit anderen Lehrstühlen verschiedenster Ausrichtungen interdisziplinäre Forschungen betreibt, die wiederum in die Lehre einfließen können. Gerade diese Umstrukturierung des Forschungsbereichs ermöglicht einem interdisziplinären Forschungsgebiet wie Entrepreneurship einen wesentlich flexibleren Handlungsspielraum durch die Möglichkeit der Zusammenstellung virtueller Forschungsteams, was sich wiederum positiv auf die Qualität der Lehre auswirkt. Daher bestehen für Entrepreneurship Forschung und Ausbildung innerhalb dieser vorgeschlagenen Umstrukturierung ausgezeichnete Entfaltungsmöglichkeiten.

8 Entrepreneurial Support

Die nächste Stufe des Konzepts zur Förderung von Spin-off-Gründungen beinhaltet die Maßnahmen im Bereich des Entrepreneurial Support. Während die Entrepreneurship Education Gründungsinteressierte ausbildet, fokussiert der Entrepreneurial Support diejenigen, die sich tatsächlich zur Gründung eines Spin-offs entschlossen haben. Daher handelt es sich um die Art von Gründungsförderung, die den höchsten Grad an Spezifität und Individualität aufweist.

Mit erfolgter Unternehmensgründung dehnen sich die Aktivitäten, die vorher nur in der Sphäre des Spin-off-Gründers selbst angesiedelt waren, auf die geschäftliche Umwelt des Gründers aus. Er benötigt nun infrastrukturelle Leistungen des Unternehmensumfelds, wie Kapital, Labor- und Produktionsflächen, Beratungs-Know-how etc. Die Hochschule als Teil dieser Umgebung kann dabei mit Entrepreneurial Support behilflich sein. Darunter werden Maßnahmen bzw. Einrichtungen gefaßt, die den Gründern bei der realen Umsetzung ihrer unternehmerischen Idee helfen und damit dem Konzept des „Sponsored-Spin-off" entsprechen. Die Maßnahmen müssen dabei geeignet sein, die Unternehmer in den verschiedenen Phasen des Gründungsprozesses bei der Bewältigung der anfallenden Problemstellungen zu unterstützen.

Ziel eines Entrepreneurial Support Programms ist es nicht, den Gründern die anfallende Arbeit sowie die unternehmerische Verantwortung abzunehmen. Förderaktivitäten dürfen insbesondere nicht dazu führen, daß lebensunfähige Neugründungen durch Unterstützung aller Art über einen langen Zeitraum hinweg künstlich vor dem Konkurs bewahrt werden. Vielmehr müssen Spin-off-Gründer sich von Anfang an als Unternehmer verstehen mit der Zielsetzung, Leistungen an Kunden zu verkaufen und nicht, maximale Förderung von allen Seiten zu erhalten.

Auf diesem oftmals beschwerlichen Weg können Hochschulen durch flankierende Maßnahmen dennoch helfen. Zu diesem Zweck hat sich an Hochschulen bereits ein Instrumentarium herausgebildet, dessen Elemente in der Literatur bislang jedoch nur in Ansätzen und dann lediglich unzusammenhängend sowie isoliert voneinander betrachtet wurden. Sie werden im Rahmen dieser Arbeit im Ansatz des Entrepreneurial Support vereint und in den folgenden Kapiteln systematisch analysiert. Durch die Verankerung sowohl von Entrepreneurship Education als auch von Entrepreneurial Support in der Wettbewerbsprozeßtheorie orientiert sich diese Analyse systematisch an den Anforderungen, die der Wettbewerb an Spin-off-Gründer stellt, so daß eine konsequente theoriegeleitete Aufarbeitung der verschiedenen Fördermaßnahmen erfolgt. Zu diesem Instrumentarium zählen insbesondere

1) Infrastruktur für F&E-Arbeiten, wie Verfügungszentren, die den Gründern preiswerte Labor- und Produktionsflächen sowie Apparaturen zur Verfügung stellen und weiterhin Möglichkeiten zur Inanspruchnahme von Ausstattung und Geräten der Hochschule,
2) eine Patentpolitik, die den Gründern die Möglichkeiten einer Patentierung ihrer Forschungsergebnisse erleichtert, sowie
3) betriebswirtschaftliche Coaching-Programme, bei denen die Gründer durch Beratung unterstützt werden und
4) Kontaktnetzwerke zu wichtigen, außerhalb der Hochschule befindlichen Geschäftspartnern, insbesondere Kapitalgebern.[673]

Die einzelnen Elemente werden im folgenden vertieft, um die Möglichkeiten der Hochschulen zur konkreten Spin-off-Unterstützung detailliert herauszuarbeiten.

8.1 Infrastruktur für F&E-Aktivitäten

Das Leistungsangebot, mit dem Spin-offs am Markt auftreten, basiert auf neuen Technologien, die an Hochschulen im Rahmen von Aktivitäten der Grundlagenforschung entwickelt werden. Diese Technologien gehen durch einen Technologietransferprozeß auf die Spin-offs über, die daraus durch angewandte Forschung und Entwicklung eine technologische Innovation und damit ein marktfähiges Leistungsangebot generieren. Diese Weiterentwicklung zu Produkten und Verfahren ist jedoch nicht innerhalb der Institute und Lehrstühle machbar, da es nicht zu deren Kernaufgaben gehört. Sie müssen sich vielmehr wieder neuer Grundlagenforschung zuwenden.[674]

Aus diesem Grund sind Spin-off-Gründer für die Weiterentwicklung von Forschungsergebnissen oftmals gezwungen, die Institute und Lehrstühle zu verlassen und sich anderweitig um Labor- und Forschungseinrichtungen zu bemühen. Da Spin-offs sich zu diesem Zeitpunkt jedoch noch in der Vorgründungsphase befinden, können sie sich mangels Umsätzen keine teuren Räumlichkeiten und Einrichtungen leisten. Kapitalgeber sind oftmals auch erst dann zur Vergabe von Krediten oder Beteiligungskapital in

---

673 Vgl. auch ein ähnliches support system bei Morrison/ Wetzel (1991), S. 118 und Allen/ Norling (1991), S. 86f.

674 Vgl. Wohllaib (1998).

größeren Summen bereit, wenn das Erreichen einer marktreifen Leistung absehbar ist und nicht lediglich eine Technologie oder Idee vorliegt.[675] Zwischen den Ergebnissen der Grundlagenforschung und dem Markteintritt mit marktfähigen Leistungsangeboten liegt demnach ein F&E-Vakuum, welches die Gründung von Spin-offs behindert[676] (vgl. Abbildung 37).

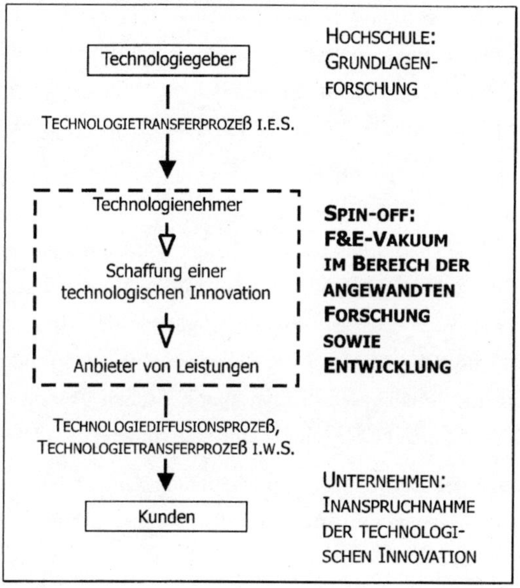

Abbildung 37: F&E-Vakuum

Wie aus Abbildung 37 ersichtlich ist, werden die neuen Technologien auf den Spin-off transferiert, der daraus eine technologische Innovation kreiert, die er schließlich vermarktet. Das F&E-Vakuum ist dabei im Prozeß des Schaffens einer marktfähigen Leistung angesiedelt.

Dieses Defizit können Hochschulen in erster Linie dadurch ausgleichen, daß sie Spin-off-Gründern Labor- und Produktionsflächen zu günstigen Konditionen zur Verfügung stellen. Bei dieser Maßnahme handelt sich meist um sogenannte Verfügungs-, Gründer- oder Innovationszentren im Einflußbereich der Hochschule. Darunter versteht man eine

[675] Ähnlich argumentieren die Kunden der Spin-off-Gründer, vgl. Wohllaib (1998).
[676] Vgl. Emmerich (1998a) und o.V. (1997h).

„[...] bauliche Anlage [...], die für Produktentwicklungen aus der anwendungsorientierten Forschung zur Verfügung gestellt wird und deren Besetzung mit Wissenschaftlern nach einem internen Abstimmungsprozeß durch die Universität geschieht.“[677]

Die Gründer ziehen dabei besonders aus den niedrigen Mieten Nutzen.[678] Ziel ist es, die F&E-Lücke, die noch vor der Gründung und dem Markteintritt besteht, zu schließen. Innovations- oder Verfügungszentren erleichtern den Gründern damit vor allem vom technischen Standpunkt die Gründungsvorbereitung. Technologieorientierten Gründern wird auf diese Weise besonders geholfen, da kommunale oder regionale Einrichtungen oft nur Büroflächen und keine Laborräume anbieten.[679]

Auch die Hochschulinstitute profitieren von einer engen technologischen Anbindung der Spin-off-Gründer an die Hochschule. Sind die Spin-offs in sowohl räumlich als auch organisatorisch hochschulnahen Forschungs- und Entwicklungseinrichtungen untergebracht, ist ein erhöhter Erfahrungs- und Informationsaustausch mit den Ausgründungen zu erwarten. Diese Rückflüsse ermöglichen den Hochschulinstituten ein Feedback über die Umsetzbarkeit ihrer Forschungsergebnisse in Produkte und Verfahren und verringern die intellektuelle Entfernung zwischen Theorie und Praxis. Auf diese Weise wird die zukünftige Forschung an Hochschulen positiv beeinflußt.[680]

Die Vorgehensweise der Einrichtung von Verfügungszentren wird besonders in der englischsprachigen Literatur befürwortet, die auf größere Erfahrungen mit Spin-off-Unterstützung vor allem an US-amerikanischen Hochschulen zurückgreifen kann. So haben sich an vielen Hochschulen der Vereinigten Staaten bereits derartige Zentren herausgebildet, in denen die F&E-Aktivitäten von Spin-off-Gründern gebündelt werden.[681]

Doch auch an deutschen Hochschulen sind Bestrebungen anzutreffen, Verfügungszentren einzurichten. Als Beispiel ist hier die Bayerische Julius-Maximilians-Universität Würzburg zu nennen. Eingebettet in die Initiative Biomed-Tech-Franken, die die Biomedizin-Technik Frankens international fördert, ist die Errichtung eines Verfügungszentrums BioMed in Vorbereitung, welches Firmengründern der Universität Würzburg insbesondere aus dem biomedizintechnischen Bereich Räumlichkeiten

---

[677] o.V. (1996b). Siehe auch Klein (1997), S. 92.

[678] Außerhalb der Hochschulen ist diese Vorgehensweise in sogenannten Technologie- und Gründerzentren bereits teilweise verwirklicht, vgl. Groothuis (1999), S. 76, Seeger (1997), S. 42 und Clapham/ Scholz-Bappert (1986), S. 20ff.

[679] Busemann/ Vitt (1998).

[680] Vgl. o.V. (1997h) und Heidrich (1997), S. 47f.

[681] Vgl. Morrison/ Wetzel (1991), S. 122f. und Allen/ Norling (1991), S. 87. Siehe auch Kowalski (1991) als Beispiel für ein außerhochschulisches Konzept.

offeriert. Die Finanzierung des Bauvorhabens wird dabei zu 100 Prozent vom Freistaat Bayern übernommen. Die gute Zusammenarbeit zwischen der Universität Würzburg und dem Freistaat, der Stadt und dem Landkreis Würzburg sowie der IHK hat die Hochschule in die Lage versetzt, die F&E-Lücke der Spin-off-Gründer zu schließen und ihnen eine gute technologische Gründungsvorbereitung zu ermöglichen.[682]

Eine Trägerschaft, über die im Würzburger Fall noch diskutiert wird, muß nicht immer in den Händen der Hochschule selbst liegen. Beispielsweise hat die Universität von New Hampshire die Trägerschaft für ein in ihrem Eigentum befindliches Verfügungszentrum an eine private Gesellschaft abgegeben, um nicht die Verantwortung tragen zu müssen, gescheiterte Spin-offs aus den Räumen zu verweisen.[683] Auch das Technologiezentrum an der Universität Stuttgart, welches die Spin-off-Gründer nutzen können, wird von einer eigenen Gesellschaft verwaltet, an der die Universität Stuttgart eine Beteiligung hält.[684]

Die Gründer benötigen jedoch nicht ausschließlich Flächen und Räumlichkeiten für ihre Forschung und Entwicklungsaktivitäten. Auch der Erwerb technischer Geräte, Hard- und Software - mit einem Wort Ausstattung - liegt in der Phase der Gründungsvorbereitung meist außerhalb ihrer finanziellen Möglichkeiten. Hochschulen können den Spin-off-Gründern im Rahmen des Entrepreneurial Support die benötigte Ausstattung ebenfalls zur Verfügung stellen, da sie im allgemeinen über die notwendige technologische Infrastruktur verfügen.[685]

Organisatorisch gesehen besteht die Möglichkeit, diese Leistungen einerseits in die Verfügungszentren zu integrieren, d.h. fertig ausgestattete Räume zu vermieten oder die Ausrüstung in diesen Zentren als zentrale Einrichtungen für alle Mieter bereitzustellen. Die dadurch entstehenden Zusatzkosten können zusammen mit dem Mietzins erhoben werden.

Andererseits ist es möglich, beide Leistungen auch unabhängig voneinander anzubieten. Dies ist vor allem dann der Fall, wenn in den Hochschulinstituten selbst unausgelastete Apparaturen stehen, die in den Leerzeiten an Spin-off-Gründer vermietet werden. Eine Vergütungsstruktur ist dabei bereits für Hochschulangehörige etabliert, die eine Nebentätigkeit angemeldet haben und dafür Einrichtungen der Hochschule nut-

---

682 Vgl. o.V. (1999e).

683 Vgl. Morrison/ Wetzel (1991), S. 122f.

684 Vgl. Engler (1998). Siehe auch Klein (1997), S. 88f., der die mittlerweile veraltete Ansicht vertritt, Hochschulen könnten sich nicht an diesen Trägergesellschaften beteiligen.

685 Vgl. dazu Heidrich (1997), S. 48f. und Allesch/ Fiedler (1983), S. 108.

zen: Die meisten Bundesländer verlangen 5% der sich daraus ergebenden Bruttovergütung (Bruttobetrag inklusive Mehrwertsteuer) für die Inanspruchnahme der Hochschulausstattung.[686] Für Gründer, die sich noch in der Vorbereitungsphase befinden - sie müssen zunächst die F&E-Lücke schließen und erwarten mittelfristig noch keine Umsätze - muß jedoch eine andere Vergütungsregelung gefunden werden. So verweist beispielsweise die Universität des Saarlandes darauf, daß die Gründer ein „geringes Entgelt" für die Nutzung der apparativen Ausstattung der Universität zu leisten haben.[687] Besonders wichtig erscheint in diesem Zusammenhang eine eindeutig formulierte, rechtlich abgesicherte Kooperationsregelung zwischen der Hochschule und den Gründern.[688]

Durch die aufgezeigten Ansätze können Hochschulen dazu beitragen, das F&E-Vakuum auf dem Weg von der neuen Technologie zum marktreifen Produkt zu verringern bzw. zu schließen. Damit sind die technologischen Voraussetzung für den erfolgreichen Markteintritt der Spin-off-Gründer jedoch nicht abschließend gegeben. Vielmehr bedarf es noch der anschließenden Patentierung der F&E-Ergebnisse, um rechtlich geschützt zu sein, so daß unberechtigte Nachahmer den Spin-offs nicht die Geschäftsgrundlage entziehen können.

8.2 Patentpolitik

Die Patentierung ihrer Forschungsergebnisse stellt für Hochschulangehörige oftmals ein großes Problem dar, da sie mit diesem Aspekt des Rechtsschutzes innerhalb der Hochschule kaum vertraut gemacht werden.[689] Die Anmeldung von Patenten auf ihre Forschungsergebnisse ist für Spin-off-Gründer jedoch von enormer Bedeutung, da eine Nachahmung einer neu entwickelten technologischen Innovation durch einen Konkurrenten dem Spin-off-Unternehmen die Geschäftsgrundlage entziehen kann.[690]

Vor diesem Hintergrund können Hochschulen die Gründer mit Hilfe einer auf deren Bedürfnisse ausgerichteten Patentpolitik unterstützen. Eine derartige Vorgehensweise hat jedoch in enger Abstimmung mit der spezifischen Situation von Spin-off-Gründern

---

686 Vgl. Püttner/ Mittag (1989), S. 198ff.

687 Vgl. Brettar (1998).

688 Keinesfalls darf der Eindruck entstehen, die Hochschule bzw. das Institut vergibt freie Kapazitäten nach Belieben zu nicht kostendeckenden Preisen an nahestehende Personen oder Scheinfirmen, um finanzielle Engpaßsituationen zu entschärfen. Gegen diese Form der Marktverzerrung ist bereits in Einzelfällen Klage eingereicht worden, vgl. Busemann/ Vitt (1998).

689 Vgl. Schipanski (1998) und HRK (1997).

690 Vgl. Wallmark (1993), S. 212 und BMBF (1996), S. 41. Vgl. zur Forderung einer aktiven Haltung der Hochschulen im Bereich der Verwertung von Wissen auch Brinckmann (1998), S. 45ff.

aus Hochschulen sowie patentrechtlichen Fragestellungen zu erfolgen, worauf im folgenden eingegangen wird. Dabei stellt sich zunächst die Frage, ob die Erfinder ihre Ergebnisse aufgrund der weitverbreiteten Praxis der schnellen Veröffentlichung von Forschungsergebnissen überhaupt zum Patent anmelden können. Daran anschließend wird erörtert, wem die Rechte an der getätigten Erfindung und damit auch das Recht der Patentanmeldung zusteht. Aufbauend auf diesen Ergebnissen ist es möglich herauszuarbeiten, wie sich Hochschulen aktiv in die Patentierung der Forschungsergebnisse einbringen können.

8.2.1 Trade-off zwischen Veröffentlichung und Patentierung?

Patente besitzen eine wirtschaftliche Doppelfunktion. Zum einen schützen sie Ideen und Innovationen durch temporäre Eigentums- und exklusive Nutzungsrechte und ermöglichen es den Erfindern, sich Erträge aus deren wirtschaftlicher Verwertung anzueignen. Weiterhin ist die Informationsfunktion von Patenten zu nennen. Durch die Dokumentation von Patentanträgen und -schriften wird der aktuelle Stand der Forschung und Entwicklung umfassend publiziert. In anderen Medien werden 20% der wissenschaftlichen Erkenntnisse niemals veröffentlicht, weitere 70% erst nach fünf Jahren und lediglich in rudimentärer Form.[691] Andere Forscher können von dieser ausführlichen Patentliteratur profitieren, indem sie das Know-how abgelaufener Patente verwenden oder sich über bestehende Patente informieren, um Doppelforschung zu vermeiden und sich stattdessen auf andere Gebiete zu konzentrieren.[692] Auf diese Weise entsteht eine stimulierende Wirkung auf die Innovationsbemühungen von Forschern, indem auf bereits bekanntem Wissen weitere aufbauende Forschung betrieben wird.[693]

Gerade beim Aspekt der Informationsfunktion besteht jedoch die Problematik, daß Hochschulen bzw. Hochschulangehörige nicht warten können oder wollen, bis ihre wissenschaftlichen Erkenntnisse in der Patentliteratur veröffentlicht werden. Vielmehr sollen die Ergebnisse in der Tradition einer rein erkenntnisorientierten Hochschulforschung möglichst rasch in der Scientific Community publiziert werden.[694] Auf diese Weise kann jedoch ein Patentschutz nicht mehr erreicht werden, da eine vorherige Veröffentlichung der Erkenntnisse nicht zulässig ist.[695] Forscher stehen damit vor dem

---

691 Vgl. Kuhn (1990), S. 121.
692 Vgl. BMBF (1996), S. 15f.
693 Vgl. Corsten (1982), S. 430f. und Cohausz (1998), S. 35f.
694 Vgl. Seeling (1999), S. 8, Wettach (1998) und Weiner (1986), S. 34.
695 Vgl. BMBF (1996), S. 15 und Schipanski (1998), S. 25f.

Trade-off zwischen einer baldigen Publikation und der Inanspruchnahme gewerblicher Schutzrechte.

Dabei stellt sich die Frage, ob Forschungsergebnisse der Fachwelt schnell bekannt gemacht werden müssen. Ob ein Forscher diesbezüglich eine Veröffentlichungs*pflicht* oder ein Veröffentlichungs*recht* hat, wird kontrovers diskutiert. Manche Landeshochschulgesetze befürworten eine baldige Publikation der Erkenntnisse. Dennoch wird nirgends explizit gefordert, daß Forscher ihre Ergebnisse publik machen müssen, bevor ein Patent erteilt wurde, so daß auch Hochschulangehörige problemlos gewerbliche Schutzrechte in Anspruch nehmen können.[696] Oftmals sind sie jedoch auch an einer raschen Publikation interessiert.[697] Um diesem Spannungsfeld entgegenzuwirken, wird die Wiedereinführung der sogenannten Neuheitsschonfrist erwogen, die im deutschen Patentrecht bis Ende der siebziger Jahre bestand. Innerhalb dieser Frist von einigen Monaten darf der Forscher seine Erkenntnisse publizieren, ohne damit die Möglichkeit der Patenterteilung und damit der erfolgreichen Gründung eines Spin-offs zu verwirken.[698]

8.2.2 Inhaber der Rechte an der Erfindung

Bevor Patente angemeldet werden können, besteht jedoch die Frage, wem die Erfindung und damit die Berechtigung zur Patentierung zusteht. Spin-off-Gründer rekrutieren sich, wie in Kapitel 2 bereits ausgeführt, aus den unterschiedlichsten Personenkreisen: Studenten, akademischer Mittelbau, Professoren. Diese Personengruppen haben unterschiedliche Rechte an einer Erfindung, die durch die Tätigkeit an einer Hochschule entstanden ist.

Für Hochschulmitglieder, die Angestellte oder Beamte im öffentlichen Dienst sind, gelten die Vorschriften des Arbeitnehmererfindungsgesetzes. Darin wird zwischen Diensterfindungen und freien Erfindungen unterschieden. Bei Diensterfindungen handelt es sich entweder um Auftragserfindungen, die im Rahmen der Hochschultätigkeit entstanden sind, oder um Erfahrungserfindungen, die maßgeblich auf Erfahrungen, die während der Tätigkeit in der Hochschule gemacht wurden, beruhen. Da Spin-off-Unternehmen von Gründern ins Leben gerufen werden, die explizit auf Wissen und

---

[696] Vgl. die umfassende Aufarbeitung dieser Thematik bei Meusel (1990).

[697] Vgl. Cohausz (1998), S. 37ff. und Beier (1985), S. 118f.

[698] Vgl. Seeling (1999), BMBF (1996), S. 22f., BMBF (1997), S. 3 und HRK (1997). Dies wurde von BEIER bereits 1985 gefordert, vgl. Beier (1985), S. 119.

Erfahrungen zurückgreifen, welches sie an Hochschulen erworben haben,[699] trifft neben der Auftragserfindung insbesondere der Tatbestand der Erfahrungserfindung auf Spin-offs zu. Es stellt sich sogar die Frage, ob Erfindungen von Spin-offs selbst dann noch Diensterfindungen sind, wenn die Gründer bereits überwiegend im neugegründeten Unternehmen arbeiten. Alle anderen Erfindungen, die keine Diensterfindungen darstellen, sind freie Erfindungen.[700]

Diensterfindungen kann der Dienstherr (das Bundesland oder die Hochschule) unbeschränkt in Anspruch nehmen, so daß ihm das Recht auf das Patent sowie die Erträge aus der Verwertung zustehen. Er ist allerdings zur Zahlung einer Vergütung verpflichtet. Wenn der Dienstherr die Diensterfindung nicht fristgerecht unbeschränkt in Anspruch nimmt oder sie schriftlich freigibt, wird sie frei und alle Rechte liegen beim Erfinder. Eine andere Möglichkeit zur Inanspruchnahme der Erfindung durch die Hochschule besteht darin, daß die Rechte beim Erfinder verbleiben und die Hochschule am Ertrag beteiligt wird.[701] Dienstverhältnisse sind jedoch insbesondere bei Diplomanden nicht gegeben, so daß deren Erfindungen nicht von einer Hochschule beansprucht werden können.[702]

Eine Ausnahme von den Rechten der Hochschule an Diensterfindungen bildet auch das sogenannte Verwertungsprivileg der Hochschullehrer nach § 42 ArbEG. Danach handelt es sich bei Erfindungen von Professoren, Dozenten und wissenschaftlichen Assistenten (C1-Habilitationsstellen) um freie Erfindungen, über die die Erfinder verfügen können, selbst wenn diese im Rahmen des Dienstverhältnisses entstanden sind.[703] Diese Sonderregelung beruht auf der Freiheit von Forschung und Lehre. Von politischer Seite wird dadurch eine Anregung der Forschung erwartet.[704] Dabei kommt es immer wieder zu Abgrenzungsschwierigkeiten. Während die Bestimmung bei Professoren relativ leicht angewendet werden kann, wird die Abgrenzung von Dozenten und wissenschaftlichen Assistenten kontrovers diskutiert. Auch die Anwendbarkeit dieses Privilegs auf Hochschullehrer und Mitarbeiter an Fachhochschulen ist nicht eindeutig geklärt.[705] Lediglich die Nicht-Anwendung der Regelung auf wissenschaftli-

---

[699] Vgl. die Definition von Mahar/ Coddington (1965), S. 141, die dieser Arbeit zugrundegelegt wird.
[700] Vgl. Püttner/ Mittag (1989), S. 214 und Stmukwk/ Fraunhofer-Patentstelle (1998), S. 7-13.
[701] Vgl. Kraßer/ Schricker (1988), S. 28f. und Püttner/ Mittag (1989), S. 215f.
[702] Vgl. Ballhaus (1985), S. 152 und Kraßer/ Schricker (1988), S. 27.
[703] Vgl. Ballhaus (1985), S. 154.
[704] Vgl. Kraßer/ Schricker (1988), S. 33, Püttner/ Mittag (1989), S. 216f., Karpen (1990), S. 79 und Volmer/ Gaul (1983), S. 15 und S. 175.
[705] In Bayern bspw. werden auch Fachhochschulprofessoren zu dem Personenkreis gezählt, für den das Hochschullehrerprivileg gilt, vgl. Stmukwk/ Fraunhofer-Patentstelle (1998), S. 8.

che Mitarbeiter ist bislang rechtlich geregelt. Letztlich kommt es im Einzelfall auf die Aufgabendefinitionen für Hochschulbedienstete in den jeweiligen Hochschulgesetzen der Länder an.[706]

Zusammenfassend betrachtet, können Hochschulen lediglich über Diensterfindungen des wissenschaftlichen Mittelbaus verfügen. Die Rechte an Erfindungen von Studenten sowie von Professoren, Dozenten und wissenschaftlichen Assistenten stehen diesen Personengruppen direkt zu.

8.2.3 Entrepreneurial Support in Anlehnung an den Bayh-Dole-Act

Diese rechtliche Konstellation hat dazu geführt, daß die Hochschulen bislang eine passive Haltung zur Patentierung von Hochschulerfindungen einnahmen. Da die Rechte an der Erfindung in den meisten Fällen bei den Erfindern selbst lagen, sahen die Hochschulen keinen Handlungsbedarf.[707] Die Erfinder sind mit der eigenverantwortlichen Durchführung einer Patentierung oftmals zeitlich und finanziell überfordert, da Patentanmeldungen von hohen Kosten sowie einem langwierigen Patentierungsverfahren begleitet werden.[708] Aus diesem Grund werden Hochschulerfindungen zu selten als Patent angemeldet.

Hochschulen sind vor diesem rechtlichen Hintergrund dennoch in der Lage, Hilfestellung zu leisten. Beispielsweise können sie Kooperationsbeziehungen zu Patentanwälten aufbauen, die Sprechstunden an Hochschulen abhalten und die Spin-off-Gründer bezüglich Fragen der Patentierung beraten. Oftmals werden an Hochschulen auch Patentinformationszentren und -beratungsstellen eingerichtet, die kostenlose Beratung leisten.[709] Dennoch wird es sich oftmals nicht vermeiden lassen, zur tatsächlichen Patentanmeldung einen Patentanwalt kostenpflichtig zu konsultieren, da ein aufwendiges Patentierungsverfahren im Rahmen von Sprechstunden und Beratungen nicht durchführbar ist. Angebote wie das der Informations-Beratungs- und Kontaktstelle der Universität Karlsruhe (IBK), in welchem die Finanzierung der Patentkosten über einen

[706] Vgl. Becher/ Gering/ Lang u.a. (1996), S. 69ff.

[707] BECHER/ GERING/ LANG U.A. sind jedoch der Ansicht, daß das Hochschullehrerprivileg keinen ausreichenden Grund für die passive Haltung der Hochschulen liefert, vgl. Becher/ Gering/ Lang u.a. (1996), S. 71f.

[708] Vgl. Picot/ Laub/ Schneider (1989), S. 127ff., Maselli (1997), S. 79 und Deppisch (1998). Der Zeitraum zwischen der Anmeldung und Erteilung eines Patents kann bis zu 33 Monaten betragen, vgl. Wallmark (1993), S. 216. Andere Schätzungen gehen sogar von bis zu sieben Jahren aus, vgl. Schmoch/ Koschatzky/ Kulicke u.a. (1995), S. 126.

[709] Vgl. Schmoch/ Koschatzky/ Kulicke u.a. (1995), S. 127f. Diese Maßnahme wird auch von der Hochschulrektorenkonferenz empfohlen, vgl. HRK (1997).

Kooperationsvertrag mit der Patentstelle der Fraunhofer-Gesellschaft erfolgt, sind nicht häufig anzutreffen.[710]

Einen besseren Entrepreneurial Support könnten Hochschulen dann leisten, wenn die Rechtslage modifiziert wird. Aus diesem Grund wurde in den USA Anfang der achtziger Jahre der Bayh-Dole-Act erlassen. Das Gesetz soll den Erfindern die Erlangung gewerblicher Schutzrechte erleichtern und den Hochschulen Einnahmen sichern. Es sieht vor, daß den Hochschulen die Rechte an allen Erfindungen ihrer Assistenten und Professoren zustehen. Ein Hochschullehrerprivileg besteht damit nicht. Die Hochschulen führen die Patentberatung, -prüfung und -anmeldung durch. Sie sind zur Kommerzialisierung der Erfindungen sogar verpflichtet, wenn das Forschungsprojekt mit Haushaltsmitteln finanziert wurde. Den US-Hochschulen werden seit dem Inkrafttreten dieser Regelung jährlich 1.500 statt 250 Patente zugesprochen. Die Hochschulen lizensieren diese Patente dann entweder exklusiv an die Industrie oder an den Spin-off, der die Erfindung zum marktreifen Produkt weiterentwickelt. Eine weitere Variante besteht für die Hochschulen darin, sich direkt finanziell am Spin-off zu beteiligen, anstatt Lizenzgebühren zu verlangen. Die Hochschulen erwirtschaften in diesem Fall Einnahmen über Dividenden und über die Wertsteigerung ihrer Anteile.[711] Auf diese Weise wird eine Win-Win-Situation für Hochschule und Spin-off-Gründer geschaffen. Die Hochschulen erhalten Einnahmen und die Spin-off-Gründer müssen sich nicht um das aufwendige und kostspielige Verfahren der Patentierung kümmern, was den finanziellen und zeitlichen Aufwand für die Gründer senkt.[712]

Eine derartige Vorgehensweise bietet den Spin-off-Gründern vielfältige Unterstützung auf dem Gebiet der Patentierung und ist daher als Entrepreneurial Support Maßnahme hervorragend geeignet. Eine direkte Umsetzung dieser Maßnahmen ist jedoch aufgrund des im deutschen Recht immer noch vorhandenen Hochschullehrerprivilegs nicht möglich. Auch über die Erfindungen von Studenten können Hochschulen nicht verfügen. Eine Übertragung der Maßnahmen des Bayh-Dole-Acts auf deutsche Hochschulen ist dennoch kein unlösbares Problem, da die Erfinder den Hochschulen die Rechte an der Erfindung auch vertraglich abtreten können, falls sie die angebotenen Leistungen der Hochschulen in Anspruch nehmen möchten. BECHER/ GERING/ LANG

---

[710] Vgl. Schmoch/ Koschatzky/ Kulicke u.a. (1995), S. 127.

[711] Vgl. Haacke (1997), HRK (1997) und Cohausz (1998), S. 38. Zu einer historischen Entwicklung des US-amerikanischen Patentwesens vgl. Weiner (1986).

[712] Vgl. Maselli (1997), S. 78. Die quantitative Bedeutung von Spin-offs bei der Verwertung von Patenten ist dabei als sehr hoch einzuschätzen: einer Untersuchung von WALLMARK zufolge werden 50% der Patente aus Hochschulen zur Gründung eines Spin-offs benutzt, vgl. Wallmark (1997).

U.A. fanden im Rahmen ihrer Untersuchung heraus, daß eine derartige Bereitschaft durchaus vorhanden ist. Die Hochschullehrer wären sogar bereit, auf ihr Verwertungsprivileg gänzlich zu verzichten, wenn Hochschulen eine aktive Patentpolitik betreiben würden.[713] Das Hochschullehrerprivileg trägt damit nur bedingt zu mehr Unternehmensgründungen und verstärktem Technologietransfer bei und wird durch die zunehmende Bereitschaft der Erfinder, die Rechte abzutreten, immer stärker relativiert.[714]

Hochschulen können zur Umsetzung dieser Maßnahmen Patentzentren einrichten oder die Technologietransferstellen mit der Erfüllung dieser Aufgabenstellung beauftragen. Die Hochschulrektorenkonferenz empfiehlt diesbezüglich die Initiierung einer auf Gewinnerzielung ausgerichteten Verwertungseinrichtung. Diese sollte als GmbH geführt werden und der entsprechenden Hochschule angegliedert sein.[715] In Deutschland existieren bereits vielversprechende Ansätze für eine aktivere Rolle der Hochschulen im Prozeß der Patentierung von Erfindungen und damit der Unterstützung von Spin-offs, wie z.B. die Maßnahmen an der Universität Dresden, die dem Bayh-Dole-Act nachempfunden sind,[716] oder das baden-württembergische Technologie-Lizenz-Büro, welches als Nachfolger der IBK die Patentierung und Lizensierung von Erfindungen landesweit vorantreibt.[717] Auch von staatlicher Seite bemüht man sich, eine offensivere Innovations- und Patentpolitik zu betreiben, z.B. durch das INSTI-Projekt des BMBF (Innovationsstimulierung der deutschen Wirtschaft durch wissenschaftlich-technische Information).[718] Diese Maßnahmen müssen weiter verstärkt werden, um mehr technologisches Know-how aus Hochschulen über Spin-offs in die Wirtschaft zu tragen.

8.3 Managementberatung und -unterstützung

Spin-off-Gründer sind über die Phasen der Unternehmensgründung hinweg ständig mit betriebswirtschaftlichen und administrativen Fragestellungen konfrontiert.[719] In der Konzeptionsphase müssen sie zunächst einen Businessplan erstellen. Anschließend gilt es, den internen Organisationsaufbau zu bewältigen sowie Beziehungen zu Marktpart-

---

[713] Vgl. Becher/ Gering/ Lang u.a. (1996), S. 129.
[714] Vgl. HRK (1997).
[715] Vgl. HRK (1997).
[716] Vgl. Horstkotte (1999) und Müller (1994). Siehe auch Berg (1999a).
[717] Vgl. Wettach (1998) und Schmoch/ Koschatzky/ Kulicke u.a. (1995), S. 126.
[718] Vgl. BMBF (1996), S. 51ff. und BMBF (1997), S. 17ff.
[719] Siehe dazu auch Müller-Böling/ Kirchhoff (1991), S. 231.

nern aufzunehmen. Mit besonders wichtigen Aspekten, wie Marketing und auch Finanzierung, ist der Gründer ständig konfrontiert. Da er mit diesem Aufgabenspektrum nicht von vorneherein vertraut ist, muß er konsequent lernen und Erfahrungen sammeln.

Die genannten Problemstellungen sind auch Gegenstand der Entrepreneurship Education. Während diese Ausbildung den Gründern jedoch allgemein betriebswirtschaftliches, juristisches und administratives Know-how vermittelt, geht es im Rahmen des Entrepreneurial Support um die konkrete Beratung und Unterstützung bezogen auf den speziellen Fall des einzelnen Gründers, der sein persönliches Gründungsvorhaben durchführt. Da gerade technologieorientierte Gründer in diesem Zusammenhang wenig Erfahrungen als Manager und Eigentümer einer neugegründeten Unternehmung vorweisen können, sind sie auf externe Partner angewiesen, deren Aufgabe in der Förderung und Beratung junger Gründer liegt.[720] Untersuchungen zufolge ist es für die Gründer dabei wichtig, ihre Probleme als solche überhaupt erst zu erkennen, um Beratungsleistungen nachzufragen. Vielfach werden Problemstellungen erst dann wahrgenommen, wenn sie nicht mehr alleine gelöst werden können. Diese Vorgehensweise ist jedoch suboptimal, da die Inanspruchnahme einer Beratung auch bei den Problemen zu besseren Ergebnissen führen kann, die der Gründer glaubt, selbständig bewältigen zu können. Daher müssen beratende Einrichtungen die Problemwahrnehmung der Gründer als Determinante des Gründungserfolgs erhöhen.[721]

Inhaltlich ist die Gründungsberatung und -unterstützung eine ganzheitlich angelegte Aufgabe, die Entscheidungshilfen für die Vorbereitung und Durchführung des einzelnen Gründungsvorhabens liefern soll. Dabei ist die Informationsvermittlung die zentrale Aufgabe der Gründungsberatung. Informationen müssen von Beratern beschafft, übermittelt und interpretiert werden. Das Aufzeigen von Ist-Zuständen, zukünftiger Entwicklungen sowie die Prognose relevanter Umweltbedingungen und Handlungswirkungen sind ebenso in diesem Zusammenhang durchzuführen wie die Darlegung zusätzlicher Wahlmöglichkeiten und schließlich die Empfehlung für bestimmte Alternativen.[722] Die Entscheidung liegt letztlich jedoch beim Gründer als selbständigen

---

[720] Vgl. Müller-Böling/ Kirchhoff (1991), S. 231 und Gries/ May-Strobl/ Paulini (1997), S. 9 und 18.

[721] Vgl. Bensch (1992), S. 202.

[722] Vgl. Schütte (1996), S. 102f., Richter (1979), S. 130 und Ambos/ Schiersmann (1991), S. 86. Siehe auch Walger (1995), S. 2ff., der diese Vorgehensweise als gutachterliche Beratungstätigkeit klassifiziert.

Unternehmer und kann ihm auch von Beratern nicht abgenommen werden. Diese geben nur Hilfestellung auf der Suche nach der eigenen Entscheidung.[723]

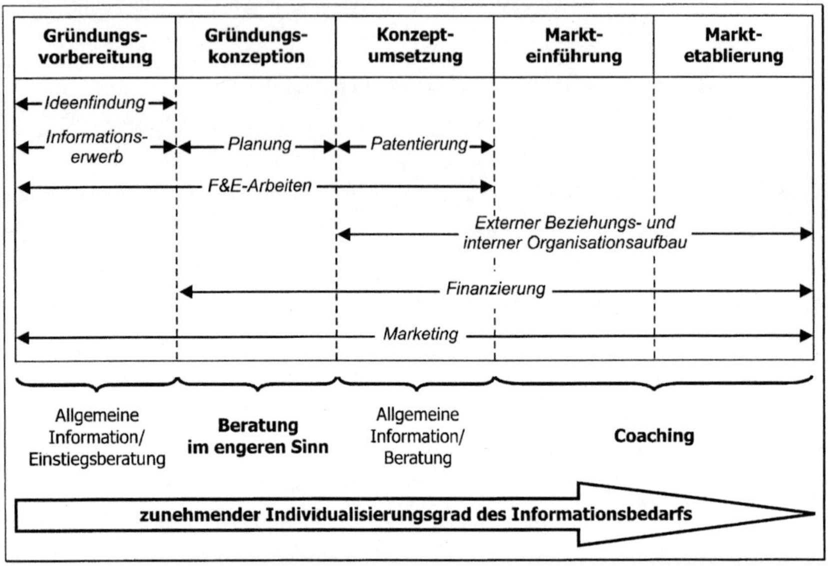

Abbildung 38: Art der Beratung in Abhängigkeit der Gründungsphasen
Quelle: Verändert entnommen aus Gries/ May-Strobl/ Paulini (1997), S. 10.

Der Beratungsbedarf der Spin-off-Gründer zeichnet sich dabei im Verlauf des Gründungsprozesses durch einen tendenziell steigenden Individualisierungs- und Intensitätsgrad aus. Das bedeutet, der Gründer benötigt immer spezifischere Informationen für die Durchführung seines individuellen Gründungsvorhabens (vgl. Abbildung 38). Die Gründer benötigen in der Vorbereitung zunächst allgemeine Informationen, die im Rahmen der Entrepreneurship Education vermittelt werden können. Auch in der Konzeptumsetzungsphase ist eine eher allgemeine Beratung vonnöten. Während der Konzeptionsphase brauchen Spin-off-Gründer jedoch eine konkrete und spezifische Beratung zur detaillierten Unterstützung bei der Erstellung des Businessplans für die einzelne Spin-off-Unternehmung. Ab der Phase der Markteinführung schließlich bietet das Coaching als Beratung mit dem höchsten Individualisierungs- und Intensitätsgrad Unterstützung bei der laufenden Kontrolle und evtl. Anpassungen des Geschäftsbe-

[723] Vgl. Wollny (1998), S. 40 und Bittermann/ Poppenheger (1990), S. 520f.

triebs.[724] Der Coach ist dabei der ständige Berater des Spin-off-Gründers am Ende der Gründungs- und am Anfang der Entwicklungsphase.

In diesem Zusammenhang stellt sich die Frage, an wen sich Gründer für eine Gründungsberatung wenden können. Insgesamt existiert eine Vielzahl von Stellen, die Existenzgründungsberatung als eine ihrer Aufgaben verstehen, wie Industrie- und Handelskammern, Handwerkskammern, Unternehmensberater, Patentanwälte, Steuerberater, Rechtsanwälte, Kreditinstitute, Verbände, Arbeitsämter und nicht zuletzt Hochschulen.[725] Diese Einrichtungen werden in unterschiedlicher Weise dem sich verändernden Informationsbedarf der Gründer über die Phasen des Lebenszyklus gerecht. Für die Einstiegsberatung eignen sich am ehesten Kammern, die kostenlos beraten; auch Arbeitsämter oder Verbände können Anlaufstellen sein. Es handelt sich dabei um erste Ansprechpartner, die über breites, gelegentlich auch spezifisches Know-how verfügen oder zu diesem Zweck an andere, spezialisierte Einrichtungen verweisen.[726] Insbesondere die IHK nimmt eine herausragende Stellung als erste Kontaktadresse mit hohem Bekanntheitsgrad und positiver Beurteilung ein.[727] Unternehmensberater sind besonders in der nächsten Phase, der Konzeptionsphase, von Interesse. Sie helfen bei der Aufstellung des Businessplans oder überprüfen das Geschäftskonzept auf seine Tragfähigkeit. Die Honorare der Unternehmensberater, deren Tagessätze an die 5.000 DM reichen können, sind jedoch für Unternehmensgründer oftmals zu hoch.[728] Anwälte, Steuerberater und Kreditinstitute erörtern im allgemeinen Spezialfragen,[729] die oftmals mit der anschließenden Phase der Konzeptumsetzung in Zusammenhang stehen und werden daher nur zu diesem Zweck konsultiert. Auch hier fallen nicht zu unterschätzende Kosten an. Einrichtungen, die schließlich ab der Markteinführungsphase ein echtes Coaching für Unternehmensgründer anbieten, existieren lediglich vereinzelt. Zu nennen ist beispielsweise das Patenschaftsmodell der IHK,[730] bei dem erfahrene Unternehmer Gründern beratend zur Seite stehen.

Bei der Betrachtung der verschiedenen Unterstützungsangebote fällt auf, daß die Einrichtungen, die unspezifische und allgemeine Beratung anbieten, in den Phasen als

---

[724] Vgl. Gries/ May-Strobl/ Paulini (1997), S. 9ff. und 39.
[725] Vgl. Gries/ May-Strobl/ Paulini (1997), S. 24-37, Wollny (1998), S. 33-39 und Mugler/ Lampe (1987), S. 478f.
[726] Vgl. Wollny (1998), S. 33f. und Schütte (1996), S. 105.
[727] Vgl. Gries/ May-Strobl/ Paulini (1997), S. 24f. Siehe auch Helfrich (1998) zur Gründungsberatung als Aufgabe der IHK.
[728] Vgl. Wollny (1998), S. 34f.
[729] Vgl. dazu Felix (1987), S. 506f., der für eine Beschränkung auf Spezialfragen plädiert und für Steuerberater die negativen Konsequenzen einer Ausweitung des Geschäftsverständnisses aufzeigt.
[730] Vgl. Helfrich (1998).

zweckmäßig und ausreichend eingestuft werden können, in denen ein geringer Individualisierungsgrad vorherrscht. Im Bereich der intensiven, individuellen Betreuung in der Phase der Konzeption und der Markteinführung tritt jedoch eine Beratungslücke auf: Unternehmensberater stellen sich vielfach als zu kostspielig heraus und Coaching-Programme sind erst im Entstehen begriffen. Diese Situation wird gerade für Spin-offs aus Hochschulen dadurch verschäft, daß sie gegenüber anderen Gründern höhere Anforderungen an beratende Einrichtungen stellen.[731] So sind sie zwar über die bestehenden Beratungsmöglichkeiten insgesamt besser informiert als andere Gründer, ihr Urteil über diese Institutionen fällt jedoch schlechter aus. Dieses Ergebnis wird mit der Tatsache in Verbindung gebracht, daß Spin-off-Gründer oftmals Probleme haben, im Bereich der individuellen und intensiven Beratungsgespräche kompetente Ansprechpartner für ihre meist komplexen und fachspezifischen Gründungsprojekte zu finden, die ihre Probleme qualifiziert beurteilen können. Die Tatsache, daß Hochschulabsolventen häufiger als anderen Gründern von ihrem Vorhaben abgeraten wird, kann wiederum mit der mangelnden Beurteilungsfähigkeit dieser Berater in Zusammenhang stehen.

Spin-off-Gründer benötigen also Ansprechpartner, die speziell auf die Gegebenheiten von technologieorientierten Gründern aus der Hochschule eingehen können. Diese lassen sich vor allem in der Hochschule selbst finden, da keine Einrichtung besser als die Hochschule selbst auf die speziellen Gegebenheiten von Hochschulangehörigen einzugehen vermag. So entwickeln sich zunehmend die Technologietransferstellen zu Informationsquellen für technologieorientierte Spin-offs, da sie aufgrund ihrer Aufgabenstellung der Förderung des Technologietransfers mit den Besonderheiten technologieorientierter Unternehmen sowie mit der Komplexität technisch-naturwissenschaftlicher Problemstellungen vertraut sind. Sie bieten allgemeine Informationen zur Gründung von Unternehmen, können aufgrund ihrer zahlreichen Kontakte im Netzwerk von Wissenschaft, Wirtschaft und öffentlichen Einrichtungen kompetente spezialisierte Ansprechpartner vermitteln und sind nicht zuletzt auf Fördermittelberatung spezialisiert.[732]

Im Rahmen des Entrepreneurial Support können Hochschulen jedoch zusätzlich neue Wege gehen, den jungen Spin-offs Managementberatung und –unterstützung für die kritischen Phasen hoher Beratungsintensität und –individualität anzubieten, indem sie Hochschulangehörige wie Studenten, wissenschaftliche Mitarbeiter und Professoren einbindet. Diese Personengruppen verfügen durch ihre Hochschulausbildung über die

---

[731] Vgl. zu den folgenden Ergebnissen Gries/ May-Strobl/ Paulini (1997), S. 43ff.
[732] Vgl. Bittermann/ Poppenheger (1990), S. 520ff. und Staudt/ Bock/ Mühlemeyer (1991).

Fähigkeit zum analytischen Denken und zum Bearbeiten komplexer Probleme. Durch „geistiges Unternehmertum", welches den Hochschulangehörigen vermittelt wird, sind sie in der Lage, sich auf neue, noch ungelöste und dabei schwierige Probleme einzustellen.[733] Aus diesem Grund sind sie besonders geeignet, die komplexen und anspruchsvollen Problemstellungen der Spin-off-Gründer zu erfassen und erweisen sich dadurch im Gegensatz zu Einrichtungen, die sich nicht auf Hochschul-Spin-offs spezialisieren, als kompetente Berater.

Studenten können insbesondere bei der Businessplanerstellung beratend tätig werden. So existieren an deutschen Hochschulen mittlerweile über 50 studentische Unternehmensberatungen,[734] die das Ziel verfolgen, im Team meist betriebswirtschaftliche Praxisprojekte zu bearbeiten, um auf diese Weise ihr erworbenes Wissen anzuwenden, praktische Erfahrungen zu sammeln und den Auftraggebern kostengünstig Problemlösungen anzubieten. Die Teams bestehen dabei aus erfahrenen und neuen Studenten, so daß die erfahrenen Studierenden die neuen einlernen können.[735] Nicht zuletzt erhoffen sich die Studenten durch die gewonnenen Praxiserfahrungen später bessere Einstellungschancen.[736]

Während studentische Unternehmensberatungen bislang Kooperationen mit Großunternehmen anstrebten, ist in Zukunft auch eine Ausrichtung auf Spin-off-Unternehmensgründer möglich. Die Studenten beraten die Gründer dann bei der Erstellung des Businessplans bzw. nehmen die Erstellung teilweise selbst vor. Interdisziplinäre Teams aus Studenten der Wirtschaftswissenschaften und der Natur- bzw. Ingenieurwissenschaften können dabei einen Informationsaustausch zwischen den Disziplinen erzeugen und Verständnis für die Vorgehensweise und Probleme der anderen Seite schaffen. Je mehr Projekte von den Studenten durchgeführt werden, desto mehr Erfahrung und Wissen wird aufgebaut und an die nachrückenden Studenten weitergegeben. Da beiden Seiten damit geholfen wird, handelt es sich um eine Win-Win-Situation. Die Studenten lernen real die Probleme von Gründern aus der Hochschule anhand der Businessplanerstellung kennen und werden dadurch direkt mit der Tätigkeit eines Unternehmers konfrontiert und evtl. sogar für eine eigene Gründung motiviert. Der Gründer erhält kostengünstig einen Businessplan, der auf der Arbeit mehrerer Studenten basiert, die sich längerfristig nur mit dessen Problemstellung beschäftigen und daher mit hoher Wahrscheinlichkeit mehr Zeit als jeder andere Berater inve-

---

733 Vgl. Schiedermair (1999).
734 Vgl. Schmalholz (1999b), S. 207.
735 Vgl. Westhof (1998).
736 Vgl. Schmalholz (1999b).

stieren.[737] Die Qualitätsfrage studentischer Beratungsleistungen spielt eine untergeordnete Rolle, solange diese herausragende Studenten beschäftigt und eine gute Reputation besitzt.

Eine andere Möglichkeit der studentischen Mitarbeit ist die Bearbeitung von Diplomarbeiten mit der inhaltlichen Zielsetzung der Erstellung eines Businessplans für einen Spin-off-Gründer. Je nach Schwerpunktsetzung des jeweiligen Lehrstuhls können auch Teilelemente des Geschäftskonzepts erarbeitet werden. Der Unterschied zum vorherigen Ansatz besteht darin, daß es sich um lediglich einen Studenten handelt, der die Aufgabenstellung mit verstärkt wissenschaftlichen Methoden bearbeitet. Falls es einem Spin-off-Gründer jedoch gelingt, z.B. an zwei Lehrstühlen Diplomarbeiten zu Teilbereichen seines Businessplans zu lancieren und die Diplomanden sich untereinander abstimmen bzw. miteinander kooperieren, wäre der Teamcharakter wiederum gegeben. Mit der Diplomarbeit erhält der Gründer nicht nur einen Businessplan, sondern eine theoretisch fundierte und gleichzeitig praxisnahe Analyse seiner Problemstellung, die ihm weiterführende Hinweise für die zukünftige Unternehmertätigkeit gibt. In diese Vorgehensweise können alle betriebswirtschaftlichen sowie Entrepreneurship-Lehrstühle integriert werden, was aus Hochschulsicht aufgrund der Freiheit von Lehre und Forschung eine Absprache und Kooperation mit den betroffenen Lehrstuhlinhabern voraussetzt.

Schließlich kann die Hochschule auch den wissenschaftlichen Mittelbau und die Professoren verstärkt einbinden, um den Spin-off-Gründern spätestens ab der Phase der Markteinführung ein Coaching zu ermöglichen. In Kooperation mit dem Fachbereich Betriebswirtschaft stellen sich Assistenten und Professoren dann als Coachs für neugegründete Unternehmen zur Verfügung und verkörpern damit begleitende Berater und Ansprechpartner, die von den Gründern bezüglich Fragen des Managements der Unternehmung über längere Zeite hinweg konsultiert werden können. Organisatorisch gesehen könnte jeder Mitarbeiter ein Spin-off-Unternehmen betreuen, was den Vorteil des zentralen Ansprechpartners beinhaltet. Andererseits könnte jedes Spin-off-Unternehmen von Mitarbeitern verschiedener Lehrstühle in bezug auf das jeweilige Spezialgebiet der Betreuer gecoacht werden, was den Vorteil verstärkter Sachkenntnis bietet.

[737] Vgl. Schmalholz (1999b).

8.4 Kontakte zu Kapitalgebern

Um als Unternehmensgründer eine Spin-off-Unternehmung aufbauen zu können, ist nicht zuletzt eine ausreichende Ausstattung mit Kapital unerläßlich, denn über alle Phasen der Unternehmensgründung und -entwicklung hinweg ist ein stetig steigender Kapitalbedarf zu konstatieren. Ohne adäquate Mittelausstattung ist das Unternehmen auf Dauer nicht lebensfähig, daher ist die Kapitalakquisition eine sehr wichtige Aufgabe für Gründer. Die Mittelausstattung bildet die Basis, um die weiteren Aufgaben bewältigen zu können.

Der Finanzierungsaspekt ist jedoch nicht nur als Aufgabenschwerpunkt, sondern auch als Erfolgsfaktor von Bedeutung: die Höhe des Startkapitals spielt eine entscheidende Rolle für den Erfolg der Gründung. Je höher die Kapitalausstattung des Unternehmens ist, desto erfolgreicher verspricht das Unternehmen zu werden.[738] Dies gilt insbesondere für technologieorientierte Gründungen, deren Kapitalbedarf ohnehin wesentlich höher als bei anderen Arten der Gründung ist.[739]

Die Herausarbeitung der Rolle der Hochschulen im Prozeß der Kapitalakquisition verlangt im ersten Schritt eine Analyse der Schwierigkeiten, denen Unternehmensgründer bei der Beschaffung von Kapital oftmals gegenüberstehen. Anschließend werden die Möglichkeiten, die Spin-offs bei der Kapitalbeschaffung haben, dargelegt. Dabei wird einerseits auf das allgemeine Kapitalangebot für Gründer eingegangen, andererseits erfolgt eine Darstellung des neuartigen Konzepts der „Business Angels". Dabei stellen zumeist ältere, erfahrene Manager oder Unternehmer den Gründern ihr Kapital sowie ihr Know-how unentgeltlich zur Verfügung und beraten sie bei ihren Aktivitäten. Schließlich kann aufbauend auf der Analyse der Kapitalquellen herausgearbeitet werden, auf welche Weise Hochschulen die Gründer in diesem Zusammenhang unterstützen können.

8.4.1 Probleme junger Spin-offs bei der Kapitalbeschaffung

Junge, technologieorientierte Spin-offs haben gegenüber etablierten Großunternehmen Nachteile bei der Beschaffung von Kapital, welche im wesentlichen auf asymmetrischer Informationsverteilung zwischen den Kapitalanbietern und den Spin-offs beru-

---

[738] Vgl. Brüderl/ Preisendörfer/ Ziegler (1996), S. 170ff. Vgl. auch die Ergebnisse bei Holtz-Eakin/ Joulfaian/ Rosen (1994).

[739] Vgl. Boettle (1998).

hen.[740] Den Kapitalgebern fällt es zunächst schwer, mit vertretbarem Aufwand das innovative Produkt bzw. Verfahren oder die Persönlichkeit des Gründers zu beurteilen, da dafür standardisierte Methoden nicht geeignet erscheinen.[741] Auch die Abschätzung von Marktentwicklungen ist in dynamischen Hochtechnologiemärkten oftmals schwierig.[742] Derartige Probleme können selbstverständlich auch bei innovativen Vorhaben etablierter Unternehmen auftreten, nur sind Spin-offs mit dem weiteren Problem konfrontiert, daß sie keine Reputation besitzen, da sie noch jung sind und keine Unternehmensentwicklung hinter sich haben.[743] Die Beurteilungskosten für das Finanzierungsvorhaben scheinen daher oftmals so hoch zu sein, daß der Kapitalgeber fürchtet, in Anbetracht des vergleichsweise niedrigen Investitionsvolumens einen zu geringen Return on Investment zu erzielen.[744]

Nach EWERS/ WEIN kann es bei asymmetrischer Informationsverteilung zur adversen Selektion[745] unvorsichtiger Kapitalnehmer kommen, wenn der Kapitalnehmer das Risiko des Scheiterns seines Projekts vor Vertragsschluß besser einschätzen kann als der Kapitalgeber. Da die Kapitalgeber nicht erkennen können, welche Kapitalnehmer vorsichtig und welche unvorsichtig sind, werden sie einen Zuschlag auf den Zinssatz erheben, um diesem Sachverhalt entgegenzuwirken. Daraufhin scheiden einige vorsichtige Unternehmensgründer aus dem Portfolio der Kapitalgeber aus, da ihnen der Zinssatz zu hoch erscheint. Da die verbleibenden Antragsteller zu einem höheren Prozentsatz aus unvorsichtigen Kapitalnehmern bestehen, müssen die Kapitalgeber in der nächsten Periode wiederum ihre Zinsen erhöhen, was dazu führt, daß noch mehr vorsichtige Firmengründer ihre Kapitalnachfrage reduzieren.[746]

Derartige Informationsasymmetrien können jedoch von beiden Seiten abgebaut werden.[747] Die Kapitalnehmer können mit Hilfe von Signaling die Informationsasymmetrien abbauen, d.h. sie ergreifen die Initiative und geben Informationen weiter. Dies kann bspw. mit Hilfe eines detaillierten Geschäftskonzepts geschehen, welches dem

---

740 Zum Begriff der asymmetrischen Informationsverteilung vgl. Kaas (1995b), Sp. 972. Zu einer detaillierten Analyse der Beziehung zwischen Bank und Gründer aus theoretischer Sicht siehe Schulte (1999).
741 Vgl. Laub (1991b).
742 Vgl. Maselli (1997), S. 90f.
743 Zur Reputation als Methode zur Überwindung von Informationsasymmetrien vgl. Kaas (1995b), Sp. 977.
744 Vgl. Laub (1991a), S. 266ff.
745 Vgl. zur adversen Selektion auch Akerlof (1970).
746 Vgl. Ewers/ Wein (1993), S. 34f.
747 Vgl. zu den konkreten Maßnehmen des Abbaus der asymmetrischen Informationsverteilung zwischen Kapitalgeber und Gründer Ewers/ Wein (1993), S. 35 und zu den allgemeinen Methoden, asymmetrische Informationsverteilung abzubauen Kaas (1995b).

Kapitalgeber gleichzeitig die Ernsthaftigkeit des Vorhabens demonstriert, da der Gründer für die Erstellung eines Businessplans bereits sehr viel Zeit und Arbeit investieren muß. Neben der reinen Informationsweitergabe gibt es noch eine weitere Art des Signaling: die bedingten Verträge. Dabei kann der Kapitalgeber mit dem –nehmer z.B. vereinbaren, daß dieser nur dann Kapital erhält, wenn er auch eigene Mittel investiert. Auf diese Weise wird wiederum die Ernsthaftigkeit des Vorhabens demonstriert.

Die Kapitalgeber haben weiterhin die Möglichkeit, Screening zu betreiben, d.h. die Informationsasymmetrien werden auf Initiative der uninformierten Seite abgebaut. Die Kapitalgeber werden versuchen, Informationen über den Gründer einzuholen, z.B. bei der Schutzgemeinschaft für allgemeine Kreditsicherung e.V. (SCHUFA) zur Überprüfung der Kreditwürdigkeit. Darüber hinaus können die Kapitalgeber technische Berater zur Beurteilung des Vorhabens heranziehen, wenn sie selbst das nötige Know-how nicht besitzen. Derartige Organisationen oder Berater stellen Informationsmittler dar, die die Kapitalgeber beim Screening unterstützen. Diese wirken als marktergänzende Institutionen, damit es nicht zur adversen Selektion kommt.

Es stellt sich nun die Frage, ob insbesondere das Screening aus Sicht der Kapitalgeber zu teuer ist und demzufolge die jungen Spin-offs keine finanzielle Unterstützung erhalten. Dazu ist festzustellen, daß die Informationsasymmetrie auch durch Signaling abgebaut wird, welches den Kapitalgebern keinen Aufwand verursacht. Des weiteren sind Investitionen sowohl aus einzel- wie aus gesamtwirtschaftlicher Sicht nur dann sinnvoll, wenn die Erträge die Kosten übersteigen. Ist das nicht der Fall, sollte das Investment ohnehin unterbleiben. Zudem kann die am Zustandekommen des Vertrags interessierte Partei, meist der Kapitalnehmer, sich bspw. bereiterklären, einen Teil der Prüfungskosten für das Projekt bzw. der Kosten der Abschätzung der zu erwartenden Erträge zu übernehmen. Wenn der Gründer glaubt, daß sein Vorhaben Erfolg verspricht, wird er derartige Vereinbarungen treffen.[748]

Nachdem nun ausführlich dargelegt wurde, wie Informationsasymmetrien und damit die größten Hürden bei der Kapitalakquisition abgebaut werden können, werden im folgenden die konkreten Möglichkeiten der Beschaffung von Kapital für Spin-off-Gründer aufgezeigt. Dabei wird zunächst auf die Eigenkapitalakquisition eingegangen, anschließend auf die Beschaffung von Fremdkapital und schließlich auf öffentliche Förderprogramme.

---

[748] Vgl. Ewers/ Wein (1993), S. 36.

8.4.2 Allgemeine Möglichkeiten der Kapitalbeschaffung

8.4.2.1 Eigenkapital

Für Unternehmensgründer existieren verschiedene Möglichkeiten zur Deckung des Kapitalbedarfs.[749] Zunächst ist die Eigenkapitalausstattung der Gründer von Bedeutung. Eigenkapital ist insbesondere wichtig, da es Sicherheit verleiht, unabhängig von schwankendem Finanzierungsbedarf macht und zu mehr Fremdkapital verhilft.[750] In diesem Zusammenhang wird oftmals über die „richtige" Eigenkapitalquote diskutiert. Die vertikale Kapitalstrukturregel besagt, daß das Verhältnis zwischen Eigen- und Fremdkapital 1:1 betragen sollte, also 50% Eigen- und 50% Fremdkapital.[751] Ca. zwei Drittel der kleinen und mittleren Unternehmen in Deutschland weisen jedoch eine Eigenkapitalquote von maximal 20% auf und leiden demnach an Eigenkapitalschwäche.[752]

Eigenkapital kann auf mehrere Arten akquiriert werden. Zunächst ist die Selbstfinanzierung zu nennen, d.h. die Finanzierung aus Gewinnen. Für Gründer ist diese Art der Kapitalbeschaffung bis zur Frühentwicklungsphase nahezu ausgeschlossen, da vorher im allgemeinen keine Gewinne erzielt werden. Zum anderen existiert die Möglichkeit der Beteiligungsfinanzierung.[753] Dabei beteiligen sich Personen oder Organisationen mit finanziellen Einlagen am Unternehmen und werden (Mit-)Eigentümer des Unternehmens. Eigenkapital begründet dabei bestimmte Rechte und Pflichten. Einerseits berechtigt der Status des Eigenkapitalgebers zur Mitarbeit in der Unternehmensleitung und damit zur Einflußnahme auf die Unternehmenspolitik, weiterhin ist der Gesellschafter am Gewinn beteiligt. Andererseits muß der Kapitalgeber mindestens in Höhe der Einlage haften und trägt evtl. entstehende Verluste mit.[754]

Die Beteiligungsfinanzierung betrifft zunächst den oder die Gründer eines Spin-off-Unternehmens, die meist in Form ihrer Ersparnisse die finanzielle Basis des Unternehmens herstellen. Da diese Mittel häufig nicht ausreichen, um den hohen Kapitalbedarf technologieorientierter Spin-offs zu decken, werden weitere Beteiligungskapitalgeber akquiriert. Beteiligungskapital ist dabei definiert als Eigenkapital oder eigenka-

---

[749] Eine Übersicht bietet Lompe/ Kehlbeck/ Schirmacher u.a. (1998), S. 21ff.

[750] Vgl. BMWi (1996b), S. 1 u. 8.

[751] Vgl. Brüderl/ Preisendörfer/ Ziegler (1996), S. 172f.

[752] Vgl. BMWi (1996b), S. 1. Siehe auch Albach/ Hunsdiek/ Kokalj (1986), Kapitel 2, die für eine bessere Eigenkapitalausstattung plädieren.

[753] Zur Unterscheidung zwischen Selbst- und Beteiligungsfinanzierung vgl. Perridon/ Steiner (1995), S. 319f. und Wossidlo (1990).

pitalähnliche Mittel, die von außerhalb des organisierten Kapitalmarktes in Unternehmen eingebracht werden.[755]

Beteiligungskapital oder Risikokapital wird hauptsächlich von Beteiligungsgesellschaften zur Verfügung gestellt. Sie stellen den Kontakt zwischen kapitalsuchenden Unternehmen und Investoren wie z.B. Banken, Industrieunternehmen oder Privatpersonen her. Diese investieren dann entweder in Fonds oder direkt in bestimmte Unternehmen.[756] „Klassische" Kapitalbeteiligungsgesellschaften sind jedoch nicht an risikoreichen Beteiligungen, sondern überwiegend an florierenden und etablierten Unternehmen interessiert, weswegen sie als bedeutungslos in der Finanzierungslandschaft erachtet werden.[757]

Zur Finanzierung aufstrebender technologieorientierter Unternehmen hat sich eine neue Form der Beteiligungsfinanzierung entwickelt: das Venture Capital. Es handelt sich dabei um eine eigenständige Form zeitlich limitierter Beteiligungsfinanzierung von risikoreichen Projekten, die hohe Erträge in Aussicht stellen. Zielgruppe sind innovative Jungunternehmen mit großen Wachstumschancen. Kennzeichnend ist neben Kontroll-, Mitentscheidungs- und Informationsrechten die gewährte Managementunterstützung, die den jungen Firmen ein schnelles, souveränes Wachstum ermöglichen soll. Ziel der Kapitalgeber ist der Verkauf der Anteile nach mehreren Jahren und damit eine Vervielfachung des eingesetzten Kapitals. Zur Erreichung dieser Zielsetzung wird ein Börsengang der Unternehmung angestrebt.[758] Neben Venture-Capital-Gesellschaften drängen gegenwärtig auch immer mehr Konzerne in dieses risikoreiche, dabei aber lukrative Geschäft mit Venture Capital, wie z.B. DaimlerChrysler, Bayer, Bertelsmann, Henkel oder Siemens.[759]

Unter Seed-Capital-Gesellschaften versteht man dagegen eine Sonderform der Venture-Capital-Gesellschaften, die vor allem in den sehr frühen Phasen der Unternehmensentstehung finanzielle Mittel bereitstellen, während Venture-Capital-Gesellschaften eher die Gründungs- und Wachstumsphase finanzieren. Seed-Capital-Gesellschaften

---

754 Vgl. Perridon/ Steiner (1995), S. 321 und Kußmaul (1998), S. 173.
755 Vgl. Pleschak/ Wupperfeld (1995), S. 23, Schröder (1992), S. 18 und BMWi (1997e).
756 Vgl. Pleschak/ Wupperfeld (1995), S. 23.
757 Vgl. Albach/ Hunsdiek/ Kokalj (1986), S. 164. Siehe auch Lompe/ Kehlbeck/ Schirmacher u.a. (1998), S. 30f.
758 Vgl. Räbel (1986), S. 33f., Grüner/ Bur (1990), S. 326f. und o.V. (1999a).
759 Vgl. Schmalholz (1999a).

werden vor allem auf Initiative von Kreditinstituten und Managern gegründet, welche sich auf einem ähnlichen Gebiet wie die jungen Hochtechnologiefirmen bewegen.[760]

Neben diesen Finanzierungsmöglichkeiten existiert weiterhin die Möglichkeit, sich als börsennotiertes Unternehmen am organisierten Kapitalmarkt Eigenkapital zu beschaffen. Diese für kleine und mittlere Unternehmen eher ungewöhnliche Form der Kapitalbeschaffung wird durch das „Gesetz für kleine Aktiengesellschaften und zur Deregulierung des Aktienrechts", das am 10.08.1994 in Kraft getreten ist, vereinfacht, welches die Attraktivität der AG als Rechtsform gesteigert hat: z.B. ist die Gründung durch eine Person zulässig. Viele andere Bestimmungen sind ebenfalls wesentlich erleichtert worden. Die AG bietet als einzige Rechtsform die Möglichkeit, Eigenkapital am Kapitalmarkt zu schöpfen, was eine große Chance für Spin-offs darstellt, deren Kapitalbedarf immens sein kann.[761]

In Deutschland standen bis vor kurzem drei Kapitalmarktsegmente zur Verfügung. Zunächst ist der amtliche Markt zu nennen, in dem das Emissionsvolumen 2,5 Mio. DM nicht unterschreiten und das Unternehmen nicht jünger als drei Jahre sein darf. Der geregelte Markt verlangt lediglich einen Emissionsbetrag von 500.000 DM sowie ein Mindestalter des Unternehmens von einem Jahr. Weiterhin ist der Freiverkehr zu erwähnen, der nicht börsengesetzlich geregelt ist. Über die Zulassung von Unternehmen entscheiden die jeweiligen Freiverkehrsausschüsse der Börsen.[762]

Um nun explizit jungen, aufstrebenden Technologieunternehmen die Kapitalbeschaffung über die Börsen zu erleichtern, wurde am 10. März 1997 der sogenannte Neue Markt eingeführt. Es handelt sich dabei um ein Börsensegment speziell für wachstums- und ertragversprechende Jungunternehmen. Um deren spezifischen Bedürfnissen gerecht zu werden, beruht das Konzept des Neuen Marktes auf einem interdisziplinären Zusammenwirken verschiedener Beteiligter, insbesondere Beratern und Betreuern des Unternehmens, die diese beim Börsengang begleiten.[763] Allerdings sind auch beim Neuen Markt hohe Hürden gesetzt. Die Kandidaten müssen formal die Anforderungen an die Zulassung zum geregelten Markt erfüllen. Weiterhin sind sie verpflichtet, Zulassungsprospekte und Jahresabschlüsse nach internationalen Standards zu erstellen und Publikationen nicht nur auf deutsch, sondern auch auf englisch zu verfassen. Damit spricht der Neue Markt vor allem Unternehmen in der Wachstumsphase an,

---

[760] Vgl. Pfirrmann/ Wupperfeld / Lerner (1997), S. 48 und Wupperfeld (1996), S. 123.
[761] Vgl. zur kleinen AG Hahn (1994) und Reimnitz (1995).
[762] Vgl. Ewers/ Wein (1993), S. 45f.
[763] Vgl. Förschle/ Helmschrott (1997), S. 188ff.

die ohnehin keine Probleme mehr bei der Beschaffung von Kapital haben.[764] Ein Börsensegment für Existenzgründer in den Frühphasen wurde damit wiederum nicht etabliert. Aus diesem Grund forcieren die Regionalbörsen mittlerweile den Freiverkehr.[765] Ende April 1999 wurde jedoch an der Frankfurter Börse ein weiterer Spezialmarkt für kleine und mittlere Unternehmen namens SMax etabliert.[766] Es bleibt abzuwarten, ob er sich für junge Gründer bewährt.

8.4.2.2 Fremdkapital

Neben der Eigenkapitalakquisition haben Spin-off-Gründer weiterhin die Möglichkeit der Aufnahme von Fremdkapital, welches bei vielen Gründern als wichtigste Finanzierungsquelle gilt.[767] Fremdkapitalgeber haben keine Möglichkeit, in die Unternehmenspolitik einzugreifen und sind nicht am Gewinn oder Verlust beteiligt. Es sind feste Zins- und Tilgungszahlungen zu leisten, unabhängig von der wirtschaftlichen Situation des Unternehmens. Zudem sind Fremdkapitalgeber Gläubiger und haften nicht mit ihrem eingesetzten Kapital.[768] Problematisch ist jedoch, daß Fremdkapitalgeber, in der Regel Banken, meist sehr risikoscheu sind. Innovative Projekte mit hohen Ertragschancen, aber auch einem nicht geringen Risiko, werden kaum unterstützt, da diese zunächst wenig materielle Sicherheiten bieten. Erst wenn das Unternehmen in die Wachstums- und Konsolidierungsphase eingetreten ist, zeigen Banken Interesse. Zudem ist das Personal in den Banken oft nicht ausreichend für die Beurteilung von High-Tech-Projekten geschult, weswegen die Kredite nicht bewilligt werden.[769] Dazu kommt noch, daß die Mitarbeiter selbst sehr risikoscheu sind, da ihre angestrebte Karriere in Gefahr ist, falls zu viele Kredite ausfallen. Dabei existieren jedoch bankenspezifische Unterschiede: Sparkassen, Volks- und Raiffeisenbanken stehen kleinen und jungen Unternehmen näher als Großbanken und sind mit den regionalen Gegebenheiten eher vertraut. Allerdings sind lokale Mitarbeiter meist nicht befugt, Kreditsummen in großer Höhe zu bewilligen, so daß die Anträge an höhere Instanzen weitergeleitet werden, bei denen dieselben Nachteile wie bei Großbanken auftreten: sie kennen den regionalen Markt nicht genau. Großbanken haben weiterhin vorrangig potente Ge-

---

764 Um die Papiere der dort notierten Firmen reißen sich die Anleger vielmehr, vgl. Palan (1999).
765 Vgl. Burgmaier/ Jünemann/ Ruess (1997).
766 Vgl. Palan (1999), S. 185f.
767 Vgl. Mai (1998b), S. 174.
768 Vgl. Perridon/ Steiner (1995), S. 321.
769 Vgl. Kasch (1990), S. 289ff. Siehe auch Laub (1991a).

schäftskunden der Industrie im Visier, verfügen dafür jedoch über bessere internationale Kontakte.[770]

8.4.2.3 Öffentliche Förderung

Neben Eigen- und Fremdkapital sind öffentliche Fördermaßnahmen eine große Hilfestellung für Unternehmensgründer bei der Kapitalbeschaffung. In diesem Zusammenhang stellt sich zunächst die Frage, welchen Grund der Staat hat, sich in diesem Bereich zu engagieren. Dabei sind zunächst mögliche Arbeitsplatzgewinne sowie die Beiträge zu Innovation und technologischem Fortschritt zu nennen, die sich der Staat davon verspricht (vgl. dazu die Ausführungen in Kapitel 1 und 3). Weiterhin ist für eine Volkswirtschaft die Zusammensetzung der Unternehmenspopulation insbesondere im Hinblick auf Unternehmensgröße und Unternehmensalter immens wichtig, um die Innovationsdynamik zu erhalten.[771] Diese ist jedoch durch Konzentrationstendenzen und dem daraus resultierenden Aufbau verstärkter Marktmacht gefährdet. EWERS/ WEIN vertreten die Ansicht, daß die Politik gegen Wettbewerbsbeschränkungen dieser Entwicklung kaum etwas entgegenzusetzen hat und sprechen daher von Staatsversagen. Aus diesem Grund ist jede dauerhafte Förderung junger Technologieunternehmen ein geeignetes Instrument, dem Aufbau zu großer Marktmacht entgegenzuwirken.[772]

Für eine zeitlich befristete Unterstützung neugegründeter Unternehmen sprechen dagegen Lerneffekte. Dabei wird davon ausgegangen, daß insbesondere die Kapitalgeber Lernkosten im Umgang mit den jungen Firmen haben, um sich auf ihre spezifischen Bedürfnisse und Gegebenheiten einzustellen. Eine zeitlich befristete staatliche Förderung, die Finanzierungs- und Beratungsinstitutionen in den Vergabeprozeß einbindet, würde diese Lernkosten übernehmen, da deren Mitarbeiter bei der Handhabung der öffentlichen Förderprogramme Lerneffekte erzielen würden. Auch könnten Kapitalgeber und –nehmer sich auf diese Weise kennenlernen und sich „aneinander gewöhnen", so daß Verständnis- und Hemmschwellen abgebaut werden.[773] Auf diese Weise kann eine Initialzündung erreicht werden, die die Kosten weiterer Investments aus Sicht der Kapitalgeber senkt und somit öffentliche Förderprogramme im Lauf der Zeit überflüssig werden.[774]

---

[770] Vgl. Mai (1998b), S. 176.
[771] Vgl. Hunsdiek/ May-Strobl (1987), S. 1.
[772] Vgl. Ewers/ Wein (1993), S. 54 u. 56.
[773] Vgl. Hunsdiek/ May-Strobl (1987), S. 7.
[774] Vgl. Ewers/ Wein (1993), S. 22ff.

Die Förderung von Spin-offs bzw. Unternehmensgründungen allgemein verläuft nach dem Grundsatz der Subsidiarität. Das bedeutet, daß Förderungen nur dann gewährt werden, wenn die Realisierung des Vorhabens ohne die Förderung wesentlich erschwert würde. Weiterhin wird vom Antragsteller verlangt, in angemessenem Umfang Eigenmittel einzusetzen.[775] Die Inanspruchnahme öffentlicher Förderung durch Gründer, die das Gründungsvorhaben ohnehin durchgeführt hätten, bezeichnet man als Mitnahmeeffekte. Dieser Effekt schwankt je nach Untersuchung zwischen 7% und 29% aller geförderten Gründungen.[776] MAY stellt im Rahmen ihrer Untersuchung fest, daß die Mitnahmeeffekte insgesamt eine untergeordnete Bedeutung besitzen, womit das staatliche Ziel, vor allem die Unternehmensgründungen zu fördern, die anderenfalls nicht zustandegekommen wären, erreicht wird.[777]

Die Erfahrungen, die Unternehmensgründer insbesondere mit öffentlichen Finanzierungshilfen aufweisen, sind bezüglich der Konditionen (Zins- und Tilgungsmodalitäten) überwiegend positiv. Einer Inanspruchnahme der Mittel steht vor allem ein unzureichender Informationsstand im Wege. Auch eine zu lange Zeitspanne zwischen Genehmigung und Auszahlung der Mittel wird kritisiert.[778]

Öffentliche Finanzierungshilfen werden auf vielfältige Weise gewährt. Zu nennen sind dabei nicht rückzahlbare Zuschüsse, eigenkapitalähnliche Darlehen oder Übernahme von Bürgschaften für Bankdarlehen.[779] Es existiert eine Vielzahl von Förderprogrammen auf Bundes- und Landesebene, die für unterschiedliche Phasen des Unternehmenslebenszyklus konzipiert sind. Diese umfassen zunächst die strategische Gründungsvorbereitung, die Realisierung der technischen Lösung sowie die Entwicklung des spezifischen Marktes, d.h. die Markteinführung und den Fertigungsaufbau. Bis zu diesem Punkt wird die Finanzierung als Early-Stage-Financing bezeichnet. Daneben existiert noch die Later-Stage-Financing, die die späteren Entwicklungsstadien finanziert.[780] Diese Phase ist jedoch an dieser Stelle nicht von Interesse, vielmehr soll auf die Frühphasenfinanzierung eingegangen werden. Für diesen Abschnitt des Lebenszyklus stehen die verschiedensten Programme zur Verfügung, da Unternehmensgründer gerade am Anfang Schwierigkeiten haben, anderweitig Kapital zu akquirieren (vgl. dazu die Förderprogramme TOU, BJTU und FUTOUR, die im Rahmen des Kapitels

[775] Vgl. May (1981), S. 89.
[776] Vgl. Hunsdiek/ May-Strobl (1987), S. 4.
[777] Vgl. May (1981), S. 95ff.
[778] Vgl. May (1981), S. 101.
[779] Vgl. Pleschak/ Wupperfeld (1995), S. 47ff.
[780] Vgl. Pleschak/ Wupperfeld (1995), S. 47 und Wupperfeld (1996), S. 117.

8.4.4 vorgestellt werden).[781] Diese Vorgehensweise entspricht damit dem oben vorgestellten Subsidiaritätsprinzip.

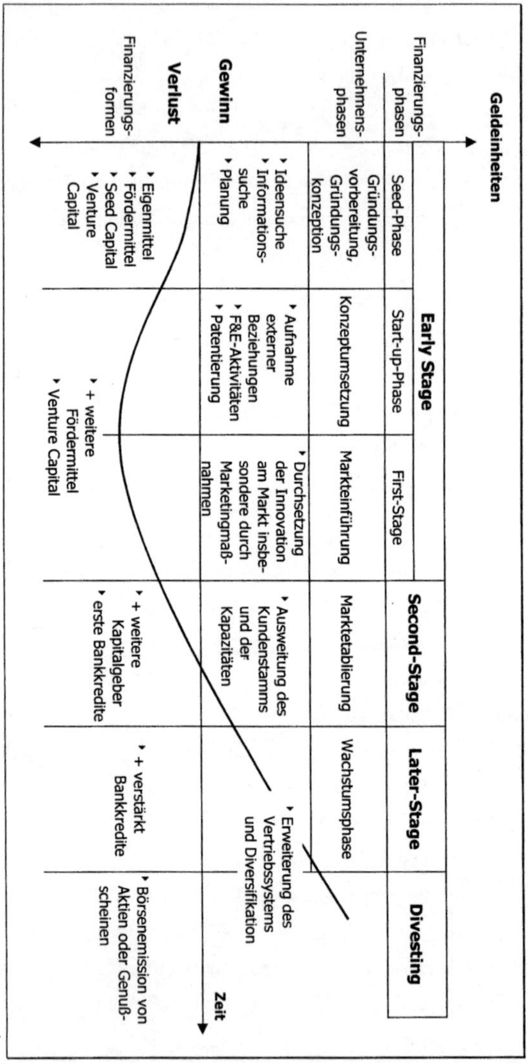

Abbildung 39: Phasenmodell der Finanzierung von TOU und Kapitalherkunft
Quelle: Verändert entnommen aus Juncker (1986), S. 88 und Sidler (1996), S. 8.

[781] Siehe dazu auch Ridinger/ Weiss (1999), S. 23.

Zusammenfassend kann festgestellt werden, daß Unternehmensgründer, insbesondere Spin-offs, zu Beginn ihres Vorhabens auf eigene Ersparnisse zurückgreifen müssen. Zur Deckung der daraus meist resultierenden Eigenkapitallücke können sie weiterhin öffentliche Fördermittel beantragen und Risikokapitalgeber, insbesondere Seed-Capital-Firmen ansprechen. Auch Venture-Capital-Gesellschaften eignen sich als Ansprechpartner.[782] Andere Möglichkeiten der Kapitalakquisition, wie Bankkredite und Ausgabe von Aktien, eignen sich erst für spätere Phasen der Unternehmensentwicklung, wenn der Spin-off sich bereits etabliert hat (vgl. Abbildung 39).

Da für Spin-offs zunächst die Anfangsfinanzierung von entscheidender Bedeutung ist, wird im folgenden die Beteiligungskapitalsituation (Seed und Venture Capital) sowie die öffentliche Förderung in Deutschland dargelegt.

8.4.3 Der deutsche Beteiligungskapitalmarkt

Der Beteiligungskapitalmarkt in Deutschland stellt sich nach Angaben des Bundesverbands deutscher Kapitalbeteiligungsgesellschaften German Venture Capital Association e.V. (BVK) folgendermaßen dar:[783] Das gesamte für Investments verfügbare Kapital erhöhte sich von 9,4 Mrd. DM Ende 1996 auf 13,6 Mrd. DM zum Jahresende 1997. Das entspricht einer Steigerung von fast 45%. 7,1 Mrd. DM waren davon investiert. Dieser Wert liegt zwar noch weit unter US-amerikanischen Verhältnissen, wo Neugründungen mit ca. 17 Mrd. DM unterstützt wurden, er macht Deutschland jedoch zum Spitzenplatz in Europa.[784]

Die genannten Gelder wurden jedoch zur Hälfte in die Expansionsphase von Firmen investiert, was die These untermauert, daß Beteiligungsgesellschaften im allgemeinen eher florierende Unternehmen bevorzugen. Lediglich 13% dieses Kapitals kam den Unternehmen zugute, die sich in den Seed- und Start-up-Phasen befanden. Dennoch ist gerade dieses Marktsegment enorm in Bewegung geraten. Während vor kurzer Zeit noch die drei Gesellschaften Atlas Ventures, Technologieholding und Techno Venture Management (TVM) die einzigen Anlaufstellen für Seed- und Venture Capital waren, buhlen mittlerweile 200 Gesellschaften um innovative Unternehmensgründer, mit steigender Tendenz.[785]

---

[782] Zur Eigenkapitallücke vgl. Schröder (1992), S. 9ff.
[783] Die folgenden Angaben sind entnommen aus BVK (1998).
[784] Vgl. Burgmaier/ Hornig (1998), S. 124f.
[785] Vgl. Mai (1999), S. 86.

Dabei ist insbesondere eine Verzahnung der Venture-Capital-Gesellschaften mit dem öffentlichen Bereich erkennbar. Die Technologieholding beschreibt ihren Finanzierungsprozeß folgendermaßen: 51 Prozent der investierten Gelder entstammen der Technologieholding sowie deren Co-Investoren. 49 Prozent der bewilligten Gelder werden öffentlichen Töpfen entnommen.[786] Die bedeutende Rolle des Staates bei der Förderung von innovativen Unternehmensgründungen ist damit unbestritten.[787]

Die starke Zunahme der Seed- und Venture-Capital-Gesellschaften wird insbesondere in der Region München deutlich. MAI stellt in der bayerischen Metropole eine Goldgräberstimmung fest, wie sie nirgendwo anders so zu spüren sei. Die Stadt zieht gleichermaßen Gründer wie Investoren an und auch Venture-Capital-Firmen sind hier immer zahlreicher zu finden. Insbesondere die Bereiche Informations- und Kommunikationstechnologie sowie Biotechnologie, zwei sehr zukunftsträchtige Technologiefelder, sind stark vertreten. Zu dieser Entwicklung trägt insbesondere die Stadt München mit unterstützenden Maßnahmen wie kurzen Genehmigungsverfahren und preiswerten Laborflächen bei.[788]

Diese Entwicklung der Münchner Region hin zu einer High-Tech-Agglomeration hat bereits Auswirkungen auf ausländische Investoren. Risikokapitalunternehmen aus England, Holland und den USA planen die Einrichtung von Venture-Capital-Fonds in Deutschland, insbesondere in München. Diese Entwicklung ist bereits an den Zahlen der BVK abzulesen: die Herkunft des Kapitals wird für 1997 mit 34,3% aus dem europäischen Ausland angegeben, was gegenüber 1996 einer Steigerung von zwölf Prozentpunkten entspricht. Der Tenor der gegenwärtigen Entwicklung im Bereich des Seed und Venture Capitals lautet mittlerweile: Risikokapital gibt es in ausreichender Menge, knapp werden vielmehr die herausragenden Geschäftsideen.[789]

8.4.4 Ausgewählte öffentliche Förderprogramme im Überblick

Nachfolgend werden einige Förderprogramme des Bundesministeriums für Bildung, Wissenschaft, Forschung und Technologie skizziert, die die Frühphasenfinanzierung junger Technologieunternehmen und damit insbesondere technologieorientierter Spin-offs zum Ziel haben.

---

[786] Vgl. Burgmaier/ Hornig (1998), S. 131.

[787] Vgl. dazu o.V. (1999b).

[788] Vgl. Mai (1998a).

[789] Vgl. BVK (1998), Mai (1998a), S. 114 und Mai (1999). STEDLER stellte bereits 1996 fest, daß es nicht an Finanzmitteln für innovative Unternehmensgründungen fehlt, selbst im Vergleich zu den USA nicht, vgl. Stedler (1996), S. 77.

Zunächst ist der Modellversuch „Förderung technologieorientierter Unternehmensgründungen" (TOU) zu nennen, der im April 1983 begonnen und mit Ablauf des Jahres 1988 geendet hat, d.h. ab diesem Zeitpunkt wurden keine Anträge mehr angenommen. Dieses Programm wurde in drei Zeiträume aufgeteilt, die den Phasen der Early-Stage-Financing entsprechen: Phase eins förderte die Erstellung von Gutachten bezüglich technischer und Marktfragen, Patent-, Markt- und Technikrecherchen mit Zuschüssen in Höhe von 7,6 Mio. DM. In der zweiten Phase des Programms wurden F&E-Arbeiten und erste Vermarktungsaktivitäten mit Hilfe von Zuschüssen (240,2 Mio. DM) und Bürgschaften für Bankkredite (5,3 Mio. DM) gefördert. Die dritte Phase unterstützte den Produktionsaufbau und die Markteinführung über Bürgschaften in Höhe von 90,9 Mio. DM.[790]

Da dieser Modellversuch über die ganze Programmdauer begleitet wurde, liegen bereits Ergebnisse über die Wirksamkeit der Förderung vor. Insbesondere die Ergebnisse der zweiten Phase, dem Kern des Modellversuchs, stellen sich positiv dar. Keines der geförderten Unternehmen scheiterte in diesem Zeitraum aus finanziellen Gründen, vielmehr schaffte der überwiegende Teil tiefgreifende Produktentwicklungen und konnte Stabilität sowie ein erhebliches Wachstum erzielen.[791] Im Rahmen dieses Programms reifte die Erkenntnis, daß vor allem eine verbesserte Eigenkapitalbasis über den Zufluß von Beteiligungskapital inklusive Managementunterstützung ein geeignetes Instrumentarium darstellt. Die Beteiligungskapitalgeber hatten jedoch noch keine spezifischen Erfahrungen im Umgang mit jungen Technologieunternehmen, d.h. keine Lerneffekte, so daß die Kosten eines Engagements aus deren Sicht zu hoch schienen.[792]

Aufbauend auf diesen Ergebnissen wurde von Mitte 1989 bis 1994 die Fördermaßnahme „Beteiligungskapital für junge Technologieunternehmen" (BJTU) konzipiert, um speziell dem Problem des mangelnden Seed Capitals entgegenzuwirken. Ziel war keine Dauersubventionierung, sondern vielmehr eine Aktivierung und Stimulierung der Marktkräfte. Daher wurden keine direkten Zuschüsse mehr gewährt, sondern Anreize für Investoren geschaffen, sich an technologieorientierten Unternehmensgründungen entweder gleich zu Beginn (Keimphase) oder beim Produktionsaufbau und der Markteinführung (Aufbauphase) zu beteiligen. Dafür standen zwei Varianten zur Verfügung: die Technologiebeteiligungsgesellschaft (tbg), die diese Form der Förderung

790 Vgl. Stedler (1996), S. 76 und Kulicke/ Wupperfeld/ Walter (1992), S. 3.
791 Vgl. Kulicke/ Wupperfeld/ Walter (1992), S. 31f.
792 Vgl. Pleschak/ Wupperfeld (1995), S. 53f.

durchführt, beteiligt sich an einer Neugründung mit demselben Betrag wie ein privatwirtschaftlicher Investor (Koinvestmentvariante). Die Refinanzierungsvariante stellt einem Anleger Mittel bereit, die er in ein junges Technologieunternehmen investiert.[793] Insgesamt gelangten 336 technologieorientierte Unternehmensgründer an 314 Mio. DM.[794]

Als Ergebnis dieses Modellversuchs kann festgehalten werden, daß der Markt deutlich stimuliert wurde. Etablierte Beteiligungsgesellschaften haben Seed-Engagements in ihr Angebot aufgenommen und auch neue Seed-Capital-Gesellschaften wurden gegründet, ein Ergebnis, welches mit den Resultaten des vorherigen Kapitels konform geht. Ebenfalls konnte eine Zunahme von Lerneffekten, einem erklärten Ziel staatlicher Förderung, erreicht werden. Von Seiten der Gründer hat weiterhin die Akzeptanz des Produkts „Beteiligungskapital" zugenommen.[795]

Auch in jüngster Zeit werden von staatlicher Seite Förderprogramme aufgelegt, um technologieorientierte Unternehmensgründungen zu forcieren, z.B. das Programm „FUTOUR" speziell für die neuen Bundesländer, welches vom 1.1.1997 bis 31.12.1999 läuft. Eine Phaseneinteilung ist entsprechend dem TOU-Programm gegeben. Die Gewährung staatlicher Förderung erfolgt in Form von Zuschüssen und/ oder stillen Beteiligungen. Neben der Hilfestellung im Umstrukturierungsprozeß in Ostdeutschland ist es erklärtes Ziel des Programms, die Umsetzung wissenschaftlicher Erkenntnisse in vermarktungsfähige Produkte und Dienstleistungen zu fördern. Mit diesem Aspekt sind insbesondere Spin-off-Unternehmensgründungen angesprochen.

Neben diesen drei angesprochenen Programmen, die speziell die Förderung neugegründeter technologieorientierter Unternehmen zum Ziel haben und daher besonders gut auf Spin-offs passen, existiert eine Vielzahl weiterer Programme zur Unterstützung von Existenzgründungen auf Landes-, Bundes- und EU-Ebene. Diese sind jedoch entweder allgemein für Existenzgründungen bzw. KMU ausgeschrieben oder sehr speziell für bestimmte Anwendungsgebiete und werden daher nicht näher behandelt.[796]

Sowohl die Vielfalt der Programme als auch die positiven Erfahrungen lassen den Schluß zu, daß die staatliche Förderung Wirkung zeigt und sowohl die jungen Tech-

[793] Vgl. Harnischfeger/ Kulicke/ Wupperfeld (1992), S. 4-7.
[794] Vgl. Stedler (1996), S. 76.
[795] Vgl. Harnischfeger/ Kulicke/ Wupperfeld (1992), S. 34. Im Anschluß daran wurde das Programm „Beteiligungskapital für kleine Technologieunternehmen" (BTU) aufgelegt, welches hier nicht weiter behandelt werden soll, da es einen erweiterten Adressatenkreis von bis zu zehn Jahre alten Unternehmen hat und damit nicht mehr nur für Unternehmensgründer gilt, vgl. Stedler (1996), S. 76.

nologieunternehmen unterstützt als auch den Markt stimuliert. Durch die zeitliche Begrenzung der Programme wird insbesondere der Effekt vermieden, daß Gründungen nur deshalb realisiert werden, weil es staatliche Hilfen gibt.[797]

Zusammenfassend kann festgestellt werden, daß die Rahmenbedingungen für Spinoffs seitens des Kapitalangebots als positiv einzuschätzen sind. Diese Entwicklung wurde vor allem durch öffentliche Förderprogramme eingeleitet, die wiederum den privatwirtschaftlich organisierten Kapitalmarkt stimulierten.

8.4.5 Business Angels

Business Angels sind eine in Deutschland noch in den Kinderschuhen steckende Institution, während sie im Ausland bereits wesentlich etablierter sind.[798] Es handelt sich dabei um vermögende Privatpersonen, die innovative Unternehmensgründer mit Kapital sowie mit Rat und Tat unterstützen. Meist sind es ehemalige Firmeninhaber, die ihr Unternehmen verkauft haben und ihr Kapital sowie ihre Erfahrung an die nachfolgende Gründergeneration weitergeben möchten. Der Grund für dieses Engagement liegt einerseits darin, daß diese Business Angels früher selbst einmal Hilfe empfangen haben und nun eine gewisse Dankesschuld abtragen wollen, andererseits haben sie mit ihrer Unterstützung das Gefühl, auch nach der beruflichen Laufbahn gebraucht zu werden.[799]

Die Aufgaben eines Business Angels sind vielfältig. Er hilft den Gründern zunächst bei der Erstellung des Businessplans und begleitet sie zu Gesprächen mit Banken. Später unterstützt er den Aufbau des Vertriebsnetzes mit seinem Know-how, aber auch mit seinen Kontakten zu potentiellen Kunden. Auch als Psychologe ist er gefragt, wenn die Geschäftslage die Gründer entmutigt. Vor allem aber ist er Geldgeber, indem er sein eigenes Kapital insbesondere in der Seed-Phase investiert, in der die Kapitalakquisition ohnehin ein Problem darstellt. Dabei interessieren Business Angels sich vor allem für innovative technologieorientierte Start-Ups aus der Informations- und Biotechnologie.[800] LANDSTRÖM hat dazu im Rahmen einer empirischen Untersuchung

---

[796] Vgl. z.B. Wolf (1997), S. 131-151, Pleschak (1996c), o.V. (1998b).

[797] Vgl. zu diesem Problem des „Attentismus" Ewers/ Wein (1993), S. 55 und Staudt (1988), S. 220ff.

[798] Vgl. Freear/ Wetzel (1992), die auf das Konzept informellen Venture Capital Marktes in den USA eingehen. Vgl. auch die Vielzahl der zu dieser Thematik bereits durchgeführten Studien bei Freear/ Wetzel (1992), S. 463.

[799] Vgl. Hirn (1998), S. 152ff.

[800] Vgl. Hirn (1998), S. 158ff. und o.V. (1999c).

ermittelt, daß Privatinvestoren sich immer häufiger als Ko-Unternehmer verstehen und die neugegründete Unternehmung nicht als reine Geldanlage betrachten.[801]

Durch die im Moment noch geringe Verbreitung dieses Konzepts privater Gründerunterstützung gestaltet sich insbesondere die Kontaktanbahnung schwierig. Gründer und Business Angels treffen sich in Deutschland im Moment noch per Zufall oder in Form von persönlichen Kontakten in der relevanten Technologieszene, während im Ausland die Aufnahme von Geschäftsbeziehungen in Form von Clubs und anderen Einrichtungen bereits institutionalisiert ist. Unter der Federführung des ehemaligen Bundesministers für Bildung, Wissenschaft, Forschung und Technologie, Jürgen RÜTTGERS, der das Potential an Business Angels in Deutschland auf 200.000 Personen schätzt, wurde daher das Business Angels Netzwerk Deutschland (BAND) gegründet, welches den Kontakt zwischen Gründern und Mentoren herstellen soll. Auch die Durchführung von Veranstaltungen zum Austausch von Erfahrungen zwischen den Beteiligten sowie eine Einbindung in die internationale Business Angels Szene sind Ziele von BAND.[802] Diese Initiative richtet sich ausschließlich an innovative, technologieorientierte Gründer. Spin-offs aus Hochschulen stellen daher eine wesentliche Zielgruppe dar.

Im Ausland wurden mit diesem Konzept privater Gründerunterstützung bislang gute Erfahrungen gemacht. In den USA soll es bisher 250.000 Business Angels geben, die fünfmal mehr Kapital in junge Technologieunternehmen investieren als Venture-Capital-Gesellschaften.[803] Diese immense Bedeutung können Business Angels auch in Zukunft in Deutschland erlangen, wenn dieses Konzept weiter forciert wird. Vor allem die Spin-offs als wichtige Zielgruppe können von diesem idealistischen Engagement erfahrener Gründer nur profitieren.

8.4.6 Hochschulen als Kontakt- und Anlaufstellen

Hochschulen können den Gründern bei der Erfüllung der enorm wichtigen Aufgabe der Kapitalakquisition ebenfalls Hilfeleistung gewähren. Dabei ist es den deutschen Hochschulen im allgemeinen nicht gestattet, sich selbst mit finanziellen Mitteln an Spin-offs zu beteiligen,[804] was die Folge hätte, daß Hochschulen verstärkt Risiken übernehmen würden, aber auch Chancen auf hohe Wertsteigerungen ihrer Anteile an

---

[801] Vgl. Landström (1998).
[802] Vgl. BAND (1998), o.V. (1999c) und Hirn (1998).
[803] Vgl. BAND (1998) und Hirn (1998), S. 154.
[804] Vgl. Becher/ Gering/ Lang u.a. (1996), S. 105. Im Gegensatz dazu besteht beispielsweise in den USA diese Möglichkeit, vgl. Haacke (1997) und Haacke (1998) sowie Wilson/ Szygenda (1991) und Cawood (1991).

innovativen, erfolgreichen Spin-offs zu erwarten hätten. Aufgrund der bestehenden gesetzlichen Regelungen ist den Hochschulen der shareholder value jedoch verwehrt.[805]

Aus diesem Grund bleibt den Hochschulen der Weg, den Gründern Kontakte zu Kapitalgebern in Form eines Risikokapital-Netzwerks bereitzustellen.[806] Dabei ist es besonders wichtig, Kontakte zu den Einrichtungen herzustellen, die für die Anfangsphasen der Unternehmensgründung von großer Bedeutung sind, wie Fördermittelgeber, Seed und Venture Capital Geber und auch Business Angels. Den Hochschulen kommt in diesem Zusammenhang die Aufgabe zu, Kontakte zu knüpfen und Informationen zu sammeln. Diese sich ergebenden Beziehungen und Informationen werden von den Hochschulen gebündelt und aggregiert an die Spin-off-Gründer weitergegeben. Diese Vorgehensweise setzt die personelle und finanzielle Einrichtung eines fundierten Beziehungsmanagements an Hochschulen voraus, welches die Kontakte herstellt und pflegt.[807]

Hochschulen fungieren dabei als Broker, d.h. die Hochschule als öffentlicher Förderakteur wird als Mittler zu weiteren öffentlichen Einrichtungen wie Fördermittelgebern oder privaten Leistungsanbietern tätig.[808] Die Einschaltung des öffentlichen Akteurs „Hochschule" als Broker kann dabei dazu führen, daß die Unsicherheit insbesondere privater Leistungsanbieter gegenüber neugegründeten Spin-offs gesenkt wird, da die Reputation der Hochschule auf die Spin-offs transferiert wird.[809] Durch die Bündelung der Informationen und Kontakte in der Hochschule müssen weiterhin nicht alle Gründer mit allen Kapitalgebern Kontakte aufnehmen, was die Transaktions-, insbesondere Suchkosten reduziert[810] (vgl. Abbildung 40).

---

[805] Zum shareholder value vgl. Nölting (1998), Nölting (1999) und Balzer/ Jensen (1999).
[806] Vgl. Dürand (1998), S. 68 und Morrison/ Wetzel (1991), S. 118 und S. 124f.
[807] Vgl. zum Beziehungsmanagement Diller (1995) und die Beiträge in Sydow/ Windeler (1994).
[808] Vgl. Miles/ Snow (1986a) und (1986b).
[809] Vgl. Kaas (1995b).
[810] Vgl. dazu Picot (1986), S. 6f.

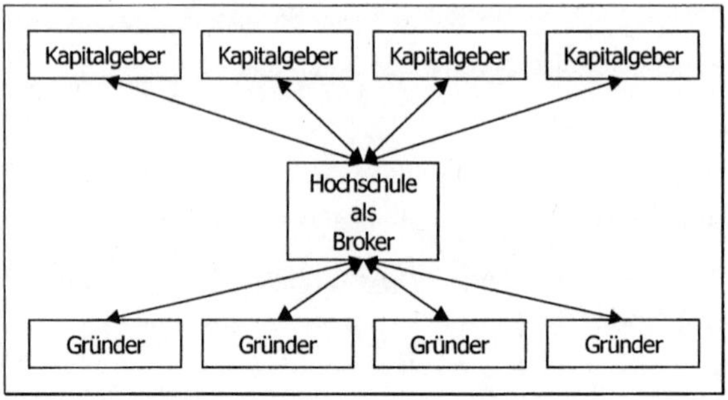

Abbildung 40: Hochschulen als Broker
Quelle: In Anlehnung an Miles/ Snow (1986a), S. 65.

Die Brokerrolle kann dabei unterschiedlich ausgestaltet und auf verschiedenen Ebenen wahrgenommen werden. Einerseits können Investoren und Spin-off-Gründer auf unpersönliche, mediale Weise zusammenkommen. Auf der anderen Seite ist an Hochschulen die Installation persönlicher Risikokapital-Netze möglich.[811] Diese Ausgestaltungsformen werden im folgenden einer genauen Betrachtung unterzogen.

Das Konzept der unpersönlichen, medialen Risikokapital-Netzwerke soll im folgenden am Beispiel der Universität von New Hampshire verdeutlicht werden.[812] Deren Ansatz besteht darin, daß die Hochschule Informationen zu Spin-off-Gründern sowie zu den Interessengebieten von Kapitalgebern sammelt und diese in einer Datenbank ablegt. Sowohl Gründer als auch Investoren können dann darin anonym nach Kooperationspartnern suchen (Stufe 1). Ist diese Suche erfolgreich, können weitergehende Informationen abgerufen werden, wie z.B. der Businessplan des Gründers (Stufe 2). Besteht zu diesem Zeitpunkt immer noch Interesse, folgen detaillierte Angaben zum Kapitalgeber bzw. zum Spin-off-Gründer sowie persönliche Angaben, so daß die Möglichkeit der persönlichen Kontaktaufnahme geschaffen wird (Stufe 3). Zu diesem Zeitpunkt endet das Engagement der Hochschule. Die beiden Parteien müssen die eigentliche Geschäftsbeziehung selbst aufnehmen. Hauptaufgabe der Hochschule ist in diesem Fall das Sammeln und Ablegen von Informationen zu Kapitalgebern und Gründern, was im allgemeinen eine Kontaktaufnahme zu beiden Gruppen impliziert. Zwischen diesen beiden Personengruppen wird von der Hochschule selbst jedoch keine Vermittlung vorgenommen.

---

811 Vgl. zur unpersönlichen und persönlichen Kommunikation Meyer/ Beer/ Diehl u.a. (1997), S. 108ff.

812 Vgl. Morrison/ Wetzel (1991), S. 124f.

Anders verhält es sich bei einem persönlichen Venture Capital Netzwerk. Dabei stellen Hochschulen die Kontakte zwischen Kapitalgebern und Gründern her. Sie fungieren als Anlauf-, Beratungs- und Vermittlungsstelle. Hochschulen kommt dabei die Aufgabe zu, in verschiedenen Einrichtungen Kontakte zu den richtigen persönlichen Ansprechpartnern, die mit Entscheidungsbefugnis ausgestattet sind oder zumindest kompetente Beratungspartner darstellen, herzustellen und zu pflegen.[813] Auf diese Weise ergeben sich enge Kooperationsbeziehungen zu öffentlichen und privaten Leistungsanbietern, die den Gründern zugute kommen. Die Hochschulen können die Gründer dann aufgrund deren persönlicher Situation beraten, wer als Investor in Frage kommt, daraufhin den Kontakt herstellen und falls gewünscht auch im weiteren Verlauf als Mittler tätig sein.

Hochschulen können jedoch keine Beziehungen zu allen in Frage kommenden nationalen Leistungsanbietern pflegen. Es ist zu erwarten, daß sie sich nach inhaltlichen und regionalen Gesichtspunkten auf bestimmte Leistungsanbieter spezialisieren. Um jedoch eine möglichst umfassende Betreuung von Spin-off-Gründer zu gewährleisten, ist es für die Hochschulen empfehlenswert, Kontakte zu relevanten Verbänden, Vereinigungen oder Ministerien zu unterhalten. Diese können den Gründern dann weiterhelfen, wenn der spezifische Fall eines Gründers nicht über die direkten persönlichen Kooperationen der Hochschule zu Kapitalgebern abgewickelt werden kann. Zu nennen ist dabei bspw. der Bundesverband deutscher Kapitalbeteiligungsgesellschaften e.V. oder das Business Angels Netzwerk Deutschland. Beispielsweise können sich Hochschulen in die Initiative zur Schaffung eines deutschlandweiten Business Angels Netzwerks einbringen und an der Hochschule selbst eine Kontakt- bzw. Außenstelle einrichten.

Die aufgezeigten Ausgestaltungsmöglichkeiten eines Risikokapital-Netzwerks stellen insgesamt betrachtet eine geeignete Grundlage für Entrepreneurial Support Maßnahmen im Bereich der Kapitalakquisition von Gründern dar. Die spezielle Konfiguration für einzelne Hochschulen hängt von den spezifischen Gegebenheiten der jeweiligen Hochschule ab.

8.5 Mittelbarer Entrepreneurial Support

Im Rahmen dieses letzten Abschnitts soll auf den Aspekt eingegangen werden, daß Spin-off-Gründer nicht ausschließlich von den aufgezeigten direkten Fördermaßnah-

---

[813] In der Decision Making Unit muß der geeignete Ansprechpartner gefunden werden, vgl. dazu Chisnall (1989), S. 73. Ähnlich dargestellt im Buying-Center-Modell, vgl. Webster/ Wind (1972),

men profitieren, die die Hochschule bereitstellt. Vielmehr birgt die Nähe zur Inkubatororganisation Hochschule auch mittelbare Vorteile, die den Spin-offs im Verlauf der Gründungsphasen helfen können. Unter mittelbaren Vorteilen sollen dabei Hilfen verstanden werden, die die Hochschule nicht aktiv bereitstellt, sondern die sich aus der engen Beziehung zwischen Spin-off und Hochschule ergeben.

Zunächst macht es die räumliche und organisatorische Nähe der Spin-off-Unternehmen zur Hochschule den Gründern leichter, qualifiziertes Personal zu rekrutieren, was sich besonders in der Phase der Marktetablierung und des Wachstums als Vorteil erweist.[814] Gleichzeitig beinhaltet die Nähe zu aktuellen Forschungsergebnissen der Hochschule für die Spin-offs die Chance, jederzeit im Verlauf des Gründungs- und Entwicklungszyklus innovative Impulse für die Geschäftstätigkeit aufzunehmen und früher als Konkurrenten über neue Problemlösungstechniken zu verfügen.[815] Dieser Aspekt tritt umso deutlicher zutage, je mehr Gründer gleichzeitig noch an der Hochschule tätig sind. Auch der informelle Austausch mit hochqualifizierten Wissenschaftlern und Kollegen, der sich aus der Nähe des Spin-off-Unternehmens zur Hochschule ergibt, kann anregende und belebende Wirkung auf die Geschäftstätigkeit ausüben.[816]

Ein besonders bedeutender Aspekt betrifft die Phase der Markteinführung. Junge Unternehmen haben im Rahmen ihres Markteintritts damit zu kämpfen, daß potentielle Kunden zu diesem Zeitpunkt meist zu anderen Anbietern Geschäftsbeziehungen pflegen, die von den Spin-off-Gründern aufgebrochen werden müssen, um aus der Position des Out-Suppliers zum Status des In-Suppliers zu wechseln.[817] Dieser Übergang wird dadurch erschwert, daß die Gründer aufgrund ihrer Unbekanntheit am Markt kein Vertrauen und keine Reputation besitzen.[818] Es liegt eine asymmetrische Informationsverteilung vor,[819] da die potentiellen Marktpartner nicht wissen, ob der Spin-off die Leistungen wie versprochen erbringt, ob die gelieferten Waren wie vereinbart gezahlt werden und ob das Spin-off-Unternehmen in absehbarer Zeit überhaupt noch exi-

---

S. 77.

[814] Vgl. Haacke (1999), S. 66, Zdrowomyslaw/ Rethmeier/ Huber u.a. (1999), S. 18 und McQueen/ Wallmark (1991), S. 105. Dieser Aspekt ist auch Bestandteil der Motivstruktur von Spin-off-Gründern aus Hochschulen, vgl. Kapitel 4.1.

[815] Vgl. Haacke (1999), S. 66.

[816] Vgl. McQueen/ Wallmark (1991), S. 106.

[817] Zum Konzept des In-/Out-Suppliers vgl. Backhaus (1982), S. 328.

[818] Zu einer umfassenden Abhandlung der Bedeutung des Vertrauens in Geschäftsbeziehungen vgl. Meyer/ Bartelt (1999).

[819] Vgl. dazu Spremann (1990) und Schulenburg (1987).

stiert.[820] Durch diese Unsicherheit seitens der Marktpartner wird die Aufnahme von Geschäftsbeziehungen beeinträchtigt. Die asymmetrische Informationsverteilung wirkt sich dabei umso nachteiliger für diejenigen jungen Unternehmen aus, die eine überlegene Produkt- und Leistungsqualität zu entsprechenden Preisen anbieten, da die Gefahr der adversen Selektion besteht.[821]

Lösungsmöglichkeiten für dieses Problem liegen informationsökonomisch betrachtet im Screening, was sich dadurch auszeichnet, daß die potentiellen Nachfrager Informationen über das Unternehmen einholen. Signaling ist dagegen durch aktive Informationspolitik des jungen Spin-off-Unternehmen gekennzeichnet.[822] Beide Vorgehensweisen, die dazu dienen, sich den Nachfragern gegenüber zu offenbaren, um deren Unsicherheit zu senken, werden jedoch durch die Neuheit und Unbekanntheit des Unternehmens erschwert. Die Hochschule leistet vor diesem Hintergrund mittelbaren Entrepreneurial Support, indem die Spin-offs von der Reputation der Hochschule profitieren und die Inkubatororganisation damit als Informationsmittler und marktergänzende Institution in Erscheinung tritt.[823] Reputationstransfers bewirken dabei eine Reduktion von Unsicherheit auf Seiten der potentiellen Kunden der Spin-off-Unternehmen, da das positive Image der Inkubatororganisation auch mit den Spin-off-Unternehmen assoziiert wird. Eine Möglichkeit zum Reputationstransfer von der Hochschule auf den Spin-off ist zunächst aufgrund der Tatsache gegeben, daß Wissenschaft und Hochschulen allgemein in der Öffentlichkeit ein hohes Ansehen genießen.[824] Spin-off-Unternehmen profitieren dann von der Tatsache, daß sie sich aus einer Hochschule ausgegründet haben. Ein weiterer Reputationstransfer ist möglich, indem bestimmte Hochschulen einen besonders guten Ruf genießen und sich von der Masse der Hochschulen abheben. Dieses besondere Image kann sich aus verschiedenen Gesichtspunkten ergeben. Einerseits können Hochschulen einen herausragenden Ruf als Forschungseinrichtung besitzen, der sich auf das Spin-off-Unternehmen überträgt, wodurch insbesondere Vertrauen in die technologische Leistungsfähigkeit des jungen Unternehmens erzeugt wird. Auf der anderen Seite können sich Hochschulen durch ein Förderkonzept zur Unterstützung von Hochschul-Spin-offs einen Namen machen. Wenn dann bekannt wird, daß aus diesen Hochschulen aufgrund der ausgezeichneten Förderung und Hilfestellung viele hervorragende Spin-offs entspringen, entstehen po-

---

820 Vgl. Stinchcombe (1965), S. 149f.
821 Vgl. Kaas (1992), S. 24 und Akerlof (1970).
822 Vgl. dazu Kaas (1995b), Kaas (1995a), S. 28f. und Hopf (1983). Siehe auch Weiber/ Adler (1995), Schumacher (1994), S. 5ff. und Deissenberg (1985).
823 Vgl. Kaas (1995b), Sp. 978f. und McQueen/ Wallmark (1991), S. 106.
824 Vgl. Noelle-Neumann (1999).

sitive Reputationseffekte, da man diese Spin-offs mit Unternehmertum und Entrepreneurship assoziiert. Auf diese Weise kann der besondere Ruf einer Hochschule den Spin-offs bei der Schaffung von Vertrauen und Reduktion von Unsicherheit bei zukünftigen Marktpartnern helfen.

Insgesamt betrachtet stellen Hochschulen mit den aufgezeigten Unterstützungsleistungen der Entrepreneurship Education und des Entrepreneurial Support Spin-off-Gründern ein umfangreiches Förderpaket zur Verfügung, welches zu mehr Unternehmertum, Technologietransfer und Arbeitsplätzen führen und den Spin-off-Gründern einen guten Start in die Selbständigkeit ermöglichen soll. Dabei ist dieses Förderkonzept nicht als einseitige Maßnahme zu verstehen, die nur den Spin-offs zugute kommt und den Hochschulen lediglich Arbeit und finanzielle Belastungen aufbürdet. Auch die Hochschulen profitieren von der Einrichtung eines Förderprogramms sowie einer steigenden Zahl an Ausgründungen:[825]

1) Zum einen sind Hochschulen durch enge Beziehungen zu vielen Spin-off-Unternehmen nah an der Praxis und können einen Forschungsbedarf schnell erkennen sowie die entsprechenden Forschungsanstrengungen in Angriff nehmen.

2) Weiterhin können sich die Spin-off-Unternehmen für die geleisteten Hilfen revanchieren, indem die Gründer als Dozenten in Entrepreneurship Education Veranstaltungen integriert werden und auf diese Weise den nachfolgenden Gründergenerationen eine praxisnahe und anschauliche Ausbildung ermöglichen.

3) Auch in finanzieller Sicht sind Spin-off-Unternehmen für Hochschulen interessant, da die Gründer Forschungsprojekte, die sie akquirieren, oftmals an die Hochschulen weiterleiten bzw. in Kooperation mit diesen durchführen. Hochschulen gelangen auf diese Weise durch erfolgreiche Spin-off-Gründer zu mehr Drittmitteln.

4) Nicht zu vergessen sind außerdem die Mittel des Staates, die von den Bildungsministerien an Hochschulen im Rahmen von Wettbewerben bzw. regulärer Haushaltsmittel vergeben werden, die sich um die Förderung von Spin-offs bemühen.

5) Die Einrichtung eines Förderkonzepts bewirkt schließlich eine Differenzierung gegenüber anderen Hochschulen, wodurch der Wettbewerb unter den Hochschulen angeregt wird, was mittlerweile vielfach befürwortet wird.[826]

---

[825] Vgl. zu den folgenden Ausführungen Haacke (1999), S. 66, Dürand (1998), S. 67 und McQueen/ Wallmark (1991), S. 104.

[826] Vgl. Müller-Böling/ Küchler (1997), S. 660.

Insgesamt betrachtet werden Spin-off-Gründungen als bereichernd und inspirierend für Forschung und Lehre an einer Hochschule empfunden.[827] Die Beziehung zwischen Hochschule und Spin-offs ist damit geprägt von gegenseitigem Geben und Nehmen. Spin-off-Gründer profitieren von den Förderleistungen der Hochschule und die Hochschulen erlangen Vorteile aus der Einrichtung des Förderprogramms selbst sowie aus der daraus resultierenden steigenden Anzahl an Spin-off-Gründungen. Dieses Beziehungsgeflecht kann daher als Win-Win-Situation charakterisiert werden. Um den Spin-off-Gründern die benötigten Unterstützungsleistungen jedoch konkret offerieren zu können, müssen die Maßnahmen organisatorisch in die Strukturen der Hochschule implementiert werden, worauf im folgenden Kapitel eingegangen wird.

[827] Vgl. McQueen/ Wallmark (1991), S. 104.

9 Organisatorische Umsetzung des Förderkonzepts

Das Förderkonzept, welches in den letzten zwei Kapiteln intensiv aufgearbeitet wurde, stellt ein umfassendes „Ressourcenbündel" an Leistungen bereit, welches den Spin-off-Gründern im Prozeß der Unternehmensgründung vielfältige Unterstützung bietet. Hochschulen, die eine derartige Förderung anbieten, offerieren Unternehmensgründern nahezu ein Allround-Angebot an Hilfeleistungen.

Dieses Förderkonzept bewirkt eine Veränderung und Verbesserung der institutionellen Rahmenbedingung „Hochschule". Die Attraktivität der Hochschulen, die sich eine Spin-off-Förderung zum Ziel setzen, wird sowohl aus staatlicher Sicht als auch vom Standpunkt potentieller Gründer merklich gesteigert. Nach NORTH führt diese Vorgehensweise verstärkt zu leistungsfähigen Organisationen, sprich Spin-offs, mit positiven Auswirkungen bzw. Rückkopplungen auf Hochschulen und Gesellschaft.[828] Gründerfreundliche Infrastrukturen an Hochschulen führen somit zur Steigerung der gesellschaftlichen Wohlfahrt.

Für die Hochschulen stellt sich vor diesem Hintergrund die Frage, wie die aufgezeigten Maßnahmen konkret in die Organisationsstrukturen der Hochschule eingebunden werden können. Die Einrichtung einer Spin-off-Förderung bewirkt eine gewollte und geplante Veränderung in den Hochschulstrukturen und fällt somit unter den Begriff der Implementierung.[829] Eine Implementierungsdiskussion wurde in der Literatur bislang erst ansatzweise und überwiegend deskriptiv im Hinblick auf die Beschreibung der Situation an einigen Hochschulen geführt.[830] Nichtsdestoweniger besitzt sie hohe Relevanz, da deutsche Hochschulen bislang kaum damit konfrontiert waren, Unterstützungsangebote für Spin-off-Gründer einzurichten und deshalb keine Erfahrungen auf diesem Gebiet aufweisen. Daher werden im folgenden Möglichkeiten zur Einbindung des Förderkonzepts in die Hochschulstrukturen erarbeitet.

Einerseits besteht für diese Implementierung organisatorisch gesehen die Möglichkeit, daß die Hochschulleitung die verschiedenen Maßnahmen innerhalb der Strukturen der Hochschule dezentral an die Stellen delegiert, die die höchste inhaltliche Affinität besitzen. Diese Vorgehensweise impliziert bspw., daß die Patentpolitik von der Technologietransfer- bzw. Patentberatungsstelle wahrgenommen und die Aufgabe eines betriebswirtschaftlichen Coachings an die Wirtschaftswissenschaften delegiert wird. Die

---

[828] Vgl. Kapitel 6.1 und North (1992), S. 8-11.

[829] Vgl. Zeyer (1996), S. 7ff. zum Begriff und zu den Grundlagen der Implementierung.

[830] Vgl. z.B. Morrison/ Wetzel (1991) zum Fallbeispiel der Universität von New Hampshire.

neu einzurichtenden Stellen „Verfügungszentrum“ und „Institut für Entrepreneurship Education“ hätten wiederum einen anderen Status; sie wären organisatorisch als Zentralbereiche klassifiziert oder in die Verwaltung eingegliedert.

Diese an Hochschulen übliche Vorgehensweise bewirkt jedoch, daß es keine zentrale Anlaufstelle für Gründer gibt und die Maßnahmen untereinander kaum koordiniert werden. Stattdessen muß sich jeder Gründer innerhalb der Hochschule an die verschiedensten Stellen wenden, um Hilfestellung zu erlangen (vgl. Abbildung 41). Dies führt zu erhöhten Such- und damit Transaktionskosten für die Spin-offs.

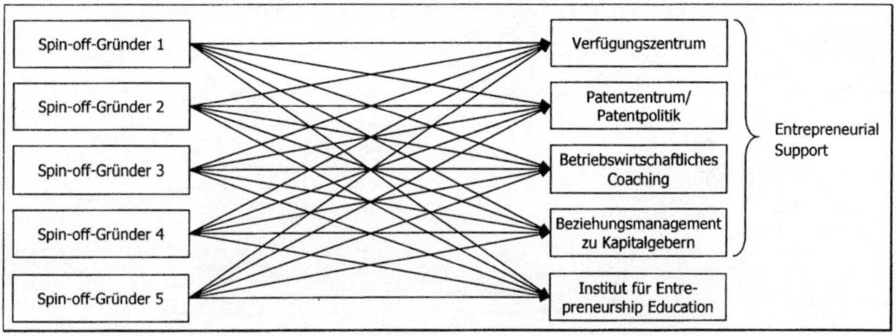

Abbildung 41: Dezentrale Handhabung der Spin-off-Förderung

Um innovative Förderkonzepte besser verwirklichen zu können, werden verstärkt neue Formen der Organisation angedacht. Fördermaßnahmen sollen zentral in Form eines **University technology business incubator (UTBI)** bzw. Hochschulinkubators wahrgenommen werden. Diese neue Organisationsform von Förderaktivitäten ist Gegenstand der folgenden Ausführungen.

9.1 Gründung eines Business Incubators

Bei einem Business Incubator handelt es sich um eine „facility for the maintenance of controlled conditions to assist in the cultivation of new companies“.[831] Das Ziel dieser Einrichtungen, die um Hochschulen herum entstehen, besteht darin, Technologie, Know-how, Kapital und Begabung zu bündeln, um eine zielgerichtete Förderung jun-

[831] Smilor/ Gill (1986), S. 1. ALLESCH/ FIEDLER forderten bereits 1983, innerhalb oder an Forschungseinrichtungen derartige Zentren zu etablieren, vgl. Allesch/ Fiedler (1983), S. 109.

ger Spin-offs zu gewährleisten. In den USA haben bereits 50 Hochschulen Anstrengungen unternommen, derartige Hochschulinkubatoren einzurichten.[832]

In diesen von der Hochschule zu gründenden Organisationen werden Fördermaßnahmen zentral zusammengefaßt, verwaltet, koordiniert und aufeinander abgestimmt. Sie bieten Plattformen zur effizienten und effektiven Spin-off-Förderung. Der Inkubator ist dabei eine eigenständige Einrichtung, die organisatorisch an die Hochschule angeschlossen ist, z.B. in Form eines An-Instituts oder einer Gesellschaft, an der die Hochschule beteiligt ist. Er übernimmt die Realisierung des gesamten Förderkonzepts, bestehend aus Entrepreneurship Education sowie Entrepreneurial Support. Der Inkubator ist damit das zentrale ausführende Organ für die Fördermaßnahmen, die von der Hochschule beschlossen werden (vgl. Abbildung 42).[833]

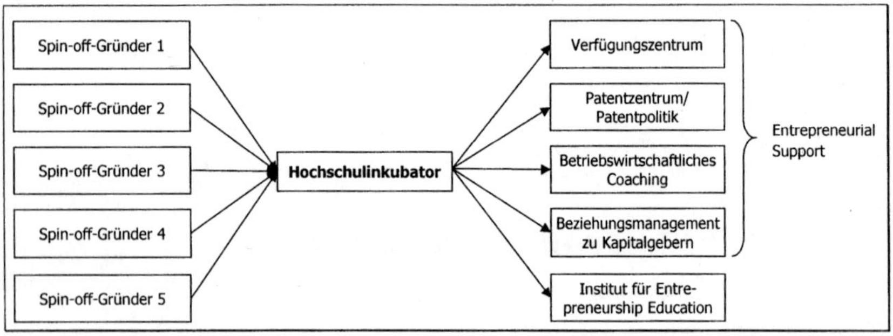

Abbildung 42: Zentrale Implementierung der Spin-off-Förderung in Form eines Hochschulinkubators

Der Vorteil dieses innovativen Implementierungskonzepts besteht in der zentralen Handhabung der Aktivitäten, wodurch eine für alle Gründer einheitliche Anlaufstelle geschaffen wird. Die Anzahl der notwendigen Kontakte und Beziehungsgeflechte reduziert sich damit deutlich. Dieser Aspekt, der als „BALIGH/ RICHARTZ-Effekt“ bekannt ist, bewirkt eine Transaktionskostensenkung.[834] Über diesen Inkubator können die Förderleistungen dann von den Gründern in Anspruch genommen werden. Die Mitarbeiter des Inkubators bemühen sich gemäß der spezifischen Problemstellung des Gründers um eine Lösung, bspw. organisieren sie einen Platz im Verfügungszentrum,

832 Vgl. Mian (1997), S. 252. Siehe auch Wippler (1998), S. 124. Auch die Hochschulrektorenkonferenz fordert bspw. ausdrücklich, Patentierungsaktivitäten an Hochschulen organisatorisch in Form einer Verwertungseinrichtung, die als GmbH geführt werden sollte, auszulagern, vgl. HRK (1997).

833 Aus der Sicht des Spin-offs zählt die neue Organisationseinheit „Business Incubator“ wie die Hochschule selbst zu den institutionellen Rahmenbedingungen und damit zum erweiterten Institutionenbegriff, vgl. dazu Kapitel 6.1.

834 Vgl. Picot (1986), S. 6.

falls der Gründer F&E-Arbeiten durchführen muß. Diese Vorgehensweise birgt sowohl für die Hochschule als auch für die Gründer den Vorteil erhöhter Transparenz und Übersichtlichkeit.

Um als Hochschule einen Business Incubator schließlich erfolgreich und reibungslos zu führen, existieren mehrere Voraussetzungen:[835]

1) Der Inkubator selbst muß als erfolgversprechend wahrgenommen werden, um bei den Gründern sowie dem Umfeld (Hochschule, Gemeinde, Land, Bund) auf Akzeptanz zu stoßen. Vor diesem Hintergrund werden Maßnahmen wie eine ansprechende Ausstattung, Beziehungen zu wichtigen Einrichtungen sowie die Akquisition erfahrener Mitarbeiter, angesehener Befürworter sowie erfolgversprechender Spin-offs empfohlen.

2) In gewissem Umfang muß ein Auswahlverfahren für die Unterstützung von Spin-off-Gründern stattfinden, insbesondere bei Engpaßangeboten wie Flächen im Verfügungszentrum. Insbesondere sollen von den Gründern Vorleistungen verlangt werden, wie z.B. ein Businessplan, um die Ernsthaftigkeit des Vorhabens zu überprüfen. Zu diesem Zweck wird die Einrichtung eines Bewertungsgremiums empfohlen.

3) Schließlich sollten klare und eindeutige Regeln für die Inanspruchnahme von Leistungen des Inkubators festgelegt werden, damit sowohl der Inkubator als auch die Spin-off-Gründer genau über die Bedingungen Bescheid wissen, unter denen eine Zusammenarbeit erfolgt, so daß keine Mißverständnisse auftreten.

Da es sich bei Hochschulinkubatoren um eine neue, innovative Form der organisatorischen Implementierung von Förderaktivitäten handelt, sind sie bislang kaum erforscht.[836] Um die Voraussetzungen für eine gelungene Ausgestaltung eines Hochschulinkubators sowie die Effekte und Wirkungen der Gründung von Business Incubators dennoch fundiert herausarbeiten zu können, kann auf Erfahrungen und Forschungsergebnisse zurückgegriffen werden, die mit einem weiteren öffentlichen Förderakteur, den Technologie- und Gründerzentren, gemacht wurden. Bei einem Technologie- und Gründerzentrum (im folgenden TGZ genannt) handelt es sich um

„[...] eine in der Regel öffentlich betriebene Einrichtung der kommunalen oder regionalen Wirtschaftsförderung. In ihnen sollen ausgewählte, relativ junge und zumeist

---

835 Vgl. Smilor/ Gill (1986), S. 30ff. Siehe dazu auch Leman (1990), S. 504.

836 Vgl. Mian (1997). Eine allgemeine Analyse von Inkubatoren, die jedoch nicht ausschließlich auf Hochschulen zugeschnitten sind, liefern Smilor/ Gill (1986).

neu gegründete Stammunternehmen gefördert werden, deren betriebliche Tätigkeit vorwiegend in der Entwicklung, Produktion und Vermarktung technologisch neuer Produkte, Verfahren und Dienstleistungen liegt. Die Förderung ist zeitlich begrenzt und umfaßt ein mehr oder weniger umfangreiches Angebot an Mieträumen, Gemeinschaftseinrichtungen und Beratungsdienstleistungen."[837]

TGZ widmen sich ähnlich den Hochschulinkubatoren der Förderung junger Technologieunternehmen und bieten dazu vielfältige Unterstützungsleistungen an. Dieses Ressourcenangebot wird im TGZ gebündelt und zentral koordiniert.[838] Der Unterschied zu Business Incubators an Hochschulen besteht darin, daß TGZ meist kommunale Einrichtungen darstellen und allen Gründern, nicht nur Hochschul-Spin-offs offen stehen. Durch ihre ansonsten ähnliche Struktur und Vorgehensweise können die zahlreichen Forschungsergebnisse zu Funktionen und Wirkungen von TGZ jedoch auf die Fördermaßnahmen an Hochschulen übertragen werden. Eine Aufbereitung dieser Analysen liefert wertvolle Hinweise zur Ausgestaltung der Hochschulinkubatoren.

9.2 Technologie- und Gründerzentren als bereits erforschte Business Incubators

In Deutschland stehen derzeit insgesamt 268 Technologie- und Gründerzentren zur Verfügung und jährlich kommen etwa 20 dazu.[839] Nach Gründung des ersten TGZ 1983 in Berlin folgte Mitte der achtziger Jahre eine Gründerwelle, die zum Ende des Jahrzehnts wieder abflaute. Anfang der neunziger Jahre war der zweite Boom zu verzeichnen, der vor allem durch die Wiedervereinigung initiiert wurde. TGZ werden bevorzugt in Regionen mit Verdichtungsräumen sowie Verdichtungsansätzen und insbesondere in Hochschulnähe etabliert,[840] um dem Ziel des Technologietransfers Rechnung zu tragen.[841] Da die Mehrzahl der Spin-off-Gründer sich in der Nähe des Inkubators, d.h. der Hochschule ansiedelt,[842] stehen den Spin-off-Gründern die Mehrzahl der eingerichteten TGZ zur räumlichen Verfügung und werden von ihnen auch ge-

[837] Behrendt (1996), S. 6. Zu einer Abgrenzung des Begriffs von verwandten Einrichtungen wie Forschungs- oder Gewerbepark vgl. Sternberg/ Behrendt/ Seeger u.a. (1996), S. 2.
[838] Vgl. Scheidt (1995), S. 114.
[839] Vgl. Groothuis (1999), S. 77. Siehe auch Baranowski/ Groß (1998).
[840] Vgl. Seeger (1997), S. 37ff. und Sternberg (1992), S. 89ff.
[841] Aufgrund dieses Motivs werden TGZ auch als Technologietransfereinrichtungen bezeichnet, vgl. dazu Sternberg (1990), S. 12, Berger/ Knapp (1990), S. 20ff., Quintas/ Wield/ Massey (1992) und Leman (1990), S. 508.
[842] Vgl. Knecht (1997), S. 7.

nutzt.[843] STORZ fordert von TGZ explizit, sich als Bindeglieder zwischen Hochschule und Wirtschaft zu verstehen.[844]

Innovative, technologieorientierte Unternehmensgründungen erfahren in einem TGZ Förderung und Unterstützung über die verschiedenen Phasen der Unternehmensgründung und -entwicklung hinweg. Diese Betreuung ist zeitlich begrenzt und endet mit dem Auszug aus dem TGZ entweder dann, wenn das Unternehmen sich am Markt etabliert hat oder wenn die Neugründung erfolglos bleibt. Ziel der intensiven Betreuung ist die Steigerung der Überlebenswahrscheinlichkeit und der Wachstumschancen sowie die Stärkung der innovatorischen Leistungsfähigkeit der jungen Technologieunternehmen. Weiterhin sollen TGZ die Gründung technologieorientierter Unternehmen überhaupt erst anregen.[845]

Zu diesem Zweck stehen in einem TGZ unterschiedliche Angebote zur Verfügung. Kernleistung eines TGZ ist die Vermietung kostengünstiger Büro-, evtl. auch Labor- und Produktionsflächen. Zusätzlich werden in einem TGZ üblicherweise weitere Leistungen angeboten wie Gemeinschaftsräume (Konferenzräume, Bibliotheken etc.), technische Infrastruktur (Kopier- und Faxgeräte), gemeinschaftliche Kommunikationsdienstleistungen (Telefonzentrale) sowie Serviceleistungen (Empfang, Schreib- und Telefondienste, Wach- und Reinigungsservice). Zudem können Gründer in einem TGZ Beratungsleistungen zu betriebswirtschaftlichen und juristischen Fragestellungen in Anspruch nehmen. Falls die technologieorientierten Unternehmen spezielle Fragestellungen und Probleme haben, übernimmt das TGZ auch eine Vermittlerrolle zu spezialisierten Einrichtungen wie Venture-Capital-Gebern, Hochschulen oder privatwirtschaftlichen Beratern.[846]

Neben diesem Angebot an Unterstützungs- und Beratungsleistungen bietet ein TGZ für Spin-offs weitere Vorteile. In diesem Zusammenhang werden oftmals Synergieeffekte genannt, die durch informelle Kontakte zu anderen Unternehmen im TGZ entstehen. Dieser interne Informationsaustausch wird vielfach begrüßt. Ebenfalls entstehen für die neugegründeten Unternehmen Reputationsübertragungseffekte im Fall

---

[843] Vgl. Baranowski/ Groß (1998), die angeben, daß viele der in einem TGZ ansässigen Unternehmen Ausgründungen aus Hochschulen darstellen.

[844] Vgl. Storz (1986), S. 96.

[845] Vgl. Seeger (1997), S. 41ff. und Steinkühler (1994), S. 5. Daneben existieren noch strukturpolitische Ziele wie z.B. die Schaffung qualifizierter Arbeitsplätze oder die Nutzung brachliegender Industrieflächen, was im folgenden jedoch nicht vertieft werden soll, vgl. dazu Sternberg/ Behrendt /Seeger u.a. (1996), S. 39.

[846] Vgl. Groothuis (1999), S. 76, Seeger (1997), S. 42, Smilor/ Gill (1986), S. 1 und Clapham/ Scholz-Bappert (1986), S. 20ff.

eines positiven Images des TGZ in der Öffentlichkeit. Potentielle Nachteile können durch ein unzureichendes Raumangebot bzw. ein ausgelastetes TGZ entstehen, wodurch das Wachstum der jungen Technologieunternehmen gehemmt wird. Aber auch eine Nichtauslastung birgt Nachteile, da ein dadurch entstehendes negatives Image auf die Mieter übertragen werden kann.[847]

Es stellt sich nun die Frage, ob TGZ die Ziele und Erwartungen erfüllen, die man in sie setzt. Sind sie eine geeignete Institution, die zu mehr und zu erfolgreicheren innovativen Unternehmensgründungen führt? Zu dieser Problemstellung wurden bereits mehrere Untersuchungen durchgeführt, deren Ergebnisse in vielen Punkten übereinstimmen.

Der Effekt der Anregung zusätzlicher Unternehmensgründungen durch die Existenz von TGZ ist als gering zu bewerten. Nur ein kleiner Anteil der in einem TGZ ansässigen Unternehmen wäre ohne das Vorhandensein eines TGZ nicht gegründet worden. SEEGER führt diesen geringen Wert auf falsche Akquisitionsmaßnahmen seitens der TGZ-Leitungen zurück, die nicht darüber Bescheid wissen, wo und wie Gründer erreicht werden können, um sie von den Vorteilen eines Einzugs im TGZ zu überzeugen. Sie stellt jedoch heraus, daß gerade diese wenigen zusätzlich initiierten Gründungen eine hohe Überlebenswahrscheinlichkeit aufweisen.[848]

Die Entwicklung von in einem TGZ ansässigen Unternehmen wird nach den Ergebnissen von STEINKÜHLER durch Maßnahmen des TGZ positiv beeinflußt und äußert sich in einem wesentlich schnelleren Wachstum als bei Unternehmen, die nicht in einem TGZ angesiedelt sind. Auch BAUER/ HANNIG verzeichnen eine erfreuliche Unternehmensentwicklung bei den in einem TGZ ansässigen Unternehmen. Innerhalb dieser Firmen sind es nach STEINKÜHLER besonders die technologieorientierten Unternehmen, die ein rasches Wachstum verzeichnen können.[849]

Dabei profitieren die Mieter besonders von der Bereitstellung günstiger Mieträume. Bezüglich der betriebswirtschaftlichen Beratung fallen die Ergebnisse der verschiedenen Untersuchungen unterschiedlich aus. Nach den Ergebnissen von STEINKÜHLER macht diese einen wichtigen Anteil am Erfolg der Unternehmensgründer aus. SEEGER und BEHRENDT schätzen deren Bedeutung eher gering ein, da nur wenige Leistungen

---

[847] Vgl. Sternberg/ Behrendt/ Seeger u.a. (1996), S. 66ff. und Sternberg (1992), S. 106.

[848] Vgl. Seeger (1997), S. 67f. und Behrendt (1996), S. 232. Auch BERGER/ KNAPP stellen die besondere Bedeutung eines erfahrenen und kompetenten Managements fest, vgl. Berger/ Knapp (1990), S. 25.

[849] Vgl. Steinkühler (1994), S. 19 und Bauer/ Hannig (1992), S. 37ff.

in Anspruch genommen werden und in ihrer Wirkung auch eher als unbefriedigend empfunden werden. Auch bei der Untersuchung von BAUER/ HANNIG ergibt sich ein selektiver Beratungsbedarf bezüglich einzelner, als wichtig erachteten Leistungen.[850] Offensichtlich besteht eine Diskrepanz zwischen dem Beratungsangebot von TGZ und der Nachfrage nach Beratungsleistungen, die sich vor allem auf Fragen der Finanzierung und des Marketing beziehen. Daher sollte das Beratungsangebot noch besser auf die Wünsche der jungen Technologieunternehmen abgestimmt werden. Vereinzelt wird auch die Qualität der Beratung per se angezweifelt, bedingt durch mangelnde Kompetenz der Berater.[851]

Insgesamt betrachtet erreichen die TGZ ihr Ziel, innovative technologieorientierte Unternehmen zu fördern. Dies wird auch von TGZ-Mietern so gesehen, nach deren Ansicht die Vorteile eines TGZ die Nachteile eindeutig überwiegen.[852] Dabei dürfen die TGZ jedoch nicht den Fehler machen, im Falle einer drohenden Unterauslastung die Zielgruppen sowie die maximale Aufenthaltsdauer beliebig auszuweiten,[853] da sonst eine Strategie zwischen den Stühlen verfolgt wird.[854] Vielmehr sollten die TGZ bei einer Spezialisierung auf technologieorientierte Unternehmensgründungen bleiben und ihr Angebot zielgruppenadäquat ausrichten.[855]

Allgemein gilt für die TGZ, daß sie „wirksam, aber noch verbesserungsfähig“[856] sind, insbesondere bezüglich der Beratungsleistungen. Die individuelle Ausstattung eines TGZ ist ausschlaggebend für die Zielerreichung der Förderung technologieorientierter Unternehmensgründungen. BEGERÉ/ DOSE haben Anforderungen entwickelt, die an Technologieparks gestellt werden müssen, damit deren Ziele erreicht werden, die Erkenntnisse lassen sich jedoch auch auf TGZ übertragen. TGZ, die sich diesen Anforderungen stellen, werden am meisten dazu beitragen, innovative Unternehmensgründungen zu fördern:

a) Unmittelbare Nähe zu einer forschungsintensiven Hochschule,
b) Spezialisierung der Klientel, z.B. technologieorientierte Unternehmen der Biotechnologie,

---

850 Vgl. Bauer/ Hannig (1992), S. 23ff.
851 Vgl. Groothuis (1999), S. 78.
852 Vgl. Seeger (1997), S. 155 und Sternberg/ Behrendt/ Seeger u.a. (1996), S. 193f.
853 Vgl. dazu Sternberg/ Behrendt/ Seeger u.a. (1996), S. 202f. Zur These der Unterauslastung von TGZ vgl. Clapham/ Scholz-Bappert (1986), S. 58f.
854 Zur Strategie zwischen den Stühlen bzw. „stuck in the middle“ vgl. Nieschlag/ Dichtl/ Hörschgen (1994), S. 919.
855 Vgl. Steinkühler (1994), S. 19f. Vgl. auch Baranowski/ Groß (1998), die angeben, daß 77% der Unternehmen in einem TGZ technologieorientierte Firmen darstellen.
856 Steinkühler (1994), S. 19.

c) Günstige Infrastruktur (z.B. gutes Fernstraßennetz) sowie angenehmes Wohn- und Arbeitsumfeld,

d) Ausreichende Expansionsmöglichkeiten,

e) Management- und Marketingberatung,

f) Bereitstellung günstiger Mieträume sowie weiterer Serviceleistungen,

g) Bereitstellung oder Vermittlung von Risikokapital.[857]

Die bereits vorliegenden Forschungsergebnisse zu Technologie- und Gründerzentren zeigen, daß Einrichtungen, die eine Vielzahl von Unterstützungsleistungen gebündelt aus einer Hand anbieten, positive Wirkungen entfalten. Sie führen in gewissem Umfang zu einer Anregung von Unternehmensgründungen und bewirken ein schnelleres und souveräneres Wachstum als es bei jungen Unternehmen anzutreffen ist, die nicht auf deren Hilfestellung zurückgreifen. Diese müssen stattdessen verschiedene Stellen aufsuchen, um die benötigten Unterstützungsleistungen in Anspruch zu nehmen, anstatt sie zentral aus einer Hand zu erhalten.

Hochschulinkubatoren weisen jedoch gegenüber den TGZ bestimmte Unterschiede auf, die dazu geeignet sind, die Schwächen der TGZ zu vermeiden. So wird den Gründern durch das qualifizierte Know-how, welches gerade an Hochschulen als Forschungs- und Lehreinrichtungen vorhanden ist, eine hochwertige Beratung gewährleistet. Qualitätsprobleme bei der Beratung von Spin-off-Gründern sind kaum zu erwarten.

Weiterhin entstehen Business Incubators auf Basis einer Culture of Entrepreneurship an den Hochschulen, welche sich die Förderung von Spin-off-Gründungen zum Ziel gesetzt haben. Sie sind daher naturgemäß sowohl geistig als auch räumlich näher an der Hochschule und an den Spin-off-Gründern angesiedelt als kommunale Einrichtungen zur allgemeinen Förderung von Unternehmensgründungen. Daher eignen sie sich besser zur Anregung von verstärkten Unternehmeraktivitäten gerade bei Hochschulangehörigen.

Während kommunale TGZ erst aktiv werden können, wenn Gründer mit ihrem gegründeten Spin-off-Unternehmen aus dem Dunstkreis der Hochschule heraustreten, können Hochschulinkubatoren bereits in einem wesentlich früheren Stadium der Unternehmensgründung und -entwicklung Hilfe anbieten und Unterstützung gewähren. Der Prozeß des Herauslösens aus der Hochschule, der eigentliche „Spin-off“-Vorgang kann dabei durch Business Incubators an Hochschulen besser begleitet und vorange-

857 Vgl. Begeré/ Dose (1986).

trieben werden. Daher ist es nicht zu erwarten, daß diese Einrichtungen mit Akquisitionsproblemen zu kämpfen haben, da Business Incubators für Hochschulangehörige die erste Anlaufstelle im Gründungsprozeß darstellen.[858]

9.3 Hochschulinkubatoren im Netzwerk mit weiteren fördernden Einrichtungen

Hochschulinkubatoren stellen nicht die einzigen Fördereinrichtungen und Leistungsanbieter dar, die Spin-off-Gründern bei der Bewältigung ihrer Problemstellung Hilfeleistung anbieten. Vielmehr existiert in diesem Zusammenhang eine Vielzahl von öffentlichen und privatwirtschaftlichen Akteuren. Zu den öffentlichen Förderakteuren zählen neben den Hochschulinkubatoren insbesondere die Industrie- und Handelskammern sowie die bereits skizzierten Technologie- und Gründerzentren. Zu den privatwirtschaftlichen Leistungsanbietern, deren Leistungen im Gegensatz zu denen der öffentlichen Akteure zu Marktpreisen honoriert werden müssen, gehören bspw. Unternehmens- und Steuerberater, Patentanwälte und Kapitalgeber.

Diese Akteure stehen untereinander sowie zu den jungen Technologieunternehmen in Beziehung. Dieses Beziehungsgeflecht, das die Entstehung und Entwicklung junger, technologieorientierter Unternehmen durch den Transfer materieller und immaterieller Ressourcen beeinflußt, soll im Rahmen dieser Arbeit als Netzwerk verstanden werden.[859] Dabei kann unterschieden werden zwischen dem Netzwerk der öffentlichen und privaten Leistungsanbieter untereinander, welches in Anlehnung an SCHEIDT **A-Netzwerk** genannt wird. Beim Netzwerk zwischen diesen Akteuren und den jungen, technologieorientierten Spin-off-Unternehmen handelt es sich um das **V-Netzwerk** (vgl. Abbildung 43).[860]

---

[858] Vgl. Scheidt (1995), S. 112.

[859] Vgl. Scheidt (1995), S. 109. Vgl. zu derartigen Netzwerken, die sich auf die Entstehung und Förderung junger Unternehmen beziehen, Brüderl/ Preisendörfer (1998), Martinez Sanchez/ Urbina Perez (1998), Zinger/ Blanco/ Zanibbi u.a. (1996), Cuny/ Stauder (1993), Allesch/ Schröder (1990) und Cooper (1970a). Zur Notwendigkeit der Bildung von Netzwerken *zwischen* jungen High-Tech-Unternehmen vgl. Staropoli (1998) und Powell (1996). Auf Netzwerke zur Wirtschaftsförderung allgemein gehen Berg/ Möller/ Reißig (1998) ein.

[860] Vgl. Scheidt (1995), S. 109. Bei SCHEIDT sind im A-Netzwerk ausschließlich die öffentlichen Förderakteure enthalten. Dieser Auffassung soll jedoch im Rahmen dieser Arbeit nicht gefolgt werden, da auch zwischen öffentlichen und privatwirtschaftlichen Leistungsanbietern Beziehungen unterhalten werden können. Siehe zu Netzwerkstrukturen im Bereich der Gründung von Unternehmen auch Reiß/ Rudorf (1999).

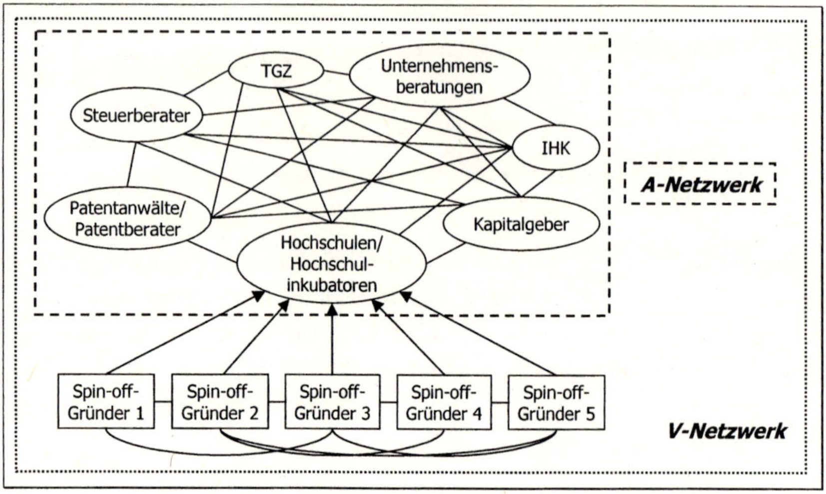

Abbildung 43: Netzwerk der Leistungsanbieter und Spin-off-Gründer in der Gründungsphase
Quelle: In Anlehnung an Scheidt (1995), S. 110.

Gemäß den Untersuchungen von SCHEIDT ist für den Erfolg junger Technologieunternehmen in der Gründungsphase eine überschaubare, zentral organisierte A-Netzwerkstruktur förderlich. Die jungen Unternehmen sind in der frühen Phase des Lebenszyklus mit hohen Risiken sowie Untersicherheit konfrontiert, so daß die Einbindung in ein zentral organisiertes A-Netzwerk einen Sicherheitsfaktor darstellen könnte. Dabei stellt ein Akteur des zentralen Fördernetzwerkes Informationen in gebündelter Form zur Verfügung und ersetzt auf diese Weise eine ganze Palette externer Leistungsträger. Im weiteren Verlauf des Lebenszyklus, der Wachstumsphase, ist es für den Erfolg junger Technologieunternehmen dagegen förderlicher, wenn ein redundantes Beziehungsgeflecht zwischen den verschiedenen Partnern des A-Netzwerks existiert und keiner der Akteure mehr eine herausragende Rolle spielt. In dieser Phase des Lebenszyklus ist es aus Sicht des Spin-off-Gründers vielmehr wichtiger, sich auf den Aufbau eines zwischenbetrieblichen Netzwerks zu Absatzmittlern oder Zulieferern zu konzentrieren.[861]

Hochschulinkubatoren sind vor diesem Hintergrund prädestiniert, in der Gründungsphase die zentrale Rolle im A-Netzwerk einzunehmen. Wie bereits aufgezeigt, können Hochschulinkubatoren den Prozeß des Herauslösens, des „Spin-offs“, am besten be-

[861] Vgl. Scheidt (1995), S. 236f. und Scheidt (1994), S. 15f.

gleiten und fördern. Obwohl einige Akteure wie z.B. IHK sowie TGZ sich als wichtige Ansprechpartner im Prozeß der Unternehmensgründung verstehen, ist der Hochschulinkubator vielfach die erste Anlaufstelle, da er den Hochschulangehörigen intellektuell und räumlich am nächsten steht. Aus diesem Grund zieht ein Hochschulinkubator die Kontakte der Gründer zu fördernden Einrichtungen zunächst auf sich und kann daher die Aufgabe des zentralen Ansprechpartners im A-Netzwerk übernehmen. Hochschulinkubatoren bieten dabei ein vielfältiges Ressourcenbündel an Leistungen an; bei einem Hochschulinkubator, der das Fördernetzwerk umsetzt, welches im Rahmen dieser Arbeit entwickelt wurde, handelt es sich nahezu um einen Universalanbieter, der zwar nicht alle, aber doch einen großen Teil der benötigten Unterstützungsleistungen anbieten kann. Da diese Leistungen im Vergleich zu den Hilfsangeboten anderer Netzwerkpartner nicht als überschneidungsfrei zu sehen sind, ersetzt der Hochschulinkubator oftmals andere öffentliche oder privatwirtschaftliche Einrichtungen. Die Spin-off-Gründer können daher, wie in Abbildung 43 ersichtlich, allein auf den Hochschulinkubator als zentrale Anlaufstelle zurückgreifen.

Die weiteren Akteure des A-Netzwerks treten für Spin-off-Unternehmensgründer im Fall der Realisierung eines umfassenden Förderprogramms seitens der Hochschule also zunächst in den Hintergrund. Die Hochschule ihrerseits kann jedoch andere Einrichtungen in ihr Förderkonzept einbinden, indem sie nicht alle Leistungen, die sie im Rahmen ihres Förderprogramms anbietet, selbst durchführt. Sie kann sich vielmehr für eine Fremdvergabe an externe Partner entscheiden, was auf unterschiedliche Art und Weise möglich ist. Zum einen kann die Hochschule als Broker agieren, dessen Aufgabe darin besteht, problemadäquate Leistungsanbieter vorzuschlagen und evtl. den Kontakt herzustellen.[862] Die Gründer werden dann an diese Partner verwiesen, wenn es um die konkrete Leistungserstellung geht. Dies setzt voraus, daß die Hochschulen Kooperationsbeziehungen zu anderen Akteuren aufnehmen und pflegen, d.h. in der Hochschule laufen die Informationen über geeignete Akteure zusammen, aber die Durchführung der Leistungen wird delegiert. Beispielsweise können die Hochschulen bzw. Hochschulinkubatoren mit Gründerzentren zusammenarbeiten, die den Spin-offs Labor- und Produktionsflächen zur Verfügung stellen.

Andererseits können Hochschulen bestimmte Leistungen extern beschaffen, d.h. sie treten als Anbieter auf, lassen diese Leistungen jedoch von Zulieferern und damit weiteren Akteuren aus dem A-Netzwerk erstellen. In diesem Zusammenhang ist bspw. an Entrepreneurship Education Kurse zu denken, die an der Hochschule stattfinden, aber von einer privatwirtschaftlichen Gründerberatungsgesellschaft durchgeführt werden. Der Unterschied zur vorherigen Vorgehensweise besteht darin, daß die Gründer nicht an diese Einrichtung verwiesen werden, sondern die Leistungen des Akteurs in die Förderaktivitäten der Hochschule eingebunden werden. Dabei handelt es sich um eine make-or-buy-Fragestellung, die jede Hochschule gemäß ihrer spezifischen Situation entscheiden muß. Für das Selbsterstellen der Leistung spricht die größere Kontrolle über den Leistungserstellungsprozeß, das Know-how, welches intern aufgebaut wird sowie die Kosteneinsparungen, die aus der Umgehung des Marktes resultieren. Die Gründe, die für eine Fremdvergabe sprechen, sind die erhöhte Flexibilität, da der Kooperationspartner gewechselt werden kann, die geringere Fixkostenbelastung, da keine personellen Kapazitäten aufgebaut werden müssen sowie der Zugang zum Know-how der spezialisierten Kooperationspartner.[863]

Insgesamt betrachtet, zieht sich die Hochschule bei einer Fremdvergabe von Aktivitäten aus der konkreten Durchführung der Fördermaßnahmen zurück und reduziert damit ihre Wertschöpfungstiefe. Je nachdem, wieviele Aktivitäten extern vergeben werden, wird die Hochschule bzw. der Hochschulinkubator im Extremfall zur reinen Anlauf- und Koordinierungsstelle für die Fördermaßnahmen, die von externen Partnern des A-Netzwerks durchgeführt werden. In Abbildung 44 wird die beispielhafte Fremdvergabe von Leistungen an externe Anbieter nochmals übersichtlich aufgezeigt:

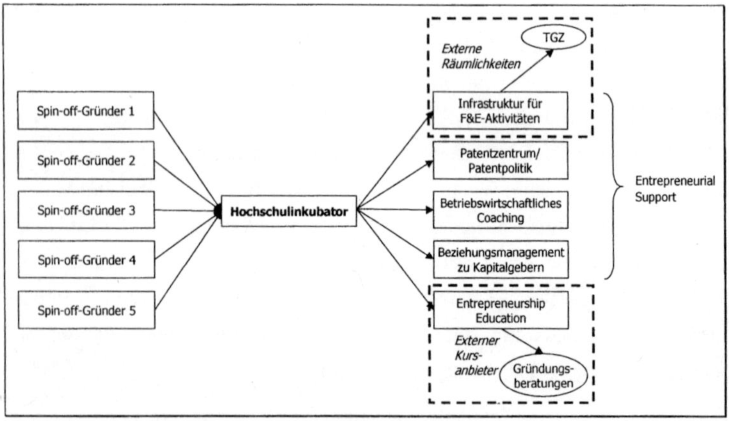

Abbildung 44: Fremdvergabe von Fördermaßnahmen

[862] Vgl. Kapitel 8.4.6 und Scheidt (1995), S. 113.

[863] Vgl. Baur (1990), S. 26ff. Siehe dazu auch Schneider/ Baur/ Hopfmann (1994), Kapitel IV, Schneider/ Zieringer (1991), Poirier/ Reiter (1997), S. 90ff. sowie die Beiträge in Hess/ Tschirky/ Lang (1989).

Der Hochschulinkubator ist besonders in der Gründungsphase als zentrale Einrichtung, bei der die Aktivitäten auch anderer Akteure gebündelt werden, geeignet, die jungen Spin-off-Unternehmen aus der Hochschule herauszuführen und ihren Spin-off-Prozeß zu begleiten. Im späteren Verlauf des Lebenszyklus der Spin-off-Unternehmen nimmt jedoch die Bedeutung eines zentral organisierten Fördernetzwerks ab. Zu diesem Zeitpunkt ist ein redundantes Beziehungsgeflecht von Förderakteuren wirkungsvoller für den Erfolg der Spin-offs. Dies entspricht auch der Aufgabe und Rolle eines Hochschulinkubators. Sobald die Spin-off-Unternehmen aus der Hochschule „herausgeschleudert" wurden und den direkten Einflußbereich der Hochschule verlassen haben, steht der Hochschulinkubator gleichberechtigt neben den anderen Akteuren. Diese sind dann nicht mehr nur Kooperationspartner der Hochschulen, sondern eigenständige Akteure. Spin-off-Gründer wenden sich dann von sich aus an alle Akteure des A-Netzwerks (vgl. Abbildung 45).

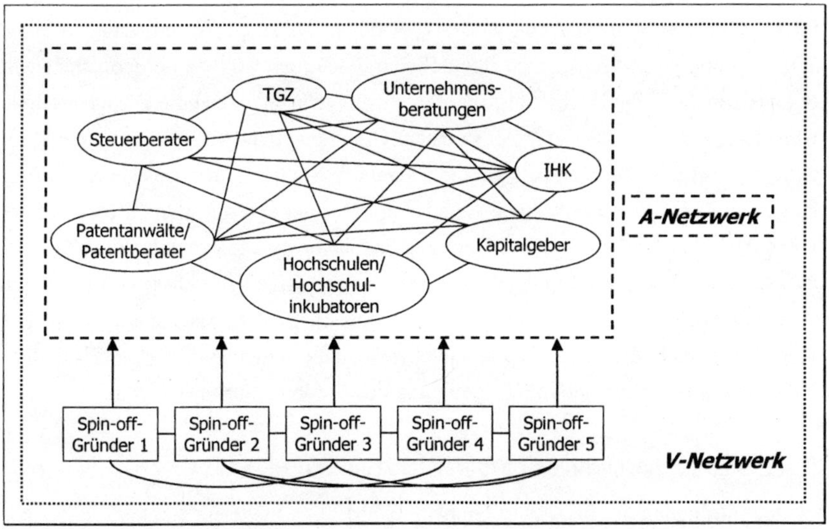

Abbildung 45: Netzwerk der Leistungsanbieter und Spin-off-Gründer in der Entwicklungsphase

Die folgenden Fallbeispiele über die organisatorische Handhabung von Förderaktivitäten dienen der Vertiefung und Veranschaulichung verschiedener Vorgehensweisen bei der Implementierung von Maßnahmen in die Hochschulstrukturen.

9.4 Fallbeispiele

Die Etablierung von Maßnahmen zur Förderung von Spin-off-Gründungen an Hochschulen nimmt in den letzten Monaten und Jahren immer mehr zu. Insbesondere der bereits skizzierte Wettbewerb EXIST des Bundesbildungsministeriums,[864] der im Dezember 1997 startete, hat in diesem Zusammenhang zu einer Aufbruchsstimmung an den Hochschulen geführt. So hat im Sommersemester 1999 ein neuer Existenzgründungslehrstuhl an der TU Dresden seine Arbeit aufgenommen.[865] Auch an den Hochschulen, die nicht zu den Gewinnern des EXIST-Wettbewerbs zählen, wie z.B. München oder Hamburg, werden die Aktivitäten weiter forciert. So ist die Region München als eine der drei Sieger des BioRegio-Wettbewerbs bestrebt, die Existenzgründungsaktivitäten im Biotechnologiebereich auszubauen.[866] Insgesamt betrachtet gehen immer mehr Hochschulen dazu über, der Spin-off-Förderung eine wichtige Rolle innerhalb der Hochschule zuzuweisen.

Im folgenden wird anhand von vier ausgewählten Fallbeispielen aufgezeigt, welche Wege bislang von verschiedenen Hochschulen beschritten wurden, Fördermaßnahmen organisatorisch in die Hochschulstrukturen einzubinden. Während die Fachhochschule Konstanz sich als Ansprechpartner in einem Gründerverbund versteht und viele Maßnahmen extern durchführen läßt, hat die Universität Stuttgart einen Business Incubator eingerichtet, der eine Vielzahl von Angeboten bereithält und selbst durchführt. An der Universität des Saarlandes ist der Hochschulinkubator dagegen analog zu einem TGZ aufgebaut. Die TU Dresden richtet ein Koordinationsbüro ein, welches als Anlauf- und Koordinierungsstelle für die Träger der umfangreichen Fördermaßnahmen dient. Die vier Fallbeispiele dienen der Veranschaulichung unterschiedlicher Facetten an Möglichkeiten, die sich für eine Implementierung von Fördermaßnahmen bieten.

9.4.1 Die Fachhochschule Konstanz Start GmbH (FHK Start GmbH)

Mit der Gründung der FHK Start GmbH[867] wurde eine Plattform etabliert, die es den Hochschulangehörigen durch die Übernahme von Hilfs- und Servicefunktionen ermöglicht, ein Spin-off-Unternehmen zu gründen. Insbesondere werden Beratungs- und Dienstleistungen, anwendungsbezogene Weiterbildung, Unterstützung von Forschungsvorhaben sowie die Übernahme von geringen Beteiligungen an Unternehmen

---

[864] Vgl. Kapitel 1.
[865] Vgl. Berg (1999b).
[866] Vgl. zum BioRegio-Wettbewerb Rüttgers (1996).
[867] Vgl. zu den folgenden Ausführungen Ciupuliga (1998) und FH Konstanz (1999).

bereitgestellt bzw. vermittelt. Die GmbH versteht sich dabei als Holding, die Kenntnisse in beratender Funktion vermittelt und insbesondere Goodwill bereitstellt.

An der Start GmbH ist die FH Konstanz nach Maßgabe des Wissenschaftsministeriums mit weniger als 50 Prozent beteiligt. Das Beteiligungskapital darf dabei nicht aus Haushaltsmitteln stammen. Bei den restlichen Gesellschaftern handelt es sich um Hochschulangehörige, die ihre Beteiligungen aus privaten Mitteln finanzieren.

Zusätzlich wird ein „Campus-Gründerverbund Bodensee" als Regionalpool interessierter Partner angestrebt. In diesem Zusammenhang ist an Technologiezentren, Kammern und Kapitalgeber zu denken. Dadurch soll ein Netzwerk aus verschiedenen Förderinstitutionen geschaffen werden, so daß eine umfassende Akquisition der für die Gründer wichtigen Ressourcen ermöglicht wird.

Als Grund für das Engagement auf dem Gebiet der Förderung von Hochschul-Spin-offs wird genannt:

1) Entrepreneurship war bislang nicht Teil des Curriculum,
2) Praxisbezug ist für Hochschulen von besonderer Bedeutung,
3) Große Nachfrage der Studierenden nach Hilfs- und Serviceleistungen und
4) Erwartungen von Öffentlichkeit, Kommunen und Politik hinsichtlich einer veränderten Schwerpunktsetzung an Hochschulen in Richtung Förderung von Spin-offs.

Die FHK Start GmbH ist damit vor allem als Plattform zu verstehen, mit deren Hilfe die Förderung von Spin-offs aus Hochschulen angestoßen werden soll. Die besondere Schwerpunktsetzung auf den Gründerverbund zeigt, daß die Hochschule nicht alle Leistungen selbst anbieten, sondern weitere externe Partner in den Förderprozeß integrieren will. Der Netzwerkcharakter des Förderprogramms ist bei diesem Fallbeispiel besonders ausgeprägt, d.h. die Hochschule agiert überwiegend als Broker bzw. bindet Partner oder Zulieferanten ein.

9.4.2 Starterzentrum für Existenzgründer an der Universität des Saarlandes

Mit dem Starterzentrum,[868] welches bereits 1995 eröffnet wurde, strebt die Universität des Saarlandes an, das Risiko für die Gründung junger Spin-off-Unternehmen durch ein kostengünstiges und professionelles Gründerumfeld zu verringern. Das Starterzentrum ist dabei eingebettet in die Initiative „METiS - Motivation von Existenzgründun-

[868] Vgl. Brettar (1998). Siehe auch BMBF (1998), S.48ff.

gen im Saarland", die die zweite Runde des BMBF-Wettbewerbs „EXIST - Existenzgründungen aus Hochschulen" erreichen konnte.[869]

Das Starterzentrum bietet folgende Leistungen:

1) Labor- und Büroräume, die günstig angemietet werden können,
2) Nutzung der apparativen Ausstattung der Universität gegen geringes Entgelt,
3) Telefon- und Internetanschluß,
4) zentrales Sekretariat,
5) Besprechungs- und Schulungsraum,
6) Seminare und Studienangebote für Existenzgründer, in denen betriebswirtschaftliche und rechtliche Kenntnisse vermittelt werden.

Die Mietzeit ist auf zwei Jahre begrenzt, innerhalb derer sich herausstellen soll, ob der Spin-off erfolgreich verläuft und auch an einem anderen Standort, z.B. in einem Technologiezentrum wie dem Science Park Saar bestehen kann. Auf diese Weise werden immer wieder Plätze für eine neue Gründergeneration frei. 16 Spin-off-Firmen, durch die 110 Arbeitsplätze entstanden sind, wurden bereits erfolgreich ausgegründet.

Das Starterzentrum bietet die Leistungen eines TGZ an und ist daher ein hervorragendes Beispiel für die Implementierung eines Technologie- oder Verfügungszentrums auf dem Campus. Weitergehende Unterstützungsleistungen, die im Rahmen von METiS geplant wurden, waren als Gesamtinitiative mit weiteren Partnern angedacht. Das Starterzentrum stellt hierbei einen wichtigen Teilbereich dar.

9.4.3 Technologie-Transfer-Initiative-GmbH an der Universität Stuttgart (TTI GmbH)

Um den Abgängern der Universität Stuttgart eine zusätzliche berufliche Perspektive aufzuzeigen und den innovationsschaffenden Instituten den Technologietransfer zu erleichtern, hat die Universität Stuttgart unter dem Namen Technologie-Transfer-Initiative-GmbH an der Universität Stuttgart (TTI GmbH) eine Initiative ins Leben gerufen.[870] Als Gesellschafter der gewerblichen GmbH treten neben der Universität weitere Einrichtungen auf, die sich die Förderung von Spin-offs zur Aufgabe gemacht haben.

---

[869] Die dritte und letzte Runde konnte von METiS als Gesamtkonzept nicht erreicht werden. Für das Projekt „Virtuelle Hochschule für Unternehmensgründer" der Universitäten Kaiserslautern und Saarbrücken gab es jedoch ein Sondervotum, vgl. Rüttgers (1998a).

[870] Vgl. Engler (1998). Siehe auch die Informationen bei Universität Stuttgart (1999).

Ziel ist es, die Gründungskultur an der Universität Stuttgart zu stärken. Die TTI GmbH versteht sich als Brutkasten für die Gründung von studentischen, aber auch professoralen Spin-offs. Die Universität verspricht sich davon eine verstärkte Corporate Identity sowie Reputationsgewinne.

Die TTI GmbH bietet den Gründern folgende Leistungen an:

1) Betreuung der Gründer durch einen Paten (Professor) über einen begrenzten Zeitraum.
2) Wirtschaftliche Absicherung der Unternehmeraktivitäten durch ein Stipendium.
3) Betriebswirtschaftliche Beratung zu Fragen der Unternehmensgründung, der Finanzierung sowie der Patentierung. Bezüglich der Patentierung werden auch externe Partner eingebunden wie das Technologie-Lizenz-Büro in Karlsruhe.
4) Entrepreneurship Education zu Marketing, Finanzbuchhaltung, Controlling.
5) Vermittlung von finanziellen Beteiligungen.
6) Bezüglich professoraler Gründungen wird es den Professoren gestattet, gegen eine finanzielle Entschädigung bis zu fünf Mitarbeiter der Spin-off-Unternehmung in den Räumen der Universität zu beschäftigen.
7) Bei mehr als fünf Mitarbeitern bzw. allgemein bei Überschreiten der Markteintrittsschwelle wird das Spin-off-Unternehmen in ein Technologiezentrum umgesiedelt, welches von der TTI GmbH verwaltet wird.

Die TTI GmbH steht für die Implementierung eines umfassenden Förderkonzepts in die Hochschulstrukturen in Form eines Business Incubators. Die GmbH ist die zentrale Anlaufstelle für die Maßnahmen, die von der Hochschule angeboten werden. Dabei werden auch externe Partner wie das Technologie-Lizenz-Büro eingebunden. Überwiegend werden die Förderaktivitäten jedoch von der Universität Stuttgart selbst vorgenommen.

9.4.4 Dresden exists - die Gründerinitiative an der TU Dresden

Die TU Dresden ist als einer der fünf Gewinner des EXIST-Wettbewerbs des Bundesbildungsministeriums bestrebt, in Zusammenarbeit mit Partnern der Region ein umfangreiches Förderpaket an der Universität einzurichten.[871] Dieses besteht aus folgenden Maßnahmen:

[871] Vgl. zu den folgenden Ausführungen TU Dresden (1998).

1) Motivation potentieller Gründer durch Vorträge, Planspiele, Exkursionen, Erfolgsstories etc.
2) Qualifikation der Gründer durch ein umfassendes Entrepreneurship Education Programm.
3) Geschäftsfeldmining, d.h. Suche nach attraktiven bzw. neuen Geschäftsfeldern für Unternehmensgründungen, die aus dem Bedarf der Wirtschaft nach innovativen Problemlösungen resultieren; diese Suche vollzieht sich in Form von Datenbankrecherchen oder informellem Informationsaustausch in Form von Stammtischen.
4) Betriebswirtschaftliche und juristische Beratungs- und Coachingleistungen. In diesem Zusammenhang sind auch Patenschaften externer Partner für Spin-offs geplant.
5) Hilfen bei der Finanzierung durch Zusammenarbeit mit Finanzierungspartnern sowie durch die Einrichtung eines „Start-Up-Fonds", dessen Mittel für die Erstellung von Businessplänen verwendet werden sollen.

Das Hauptziel, das von der TU Dresden mit der Einrichtung des Förderkonzepts verbunden wird, besteht in einer Steigerung der Zahl der Spin-off-Gründer. Damit verbunden ist das Bestreben, das Profil der TU Dresden in Richtung Spin-off-Förderung zu erweitern, was gleichzeitig die Schaffung einer gründerfreundlichen Atmosphäre impliziert.

Die Umsetzung der vielfältigen Maßnahmen wird sowohl von der TU Dresden selbst als auch von Netzwerkpartnern vorgenommen, die in das Projekt „Dresden exists" eingebunden sind. Um sowohl die beteiligten Partner als auch die verschiedenen Förderaktivitäten aufeinander abzustimmen, richtet die Dresdner Universität ein Koordinationsbüro ein. Es soll Bedingungen schaffen, die die Mitglieder ermutigen, ihre Potentiale innerhalb des Netzwerks zur Entfaltung zu bringen. Das Koordinationsbüro versteht sich als Impulsgeber der Aktivitäten. Die konkreten Aufgabengebiete des Büros bestehen in der Informationsbereitstellung für Netzwerkpartner und Gründer, Öffentlichkeitsarbeit sowie der Schaffung von Transparenz. Es arbeitet eng mit dem neu eingerichteten Lehrstuhl für technologieorientierte Existenzgründung und Innovationsmanagement zusammen, der seit dem Sommersemester 1999 besetzt ist. Im Lauf der Zeit werden sich die Netzwerkpartner aber auch untereinander kennenlernen und ihre Aktivitäten selbständig koordinieren. Daher wird das Koordinationsbüro an Bedeutung verlieren, bis es schließlich aus dem Beziehungsgeflecht zwischen den Netzwerkpartnern ausscheidet (vgl. Abbildung 46). Das umfassende, ganzheitlich angelegte Förderkonzept der TU Dresden ist somit grundsätzlich dezentral angelegt. Das

Koordinationsbüro bietet dennoch zunächst eine zentrale Anlaufstelle, die zu dem Zeitpunkt aufgelöst wird, an dem die dezentralen Fördermaßnahmen aufeinander abgestimmt sind.

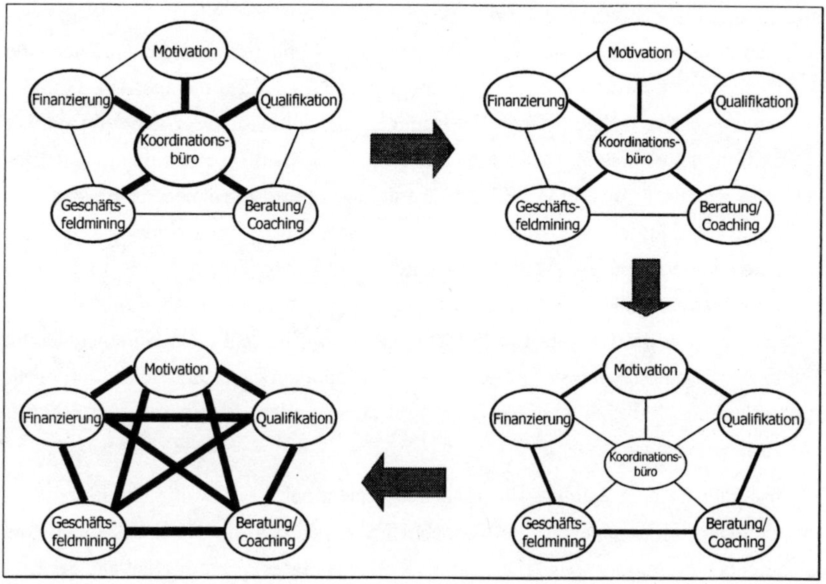

Abbildung 46: Bedeutung des Koordinationsbüros im Zeitablauf
Quelle: TU Dresden (1998), S. 29.

Weiterhin verfolgt das Sächsische Staatsministerium für Wirtschaft und Arbeit das Dresdner Konzept mit dem Hintergrund, es auf andere sächsische Hochschulen zu übertragen. Interne und externe Evaluierungen sollen sicherstellen, daß sich ausschließlich qualitativ hochwertige Varianten durchsetzen.

10 Zusammenfassung und Ausblick

Technologieorientierte Spin-offs nehmen im Innovations- und Technologietransferprozeß eine bedeutende Stellung ein. Wie im Rahmen dieser Arbeit erstmals konkret aufgezeigt wurde, bilden innovative Schrittmacher- und Schlüsseltechnologien, die innerhalb der Hochschulen erforscht werden, ihre Geschäftsgrundlage. Die Gründer entwickeln daraus technologische Innovationen und initiieren über den Verkauf der Produkte und Leistungen Technologiediffusions- und damit Technologietransferprozesse im weiteren Sinne in den Markt. Damit sind Spin-offs elementare Bestandteile des Hochtechnologie- bzw. High-Tech-Wettbewerbs. In derart dynamischen Märkten ist es dabei überlebenswichtig, den Gründungsprozess sorgfältig zu planen und vorzubereiten. Von besonderer Bedeutung sind in diesem Zusammenhang Kenntnisse und Fähigkeiten, die die Gründer in die Lage versetzen, ihre Rolle als Unternehmer im Wettbewerb wahrzunehmen. Spin-off-Gründer benötigen zur erfolgreichen Unternehmensgründung weiterhin nicht nur technologisches, sondern auch betriebswirtschaftliches und juristisches Know-how.

Hochschulen können Spin-off-Unternehmensgründer bei der Bewältigung dieses Ausgründungsprozesses unterstützen. Sie nehmen dann sowohl die Rolle des Inkubators als auch des Promotors wahr. Das zentrale Ergebnis dieser Arbeit besteht aus der Entwicklung eines umfassenden **Förderkonzepts**, welches die Vielzahl bisheriger Ansätze und Überlegungen zur Spin-off-Förderung durch Hochschulen aufgreift, in sich vereint und weiterentwickelt. Das Förderangebot einer Hochschule muß sich dabei inhaltlich an den Aufgaben und Rollen des Unternehmers und Entrepreneurs im Wettbewerb orientieren, um die Gründer auf den Weg in die Selbständigkeit vorzubereiten. Insbesondere die Wettbewerbsprozeßtheorie der österreichischen Schule der Nationalökonomie, die im Rahmen dieser Arbeit systematisch und umfassend aufgearbeitet wurde, stellt in diesem Zusammenhang die geeignete theoretische Grundlage dar.

Das Förderkonzept besteht aus den beiden Teilelementen **Entrepreneurship Education** und **Entrepreneurial Support**. Im Rahmen der Entrepreneurship Education wurde ein neues Ausbildungskonzept erarbeitet, welches Lehrangebote zu Unternehmertum und Unternehmensgründung beinhaltet. Weiterhin wurde erstmalig diskutiert, wie eine Unternehmerausbildung in die Strukturen von Lehre und Forschung eingebettet werden kann. Entrepreneurial Support vereint verschiedene konkrete Maßnahmen, die den Gründern bei der Umsetzung ihrer unternehmerischen Idee helfen; diese wurden in der Literatur bislang isoliert voneinander betrachtet. Dabei erfolgte eine systematische

Aufbereitung und Weiterentwicklung der gegenwärtig nur ansatzweise vorhandenen Forschungsergebnisse.

Insgesamt betrachtet handelt es sich bei der Spin-off-Förderung durch Hochschulen sowohl aus theoretischer als auch praktischer Sicht um eine äußerst dynamische Thematik, die noch am Anfang steht und in den kommenden Jahren weiter an Bedeutung gewinnen wird. So steht die wirtschaftswissenschaftliche Forschung bezüglich der Frage einer Unterstützung von Spin-offs durch Hochschulen noch am Anfang. Auch in der Praxis sind die deutschen Hochschulen im Moment erst im Begriff, eine Spin-off-Unterstützung langsam zu etablieren. Die Erkenntnisse zur Ausgestaltung eines Förderkonzepts sind daher als theoriebasierte, zukunftsgerichtete Handlungsempfehlungen für Hochschulen zu verstehen.

Hochschulen dürfen in diesem Zusammenhang jedoch kein Einzelkämpfertum pflegen. Wie in Kapitel 9 bereits angeklungen ist, können und sollen sie weitere Partner in die Spin-off-Förderung einbinden. Auch Kooperationen von Hochschulen untereinander zum Zweck der Spin-off-Unterstützung sind denkbar. So hat beispielsweise der bereits angesprochene EXIST-Wettbewerb des Bundesbildungsministeriums Hochschulen dazu aufgefordert, in Zusammenarbeit mit Partnern der Region Konzepte zur Spin-off-Förderung zu entwerfen. In den Siegergruppen schlossen sich meist mehrere Hochschulen mit mehreren Partnern zusammen.[872]

Regionale Kooperationen können jedoch auch auf andere Weise initiiert werden. So entstehen durch Businessplanwettbewerbe regionale Netzwerke, wie es bspw. im Rahmen des Businessplan-Wettbewerbs Nordbayern, der 1998/99 erstmals durchgeführt wurde, der Fall ist.[873] Die Idee der Veranstalter besteht darin, alle nordbayerischen Hochschulen und viele wichtige Kooperationspartner wie Venture-Capital-Geber, Business Angels, Anwälte, Steuer- und Unternehmensberater zu einem Netzwerk zu verknüpfen, um eine möglichst umfassende Förderung von Hochschul-Spin-offs zu etablieren. Ziel ist es, das in den Hochschulen der Region Nordbayern vorhandene Potential an Ideen und Technologien möglichst effektiv zu mobilisieren, indem alle Partner ihre Kernkompetenzen einbringen. Die ersten Ausgründungserfolge mit einem derartigen Konzept wurden in den achtziger Jahren in der Region Boston erzielt. In den neunziger Jahren entstanden dann in Deutschland die ersten Wettbewerbe, z.B. in den Regionen München und Berlin. Diese verliefen ebenfalls erfolgreich, was die Ideen und die Ziele der Businessplanwettbewerbe untermauert.

---

[872] Vgl. Rüttgers (1998a).

[873] Vgl. Businessplan-Wettbewerb Nordbayern (1998) und (1999).

Zusammenfassend betrachtet wurde im Rahmen dieser Arbeit aufgezeigt, welche Strategien und Mittel Hochschulen zunächst selbst ergreifen können, um technologieorientierte Spin-offs mit umfangreichen und systematisch aufeinander abgestimmten Maßnahmen zu fördern und zu unterstützen. Darauf aufbauend sind Zusammenschlüsse mit weiteren Hochschulen und Partnern denkbar, um in Zusammenarbeit die Kräfte zu bündeln und somit das gesamte Ideenreservoir einer Region zu erschließen. Fragen nach der konkreten Ausgestaltung derartiger regionaler Netzwerke zur Spin-off-Förderung bieten Raum für weitere Forschung.

LITERATURVERZEICHNIS:

ABERLE, Gerd (1980): *Wettbewerbstheorie und Wettbewerbspolitik.* Stuttgart, Berlin, Köln u.a. (Kohlhammer) 1980.

ACS, Zoltan J.; AUDRETSCH, David B. (1992): *Innovation durch kleine Unternehmen.* Berlin 1992.

AKERLOF, George A. (1970): *The Market for "Lemons": Quality Uncertainty and the Market Mechanism.* In: *Quarterly Journal of Economics*, 84. Jg. (1970), S. 488-500.

ALBACH, Horst (1976): *Kritische Wachstumsschwellen in der Unternehmensentwicklung.* In: *Zeitschrift für Betriebswirtschaft*, 46. Jg. (1976), H. 10, S. 683-696.

ALBACH, Horst (1984): *Die Rolle des Schumpeter-Unternehmers heute.* Aus: Bös, Dieter; Stolper, Hans-Dieter (Hrsg.): *Schumpeter oder Keynes? Zur Wirtschaftspolitik der neunziger Jahre.* Berlin, Heidelberg, New York u.a. 1984. S. 125-146.

ALBACH, Horst; HUNSDIEK, Detlef (1987): *Die Bedeutung von Unternehmensgründungen für die Anpassung der Wirtschaft an veränderte Rahmenbedingungen.* In: *Zeitschrift für Betriebswirtschaft*, 57. Jg. (1987), H. 5/6, S. 562-580.

ALBACH, Horst; HUNSDIEK, Detlef; KOKALJ, Ljuba (1986): *Finanzierung mit Risikokapital.* Stuttgart (Poeschel) 1986.

ALBERS, Sönke; HERRMANN, Harald; KAHLE, Egbert u.a. (1989) (Hrsg.): *Elemente erfolgreicher Unternehmenspolitik in mittelständischen Unternehmen.* Stuttgart (Poeschel) 1989.

ALLEN, David N.; NORLING, Frederick (1991): *Exploring Perceived Threats in Faculty Commercialization of Research.* Aus: Brett, Alistair M.; Gibson, David V.; Smilor, Raymond W. (Hrsg.): *University Spin-Off Companies. Economic Development, Faculty Entrepreneurs, and Technology Transfer.* Savage (Rowman & Littlefield Publishers) 1991. S. 85-102.

ALLESCH, Jürgen; FIEDLER, Heinz (1983): *Massnahmen und Modelle zur Förderung von technologieorientierten Unternehmensgründungen. Internationaler Vergleich und Erfahrungsauswertung.* Technische Universität Berlin, Technologie-Transfer-Stelle, Berlin 1983. Als Manuskript gedruckt.

ALLESCH, Jürgen; PREIß-ALLESCH, Dagmar (1987): *Situation und Perspektiven des Technologietransfers aus Hochschulen.* Aus: Allesch, Jürgen; Preiß-Allesch, Dagmar (Hrsg.): *Innovationsberatung und Technologietransfer. Spannungsfeld zwischen hochschul- und wirtschaftsnahen Beratungsstellen.* Köln (TÜV Rheinland) 1987. (=Technologie-Transfer. 10) S. 35-49.

ALLESCH, Jürgen; SCHRÖDER, Dirk (1990) (Hrsg.): *Innovationsverbund durch regionale Netzwerke.* Köln (TÜV Rheinland) 1990.

ALLISON, David (1965): *The University and Regional Prosperity.* In: *International Science and Technology*, 1965, H. April, S. 22-31.

ALTIN-SIEBER, Inci (1996): *Joint Ventures, Technologietransfer und -schutz.* Heidelberg (Recht und Wirtschaft) 1996. (= Abhandlungen zum Recht der internationalen Wirtschaft. 40)

AMBOS, Ingrid; SCHIERSMANN, Christiane (1991): *Qualifizierung und Beratung von weiblichen Führungskräften und Existenzgründerinnen. Konzepte - Erfahrungen - Empfehlungen.* Bielefeld (Kleine) 1991.

AMRHEIN, Denise (1998): *Die Universität als Dienstleistungsunternehmen. Innovative Organisationsstrukturen und Motivationskonzepte.* Wiesbaden (DUV) 1998.

ARNOLD, Ulli (1997): *Beschaffungsmanagement. 2., überarbeitete und erweiterte Aufl.* Stuttgart (Schäffer-Poeschel) 1997.

ARNOLD, Evelin (1998): *Entwicklung einer Marketingkonzeption für ein neugegründetes Unternehmen der Computerchemie und Biotechnologie im Markt für pharmazeutische Wirkstoffentwicklung.* Universität Würzburg, Lehrstuhl für Betriebswirtschaftslehre und Marketing, Diplomarbeit 1998. Als Manuskript gedruckt.

BAAKEN, Thomas (1989): *Bewertung technologieorientierter Unternehmensgründungen: Kriterien und Methoden zur Bewertung der Gründerpersönlichkeit, Technologie und Markt für Banken und Venture-Capital-Gesellschaften sowie für die staatliche Wirtschafts- und Technologieförderung.* Berlin 1989. (= Technological Economics. 28)

BAAKEN, Thomas (1990): *Marktanalyse.* Aus: Dieterle, Willi K.; Winckler, Eike M. (Hrsg.): *Unternehmensgründung. Handbuch des Gründungsmanagement.* München 1990. S. 151-165.

BACKHAUS, Klaus (1982): *Investitionsgütermarketing.* München (Vahlen) 1982.

BACKHAUS, Klaus (1992): *Investitionsgütermarketing. 3. Aufl.* München (Vahlen) 1992.

BACKHAUS, Klaus (1997): *Industriegütermarketing. 5. Aufl.* München (Vahlen) 1997.

BALLHAUS, Werner (1985): *Rechtliche Bindungen bei Erfindungen von Universitätsangehörigen.* Aus: Arbeitsgruppe Fortbildung im Sprecherkreis der Hochschulkanzler (Hrsg.): *Patent- und Urheberrecht, Arbeitnehmererfindungs- und Veröffentlichungsrecht.* Essen 1985. S. 151-180.

BALZER, Arno; JENSEN, Sören (1999): *Europa-Meister.* In: *managermagazin*, 29. Jg. (1999), H. 2, S. 120-130.

BAND (1998): *Die Ziele von BAND.* o.O. 1998. Erhältlich im Internet unter http://www.business-angels.de/ziele.htm (04.11.1998).

BARANOWSKI, Guido; GROß, Bernd (1998): *Technologie- und Gründerzentren: Neue Arbeitsplätze durch Innovationen.* o.O. 1998. Erhältlich im Internet unter http://www.adt-online.de/adt/adtpres.htm (04.11.1998).

BARNARD, Chester I. (1968): *The Functions of the Executive. Thirtieth Anniversary Edition.* Cambridge, London 1968.

BARNARD, Chester I. (1969): *Auffassungen über Organisationen.* Aus: Barnard, Chester I. (Hrsg.): *Organisation und Management. Ausgewählte Aufsätze.* Stuttgart (Poeschel) 1969. S. 129-153.

BARNARD, Chester I. (1970): *Die Führung großer Organisationen. Lizenzausgabe der 17. Auflage des Buches "The Functions of the Executive" von Chester J. Barnard.* Essen (Girardet) 1970.

BARRETO, Humberto (1989): *The Entrepreneur in Economic Theory. Disappearance and Explanation.* London, New York (Routledge) 1989.

BATTIS, Ulrich (1985): *Rechte und Pflichten im öffentlichen Dienst von A-Z. 2. Aufl.* München (Beck) 1985.

BATTIS, Ulrich (1991): *Beamtenrecht. Bundesbeamtengesetz, Beamtenrechtsrahmengesetz, Bundesbesoldungsgesetz mit Anlagen, Beamtenversorgungsgesetz, Bundesdisziplinarordnung, Beihilfevorschriften und weitere Vorschriften des Beamtenrechts. Textausgabe mit Sachregister und einer Einführung.* München 1991.

BAUER, Hans H.; HANNIG, Uwe (1992): *Kritische Erfolgsfaktoren deutscher Technologiezentren.* Studie des Lehrstuhls für Betriebswirtschaftslehre und Marketing, Wissenschaftliche Hochschule für Unternehmensführung Koblenz, April 1992. Als Manuskript gedruckt.

BAUMOL, William J. (1968): *Entrepreneurship in Economic Theory.* In: *American Economic Review*, 58. Jg. (1968), S. 64-71.

BAUMOL, William J. (1987): *Entrepreneurship: Creative, Unproductive and Destructive.* In: *Schweizerische Zeitschrift für Volkswirtschaft und Statistik*, 12. Jg. (1987), H. 3, S. 415-423.

BAUR, Cornelius (1990): *Make-or-Buy-Entscheidungen in einem Unternehmen der Automobilindustrie. Empirische Analyse und Gestaltung der Fertigungstiefe aus transaktionskostentheoretischer Sicht.* München (VVF) 1990.

BECHER, Gerhard; GERING, Thomas; LANG, Oliver u.a. (1996): *Patentwesen an Hochschulen. Eine Studie zum Stellenwert gewerblicher Schutzrechte im Technologietransfer Hochschule - Wirtschaft.* Bonn 1996.

BECKER, Hans P. (1982): *Gründungsprobleme und die Förderung von Existenzgründungen. Ergebnisse einer Befragung in Baden-Württemberg.* In: *Zeitschrift für betriebswirtschaftliche Forschung*, 34. Jg. (1982), H. 6, S. 510-523.

BECKER, Jochen (1992): *Marketing-Konzeption: Grundlagen des strategischen Marketing-Managements. 4. Aufl.* München 1992.

BEGERÉ, Karl D.; DOSE, Nicolai (1986): *Technologieparks.* In: *Wirtschaftswissenschaftliches Studium*, 15. Jg. (1986), H. 10, S. 532-535.

BEHRENDT, Heiko (1996): *Wirkungsanalyse von Technologie- und Gründerzentren in Westdeutschland.* Heidelberg (Physica) 1996. (= Wirtschaftswissenschaftliche Beiträge. 123)

BEIER, Friedrich-Karl (1985): *Rechtliche und organisatorische Probleme der wirtschaftlichen Verwertung von Forschungsergebnissen in Hochschulen und außeruniversitären Forschungseinrichtungen.* Aus: Arbeitsgruppe Fortbildung im Sprecherkreis der Hochschulkanzler (Hrsg.): *Patent- und Urheberrecht, Arbeitnehmererfindungs- und Veröffentlichungsrecht.* Essen 1985. S. 107-131.

BEISE, Marian; LICHT, Georg; SPIELKAMP, Alfred (1995): *Technologietransfer an kleine und mittlere Unternehmen. Analysen und Perspektiven für Baden-Württemberg.* Baden-Baden (Nomos Verlagsgesellschaft) 1995. (= Schriftenreihe des ZEW. 3)

BELL, Elizabeth R. (1993): *Some Current Issues in Technology Transfer and Academic-Industrial Relations: A Review.* In: *Technology Analysis & Strategic Management*, 5. Jg. (1993), H. 3, S. 307-321.

BENKENSTEIN, Martin (1990): *High Tech-Marketing.* In: *Die Betriebswirtschaft*, 50. Jg. (1990), H. 3, S. 397-398.

BENSCH, Dieter (1992): *Problemperzeption und Beratungsbedarf bei der Unternehmensgründung. Eine empirische Analyse über das Erkennen von Problemen in der Gründungsphase und die daraus abgeleitete Beratungsnachfrage originärer Unternehmensgründungen.* Wien (Service Fachverlag) 1992.

BEREKHOVEN, Ludwig; ECKERT, Werner; ELLENRIEDER, Peter (1996): *Marktforschung. Methodische Grundlagen und praktische Anwendung. 7. Aufl.* Wiesbaden (Gabler) 1996.

BERG, Birgit (1999a): *Erstmalig Annahme von Patentanmeldungen an der TU Dresden.* Dresden 1999. Erhältlich im Internet unter http://idw.tu-clausthal.de/public/zeige_pm.html?pmid=10268 (13.04.1999).

BERG, Birgit (1999b): *TU Dresden hat nun einen Lehrstuhl für Existenzgründung und Innovationsmanagement.* Dresden 1999. Erhältlich im Internet unter http://idw.tu-clausthal.de/public/zeige_pm.html?pmid=11113 (12.05.1999).

BERG, Frank; MÖLLER, Bärbel; REIßIG, Rolf (1998): *Regionale Akteursnetze. Wirtschaftsförderung in einem ostdeutschen Landkreis.* Baden-Baden (Nomos) 1998.

BERGER, Brigitte (1991) (Hrsg.): *The Culture of Entrepreneurship.* San Francisco (ICS Press) 1991.

BERGER, Axel; KNAPP, Jochen H. (1990): *Innovation und Wirtschaftsentwicklung durch Technologiezentren in der Bundesrepublik Deutschland.* Frankfurt a.M. 1990.

BERNDTS, Peter; HARMSEN, Dirk-Michael (1985): *Technologieorientierte Unternehmensgründungen in Zusammenarbeit mit staatlichen Forschungseinrichtungen.* Köln (TÜV Rheinland) 1985. (= Technologietransfer. 8)

BERNEWITZ, Torsten (1987): *Unternehmen als Inkubatoren und Promotoren von "Spin-off"-Betriebsgründungen.* Hannover 1987.

BIRCH, David L. (1979): *The Job Generation Process.* Cambridge 1979. (= M.I.T. Program on Neighborhood and Regional Change)

BIRCH, David L. (1981): *Who creates jobs?* In: *The Public Interest*, 1981, H. 65, Fall, S. 3-14.

BISMARCK, Kolja von; LEITERMANN, Richard (1990): *Rechtsformwahl bei der Unternehmensgründung.* Aus: Dieterle, Willi K.; Winckler, Eike M. (Hrsg.): *Unternehmensgründung. Handbuch des Gründungsmanagement.* München 1990. S. 339-358.

BITTERMANN, Uwe; POPPENHEGER, Bernd (1990): *Technologietransfer. Kooperation mit dem Ziel der Innovation.* Aus: Dieterle, Willi K.; Winckler, Eike M. (Hrsg.): *Unternehmensgründung. Handbuch des Gründungsmanagement.* München 1990. S. 511-524.

BITZER, Marc (1991): *Intrapreneurship. Unternehmertum in der Unternehmung.* Stuttgart (Schäffer-Poeschel) 1991.

BLOCK, Zenas; STUMPF, Stephen A. (1992): *Entrepreneurship Education Research: Experience and Challenge.* Aus: Sexton, Donald L.; Kasarda, John D. (Hrsg.): *The state of the art of entrepreneurship.* Boston (PWS-Kent Publishing Company) 1992. S. 17-42.

BMBF (1996) (Hrsg.): *Patente schützen Ideen. Ideen schaffen Arbeit. BMBF-Patentinitiative.* Bonn 1996.

BMBF (1997) (Hrsg.): *Ein Jahr BMBF-Patentinitiative. Zwischenbilanz.* Bonn 1997.

BMBF (1998) (Hrsg.): *EXIST - Existenzgründer aus Hochschulen. 12 regionale Netzwerke für innovative Unternehmensgründungen.* Bonn 1998.

BMBF (1999) (Hrsg.): *Mut zur Veränderung. Deutschland braucht moderne Hochschulen. Vorschläge für eine Reform.* Bonn 1999.

BMWI (1996a) (Hrsg.): *Eigenkapital: Der Schlüssel zur Existenzgründungsfinanzierung.* Bonn 1996. (=GründerZeiten. 7/8)

BMWI (1996b) (Hrsg.): *Hochschulabsolventen als Existenzgründer.* Bonn 1996. (=GründerZeiten. 12)

BMWI (1997a) (Hrsg.): *Thema: Gründungskonzept.* Bonn 1997. (=GründerZeiten. 17)

BMWI (1997b) (Hrsg.): *Thema: "Marketing".* Bonn 1997. (=GründerZeiten. 20)

BMWI (1997c) (Hrsg.): *Thema: "Risikokapital".* Bonn 1997. (=GründerZeiten. 21)

BMWI (1997d) (Hrsg.): *Starthilfe. Der erfolgreiche Weg in die Selbständigkeit. 9. Aufl.* Bonn 1997.

BMWI (1997e) (Hrsg.): *Junge Unternehmen. Probleme und Lösungen bei der Existenzfestigung. 2. Aufl.* Bonn 1997.

BMWI (1998) (Hrsg.): *Do It. Gründer und Hochschule.* Bonn 1998.

BOCK, Jürgen (1987): *Die innerbetriebliche Diffusion neuer Technologien. Einflußfaktoren bei Innovationsprozessen auf der Grundlage der Mikroelektronik im Investitionsgüterbereich.* Berlin (Erich Schmidt) 1987. (= Angewandte Innovationsforschung. 9)

BOETTLE, Sabine (1998): *Fraunhofer-Presseinformation: Knappe Finanzen verhindern Innovation.* o.O. 1998. Erhältlich im Internet unter http://idw.tu-clausthal.de/public/zeige_pm.html?pmid=4274 (15.01.1998).

BÖGENHOLD, Dieter (1985): *Die Selbständigen. Zur Soziologie dezentraler Produktion.* Frankfurt a.M., New York (Campus) 1985.

BÖHLER, Heymo; SIGLOCH, Jochen; WOSSIDLO, Peter R. u.a. (1989): *Der Technologie-Transfer in einer strukturschwachen Region. Stand und Ausbauempfehlungen.* Bayreuth (Ellwanger Druck Bayreuth) 1989.

BOMBOSCH, Friedbert E. (1998): *Existenzgründung, -findung und -sicherung. Ein integriertes Studienkonzept. Vortrag im Rahmen der Tagung "Von der Uni zum Entrepreneur. Wie kommt und wer trägt das Neue in die Welt?" am 18./19.06.1998 in Kassel.* Kassel 1998.

BRANDENSTEIN-ZEPPELIN, Constantin von (1992): *Der Geschäftsplan - professionelle Selbstdarstellung für externe Kapitalgeber.* Aus: Lütjen, Gerd (Hrsg.): *Management Buy-Out. Firmenübernahme durch Management und Belegschaft.* Frankfurt a.M., Wiesbaden 1992. S. 61-89.

BRANDT, Karl (1993): *Geschichte der deutschen Volkswirtschaftslehre. Band 2: Vom Historismus bis zur Neoklassik.* Freiburg i.B. (Haufe) 1993.

BRAUNE-KRICKAU, Michael (1990): *Mitarbeiterbeurteilung.* Aus: Dieterle, Willi K.; Winckler, Eike M. (Hrsg.): *Unternehmensgründung. Handbuch des Gründungsmanagement.* München 1990. S. 79-91.

BRETTAR, Claudia (1998): *Saarbrücker Modell für Existenzgründer: Präsentation beim Bundespräsidenten.* Saarbrücken 1998. Erhältlich im Internet unter http://idw.tu-clausthal.de/public/zeige_pm.html?pmid=5438 (25.08.1998).

BRETZ, Hartmut (1988): *Unternehmertum und Fortschrittsfähige Organisation. Wege zu einer Betriebswirtschaftlichen Avantgarde.* München 1988.

BRINCKMANN, Hans (1998): *Die neue Freiheit der Universität: operative Autonomie für Lehre und Forschung an Hochschulen.* Berlin (Edition Sigma) 1998. (= Modernisierung des öffentlichen Sektors; Sonderband. 10)

BROCKHOFF, Klaus (1992): *Forschung und Entwicklung. Planung und Kontrolle.* München 1992.

BROMANN, Peter; PIWINGER, Manfred (1992): *Gestaltung der Unternehmenskultur. Strategie und Kommunikation.* Stuttgart (Schäffer-Poeschel) 1992.

BRÜDERL, Josef; PREISENDÖRFER, Peter (1998): *Network support and the success of newly founded businesses.* In: *Small Business Economics*, 10. Jg. (1998), S. 213-225.

BRÜDERL, Josef; PREISENDÖRFER, Peter; ZIEGLER, Rolf (1996): *Der Erfolg neugegründeter Betriebe. Eine empirische Studie zu den Chancen und Risiken von Unternehmensgründungen.* Berlin (Duncker & Humblot) 1996. (= Betriebswirtschaftliche Schriften. 140)

BRUNO, Albert V.; LEIDECKER, Joel K.; HARDER, Joseph W. (1987): *Why firms fail.* In: *Business Horizons*, 30. Jg. (1987), H. March, April, S. 50-58.

BÜHNER, Rolf (1994): *Betriebswirtschaftliche Organisationslehre. 7., verbesserte und ergänzte Aufl.* München, Wien (Oldenbourg) 1994.

BULL, Ivan; WILLARD, Gary (1995): *Towards a Theory of Entrepreneurship.* Aus: Bull, Ivan; Thomas, Howard; Willard, Gary (Hrsg.): *Entrepreneurship. Perspectives on Theory Building.* Kidlington, Tarrytown (Elsevier) 1995. S. 1-16.

BÜNDER, Helmut (1997): *Biotechnologie als Beschäftigungs- und Wachstumsmotor.* In: Blick durch die Wirtschaft, Nr. 185 vom 25.09.1997.

BURGMAIER, Stefanie; HORNIG, Frank (1998): *Nur der Anfang.* In: Wirtschaftswoche, Nr. 14 vom 26.03.1998.

BURGMAIER, Stefanie; JÜNEMANN, Bernhard; RUESS, Annette (1997): *Hohe Hürden.* In: Wirtschaftswoche, Nr. 10 vom 27.02.1997.

BUSEMANN, Stefan; VITT, Daniel (1998): *Die 4SC Drug Discovery GmbH. Gespräch mit den Geschäftsführern am 13.11.1998.* Würzburg 1998.

BUSINESSPLAN-WETTBEWERB NORDBAYERN (1998): *Teilnehmer-Handbuch Businessplan-Erstellung.* Erlangen 1998.

BUSINESSPLAN-WETTBEWERB NORDBAYERN (1999): *Handout zum Abstimmungsgespräch mit den nordbayerischen Hochschulen am 7. Juni 1999.* Erlangen 1999.

BVK (1998): *Fakten & Zahlen.* o.O. 1998. Erhältlich im Internet unter http://www.bvk-ev.de/fakten/fakten.html (29.10.1998).

BYGRAVE, William D. (1998): *Die einzelnen Stufen des Entrepreneurship.* Aus: Faltin, Günter; Ripsas, Sven; Zimmer, Jürgen (Hrsg.): *Entrepreneurship. Wie aus Ideen Unternehmen werden.* München (Beck) 1998. S. 113-139.

BYGRAVE, William D.; HOFER, Charles W. (1991): *Theorizing about entrepreneurship.* In: *Entrepreneurship: Theory & Practice*, 16. Jg. (1991), H. 2, S. 13-22.

CAMPBELL, Charles A. (1992): *A decision theory model for entrepreneurial acts.* In: *Entrepreneurship: Theory & Practice*, 17. Jg. (1992), H. 1, S. 21-27.

CARAYANNIS, Elias G.; ROGERS, Everett M.; KURIHARA, Kazuo u.a. (1998): *High-technology spin-offs from government R&D laboratories and research universities.* In: *Technovation*, 18. Jg. (1998), H. 1, S. 1-11.

CARRIER, Camille (1996): *Intrapreneurship in small businesses: An exploratory study.* In: *Entrepreneurship: Theory & Practice*, 21. Jg. (1996), H. 1, S. 5-20.

CAUTHORN, Robert C. (1989): *Contributions to a Theory of Entrepreneurship.* New York, London (Garland Publishing) 1989.

CAWOOD, M. Campbell (1991): *Venture Capital and the University.* Aus: Brett, Alistair M.; Gibson, David V.; Smilor, Raymond W. (Hrsg.): *University Spin-Off Companies. Economic Development, Faculty Entrepreneurs, and Technology Transfer.* Savage (Rowman & Littlefield Publishers) 1991. S. 249-254.

CHANDLER, Alfred D. Jr. (1995): *Strategy and Structure. Chapters in the History of the Industrial Enterprise. Nineteenth Printing.* Cambridge (Mass.), London (MIT Press) 1995.

CHHABRA, Rama (1998): *Innovative Approaches to Entrepreneurship Education. Paper presented at the Conference Internationalizing Entrepreneurship Education and Training, IntEnt98, Oestrich-Winkel (Germany), July 26-28, 1998.* Oestrich-Winkel 1998. Erhältlich im Internet unter http://www.g-forum.de/intent/downloads/index.htm (01.02.1999).

CHISNALL, Peter M. (1989): *Strategic Industrial Marketing. 2. Aufl.* Englewood Cliffs 1989.

CHMIELEWICZ, Klaus (1968): *Grundlagen der industriellen Produktgestaltung.* Berlin (Duncker & Humblot) 1968.

CHURCHILL, Neil C.; LEWIS, Virginia L. (1983): *The five stages of small business growth.* In: *Harvard Business Review*, 61. Jg. (1983), H. 3, S. 30-50.

CIUPULIGA, Adrian (1998): *FH Konstanz: Der Hochschulcampus als Gründerverbund.* Konstanz 1998. Erhältlich im Internet unter http://idw.tu-clausthal.de/public/zeige_pm.html?pmid=8392 (22.12.1998).

CLAPHAM, Ronald; SCHOLZ-BAPPERT, Dietmar E. (1986): *Technologieparks - Ziele, Instrumente, Wirkungen* - Siegen 1986. (= Diskussionsbeiträge zur Ökonomie des technischen Fortschritts. 5)

COHAUSZ, Helge B. (1998): *Wirtschaftliche Umsetzung von technischen Entwicklungen aus Hochschulen.* Aus: Institut der deutschen Wirtschaft Köln (Hrsg.): *Hochschulen und Patente. Dokumentation der Ergebnisse des Fachsymposiums im Rahmen des BMBF-Projektes "INPAT - Integration des Patentwesens in die ingenieur- und naturwissenschaftliche Hochschulausbildung".* Köln 1998. (=INSTI Broschüre. 3) S. 35-39.

CONRAD, Peter; SYDOW, Jörg (1991): *Organisationskultur, Organisationsklima und Involvement.* Aus: Dülfer, Eberhard (Hrsg.): *Organisationskultur. 2. Aufl.* Stuttgart (Poeschel) 1991. S. 93-110.

COOPER, Arnold C. (1970a): *Entrepreneurial Environment.* In: *Industrial Research*, 10. Jg. (1970), H. September, S. 74-76.

COOPER, Arnold C. (1970b): *The Palo Alto Experience.* In: *Industrial Research*, 10. Jg. (1970), H. May, S. 58-60.

COOPER, Arnold C. (1971): *Spin-offs and Technical Entrepreneurship.* In: *IEEE Transactions on Engineering Management*, EM-18. Jg. (1971), H. 1, S. 2-6.

COOPER, Arnold C. (1973): *Technical Entrepreneurship: what do we know?* In: *R&D Management*, 3. Jg. (1973), H. 2, S. 59-64.

COOPER, Arnold C. (1985): *The Role Of Incubator Organizations In The Founding Of Growth-Oriented Firms.* In: *Journal of Business Venturing*, 1. Jg. (1985), H. 1, S. 75-86.

COOPER, Arnold C.; BRUNO, Albert V. (1977): *Success Among High Technology Firms.* In: *Business Horizons*, 1977, H. April, S. 16-22.

CORSTEN, Hans (1981): *Zur Abgrenzung von Technologietransfer-, Diffusions- und Imitationsprozessen.* In: *Jahrbuch der Absatz- und Verbrauchsforschung*, 27. Jg. (1981), S. 265-273.

CORSTEN, Hans (1982): *Der nationale Technologietransfer. Formen - Elemente - Gestaltungsmöglichkeiten - Probleme.* Berlin 1982. (= Technological economics. 7)

CORSTEN, Hans (1990): *Produktionswirtschaft: Einführung in das industrielle Produktionsmanagement.* München, Wien (Oldenbourg) 1990.

CORSTEN, Hans; REIß (1996) (Hrsg.): *Betriebswirtschaftslehre. 2. Aufl.* München, Wien (Oldenbourg) 1996.

COWAN, David A. (1990): *Developing a classification structure of organizational problems: An empirical investigation.* In: *Academy of Management Journal*, 33. Jg. (1990), H. 2, S. 366-390.

CRAMER, Ulrich (1987): *Klein- und Mittelbetriebe: Hoffnungsträger der Beschäftigungspolitik?* In: *Mitteilungen aus der Arbeitsmarkt- und Berufsforschung*, 20. Jg. (1987), H. 1, S. 15.

CRAMER, Ulrich (1990): *Der Trend zu kleineren Betrieben: Ergebnisse einer Auswertung der Beschäftigtenstatistik für die Bundesrepublik Deutschland.* Aus: Berger, Johannes; Domeyer, Volker; Funder, Maria (Hrsg.): *Kleinbetriebe im wirtschaftlichen Wandel.* Frankfurt a.M., New York (Campus) 1990. (=Reihe des Forschungsschwerpunktes Zukunft der Arbeit, Universität Bielefeld. 7) S. 19-33.

CUNY, Reinhard H.; STAUDER, Jochen (1993): *Lokale und regionale Netzwerke.* In: *Wirtschaftsdienst*, (1993), H. 3, S. 150-157.

DANILOV, Victor J. (1969): *The Spin-Off Phenomenon.* In: *Industrial Research*, 11. Jg. (1969), H. 5, S. 54-58.

DAVIS, Lance E.; NORTH, Douglass C. (1971): *Institutional Change and American Economic Growth.* Cambridge 1971.

DEISSENBERG, Christophe (1985): *Rationale Nachfrage- und Angebotsentscheidungen im Falle einer dem Käufer unbekannten Produktqualität.* Aus: Stöppler, Siegmar (Hrsg.): *Information und Produktion. Beiträge zur Unternehmenstheorie und Unternehmensplanung. Festschrift zum 60. Geburtstag von Prof. Dr. Waldemar Wittmann.* Poeschel (Stuttgart) 1985. S. 103-124.

DELBEKE, Jos (1984): *Recent long-wave theories. A critical survey.* Aus: Freeman, Christopher (Hrsg.): *Long Waves in the World Economy.* London, Dover (Frances Pinter) 1984. S. 1-12.

DEPPISCH, Michael (1998): *Technik, Tüftler, Traditionen.* In: Standort Mainfranken. Das regionale Wirtschaftsmagazin der Zeitungsgruppe Main Post, Ausgabe '98/'99.

DEUTSCHE EXISTENZGRÜNDERTAGE (1999): *Die zehn Berliner Gründerthesen 1999 zur Förderung unternehmerischer Kultur an den Hochschulen.* Berlin 1999. Erhältlich im Internet unter http://www.existenzgruender-institut.de/projekte/expertenworkshop/thesen.htm (01.07.1999).

DIERKES, Meinolf; ROSENSTIEL, Lutz v.; STEGER, Ulrich (Hrsg.): *Unternehmenskultur in Theorie und Praxis. Konzepte aus Ökonomie, Psychologie und Ethnologie.* Frankfurt a.M., New York (Campus) 1993.

DIETERLE, Willi K. (1990): *Organisations- und Führungsstrukturen.* Aus: Dieterle, Willi K.; Winckler, Eike M. (Hrsg.): *Unternehmensgründung. Handbuch des Gründungsmanagement.* München 1990. S. 139-149.

DIETL, Helmut (1993): *Institutionen und Zeit.* Tübingen (Mohr) 1993. (= Die Einheit der Gesellschaftswissenschaften. 79)

DIETZ, Jobst-Walter (1984): *Venture-Management.* Göttingen 1984.

DIETZ, Jobst-Walter (1989): *Gründung innovativer Unternehmen.* Wiesbaden (Gabler) 1989. (= Neue betriebswirtschaftliche Forschung. 56)

DIETZ, Gerald (1998): *Hochschulen: Hilfe auf dem Weg in die Selbständigkeit.* In: VDI Nachrichten, Nr. 16 vom 17.04.1998.

DIETZE, Rudolf F. (1998): *Neue Lehrveranstaltung: "Entrepreneurship".* Regensburg 1998. Erhältlich im Internet unter http://idw.tu-clausthal.de/public/zeige_pm.html?pmid=7383 (20.11.1998).

DILLER, Hermann (1995): *Beziehungsmanagement.* Aus: Tietz, Bruno; Köhler, Richard; Zentes, Joachim (Hrsg.): *Handwörterbuch des Marketing. 2. Aufl.* Stuttgart (Schäffer-Poeschel) 1995. (=Enzyklopädie der Betriebswirtschaftslehre. 4) S. 285-300.

DÖBLER, Thomas (1998): *Frauen als Unternehmerinnen. Erfolgspotentiale weiblicher Selbständiger.* Wiesbaden (Gabler) 1998.

DOMBROWSKY, Hans M.; SCHMIDT, Jan-Peter (1990): *Arbeitsrechtliche Fragen.* Aus: Dieterle, Willi K.; Winckler, Eike M. (Hrsg.): *Unternehmensgründung. Handbuch des Gründungsmanagement.* München 1990. S. 371-391.

DOMEYER, Volker; FUNDER, Maria (1991): *Kooperation als Strategie. Eine empirische Studie zu Gründungsprozessen, Organisationsformen, Bestandsbedingungen von Kleinbetrieben.* Opladen (Westdeutscher) 1991. (= Sozialverträgliche Technikgestaltung. 19)

DRUCKER, Peter F. (1956): *Die Praxis des Management. Ein Leitfaden für die Führungs-Aufgaben in der modernen Wirtschaft.* Düsseldorf 1956.

DRUCKER, Peter F. (1986): *Innovations-Management für Wirtschaft und Politik. 3. Aufl.* Düsseldorf, Wien (Econ) 1986.

DUBBERT, Michael (1990): *Personalwesen.* Aus: Pfohl, Hans-Christian (Hrsg.): *Betriebswirtschaftslehre der Mittel- und Kleinbetriebe. Größenspezifische Probleme u. Möglichkeiten zu ihrer Lösung. 2., neubearbeitete Aufl.* Berlin (Erich Schmidt) 1990. (=Grundlagen und Praxis der Betriebswirtschaft. 44) S. 96-128.

DÜRAND, Dieter (1998): *Sprung an die Spitze.* In: Wirtschaftswoche, Nr. 33 vom 06.08.1998.

DURAND-NOLL, Madeleine (1996): *Jetzt mache ich mich selbständig. Existenzgründung für Frauen.* Düsseldorf (ECON) 1996. (= Praxis für Frauen)

ECKART, Wolfgang; EINEM, Eberhard v.; STAHL, Konrad (1987): *Dynamik der Arbeitsplatzentwicklung: Eine kritische Betrachtung der empirischen Forschung in den Vereinigten Staaten.* Aus: Fritsch, Michael; Hull, Christopher (Hrsg.): *Arbeitsplatzdynamik und Regionalentwicklung. Beiträge zur beschäftigungspolitischen Bedeutung von Klein- und Großunternehmen.* Berlin (Edition Sigma) 1987. S. 21-47.

EMMERICH, Robert (1998a): *Gewerbefläche für das Innovationszentrum Würzburg.* Würzburg 1998. Erhältlich im Internet unter http://idw.tu-clausthal.de/public/zeige_pm.html?pmid=5828 (25.08.1998).

EMMERICH, Robert (1998b): *Seminarreihe will Akademikern bei der Existenzgründung helfen.* Würzburg 1998. Erhältlich im Internet unter http://idw.tu-clausthal.de/public/zeige_pm.html?pmid=7257 (20.11.1998).

ENGELKE, Peter (1991): *Integration von Forschung und Entwicklung in die unternehmerische Planung und Steuerung.* Heidelberg (Physica) 1991.

ENGLER, Ulrich (1998): *Technologie-Transfer-Initiative als GmbH gegründet.* Stuttgart 1998. Erhältlich im Internet unter http://idw.tu-clausthal.de/public/zeige_pm.html?pmid=2513 (25.08.1998).

ENßLIN, Klaus J. (1989): *Technologische Spin-off-Effekte aus der Raumfahrt. Vom staatspolitischen Anspruch zum unternehmenspolitischen Problem.* Frankfurt a.M., Bern, New York u.a. (Lang) 1989. (= Schriften zur Unternehmensplanung. 14)

ERLEI, Mathias (1998): *Institutionen, Märkte und Marktphasen. Allgemeine Transaktionskostentheorie unter spezieller Berücksichtigung der Entwicklungsphasen von Märkten.* Tübingen (Mohr Siebeck) 1998. (= Schriften zur angewandten Wirtschaftsforschung. 79)

ESCHENBACH, Rolf; PLASONIG, Gerhard (1987): *Unternehmensgründung. Phasen des Gründungsprozesses am Modell eines Unternehmens zur biologischen Schädlingsbekämpfung.* Wien (Manz) 1987. (= Praxisfälle der betriebswirtschaftlichen Unternehmensführung. 4)

EWERS, Hans-Jürgen; WEIN, Thomas (1993): *Der Begründungszusammenhang zur Förderung der jungen Technologieunternehmen.* TU Berlin, Diskussionspapier 173 der Wirtschaftswissenschaftlichen Dokumentationen, Berlin 1993. Als Manuskript gedruckt.

FALTIN, Günter (1998): *Das Netz weiter werfen - Für eine neue Kultur unternehmerischen Handelns.* Aus: Faltin, Günter; Ripsas, Sven; Zimmer, Jürgen (Hrsg.): *Entrepreneurship. Wie aus Ideen Unternehmen werden.* München (Beck) 1998. S. 3-20.

FALTIN, Günter; ZIMMER, Jürgen (1998): *Versäumte Lektionen: Entrepreneurship.* Aus: Faltin, Günter; Ripsas, Sven; Zimmer, Jürgen (Hrsg.): *Entrepreneurship. Wie aus Ideen Unternehmen werden.* München (Beck) 1998. S. 245-267.

FELDMAN, Marshall M. (1985): *Biotechnology and local economic growth: the American pattern.* Aus: Hall, Peter; Markusen, Ann (Hrsg.): *Silicon Landscapes.* Boston, London, Sydney (Allen and Unwin) 1985. S. 65-79.

FELIX, Günther (1987): *Unternehmensberatung durch Angehörige steuerberatender und wirtschaftsprüfender Berufe.* In: *Betriebswirtschaftliche Forschung und Praxis*, 39. Jg. (1987), H. 6, S. 494-512.

FH KONSTANZ (1999): *Eine GmbH als Ergänzung des Curriculums.* Konstanz 1999. Erhältlich im Internet unter http://www.fh-konstanz.de/studium/ze/sz/wwwpr/journal.htm#D-Bild (03.05.1999).

FICHTEL, Roland (1997): *Technologietransfer für Klein- und Mittelbetriebe.* Wiesbaden (DUV) 1997.

FIET, James O. (1997): *Education for Entrepreneurial Competency: A Theory-Based Activity Approach. Paper presented at the Conference Internationalizing Entrepreneurship Education and Training, IntEnt97, Monterey Bay (California/ USA), June 25-27, 1997.* Monterey Bay 1997. Erhältlich im Internet unter http://www.g-forum.de/intent/downloads/index.htm (01.02.1999).

FINETTI, Marco; SPROß, Katja (1998): *Aufbruch mit Fragezeichen.* In: *Deutsche Universitätszeitung*, 54. Jg. (1998), H. 21, S. 10-13.

FOHRBECK, Karla (1986a): *Universität als Heimat? Teil 1: Von Humboldt bis zur BSK - Kulturlandschaft Hochschule. Untersuchung des Zentrums für Kulturforschung Bonn.* Bad Honnef 1986. (= Schriftenreihe Studien zu Bildung und Wissenschaft. 33)

FOHRBECK, Karla (1986b): *Universität als Heimat? Teil 2: Von Kiel bis Konstanz - Kulturarbeit aus der Studentenperspektive. Untersuchung des Zentrums für Kulturforschung Bonn.* Bad Honnef 1986. (= Schriftenreihe Studien zu Bildung und Wissenschaft. 34)

FORD, David; RYAN, Chris (1981): *Taking technology to market.* In: *Harvard Business Review*, 59. Jg. (1981), H. 2, S. 117-126.

FÖRSCHLE, Gerhart; HELMSCHROTT, Harald (1997): *Der Neue Markt an der Frankfurter Wertpapierbörse.* In: *Wirtschaftsprüferkammer-Mitteilungen*, 36. Jg. (1997), H. 3, S. 188-194.

FORSTHUBER, Wolfgang; KROPFBERGER, Dietrich (1989): *Kundenorientiertes Technologiemanagement.* In: *Marktforschung & Management*, 33. Jg. (1989), H. 3, S. 76-81.

FOSTER, Richard N. (1986): *Innovation. Die technologische Offensive.* Wiesbaden (Gabler) 1986.

FRANK, Hermann; PLASCHKA, Gerhard (1995): *Entrepreneurship als wissenschaftliche Disziplin in den USA.* In: *Zeitschrift für betriebswirtschaftliche Forschung*, 47. Jg. (1995), H. 10, S. 936-941.

FREEAR, John; WETZEL, William E. Jr. (1992): *The Informal Venture Capital Market in the 1990s.* Aus: Sexton, Donald L.; Kasarda, John D. (Hrsg.): *The state of the art of entrepreneurship.* Boston (PWS-Kent Publishing Company) 1992. S. 462-486.

FREY, Bruno S. (1990): *Vergleichende Analyse von Institutionen: Die Sicht der politischen Ökonomie.* In: *Staatswissenschaften und Staatspraxis*, 2. Jg. (1990), S. 158-175.

FRICK, Siegfried (1999): *"Kultur der Selbständigkeit" als Herausforderung für die Entrepreneurship-Forschung? Zur theoretischen Fundierung eines aktuellen Begriffs der Wirtschaftspolitik.* Aus: Rosenstiel, Lutz von; Lang-von Wins, Thomas (Hrsg.): *Existenzgründung und Unternehmertum. Themen, Trends und Perspektiven.* Stuttgart (Schäffer-Poeschel) 1999. S. 72-104.

FRISCHE, Wolfgang (1990): *Marketingkonzeptionen für Neugründungen.* Aus: Dieterle, Willi K.; Winckler, Eike M. (Hrsg.): *Unternehmensgründung. Handbuch des Gründungsmanagement.* München 1990. S. 187-195.

FRITSCH, Michael; HULL, Christopher J. (1987): *Empirische Befunde zur Arbeitsplatzdynamik in großen und kleinen Unternehmen in der Bundesrepublik Deutschland - eine Zwischenbilanz.* Aus: Fritsch, Michael; Hull, Christopher (Hrsg.): *Arbeitsplatzdynamik und Regionalentwicklung. Beiträge zur beschäftigungspolitischen Bedeutung von Klein- und Großunternehmen.* Berlin (Edition Sigma) 1987. S. 149-172.

G-FORUM (1999): *Interdisziplinäres Gründungsforschungs-Forum. Das zentrale Informations- und Kommunikationssystem der deutschsprachigen Gründungsforschung im Förderkreis Gründungs-Forschung.* o.O. 1999. Erhältlich im Internet unter http://www.g-forum.de/ (26.03.1999).

GARTNER, William B. (1989): *"Who Is an Entrepreneur?" Is the Wrong Question.* In: *Entrepreneurship: Theory & Practice*, 14. Jg. (1989), H. Summer, S. 47-68.

GARVIN, David A. (1983): *Spin-Offs and the New Firm Formation Process.* In: *California Management Review*, 25. Jg. (1983), H. 2, S. 3-20.

GEISER, Josef (1983): *Wachstumshemmnisse mittelständischer Industriebetriebe.* Göttingen (Schwartz) 1983.

GEMÜNDEN, Georg; WALTER, Achim (1996): *Förderung des Technologietransfers durch Beziehungspromotoren.* In: *Zeitschrift Führung + Organisation*, 65. Jg. (1996), H. 4, S. 237-245.

GESCHKA, Horst; ALTER, Ulrike; SCHWERDTNER, Hans-Erhardt (1975): *Effiziente Umsetzung wissenschaftlicher Erkenntnisse in die industrielle Nutzung.* Berlin, Köln, Frankfurt a.M. (Beuth) 1975.

GIELOW, Gisela (1987): *Unterschiede im Innovationsverhalten zwischen kleinen und großen Unternehmen.* Aus: Fritsch, Michael; Hull, Christopher (Hrsg.): *Arbeitsplatzdynamik und Regionalentwicklung. Beiträge zur beschäftigungspolitischen Bedeutung von Klein- und Großunternehmen.* Berlin (Edition Sigma) 1987. S. 219-234.

GIERL, Heribert (1987): *Die Erklärung der Diffusion technischer Produkte.* Berlin (Duncker & Humblot) 1987. (= Schriften zum Marketing. 21)

GILLIES, Peter (1998): *Die Erfolg-Reichen: wie innovative Unternehmer mit venture capital Märkte erobern.* München 1998.

GLISMANN, Hans H.; RODEMER, Horst; WOLTER, Frank (1980): *Lange Wellen wirtschaftlichen Wachstums. Replik und Weiterführung.* Institut für Weltwirtschaft, Kiel. Diskussionspapier Nr. 74, Dezember 1980. Als Manuskript gedruckt.

GOEBEL, Peter (1998): *Die ökonomisch erfolgreichen Gründer.* Aus: Faltin, Günter; Ripsas, Sven; Zimmer, Jürgen (Hrsg.): *Entrepreneurship. Wie aus Ideen Unternehmen werden.* München (Beck) 1998. S. 85-92.

GORMAN, Gary; HANLON, Dennis; KING, Wayne (1997): *Some research perspectives on entrepreneurship education, enterprise education and education for small business management: A ten-year literature review.* In: *International Small Business Journal*, 15. Jg. (1997), H. 3, S. 56-77.

GOTTWALD, Richard (1990): *Entscheidung unter Unsicherheit. Informationsdefizite und unklare Präferenzen.* Wiesbaden (Gabler) 1990.

GREGORY, William D.; SHEAHEN, Thomas P. (1991): *Technology Transfer by Spin-off Companies versus Licensing.* Aus: Brett, Alistair M.; Gibson, David V.; Smilor, Raymond W. (Hrsg.): *University Spin-Off Companies. Economic Development, Faculty Entrepreneurs, and Technology Transfer.* Savage (Rowman & Littlefield Publishers) 1991. S. 133-152.

GRIES, Christin-Isabel; MAY-STROBL, Eva; PAULINI, Monika (1997): *Die Bedeutung der Beratung für die Gründung von Unternehmen.* Institut für Mittelstandsforschung, IfM-Materialien Nr. 126, Bonn 1997. Als Manuskript gedruckt.

GRIMM, Heike M. (1997): *Existenzgründungen in den neuen Bundesländern. Die Transformations- und Modernisierungsimpulse kleiner und mittlerer Unternehmen in den neuen Bundesländern unter besonderer Berücksichtigung des Landes Brandenburg.* Frankfurt a.M., Berlin, Bern u.a. (Lang) 1997. (= Analysen zum Wandel politisch-ökonomischer Systeme. 13)

GRONWALD, Silke (1999): *Pioniere mit Diplom.* In: *managermagazin*, 29. Jg. (1999), H. 6, S. 268-278.

GROOTHUIS, Ulrich (1999): *Insel der Seligen.* In: Wirtschaftswoche, Nr. 14 vom 01.04.1999.

GRÜNER, Herbert (1993): *Entrepreneurial Learning - Ist eine Ausbildung zum Unternehmertum möglich?* In: *Zeitschrift für Berufs- und Wirtschaftspädagogik*, 89. Jg. (1993), H. 5, S. 485-509.

GRÜNER, Dietmar; BUR, Martina (1990): *Venture Capital.* Aus: Dieterle, Willi K.; Winckler, Eike M. (Hrsg.): *Unternehmensgründung. Handbuch des Gründungsmanagement.* München 1990. S. 325-338.

GRUPP, Hariolf (1995) (Hrsg.): *Technologie am Beginn des 21. Jahrhunderts. 2. Aufl.* Heidelberg (Physica) 1995. (= Technik, Wirtschaft und Politik. 3)

GUNDERSON, Gerald (1990): *Thinking About Entrepreneurs: Models, Assumptions, and Evidence.* Aus: Kent, Calvin A. (Hrsg.): *Entrepreneurship Education. Current Developments, Future Directions.* New York, Westport, London (Quorum Books) 1990. S. 41-52.

GUTENBERG, Erich (1975): *Grundlagen der Betriebswirtschaftslehre. Erster Band. Die Produktion. 21. Aufl.* Berlin, Heidelberg, New York (Springer) 1975.

HAACKE, Brigitte v. (1997): *Geld verdienen.* In: Wirtschaftswoche, Nr. 40 vom 25.09.1997.

HAACKE, Eva (1998): *Von der Forschung zum Patent - die USA sind Vorbild.* In: Die Welt, Nr. 21-5 vom 26.01.1998.

HAACKE, Brigitte v. (1999): *Viel gewonnen.* In: Wirtschaftswoche, Nr. 13 vom 25.03.1999.

HAHN, Jürgen (1994): *Kleine AG - Chance für kleine und mittlere Unternehmen.* In: Handelsblatt, Nr. 157 vom 16.08.1994.

HALL, Peter (1985): *The geography of the fifth Kontratieff.* Aus: Hall, Peter; Markusen, Ann (Hrsg.): *Silicon Landscapes.* Boston, London, Sydney (Allen and Unwin) 1985. S. 1-19.

HALTMEIER, Hans (1997): *Starthilfe für kluge Köpfe.* In: Focus, Nr. 50 vom 08.12.1997.

HAMMER, Andreas (1995): *Soll ich mich selbständig machen? 2. Aufl.* München (Beck) 1995.

HARHOFF, Dietmar; WOYWODE, Michael (1994): *Überlebenschancen von Unternehmen - Eine empirische Analyse auf der Basis des Mannheimer Unternehmenspanels.* Aus: Schmude, Jürgen (Hrsg.): *Neue Unternehmen. Interdisziplinäre Beiträge zur Gründungsforschung.* Heidelberg (Physica) 1994. S. 110-126.

HARMON, Brian; ARDISHVILI, Alexander; CARDOZO, Richard u.a. (1997): *Mapping the university technology transfer process.* In: *Journal of Business Venturing*, 12. Jg. (1997), H. 6, S. 423-434.

HARMSEN, Dirk-Michael (1988): *Technologieorientierte Unternehmensgründungen: Ergebnisse empirischer Untersuchungen.* Karlsruhe 1988.

HARNISCHFEGER, Monika; KULICKE, Marianne; WUPPERFELD, Udo (1992): *Zum Stand des Modellversuchs "Beteiligungskapital für junge Technologieunternehmen" (BJTU) - Zwischenbericht zum 31.12.1991* - Projektbegleitung zu den Modellversuchen "Beteiligungskapital für junge Technologieunternehmen" (BJTU) und "Förderung technologieorientierter Unternehmensgründungen" (TOU), Fraunhofer-Institut für Systemtechnik und Innovationsforschung (ISI) 1992. Als Manuskript gedruckt.

HASSE, Raimund (1996): *Organisierte Forschung. Arbeitsteilung, Wettbewerb und Networking in Wissenschaft und Technik.* Berlin (Edition Sigma) 1996.

HAUSCHILDT, Jürgen (1993): *Innovationsmanagement.* München (Vahlen) 1993.

HAUSER, Eduard (1985): *Unternehmenskultur. Analyse und Sichtbarmachung an einem praktischen Beispiel.* Bern, Frankfurt a.M., New York (Lang) 1985. (= Kreatives Management. 3)

HAYEK, Friedrich A. von (1952a): *Die Verwertung des Wissens in der Gesellschaft.* Aus: Hayek, Friedrich A. von (Hrsg.): *Individualismus und wirtschaftliche Ordnung.* Erlenbach-Zürich 1952. S. 103-121.

HAYEK, Friedrich A. von (1952b): *Der Sinn des Wettbewerbs.* Aus: Hayek, Friedrich A. von (Hrsg.): *Individualismus und wirtschaftliche Ordnung.* Erlenbach-Zürich 1952. S. 122-140.

HAYEK, Friedrich A. von (1968): *Der Wettbewerb als Entdeckungsverfahren.* Kiel 1968.

HÉBERT, Robert F.; LINK, Albert N. (1988): *The Entrepreneur. Mainstream Views & Radical Critiques. 2. Aufl.* New York, Westport, London (Praeger) 1988.

HEIDACK, Clemens (1992): *Lerninstrument an Hochschulen und in der Wirtschaft.* Aus: Graf, Jürgen (Hrsg.): *Planspiele - simulierte Realitäten für den Chef von morgen. Mit Planspiel-Marktübersicht.* Speyer (Gabal) 1992. S. 45-58.

HEIDRICH, Wolfgang (1987): *Forschung und Industrie im Innovationsprozeß - Voraussetzungen, Aufgaben, Perspektiven* - Aus: Kayser, Peter (Hrsg.): *Technologietransfer Forschung - Industrie.* Berlin (Erich Schmidt Verlag) 1987. (=Technological economics. 24) S. 23-32.

HEIDRICH, Wolfgang (1997): *Technologieorientierte Unternehmensgründungen aus Hochschulen und Forschungseinrichtungen.* Aus: Heidrich, Wolfgang; Klein, Thomas (Hrsg.): *Campus Companies. Innovative Modelle der Zusammenarbeit zwischen Hochschule und Unternehmen.* Köln (div) 1997. (=Kölner Texte und Thesen. 37) S. 9-77.

HEINEN, Edmund (1984) (Hrsg.): *Betriebswirtschaftliche Führungslehre: Grundlagen - Strategien - Modelle. Ein entscheidungsorientierter Ansatz. 2. Aufl.* Wiesbaden (Gabler) 1984.

HEINEN, Edmund (1987): *Unternehmenskultur.* München, Wien (Oldenbourg) 1987.

HEINEN, Edmund; DILL, Peter (1990): *Unternehmenskultur aus betriebswirtschaftlicher Sicht.* Aus: Simon, Hermann (Hrsg.): *Herausforderung Unternehmenskultur.* Stuttgart (Schäffer) 1990. S. 12-24.

HELFRICH, Erich (1998): *20 Jahre IHK Gründungsberatung.* In: *Würzburg Heute: Zeitschrift für Kultur und Wirtschaft, Organ des Universitätsbundes Würzburg,* o. Jg. (1998), H. 66, S. 83-84.

HEMER, Joachim; KULICKE, Marianne (1995): *Krisen in jungen Technologieunternehmen. Eine empirische Analyse der Krisenverläufe von im Modellversuch "Beteiligungskapital für junge Technologieunternehmen" (BJTU) begünstigten Unternehmen.* Fraunhofer-Institut für Systemtechnik und Innovationsforschung (ISI), Arbeitspapier, Karlsruhe 1995. Als Manuskript gedruckt.

HENTZE, Joachim; BROSE, Peter (1986): *Personalführungslehre. Grundlagen, Führungsstile, Funktionen und Theorien der Führung.* Bern, Stuttgart (Haupt) 1986.

HESS, Walter; TSCHIRKY, H.; LANG, P. (1989) (Hrsg.): *Make or Buy. Neue Dimension der strategischen Führung.* Zürich (Industrielle Organisation) 1989.

HILDEBRAND, Ingrid (1998): *Workshops und Seminare "Von der Uni zum Entrepreneur".* Kassel 1998. Erhältlich im Internet unter http://idw.tu-clausthal.de/public/zeige_pm.html?pmid=6942 (20.11.1998).

HILLS, Gerald E. (1988): *Variations in university entrepreneurship education: An empirical study of an evolving field.* In: *Journal of Business Venturing*, 3. Jg. (1988), H. 2, S. 109-122.

HILLS, Gerald E.; LUMPKIN, G.T. (1997): *Opportunity Recognition Research: Implications for Entrepreneurship Education. Paper presented at the Conference Internationalizing Entrepreneurship Education and Training, IntEnt97, Monterey Bay (California/ USA), June 25-27, 1997.* Monterey Bay 1997. Erhältlich im Internet unter http://www.g-forum.de/intent/downloads/index.htm (01.02.1999).

HIRN, Wolfgang (1998): *Engel auf Erden.* In: *managermagazin*, 28. Jg. (1998), H. 11, S. 152-166.

HIRN, Wolfgang; KLUSMANN, Steffen (1997): *Siegertypen.* In: *managermagazin*, 27. Jg. (1997), H. 7, S. 136-149.

HIRN, Wolfgang; SCHMALHOLZ, Claus G. (1999): *Fit mit Fun.* In: *managermagazin*, 29. Jg. (1999), H. 6, S. 62-80.

HISRICH, Robert D.; PETERS, Michael P. (1989): *Entrepreneurship. Starting, Developing, and Managing a New Enterprise.* Homewood, Boston (Irwin) 1989.

HOFFMANN, Jürgen (1994): *Alles pendelt sich ein.* Aus: Piper, Nikolaus (Hrsg.): *Die großen Ökonomen. Leben und Werk der wirtschaftswissenschaftlichen Vordenker.* Stuttgart (Schäffer-Poeschel) 1994. S. 50-54.

HOFSTETTER, Stephan von Trachselwald (1990): *Technologietransfer als Instrument zur Förderung von Innovationen in technologieorientierten Klein- und Mittelunternehmungen.* Bamberg (difo druck schmacht) 1990.

HOLTZ-EAKIN, Douglas; JOULFAIAN, David; ROSEN, Harvey S. (1994): *Sticking It Out: Entrepreneurial Survival and Liquidity Constraints.* In: *Journal of Political Economy*, 102. Jg. (1994), H. 1, S. 53-75.

HOLZHEU, Franz (1987): *Die Bewältigung von Unsicherheit als ökonomisches Grundproblem.* Aus: Bayerische Rückversicherung (Hrsg.): *Gesellschaft und Unsicherheit.* Karlsruhe 1987. S. 11-36.

HOPF, Michael (1983): *Ausgewählte Probleme zur Informationsökonomie.* In: *Wirtschaftswissenschaftliches Studium*, 12. Jg. (1983), H. 6, S. 313-318.

HORNSBY, Jeffrey S.; NAFFZIGER, Douglas W.; KURATKO, Donald F. u.a. (1993): *An interactive model of the corporate entrepreneurship process.* In: *Entrepreneurship: Theory & Practice*, 17. Jg. (1993), H. 2, S. 29ff.

HORSTKOTTE, Hermann (1999): *Professionell und erfolgreich.* In: Deutsche Universitätszeitung, Nr. 13 vom 02.07.1999.

HRK (1997): *Zum Patentwesen an den Hochschulen.* o.O. 1997. Erhältlich im Internet unter http://www.hrk.de/archiv/stellungnahme/Plen183_4.html.

HRK (o.J.): *Stellungnahmen: Hochschule als Unternehmerschmiede - eine zukunftsweisende Aufgabe. Für eine "Kultur der Selbständigkeit".* o.O. u. J. Erhältlich im Internet unter http://www.hrk.de/archiv/stellungnahme/hrk_bda.html (22.10.1998).

HULL, Christopher J.; HJERN, Benny (1987): *Helping small firms grow. An implementation approach.* London, New York, Sydney (Croom Helm) 1987. (= Croom Helm small business series)

HÜNSDIEK, Detlef (1987): *Unternehmensgründung als Folgeinnovation. Struktur, Hemmnisse und Erfolgsbedingungen der Gründung industrieller innovativer Unternehmen.* Stuttgart (Poeschel) 1987. (= Schriften zur Mittelstandsforschung. 16)

HUNSDIEK, Detlef; MAY-STROBL, Eva (1986): *Entwicklungslinien und Entwicklungsrisiken neugegründeter Unternehmen.* Stuttgart 1986.

HUNSDIEK, Detlef; MAY-STROBL, Eva (1987): *Gründungsfinanzierung durch den Staat - Fakten, Erfolg und Wirkung.* Stuttgart (Poeschel) 1987. (= Schriften zur Mittelstandsforschung. 17)

IHK WÜRZBURG-SCHWEINFURT (1995) (Hrsg.): *Bürokratieberuhigte Zone Mainfranken. Ergebnisse des Ersten Kongresses Bürokratieberuhigte Zone Mainfranken in Würzburg am 1. Dezember 1994.* Würzburg 1995.

JANSEN, Christoph (1983): *Nebentätigkeit im Beamtenrecht.* Würzburg 1983.

JARILLO MOSSI, José-Carlos (1986): *Entrepreneurship and Growth. The Strategic Use of External Resources.* Harvard University Boston, Graduate School of Business Administration, Thesis 1986. Als Manuskript gedruckt.

JENNINGS, Daniel F. (1994): *Multiple Perspectives of Entrepreneurship. Text, Readings, and Cases.* Cincinnati (South-Western Publishing) 1994.

JENSEN, Sören; RIEKER, Jochen; SCHÄFER, Annette (1999): *Arme Leuchten.* In: *managermagazin*, 29. Jg. (1999), H. 1, S. 112-124.

JUGEL, Stefan (1991): *Ansatzpunkte einer Marketingkonzeption für technologische Innovationen.* Stuttgart (Schäffer-Poeschel) 1991.

JUNCKER, Klaus (1986): *Chancen und Risiken der Finanzierung von Innovationen aus Sicht einer Bank.* Aus: Theis, Adolf; Graumann, Walter; Oppermann, Thomas (Hrsg.): *Wissenstransfer zwischen Universität und Wirtschaft. Neue Formen der Kooperation in Westeuropa.* Baden-Baden (Nomos Verlagsgesellschaft) 1986. S. 81-91.

JUNGBAUER-GANS, Monika; PREISENDÖRFER, Peter (1991): *Verbessert eine gründliche Vorbereitung und sorgfältige Planung die Erfolgschancen neugegründeter Betriebe?* In: *Zeitschrift für betriebswirtschaftliche Forschung*, 43. Jg. (1991), H. 11, S. 987-996.

KAAS, Klaus P. (1991): *Marktinformationen: Screening und Signaling unter Partnern und Rivalen.* In: *Zeitschrift für Betriebswirtschaft*, 61. Jg. (1991), H. 3, S. 357-370.

KAAS, Klaus P. (1992): *Marketing und Neue Institutionenlehre.* Johann Wolfgang von Goethe-Universität Frankfurt am Main, Lehrstuhl für Betriebswirtschaftslehre, insbesondere Marketing, Arbeitspapier Nr. 1 aus dem Forschungsprojekt Marketing und ökonomische Theorie. Als Manuskript gedruckt.

KAAS, Klaus P. (1995a): *Marketing zwischen Markt und Hierarchie.* Aus: Kaas, Klaus P. (Hrsg.): *Kontrakte, Geschäftsbeziehungen, Netzwerke - Marketing und Neue Institutionenökonomik.* Düsseldorf, Frankfurt a.M. (Verlagsgruppe Handelsblatt) 1995. (=Zeitschrift für betriebswirtschaftliche Forschung, Sonderheft. 35-1995) S. 19-42.

KAAS, Klaus P. (1995b): *Informationsökonomik.* Aus: Tietz, Bruno; Köhler, Richard; Zentes, Joachim (Hrsg.): *Handwörterbuch des Marketing. 2. Aufl.* Stuttgart (Schäffer-Poeschel) 1995. (=Enzyklopädie der Betriebswirtschaftslehre. 4) S. 971-981.

KALTWASSER, Andrea (1994): *Wissenserwerb für Forschung & Entwicklung. Eine Make-or-Buy-Entscheidung.* Wiesbaden (Gabler) 1994.

KAMP, M. Ernst; CLEMENS, Reinhard; LANGEN, Werner u.a. (1978): *Probleme neugegründeter Unternehmen - Eine empirische Untersuchung* - Göttingen (Schwartz) 1978. (= Beiträge zur Mittelstandsforschung. 40)

KAO, John J. (1989): *Entrepreneurship, Creativity, & Organization. Text, Cases, & Readings.* Englewood Cliffs (Prentice Hall) 1989.

KARPEN, Ulrich (1990): *Das Spannungsverhältnis zwischen Wissenschaftsfreiheit und Wissenschaftsverwertung.* Aus: Schuster, Hermann J. (Hrsg.): *Handbuch des Wissenschaftstransfers.* Berlin, Heidelberg, New York u.a. (Springer) 1990. S. 71-88.

KASCH, Kurt (1990): *Private Innovationsfinanzierung.* Aus: Schuster, Hermann J. (Hrsg.): *Handbuch des Wissenschaftstransfers.* Berlin, Heidelberg, New York u.a. (Springer) 1990. S. 283-295.

KATZ, Jerome A. (1991): *The Institution and Infrastructure of Entrepreneurship.* In: *Entrepreneurship: Theory & Practice*, 15. Jg. (1991), H. Spring, S. 85-102.

KAZANJIAN, Robert K. (1988): *Relation of dominant problems to stages of growth in technology-based new ventures.* In: *Academy of Management Journal*, 31. Jg. (1988), H. 2, S. 257-279.

KELLER, Vera von (1998): *Schnelle Hilfe. Viele Pleiten lassen sich vermeiden, wenn die Chefs rechtzeitig gegensteuern.* In: Wirtschaftswoche, Nr. 19 vom 30.04.1998.

KEPPER, Gaby (1994): *Qualitative Marktforschung. Methoden, Einsatzmöglichkeiten und Beurteilungskriterien.* Wiesbaden (DUV) 1994.

KERN, Werner (1973): *Zur Analyse des internationalen Transfers von Technologien - ein Forschungsbericht.* In: *Zeitschrift für betriebswirtschaftliche Forschung*, 25. Jg. (1973), S. 85-98.

KERN, Werner (1979): *Produkte, Problemlösungen als.* Aus: Kern, Werner (Hrsg.): *Handwörterbuch der Produktionswirtschaft.* Stuttgart (Poeschel) 1979. (=Enzyklopädie der Betriebswirtschaftslehre. 7) Sp. 1433-1441.

KEUNE, Ernst J.; NATHUSIUS, Klaus (1977): *Technologische Innovation durch Unternehmensgründungen. Eine Literaturanalyse zum Route 128 Phänomen.* Köln 1977.

KIMMINICH, Otto (1985): *Das Veröffentlichungsrecht des Wissenschaftlers.* Aus: Arbeitsgruppe Fortbildung im Sprecherkreis der Hochschulkanzler (Hrsg.): *Patent- und Urheberrecht, Arbeitnehmererfindungs- und Veröffentlichungsrecht.* Essen 1985. S. 5-27.

KIRCHOFF, Bruce A. (1991): *Entrepreneurship's contribution to economics.* In: *Entrepreneurship: Theory & Practice*, 16. Jg. (1991), H. 2, S. 93-112.

KIRSCHBAUM, Günter (1990): *Gründungsmotivation.* Aus: Szyperski, Norbert; Roth, Paul (Hrsg.): *Entrepreneurship. Innovative Unternehmensgründung als Aufgabe.* Stuttgart (Poeschel) 1990. S. 79-87.

KIRSCHBAUM, Günter; NAUJOKS, Wilfried (1996): *Erfolgreich in die berufliche Selbständigkeit. 6. Aufl.* Freiburg i.B. (Haufe) 1996.

KIRZNER, Israel M. (1978): *Wettbewerb und Unternehmertum.* Tübingen (Mohr) 1978. (= Wirtschaftswissenschaftliche und wirtschaftsrechtliche Untersuchungen. 14)

KIRZNER, Israel M. (1988): *Unternehmer und Marktdynamik.* München, Wien (Philosophia) 1988.

KIRZNER, Israel M. (1997): *Entrepreneurial Discovery and the Competitive Market Process: An Austrian Approach.* In: *Journal of Economic Literature*, 35. Jg. (1997), H. March, S. 60-85.

KIWIT, Daniel (1994): *Zur Leistungsfähigkeit neoklassisch orientierter Transaktionskostenansätze.* Max-Planck-Institut zur Erforschung von Wirtschaftssystemen Jena, Diskussionsbeitrag 04-1994. Als Manuskript gedruckt.

KLANDT, Heinz (1984): *Aktivität und Erfolg des Unternehmungsgründers. Eine empirische Analyse unter Einbeziehung des mikrosozialen Umfeldes.* Bergisch Gladbach (Eul) 1984.

KLANDT, Heinz (1990a): *Zur Person des Unternehmensgründers.* Aus: Dieterle, Willi K.; Winckler, Eike M. (Hrsg.): *Unternehmensgründung. Handbuch des Gründungsmanagement.* München 1990. S. 29-43.

KLANDT, Heinz (1990b): *Das Leistungsmotiv und verwandte Konzepte als wichtige Einflußfaktoren der unternehmerischen Aktivität.* Aus: Szyperski, Norbert; Roth, Paul (Hrsg.): *Entrepreneurship. Innovative Unternehmensgründung als Aufgabe.* Stuttgart (Poeschel) 1990. S. 88-96.

KLANDT, Heinz (1991): *Zur Existenzberechtigung einer speziellen Betriebswirtschaftslehre für die Gründungs- und Frühentwicklungsphase.* Aus: Müller-Böling, Detlef; Seibt, Dietrich; Winand, Udo (Hrsg.): *Innovations- und Technologiemanagement.* Stuttgart (Poeschel) 1991. S. 479-494.

KLANDT, Heinz (1994): *Methods of teaching: What is useful for entrepreneurship education?* Aus: Klandt, Heinz; Mugler, Josef; Müller-Böling, Detlef (Hrsg.): *Internationalizing Entrepreneurship Education and Training: Proceedings of the IntEnt93 Conference, Vienna, July 05-07, 1993.* Köln, Dortmund 1994. (=FGF-Entrepreneurship-Research-Monographien. 6) S. 34-43.

KLANDT, Heinz (1996a): *Der integrierte Unternehmensplan. Ein Instrument für die Gründungsplanung.* Dortmund 1996. (= FGF-Entrepreneurship-Research-Monographien. 7)

KLANDT, Heinz (1996b): *Fehlende Reize der Selbständigkeit. Die Unternehmerrolle ist hierzulande kaum begehrenswert.* In: Süddeutsche Zeitung, Nr. 192 vom 21.08.1996.

KLANDT, Heinz (1998): *Entrepreneurship spielend lernen: Erfahrungen beim Einsatz eines Computerplanspiels zur Vermittlung der mittelständischen Unternehmerrolle.* Aus: Faltin, Günter; Ripsas, Sven; Zimmer, Jürgen (Hrsg.): *Entrepreneurship. Wie aus Ideen Unternehmen werden.* München (Beck) 1998. S. 197-216.

KLANDT, Heinz; FINKE-SCHÜRMANN, Tanja (1998): *Existenzgründung für Hochschulabsolventen. So erstellen Sie einen überzeugenden Business Plan.* Frankfurt a.M. (Eichborn) 1998.

KLANDT, Heinz; KNECHT, Thomas C. (1999): *"Entrepreneurship" - Ausbildung an Hochschulen* - Unveröffentlichtes Manuskript. Erscheint in: Bögenhold, Dieter (Hrsg.): Unternehmensgründung und Dezentralität. Opladen (Westdeutscher) 1999. Oestrich-Winkel 1999.

KLANDT, Heinz; MUGLER, Josef; MÜLLER-BÖLING, Detlef (1994) (Hrsg.): *Internationalizing Entrepreneurship Education and Training: Proceedings of the IntEnt93 Conference, Vienna, July 05-07, 1993.* Köln, Dortmund 1994. (= FGF-Entrepreneurship-Research-Monographien. 6)

KLANDT, Heinz; MÜNCH, Gerhard (1990): *Gründungsforschung im deutschsprachigen Raum - Ergebnisse einer empirischen Untersuchung.* Aus: Szyperski, Norbert; Roth, Paul

(Hrsg.): *Entrepreneurship. Innovative Unternehmensgründung als Aufgabe.* Stuttgart (Poeschel) 1990. S. 171-186.

KLEIN, Thomas (1997): *Campus Companies - synoptische Darstellung der Ansätze in sechs EU-Ländern.* Aus: Heidrich, Wolfgang; Klein, Thomas (Hrsg.): *Campus Companies. Innovative Modelle der Zusammenarbeit zwischen Hochschule und Unternehmen.* Köln (div) 1997. (=Kölner Texte und Thesen. 37) S. 79-111.

KLÖTER, Ralf (1997): *Opponenten im organisationalen Beschaffungsprozeß.* Wiesbaden 1997.

KLUSMANN, Steffen (1997): *Die GENialen.* In: *managermagazin*, 27. Jg. (1997), H. 9, S. 122-133.

KLUSMANN, Steffen (1998): *Neues Zeitalter.* In: *managermagazin*, 28. Jg. (1998), H. 12, S. 241-267.

KNECHT, René (1988): *Die Humankapitaltheorie als Ansatz zur Erklärung der personellen Arbeitseinkommensverteilung.* St. Gallen (Wilhelm Surbir) 1988.

KNECHT, Thomas C. (1997): *Strukturelle Merkmale der Spin-off-Unternehmensgründungen aus bayerischen Universitäten.* Kontaktstelle für Forschungs- und Technologietransfer der LMU München. Working Paper, München 1997. Als Manuskript gedruckt.

KNECHT, Thomas C. (1998): *Universitäten als Inkubatororganisationen für innovative Spin-off Unternehmen: Ein theoretischer Bezugsrahmen und die Ergebnisse einer empirischen Bestandsaufnahme in Bayern.* Köln, Dortmund, Oestrich-Winkel 1998. (= FGF-Entrepreneurship-Research-Monographien. 14)

KNIGGE, Rainer; PETSCHOW, Ulrich (1986): *Technologieorientierte Unternehmensgründungen in Berlin.* Fachhochschule Berlin, fhw-report Nr. 1, Februar 1986. Als Manuskript gedruckt.

KNIGHT, Frank H. (1921): *Risk, uncertainty and profit.* Boston, New York (Houghton Mifflin) 1921.

KONDRATIEFF, Nikolai D. (1926): *Die langen Wellen der Konjunktur.* In: *Archiv für Sozialwissenschaft und Sozialpolitik (Tübingen)*, 56. Jg. (1926), S. 573-609.

KONEGEN-GRENIER, Christiane (1998): *Management der eigenen Person.* In: Deutsche Universitätszeitung, Nr. 5 vom 06.03.1998.

KÖNIG, Josef (1998a): *Ringvorlesung gibt Tips für Existenzgründer.* Bochum 1998. Erhältlich im Internet unter http://idw.tu-clausthal.de/public/zeige_pm.html?pmid=7142 (20.11.1998).

KÖNIG, Josef (1998b): *RUB-Seminarreihe für Existenzgründer.* Bochum 1998. Erhältlich im Internet unter http://idw.tu-clausthal.de/public/zeige_pm.html?pmid=7282 (20.11.1998).

KOWALSKI, Henry C. (1991): *Ramifications of Operating a Business and Industry Development Center as an Auxiliary Enterprise.* Aus: Brett, Alistair M.; Gibson, David V.; Smilor, Raymond W. (Hrsg.): *University Spin-Off Companies. Economic Development, Faculty Entrepreneurs, and Technology Transfer.* Savage (Rowman & Littlefield Publishers) 1991. S. 165-181.

KRAMER, Rolf (1985): *Der Unternehmer und sein Gewinn. Ökonomische und sozialethische Aspekte.* Berlin (Duncker & Humblot) 1985. (= Volkswirtschaftliche Schriften. 356)

KRAßER, Rudolf; SCHRICKER, Gerhard (1988): *Patent- und Urheberrecht an Hochschulen.* Baden-Baden (Nomos Verlagsgesellschaft) 1988.

KREISEL, Henning (1995): *Zentralbereiche. Formen, Effizienz und Integration.* Wiesbaden (Gabler) 1995.

KRICK, Matthias; WEHRLI, Hans P. (1998): *Problemfelder der Auftragsforschung.* In: *Marktforschung & Management*, 42. Jg. (1998), H. 2, S. 58-61.

KROEBER-RIEL, Werner; WEINBERG, Peter (1996): *Konsumentenverhalten.* München (Vahlen) 1996.

KRUBASIK, E. (1988): *Technologiemanagement für überlegene Innovationsstrategien.* Aus: Henzler, Herbert A. (Hrsg.): *Handbuch strategische Führung.* Wiesbaden (Gabler) 1988. S. 443-461.

KRUEGER, Norris F. Jr.; BRAZEAL, Deborah V. (1994): *Entrepreneurial potential and potential entrepreneurs.* In: *Entrepreneurship: Theory & Practice*, 18. Jg. (1994), H. 3, S. 91-104.

KRÜGER, Wilfried (1994): *Organisation der Unternehmung. 3. Aufl.* Stuttgart, Berlin, Köln (Kohlhammer) 1994.

KRYSTEK, Ulrich; REDEL, Wolfgang; REPPEGATHER, Sebastian (1997): *Grundzüge virtueller Organisationen. Elemente und Erfolgsfaktoren, Chancen und Risiken.* Wiesbaden (Gabler) 1997.

KUBON-GILKE, Gisela (1997): *Verhaltensbindung und die Evolution ökonomischer Institutionen.* Marburg (Metropolis) 1997.

KUHN, Heinrich (1990): *Wissenstransfer und Patentrecht.* Aus: Schuster, Hermann J. (Hrsg.): *Handbuch des Wissenschaftstransfers.* Berlin, Heidelberg, New York u.a. (Springer) 1990. S. 121-131.

KULICKE, Marianne (1997): *Neue innovative Unternehmenstypen.* Aus: Kuss, Sabine (Hrsg.): *Von der Uni zum Entrepreneur. Fakten, Trends, Analysen.* Kassel 1997. S. 43-67.

KULICKE, Marianne; GERYBADZE, Alexander (1990): *Entwicklungsmuster technologieorientierter Unternehmensgründungen.* Fraunhofer-Institut für Systemtechnik und Innovationsforschung (ISI), Karlsruhe 2/1990. Als Manuskript gedruckt.

KULICKE, Marianne; WUPPERFELD, Udo; WALTER, Günter H. (1992): *Modellversuch "Förderung technologieorientierter Unternehmensgründungen" (TOU). Zwischenbilanz zum 31.12.1991.* Projektbegleitung zu den Modellversuchen "Beteiligungskapital für junge Technologieunternehmen" (BJTU) und "Förderung technologieorientierter Unternehmensgründungen" (TOU), Fraunhofer-Institut für Systemtechnik und Innovationsforschung (ISI) 1992. Als Manuskript gedruckt.

KURZ, Heinz D. (1994): *Das System der natürlichen Freiheit.* Aus: Piper, Nikolaus (Hrsg.): *Die großen Ökonomen. Leben und Werk der wirtschaftswissenschaftlichen Vordenker.* Stuttgart (Schäffer-Poeschel) 1994. S. 29-36.

KUßMAUL, Heinz (1998): *Betriebswirtschaftslehre für Existenzgründer: Grundlagen mit Fallbeispielen und Fragen der Existenzgründungspraxis.* München (Oldenbourg) 1998.

KUTTER, Susanne (1997): *Neues Fahrwasser. Wie eine Seniorengruppe mit Firmengründungen die deutsche Biotechnikszene in Schwung bringt.* In: Wirtschaftswoche, Nr. 50 vom 04.12.1997.

KUTTER, Susanne (1998): *Schneller Aufstieg.* In: Wirtschaftswoche, Nr. 40 vom 24.09.1998.

KUZNETS, Simon S. (1940): *Schumpeter's business cycles.* In: *American Economic Review*, 30. Jg. (1940), S. 257-271.

LAGEMANN, Bernhard; FRICK, Siegfried; WELTER, Friederike (1999): *Kultur der Selbständigkeit.* Aus: Ridinger, Rudolf; Weiss, Peter (Hrsg.): *Existenzgründungen und dynamische Wirtschaftsentwicklung.* Berlin (Duncker & Humblot) 1999. S. 61-93.

LAMONT, Lawrence M. (1972): *Entrepreneurship, Technology and the University.* In: *R&D Management*, 2. Jg. (1972), H. 3, S. 119-123.

LANDSTRÖM, Hans (1998): *Informal investors as entrepreneurs.* In: *Technovation*, 18. Jg. (1998), H. 5, S. 321-333.

LANG-VON WINS, Thomas (1999): *Wie wird man Unternehmer? Wissenschaftliche Zugänge zu beruflicher Selbständigkeit und Unternehmertum.* Aus: Rosenstiel, Lutz von; Lang-von Wins, Thomas (Hrsg.): *Existenzgründung und Unternehmertum. Themen, Trends und Perspektiven.* Stuttgart (Schäffer-Poeschel) 1999. S. 22-48.

LATTMANN, Charles (1990) (Hrsg.): *Die Unternehmenskultur. Ihre Grundlagen und ihre Bedeutung für die Führung der Unternehmung.* Heidelberg (Physica) 1990.

LAUB, Ulf D. (1991a): *Innovationsfinanzierung: Erfahrungen von Venture-Capital-Gesellschaften, Banken und Beratungen.* Aus: Laub, Ulf D.; Schneider, Dietram (Hrsg.): *Innovation und Unternehmertum. Perspektiven, Erfahrungen, Ergebnisse.* Wiesbaden (Gabler) 1991. S. 237-270.

LAUB, Ulf D. (1991b): *Innovationsbewertung: Ein Bewertungskonzept für innovative Unternehmensgründungen. Ergebnisse einer empirischen Untersuchung.* Aus: Laub, Ulf D.; Schneider, Dietram (Hrsg.): *Innovation und Unternehmertum. Perspektiven, Erfahrungen, Ergebnisse.* Wiesbaden (Gabler) 1991. S. 23-49.

LEARNED, Kevin E. (1992): *What happened before the organization? A model of organization formation.* In: *Entrepreneurship: Theory & Practice*, 16. Jg. (1992), H. 1, S. 39-48.

LEBEFROMM, Uwe (1995): *Produktionsmanagement: Einführung mit Beispielen aus SAP R/3 PP. 2., völlig neu bearbeitete Aufl.* München, Wien (Oldenbourg) 1995.

LEDER, Matthias (1990): *Innovationsmanagement - Ein Überblick.* Aus: Albach, Horst (Hrsg.): *Innovationsmanagement: Theorie und Praxis im Kulturvergleich.* Wiesbaden (Gabler) 1990. S. 1-54.

LEENDERTSE, Julia (1998): *Auf Unternehmer geeicht.* In: Wirtschaftswoche, Nr. 35 vom 20.08.1998.

LEMAN, Maximilian (1990): *Technologiezentren.* Aus: Dieterle, Willi K.; Winckler, Eike M. (Hrsg.): *Unternehmensgründung. Handbuch des Gründungsmanagement.* München 1990. S. 501-510.

LEUBE, Kurt R. (1995): *Einleitung.* Aus: Leube, Kurt R. (Hrsg.): *Die österreichische Schule der Nationalökonomie. Texte - Band 1 von Menger bis Mises.* Wien (Manz) 1995. S. 13-24.

LEUBE, Kurt R. (1996): *Preface.* Aus: Leube, Kurt R. (Hrsg.): *The essence of J. A. Schumpeter: die wesentlichen Texte.* Wien (Manz) 1996. S. 15-18.

LINDERMEIR, Birgitta (1988): *Die quantitative Bewertung von Innovationen. Eine theoretische Analyse alternativer Modelle.* München 1988. (= Hochschulschriften zur Betriebswirtschaftslehre. 57)

LINK, Jörg (1996): *Führungssysteme. Strategische Herausforderung für Organisation, Controlling und Personalwesen.* München (Vahlen) 1996.

LIPNACK, Jessica; STAMPS, Jefrey (1997): *Virtual Teams. Reaching Across Space, Time, and Organizations with Technology.* New York, Chichester, Weinheim u.a. 1997.

LITTLE, Arthur D. (1988): *Innovation als Führungsaufgabe.* Frankfurt a.M., New York (Campus) 1988.

LOMPE, Klaus; KEHLBECK, Heike; SCHIRMACHER, Andrea u.a. (1998): *Existenzgründungen, Risikokapital und Region.* Baden-Baden (Nomos) 1998.

LORENZEN, Frauke (1996): *Existenzgründungen in Franken. Gründungsaktivitäten und Erfolgsfaktoren.* Bayreuth 1996. (= Arbeitsmaterialien zur Raumordnung und Raumplanung. 154)

LÜCK, Wolfgang; BÖHMER, Annette (1994): *Entrepreneurship als wissenschaftliche Disziplin in den USA.* In: *Zeitschrift für betriebswirtschaftliche Forschung*, 46. Jg. (1994), H. 5, S. 403-421.

LÜCKE, Christian (1997): *Steigerung von Effektivität und Effizienz im Technologiemanagement - dargestellt am Beispiel der chemischen Industrie.* Bochum 1997.

LÜDERS, Johannes (1990): *Standortanalyse.* Aus: Dieterle, Willi K.; Winckler, Eike M. (Hrsg.): *Unternehmensgründung. Handbuch des Gründungsmanagement.* München 1990. S. 225-235.

LUDWIG, Alexander (1989): *Kondratieff-Zyklen.* In: *Wirtschaftswissenschaftliches Studium*, 18. Jg. (1989), H. 1, S. 27-30.

LYDALL, Harold (1992): *The entrepreneurial factor in economic growth.* Basingstoke, London (MacMillan) 1992.

MACKEBRANDT, Lutz; SALVERS, Peter (1990): *Personalplanung.* Aus: Dieterle, Willi K.; Winckler, Eike M. (Hrsg.): *Unternehmensgründung. Handbuch des Gründungsmanagement.* München 1990. S. 57-77.

MAG, Wolfgang (1981): *Risiko und Ungewißheit.* Aus: Albers, Willi; Born, Karl E.; Dürr, Ernst u.a. (Hrsg.): *Handwörterbuch der Wirtschaftswissenschaft (HdWW). Sechster Band: Organisation bis Sozialhilfe und Sozialhilfegesetz.* Stuttgart, New York, Tübingen u.a. (Fischer, Mohr, Vandenhoeck & Ruprecht) 1981. S. 478-495.

MAHAR, James F.; CODDINGTON, Dean C. (1965): *The Scientific Complex - Proceed with Caution.* In: *Harvard Business Review*, 43. Jg. (1965), S. 140-155.

MAHLER, Alwin; STOETZER, Matthias-W. (1995): *Einführung: Die Diffusion von Innovationen in der Telekommunikation und Überblick des Buches.* Aus: Stoetzer, Matthias-W.; Mahler, Alwin (Hrsg.): *Die Diffusion von Innovationen in der Telekommunikation.* Berlin, Heidelberg, New York u.a. (Springer) 1995. (=Schriftenreihe des Wissenschaftlichen Instituts für Kommunikationsdienste. 17) S. 1-24.

MAI, Jochen (1998a): *Risikokapital gibt's genug.* In: Wirtschaftswoche, Nr. 21 vom 14.05.1998.

MAI, Jochen (1998b): *Betteln um Bares.* In: Wirtschaftswoche, Nr. 43 vom 15.10.1998.

MAI, Jochen (1999): *Gut gekleidete Totengräber.* In: Wirtschaftswoche, Nr. 3 vom 14.01.1999.

MANCUSO, Joseph R. (1979): *How to read and write a business plan.* Englewood Cliffs 1979.

MANCUSO, Joseph R. (1983): *How to prepare and present a business plan.* New York, London, Toronto u.a. (Prentice Hall Press) 1983.

MANCUSO, Joseph R. (1986): *How to write a winning business plan.* New York (Prentice Hall Press) 1986.

MANTZAVINOS, Chrysostomos (1994): *Wettbewerbstheorie. Eine kritische Auseinandersetzung.* Berlin (Duncker & Humblot) 1994.

MARR, Rainer (1980): *Innovation.* Aus: Grochla, Erwin (Hrsg.): *Handwörterbuch der Organisation. 2. Aufl.* Stuttgart (Poeschel) 1980. (=Enzyklopädie der Betriebswirtschaftslehre. 2) S. 947-959.

MARTINEZ SANCHEZ, Angel; URBINA PEREZ, Olga (1998): *Entrepreneurship networks and high technology firms: the case of Aragon.* In: *Technovation*, 18. Jg. (1998), H. 5, S. 335-345.

MASELLI, Anke (1997): *Spin-offs zur Durchführung von Innovationen. Eine Analyse aus institutionenökonomischer Sicht.* Wiesbaden (Gabler) 1997.

MATENAAR, Dieter (1983): *Organisationskultur und organisatorische Gestaltung. Die Gestaltungsrelevanz der Kultur des Organisationssystems der Unternehmung.* Berlin (Duncker & Humblot) 1990.

MAY, Eva (1981): *Erfolgreiche Existenzgründungen und öffentliche Förderung. Eine vergleichende empirische Analyse geförderter und nichtgeförderter Gründungsunternehmen.* Göttingen (Otto Schwartz & Co.) 1981. (= Beiträge zur Mittelstandsforschung. 81)

MCQUEEN, Douglas H.; WALLMARK, J. Torkel (1991): *University Technical Innovation: Spin-offs and Patents, in Göteborg, Sweden.* Aus: Brett, Alistair M.; Gibson, David V.; Smilor, Raymond W. (Hrsg.): *University Spin-Off Companies. Economic Development, Faculty Entrepreneurs, and Technology Transfer.* Savage (Rowman & Littlefield Publishers) 1991. S. 103-115.

MEFFERT, Heribert (1998): *Marketing. Grundlagen marktorientierter Unternehmensführung. 8. Aufl.* Wiesbaden (Gabler) 1998.

MEIER, Anton (1998): *Marketing junger Technologieunternehmen.* Wiesbaden (DUV) 1998.

MENGER, Carl (1968): *Gesammelte Werke. Band I: Grundsätze der Volkswirtschaftslehre. 2. Aufl., Nachdruck der Ausgabe von 1871.* Tübingen (Mohr) 1968.

MENSCH, Gerhard (1975): *Das technologische Patt. Innovationen überwinden die Depression.* Frankfurt a.M. (Umschau) 1975.

MERKLE, Erich (1984): *Technologiemarketing. Ein Ansatz zur Bewältigung des technologischen Wandels.* In: *Marketing Zeitschrift für Forschung und Praxis*, 6. Jg. (1984), H. 1, S. 5-14.

MEURER, Erik (1980): *Zum Transfer betriebswirtschaftlicher, insbesondere industriebetrieblich-produktionswirtschaftlicher Erkenntnisse auf den Ausbildungssektor wissenschaftlicher Hochschulen.* Frankfurt a.M., Bern, Cirencester (Lang) 1980. (= Europäische Hochschulschriften. Reihe V. Volks- und Betriebswirtschaft. 255)

MEUSEL, Ernst-Joachim (1990): *Veröffentlichungspflicht und Geheimhaltung.* Aus: Schuster, Hermann J. (Hrsg.): *Handbuch des Wissenschaftstransfers.* Berlin, Heidelberg, New York u.a. (Springer) 1990. S. 89-99.

MEYER, Margit (1995): *Ökonomische Organisation der Industrie. Netzwerkarrangements zwischen Markt und Unternehmung.* Wiesbaden (Gabler) 1995.

MEYER, Margit (1997): *Der Marketing-Gedanke in der Wettbewerbsprozeßtheorie der österreichischen Schule.* Aus: Backhaus, Klaus; Günter, Bernd; Kleinaltenkamp, Michael u.a. (Hrsg.): *Marktleistung und Wettbewerb. Strategische und operative Perspektiven der marktorientierten Leistungsgestaltung.* Wiesbaden (Gabler) 1997. S. 63-79.

MEYER, Margit (1998): *Wettbewerbsprozeßtheorie, Unternehmertum und Marketing.* In: *Wirtschaftswissenschaftliches Studium*, 27. Jg. (1998), H. 2, S. 71-75.

MEYER, Margit; BARTELT, Andreas (1999): *Ökonomische Analyse von Vertrauen in Zuliefernetzwerken der Automobilindustrie.* Universität Würzburg, Lehrstuhl für Betriebswirtschaftslehre und Marketing, Arbeitspapier Nr. 5 der Reihe "Marketingtheorie und -management", Würzburg 1999. Als Manuskript gedruckt.

MEYER, Margit; BEER, Heike; DIEHL, Hans-Jörg u.a. (1997): *Kundenzufriedenheitsanalyse im Markt für explosionsgeschützte elektrische Betriebsmittel.* Unveröffentlichte Studie des Lehrstuhls für Betriebswirtschaftslehre und Marketing, Universität Würzburg, November 1997. Als Manuskript gedruckt.

MEYER, Margit; DIEHL, Hans-Jörg (1998): *Vermarktung von betriebswirtschaftlicher Standardanwendungssoftware im Systemgeschäft.* Universität Würzburg, Lehrstuhl für Betriebswirtschaftslehre und Marketing, Arbeitspapier Nr. 2/1998, April 1998. Als Manuskript gedruckt.

MEYER, Margit; VÖLKER, Martina (1998): *Kreislaufwirtschaft in der Automobilindustrie: Eine ökonomische Analyse institutioneller Arrangements.* Universität Würzburg, Lehrstuhl für Betriebswirtschaftslehre und Marketing, Arbeitspapier Nr. 3/1998, Oktober 1998. Als Manuskript gedruckt.

MIAN, Sarfraz A. (1997): *Assessing and managing the university technology business incubator: An integrative framework.* In: *Journal of Business Venturing*, 12. Jg. (1997), H. 4, S. 251-285.

MICHEL, Kay (1987): *Technologie im strategischen Management. Ein Portfolio-Ansatz zur integrierten Technologie- und Marktplanung.* Berlin (Erich Schmidt) 1987. (= Technological economics. 26)

MILES, Raymond E.; SNOW, Charles C. (1986a): *Organizations: New Concepts for New Forms.* In: *California Management Review*, 28. Jg. (1986), H. 3, S. 62-73.

MILES, Raymond E.; SNOW, Charles C. (1986b): *Network organizations: new concepts for new forms.* In: *The McKinsey Quarterly*, 1986, H. Autumn, S. 53-66.

MINKS, Karl-Heinz (1998): *Das Potential für Selbständigkeit unter Hochschulabsolventen. Sonderauswertung aus den Absolventenbefragungen der Prüfungsjahrgänge 1989 und 1993.* Hannover 1998.

MISES, Ludwig von (1940): *Nationalökonomie.* Genf (Union) 1940.

MITTAG, Heiko (1985): *Technologiemarketing. Die Vermarktung von industriellem Wissen unter besonderer Berücksichtigung des Einsatzes von Lizenzen.* Bochum (Studienverlag Dr. N. Brockmeyer) 1985. (= Bochumer Wirtschaftswissenschaftliche Studien. 106)

MITTELSTRAß, Jürgen (1991): *Hochschulkultur.* Oldenburg 1991.

MOHR, Niko (1996): *Kommunikation und organisatorischer Wandel. Ein Ansatz für ein effizientes Kommunikationsmanagement im Veränderungsprozeß.* Wiesbaden (Gabler) 1996.

MOHR, Rita (1998): *Kleinere Brötchen. Wie junge Gründer mit wenig Startkapital und kleinem Risiko den Sprung in die Selbständigkeit schaffen.* In: Wirtschaftswoche, Nr. 50 vom 03.12.1998.

MORRISON, James D.; WETZEL, William E. Jr. (1991): *A Supportive Environment for Faculty Spin-off Companies.* Aus: Brett, Alistair M.; Gibson, David V.; Smilor, Raymond W. (Hrsg.): *University Spin-Off Companies. Economic Development, Faculty Entrepreneurs, and Technology Transfer.* Savage (Rowman & Littlefield Publishers) 1991. S. 117-130.

MUGLER, Josef (1995) (Hrsg.): *Betriebswirtschaftslehre der Klein- und Mittelbetriebe. 2., überarbeitete Aufl.* Wien, New York (Springer) 1995.

MUGLER, Josef; LAMPE, Rainer (1987): *Betriebswirtschaftliche Beratung von Klein- und Mittelbetrieben. Diskrepanz zwischen Angebot und Nachfrage und Ansätze zu ihrer Verminderung.* In: *Betriebswirtschaftliche Forschung und Praxis*, 39. Jg. (1987), H. 6, S. 477-493.

MÜLLER, Ute (1988): *Organisation des Technologietransfers zwischen staatlichen Forschungseinrichtungen und Industrie. Untersuchung der Möglichkeiten und Gegebenheiten am Beispiel der Luft- und Raumfahrt der Bundesrepublik Deutschland.* München 1988.

MÜLLER, Anke (1994): *Den "Luxus" der Patentanmeldung übernimmt die Universität Dresden.* In: Frankfurter Allgemeine Zeitung, Nr. 304 vom 31.12.1994.

MÜLLER-BÖLING, Detlef (1997): *Zur Organisationsstruktur von Universitäten.* In: *Die Betriebswirtschaft*, 57. Jg. (1997), H. 5, S. 603-614.

MÜLLER-BÖLING, Detlef; KIRCHHOFF, Susanne (1991): *Zum Einsatz von Expertensystemen in der Gründungsberatung.* In: *Die Betriebswirtschaft*, 51. Jg. (1991), H. 2, S. 231-244.

MÜLLER-BÖLING, Detlef; KÜCHLER, Tilman (1997): *Elemente eines neuen Steuerungsmodells im Hochschulbereich.* In: *Betriebswirtschaftliche Forschung und Praxis*, 49. Jg. (1997), H. 6, S. 653-670.

NATHUSIUS, Klaus (1979): *Venture Management. Ein Instrument zur innovativen Unternehmensentwicklung.* Berlin (Duncker & Humblot) 1979.

NEFIODOW, Leo A. (1997): *Der sechste Kondratieff. Wege zur Produktivität und Vollbeschäftigung im Zeitalter der Information.* Sankt Augustin (Rhein-Sieg) 1997.

NERDINGER, Friedemann W. (1999): *Perspektiven der Erforschung des Unternehmertums.* Aus: Rosenstiel, Lutz von; Lang-von Wins, Thomas (Hrsg.): *Existenzgründung und Unternehmertum. Themen, Trends und Perspektiven.* Stuttgart (Schäffer-Poeschel) 1999. S. 3-21.

NEUMANN, Carl W. (1982): *Historische Entwicklung und heutiger Stand der Wettbewerbstheorie.* Königsstein/Ts. (Athenäum) 1982.

NIESCHLAG, Robert; DICHTL, Erwin; HÖRSCHGEN, Hans (1994): *Marketing. 17. Aufl.* Berlin (Duncker & Humblot) 1994.

NOELLE-NEUMANN, Elisabeth (1999): *Wissenschaft in der öffentlichen Wahrnehmung.* In: *Forschung & Lehre*, o. Jg. (1999), H. 5, S. 228ff.

NÖLTING, Andreas (1998): *Unter Wert verkauft.* In: *managermagazin*, 28. Jg. (1998), H. 4, S. 172-181.

NÖLTING, Andreas (1999): *Faktor Herz.* In: *managermagazin*, 29. Jg. (1999), H. 3, S. 112-119.

NORTH, Douglass C. (1984): *Transaction Costs, Institutions, and Economic History.* In: *Zeitschrift für die gesamte Staatswissenschaft*, 140. Jg. (1984), H. 1, S. 7-17.

NORTH, Douglass C. (1989a): *Institutional Change and Economic History.* In: *Journal of Institutional and Theoretical Economics*, 145. Jg. (1989), S. 238-245.

NORTH, Douglas C. (1989b): *A Transaction Cost Approach to the Historical Development of Polities and Economies.* In: *Journal of Institutional and Theoretical Economics*, 145. Jg. (1989), S. 661-668.

NORTH, Douglass C. (1992): *Institutionen, institutioneller Wandel und Wirtschaftsleistung.* Tübingen (Mohr) 1992. (= Die Einheit der Gesellschaftswissenschaften. 76)

NORTH, Douglass C. (1993): *Institutions and Credible Commitment.* In: *Journal of Institutional and Theoretical Economics*, 149. Jg. (1993), H. 1, S. 11-23.

O.V. (1996a): *Selbständig: Nein danke! Umfrage unter Studenten.* In: Handelsblatt, Nr. 49 vom 8./9.3.1996.

O.V. (1996b): *Neuer Weg zum Technologietransfer.* In: *Uni intern (Mitteilungsblatt der Universität Würzburg)*, o.Jg. 1996, H. 33, S. 3.

O.V. (1997a): *Hochschulen kümmern sich zuwenig um unternehmerischen Nachwuchs.* In: Süddeutsche Zeitung, Nr. 135 vom 16.06.1997.

O.V. (1997b): *Neue Vereinigung unterstreicht die Bedeutung der Biotechnologie.* In: Frankfurter Allgemeine Zeitung, Nr. 194 vom 22.08.1997.

O.V. (1997c): *Neuer Rekord bei Insolvenzen.* In: Blick durch die Wirtschaft, Nr. 200 vom 17.10.1997.

O.V. (1997d): *Deutschland soll die Nummer eins werden.* In: Blick durch die Wirtschaft, Nr. 161 vom 22.08.1997.

O.V. (1997e): *Hoffen auf neue Unternehmensgründer.* In: VDI Nachrichten, Nr. 43 vom 24.10.1997.

O.V. (1997f): *Geist ohne Gewinn.* In: *Markt und Mittelstand*, o. Jg. (1997), H. 12, S. 24-32.

O.V. (1997g): *In München schwärmen manche schon von "Isar-Valley"* In: Blick durch die Wirtschaft, Nr. 187 vom 29.09.1997.

O.V. (1997h): *Umstritten: Der richtige Weg "vom Wissen zum Produkt". Vertreter der Uni Würzburg im Gespräch mit Minister Rüttgers.* In: Main-Echo, Nr. 261 vom 27.09.1997.

O.V. (1998a): *Biotec-Empfehlungen umgesetzt.* In: *Medikament & Meinung*, 22. Jg. (1998), H. 2, S. 1.

O.V. (1998b): *Detailwissen verlangt.* In: Blick durch die Wirtschaft, Nr. 42 vom 02.03.1998.

O.V. (1998c): *Existenzgründer verzweifelt gesucht.* In: *managermagazin*, 28. Jg. (1998), H. 6, S. 147.

O.V. (1998d): *An den Unis schlummert enormes Potential.* In: Süddeutsche Zeitung, Nr. 75 vom 31.03.1998.

O.V. (1999a): *Abbau im Eigenkapital-Flöz.* In: *Markt und Mittelstand*, o. Jg. (1999), H. 2, S. 68-71.

O.V. (1999b): *Warmer Regen vom Staat.* In: *Markt und Mittelstand*, o. Jg. (1999), H. 2, S. 74-76.

O.V. (1999c): *Beflügelte Existenzgründer.* In: *Markt und Mittelstand*, o. Jg. (1999), H. 2, S. 78-82.

O.V. (1999d): *Hochschulabsolventen zögerlich.* In: *UNI magazin*, 23. Jg. (1999), H. 2, S. 64.

O.V. (1999e): *Millionen nach Würzburg lenken.* In: Main Post, Nr. 50 vom 02.03.1999.

O.V. (1999f): *Neues Dienstrecht.* In: Deutsche Universitätszeitung, Nr. 13 vom 02.07.1999.

O.V. (1999g): *Mehr Unternehmer gefragt.* In: Handelsblatt, Nr. 121 vom 28.06.1999.

O.V. (1999h): *Existenzgründungs-Report.* In: *Finanz Betrieb*, 1. Jg. (1999), H. 6, S. 106-108.

OLKEN, Hyman (1966): *Spin-offs: A Business Pay-off.* In: *California Management Review*, 9. Jg. (1966), H. 2, S. 17-24.

OLTEN, Rainer (1995): *Wettbewerbstheorie und Wettbewerbspolitik.* München, Wien (Oldenbourg) 1995.

OLTMANNS, Torsten (1994a): *Ökonomie gegen die Armut.* Aus: Piper, Nikolaus (Hrsg.): *Die großen Ökonomen. Leben und Werk der wirtschaftswissenschaftlichen Vordenker.* Stuttgart (Schäffer-Poeschel) 1994. S. 75-81.

OLTMANNS, Torsten (1994b): *Die Weisheit des Auktionators.* Aus: Piper, Nikolaus (Hrsg.): *Die großen Ökonomen. Leben und Werk der wirtschaftswissenschaftlichen Vordenker.* Stuttgart (Schäffer-Poeschel) 1994. S. 63-68.

OSTEN, Henning von der (1989): *Technologie-Transaktionen. Die Akquisition von technologischer Kompetenz durch Unternehmen.* Göttingen (Vandenhoeck und Ruprecht) 1989. (= Wirtschaftspolitische Studien. 78)

OY, Gottfried (1998): *Existenzgründung - Selbständigkeit wagen.* Frankfurt a.M. 1998. Erhältlich im Internet unter http://idw.tu-clausthal.de/public/zeige_pm.html?pmid=7762 (20.11.1998).

PALAN, Dietmar (1999): *Baby-Boomer.* In: *managermagazin*, 29. Jg. (1999), H. 4, S. 185-194.

PERILLIEUX, René (1987): *Der Zeitfaktor im strategischen Technologiemanagement. Früher oder später Einstieg bei technischen Produktinnovationen?* Berlin (Erich Schmidt) 1987. (= Technological economics. 25)

PERRIDON, Louis; STEINER, Manfred (1995): *Finanzwirtschaft der Unternehmung. 8., überarbeitete Aufl.* München (Vahlen) 1995.

PETERSEN, Uwe (1990): *Finanzmittelplanung.* Aus: Dieterle, Willi K.; Winckler, Eike M. (Hrsg.): *Unternehmensgründung. Handbuch des Gründungsmanagement.* München 1990. S. 275-292.

PFEIFFER, Werner; STAUDT, Erich (1975): *Innovation.* Aus: Grochla, Erwin; Wittmann, Waldemar (Hrsg.): *Handwörterbuch der Betriebswirtschaftslehre. 4. Aufl.* Stuttgart 1975. (=Enzyklopädie der Betriebswirtschaftslehre. I/2) S. 1943-1953.

PFIRRMANN, Oliver; WUPPERFELD, Udo; LERNER, Joshua (1997): *Venture Capital and New Technology Based Firms.* Heidelberg (Physica) 1997. (= Technology, innovation, and policy. 4)

PFOHL, Hans-Christian; KELLERWESSEL, Paul (1990): *Abgrenzung der Klein- und Mittelbetriebe von Großbetrieben.* Aus: Pfohl, Hans-Christian (Hrsg.): *Betriebswirtschaftslehre der Mittel- und Kleinbetriebe. Größenspezifische Probleme u. Möglichkeiten zu ihrer Lösung.*

2., neubearbeitete Aufl. Berlin (Erich Schmidt) 1990. (=Grundlagen und Praxis der Betriebswirtschaft. 44) S. 1-23.

PICHOTTA, Andreas (1990): *Die Prüfung der Beteiligungswürdigkeit von innovativen Unternehmungen durch Venture-Capital-Gesellschaften.* Bergisch Gladbach, Köln (Eul) 1990. (= Reihe Gründung, Innovation und Beratung. 11)

PICOT, Arnold (1986): *Transaktionskosten im Handel.* In: *Betriebsberater - Zeitschrift für Recht und Wirtschaft. Beilage 13/1986 zu Heft 27/1986, 2. Halbjahr*, S. 1-16.

PICOT, Arnold (1991): *Ökonomische Theorien der Organisation - Ein Überblick über neuere Ansätze und deren betriebswirtschaftliches Anwendungspotential.* Aus: Ordelheide, Dieter; Rudolph, Bernd; Büsselmann, Elke (Hrsg.): *Betriebswirtschaftslehre und ökonomische Theorie.* Stuttgart (Poeschel) 1991. S. 143-170.

PICOT, Arnold; LAUB, Ulf D.; SCHNEIDER, Dietram (1989): *Innovative Unternehmensgründungen. Eine ökonomisch-empirische Analyse.* Berlin, Heidelberg, New York u.a. (Springer) 1989.

PICOT, Arnold; REICHWALD, Ralf; WIGAND, Rolf T. (1998): *Die grenzenlose Unternehmung. Information, Organisation und Management. 3. Aufl.* Wiesbaden (Gabler) 1998.

PICOT, Arnold; SCHNEIDER, Dietram (1988): *Unternehmerisches Innovationsverhalten, Verfügungsrechte und Transaktionskosten.* Aus: Budäus, Dietrich; Gerum, Elmar; Zimmermann, Gebhard (Hrsg.): *Betriebswirtschaftslehre und Theorie der Verfügungsrechte.* Wiesbaden (Gabler) 1988. S. 91-118.

PIPER, Nikolaus (1994) (Hrsg.): *Die großen Ökonomen. Leben und Werk der wirtschaftswissenschaftlichen Vordenker.* Stuttgart (Schäffer-Poeschel) 1994.

PLASCHKA, Gerhard R.; WELSCH, Harold P. (1990): *Emerging Structures in Entrepreneurship Education: Curricular Designs and Strategies.* In: *Entrepreneurship: Theory & Practice*, 14. Jg. (1990), H. Spring, S. 55-71.

PLESCHAK, Franz (1996a): *Marketing in Forschung und Entwicklung (FuE).* Aus: Baier, Wolfgang; Pleschak, Franz (Hrsg.): *Marketing und Finanzierung junger Technologieunternehmen. Den Gründungserfolg sichern.* Wiesbaden (Gabler) 1996. S. 62-73.

PLESCHAK, Franz (1996b): *Entwicklungsprobleme in den Lebensphasen junger Technologieunternehmen.* Aus: Baier, Wolfgang; Pleschak, Franz (Hrsg.): *Marketing und Finanzierung junger Technologieunternehmen. Den Gründungserfolg sichern.* Wiesbaden (Gabler) 1996. S. 17-46.

PLESCHAK, Franz (1996c): *Finanzierung junger Technologieunternehmen durch öffentliche Darlehen.* Aus: Baier, Wolfgang; Pleschak, Franz (Hrsg.): *Marketing und Finanzierung junger Technologieunternehmen. Den Gründungserfolg sichern.* Wiesbaden (Gabler) 1996. S. 108-116.

PLESCHAK, Franz; WUPPERFELD, Udo (1995): *Entwicklungsprobleme junger technologieorientierter Unternehmen.* Reihe "Wirtschaftspolitische Diskurse" Nr. 73 der Friedrich-Ebert-Stiftung, Berlin 1995. Als Manuskript gedruckt.

PLÖTNER, Olaf (1995): *Das Vertrauen des Kunden. Relevanz, Aufbau und Steuerung auf industriellen Märkten.* Wiesbaden (Gabler) 1995.

POIRIER, Charles C.; REITER, Stephen E. (1997): *Die optimale Wertschöpfungskette. Wie Lieferanten, Produzenten und Handel bestens zusammenarbeiten.* Frankfurt a.M., New York (Campus) 1997.

PORTER, Michael E. (1992): *Wettbewerbsvorteile (Competitive Advantage). Spitzenleistungen erreichen und behaupten. 3. Aufl.* Frankfurt a.M., New York 1992.

PORTER, Michael E. (1997): *Nur Strategie sichert auf Dauer hohe Erträge.* In: *Harvard Business manager*, 19. Jg. (1997), H. 3, Sonderdruck, S. 1-18.

POWELL, Walter W. (1996): *Inter-Organizational Collaboration in the Biotechnology Industry.* In: *Journal of Institutional and Theoretical Economics*, 152. Jg. (1996), H. 1, S. 197-225.

PREISSNER, Anne; SCHWARZER, Ursula (1996): *Alarmstufe Rot.* In: *managermagazin*, 26. Jg. (1996), H. 2, S. 120-129.

PRESSESTELLE UNIVERSITÄT KARLSRUHE (1998): *SAP AG stiftet Lehrstuhl für Existenzgründungen.* Karlsruhe 1998. Erhältlich im Internet unter http://idw.tu-clausthal.de/public/zeige_pm.html?pmid=5794 (20.07.1998).

PRESSESTELLE UNIVERSITÄT WÜRZBURG (1998): *Hochschulabsolventen werden flügge.* Würzburg 1998. Erhältlich im Internet unter http://idw.tu-clausthal.de/public/zeige_pm.html?pmid=682 (25.02.1998).

PÜTTNER, Günter; MITTAG, Ulrich (1989): *Rechtliche Hemmnisse der Kooperation zwischen Hochschule und Wirtschaft.* Baden-Baden (Nomos Verlagsgesellschaft) 1989.

QUINTAS, Paul; WIELD, David; MASSEY, Doreen (1992): *Academic-Industry Links and Innovation: Questioning the Science Park Model.* In: *Technovation*, 12. Jg. (1992), H. 3, S. 161-175.

RABBIOR, Gary (1990): *Elements of a Successful Entrepreneurship/ Economics/ Education Program.* Aus: Kent, Calvin A. (Hrsg.): *Entrepreneurship Education. Current Developments, Future Directions.* New York, Westport, London (Quorum Books) 1990. S. 53-65.

RÄBEL, Dieter (1986): *Venture Capital als Instrument für Innovationsfinanzierung. Eine kritische Analyse unter besonderer Berücksichtigung des Projektbewertungsproblems.* Köln (Deutscher Wirtschaftsdienst) 1986. (= Venture Capital und Investment Banking.)

REIMNITZ, Jürgen (1995): *Die AG stößt auf wenig Gegenliebe. Die kleine AG - Neue Chancen für den Mittelstand.* In: Frankfurter Allgemeine Zeitung, Nr. 96 vom 25.04.1995.

REINHARD, Michael; SCHMALHOLZ, Heinz (1996): *Technologietransfer in Deutschland. Stand und Reformbedarf.* Berlin, München (Duncker & Humblot) 1996. (= Schriftenreihe des Ifo-Instituts für Wirtschaftsforschung. 140)

REIß, Michael; RUDORF, Evelyn (1999): *Unternehmensgründung in Netzwerken.* Aus: Rosenstiel, Lutz von; Lang-von Wins, Thomas (Hrsg.): *Existenzgründung und Unternehmertum. Themen, Trends und Perspektiven.* Stuttgart (Schäffer-Poeschel) 1999. S. 129-156.

REVERMANN, Heinrich; SONNTAG, Philipp (1987): *Schlüsseltechnologien. Turbulenter Wandel der Industrie durch innovative Dynamik.* Berlin, Offenbach 1987.

REYNOLDS, Paul D.; HAY, Michael; CAMP, S. Michael (1999): *Global Entrepreneurship Monitor. 1999 Executive Report.* Babson College Boston, London Business School, Kauffman Center for Entrepreneurial Leadership 1999. Als Manuskript gedruckt.

RICHTER, Martin (1979): *Der Einsatz von Beratern in Problemlösungsprozessen.* In: *Betriebswirtschaftliche Forschung und Praxis*, 31. Jg. (1979), H. 2, S. 127-143.

RICHTER, Rudolf (1991): *Institutionenökonomische Aspekte der Theorie der Unternehmung.* Aus: Ordelheide, Dieter; Rudolph, Bernd; Büsselmann, Elke (Hrsg.): *Betriebswirtschaftslehre und ökonomische Theorie.* Stuttgart (Poeschel) 1991. S. 395-429.

RICKETTS, Martin J. (1987): *The economics of business enterprise. New approaches to the firm.* New York, London, Toronto u.a. (Harvester Wheatsheaf) 1987.

RIDINGER, Rudolf (1999): *Existenzgründungen und dynamische Wirtschaftsentwicklung.* Aus: Ridinger, Rudolf; Weiss, Peter (Hrsg.): *Existenzgründungen und dynamische Wirtschaftsentwicklung.* Berlin (Duncker & Humblot) 1999. S. 29-39.

RIDINGER, Rudolf; WEISS, Peter (1999): *Existenzgründungen in der Mittelstandspolitik.* Aus: Ridinger, Rudolf; Weiss, Peter (Hrsg.): *Existenzgründungen und dynamische Wirtschaftsentwicklung.* Berlin (Duncker & Humblot) 1999. S. 15-28.

RIPSAS, Sven (1997): *Entrepreneurship als ökonomischer Prozeß. Perspektiven zur Förderung unternehmerischen Handelns.* Wiesbaden (DUV) 1997.

RIPSAS, Sven (1998a): *Elemente des Entrepreneurship Education.* Aus: Faltin, Günter; Ripsas, Sven; Zimmer, Jürgen (Hrsg.): *Entrepreneurship. Wie aus Ideen Unternehmen werden.* München (Beck) 1998. S. 217-233.

RIPSAS, Sven (1998b): *Der Business Plan - Eine Einführung.* Aus: Faltin, Günter; Ripsas, Sven; Zimmer, Jürgen (Hrsg.): *Entrepreneurship. Wie aus Ideen Unternehmen werden.* München (Beck) 1998. S. 141-151.

RIPSAS, Sven (1998c): *Towards an Interdisciplinary Theory of Entrepreneurship.* In: *Small Business Economics*, 10. Jg. (1998), H. 2, S. 103-115.

ROGERS, Everett M. (1983): *Diffusion of Innovations. 3. Aufl.* New York, London 1983.

RONSTADT, Robert (1987): *The Educated Entrepreneurs: A New Era of Entrepreneurial Education is Beginning.* In: *American Journal of Small Business*, 11. Jg. (1987), H. Spring, S. 37-53.

RONSTADT, Robert (1990): *The Educated Entrepreneurs: A New Era of Entrepreneurial Education Is Beginning.* Aus: Kent, Calvin A. (Hrsg.): *Entrepreneurship Education. Current Developments, Future Directions.* New York, Westport, London (Quorum Books) 1990. S. 69-88.

ROTERING, Christian (1990): *Forschungs- und Entwicklungskooperationen zwischen Unternehmen: eine empirische Analyse.* Stuttgart (Poeschel) 1990. (= Management von Forschung, Entwicklung und Innovation. 4)

RÜGGEBERG, Harald (1997): *Strategisches Markteintrittsverhalten junger Technologieunternehmen. Erfolgsfaktoren der Vermarktung von Produktinnovationen.* Wiesbaden (Gabler) 1997.

RUSHING, Francis W. (1990): *Entrepreneurship and Education.* Aus: Kent, Calvin A. (Hrsg.): *Entrepreneurship Education. Current Developments, Future Directions.* New York, Westport, London (Quorum Books) 1990. S. 29-39.

RÜTTGERS, Jürgen (1996): *Biotechnologie hat in Deutschland 17 starke Standbeine - 150 Mio. für die drei Modellregionen im BioRegio-Wettbewerb.* Bonn 1996. Erhältlich im Internet unter http://www.bmbf.de/archive/presse/presse96/pm112096.htm (11.03.1998).

RÜTTGERS, Jürgen (1998a): *EXIST weckt Gründergeist an deutschen Hochschulen.* Bonn 1998. Erhältlich im Internet unter http://www.bmbf.de/deutsch/veroeff/presse/pm98/pm082798a.htm (01.09.1998).

RÜTTGERS, Jürgen (1998b): *Deutsche Hochschulen - Ideenschmieden für mutige Macher! BMBF fördert zwölf Gründerkonzepte.* Bonn 1998. Erhältlich im Internet unter http://www.bmbf.de/archive/presse/presse98/pm033098.htm (30.03.1998).

SAHLMAN, William A. (1998): *Ihr Geschäftsplan muß Investoren überzeugen.* In: *Harvard Business manager*, 20. Jg. (1998), H. 1, S. 85-95.

SAMSOM, Karel J.; GURDON, Michael A. (1993): *University Scientists as Entrepreneurs: a Special Case of Technology Transfer and High-Tech Venturing.* In: *Technovation*, 13. Jg. (1993), H. 2, S. 63-71.

SANDBERG, William R. (1992): *Strategic Management's Potential Contributions to a Theory of Entrepreneurship.* In: *Entrepreneurship: Theory & Practice*, 16. Jg. (1992), H. 3, S. 73-90.

SANDBERGER, Georg (1986): *Rechtliche Hemmnisse und Schranken für den Technologietransfer in Deutschland.* Aus: Theis, Adolf; Graumann, Walter; Oppermann, Thomas (Hrsg.): *Wissenstransfer zwischen Universität und Wirtschaft. Neue Formen der Kooperation in Westeuropa.* Baden-Baden (Nomos Verlagsgesellschaft) 1986. S. 143-156.

SCHAIBLE, Jörg; HÖNIG, Armin (1996): *High-Tech-Marketing in der Praxis. 2. Aufl.* München 1996.

SCHATZ, Klaus-Werner (1984): *Die Bedeutung kleiner und mittlerer Unternehmen im Strukturwandel.* Kiel (Institut für Weltwirtschaft) 1984. (= Kieler Diskussionsbeiträge. 103)

SCHEIDT, Beate (1994): *Wie sollte die Förderung junger Technologieunternehmen organisiert werden? Ein Beitrag der empirischen Netzwerkanalyse.* Technische Universität Berlin, Wirtschaftswissenschaftliche Dokumentation, Fachbereich 14, Diskussionspapier 13/1994. Als Manuskript gedruckt.

SCHEIDT, Beate (1995): *Die Einbindung junger Technologieunternehmen in Unternehmens- und Politiknetzwerke. Eine theoretische, empirische und strukturpolitische Analyse.* Berlin (Duncker & Humblot) 1995. (= Volkswirtschaftliche Schriften. 447)

SCHEUTZ, Curt (1986): *Critical Events for Swedish Entrepreneurs in Entrepreneurial Spin-Offs.* In: *Technovation*, 5. Jg. (1986), H. 1-3, S. 169-182.

SCHEVEN, Dieter (1990): *Nebentätigkeitsrecht im Wissenschaftstransfer.* Aus: Schuster, Hermann J. (Hrsg.): *Handbuch des Wissenschaftstransfers.* Berlin, Heidelberg, New York u.a. (Springer) 1990. S. 161-178.

SCHEWE, Gerhard (1998): *Strategie und Struktur. Eine Re-Analyse empirischer Befunde und Nicht-Befunde.* Tübingen (Mohr Siebeck) 1998.

SCHIEDERMAIR, Hartmut (1999): *Geistiges Unternehmertum. Die Universität auf dem Weg ins 21. Jahrhundert.* In: *Forschung & Lehre*, o. Jg. (1999), H. 5, S. 233ff.

SCHIERENBECK, Henner (1995): *Grundzüge der Betriebswirtschaftslehre. 12. Aufl.* München, Wien (Oldenbourg) 1995.

SCHIPANSKI, Dagmar (1998): *Patentierung wissenschaftlicher Ergebnisse von außeruniversitären Forschungseinrichtungen und Universitäten.* Aus: Institut der deutschen Wirtschaft Köln (Hrsg.): *Hochschulen und Patente. Dokumentation der Ergebnisse des Fachsymposiums im Rahmen des BMBF-Projektes "INPAT - Integration des Patentwesens in die ingenieur- und naturwissenschaftliche Hochschulausbildung".* Köln 1998. (=INSTI Broschüre. 3) S. 23-28.

SCHMAHL, Kurt (1986): *Technologischer Wandel als innerbetriebliches Konfliktfeld - Erfahrung aus der Beratung von Arbeitnehmervertretern.* Aus: Staudt, Erich (Hrsg.): *Das Management von Innovationen.* Frankfurt a.M. 1986. S. 434-445.

SCHMALHOLZ, Claus G. (1999a): *Smart Money.* In: *managermagazin*, 29. Jg. (1999), H. 5, S. 260-268.

SCHMALHOLZ, Claus G. (1999b): *Rat vom Campus.* In: *managermagazin*, 29. Jg. (1999), H. 7, S. 206-214.

SCHMIDT, Dietmar (1998): *Münchener Businessplan-Wettbewerb 1997/98.* München 1998. Erhältlich im Internet unter http://idw.tu-clausthal.de/public/zeige_pm.html?pmid=679 (11.03.1998).

SCHMIDT, Katja (1998a): *Großes Potential.* In: Deutsche Universitätszeitung, Nr. 5 vom 06.03.1998.

SCHMIDT, Katja (1998b): *Akademische Basis fehlt.* In: Deutsche Universitätszeitung, Nr. 5 vom 06.03.1998.

SCHMIETOW, Erwin A. (1988): *Die technologische Wettbewerbsfähigkeit der Bundesrepublik.* Bad Homburg 1988.

SCHMOCH, Ulrich; KOSCHATZKY, Knut; KULICKE, Marianne u.a. (1995): *Probleme der wirtschaftlichen Nutzung des Innovationspotentials von freien Erfindern sowie Vorschläge zu deren Lösung. Endbericht an das Bundesministerium für Wirtschaft.* Karlsruhe 1995.

SCHNACKENBURG, Erika (1990): *Steuern und Buchführung.* Aus: Dieterle, Willi K.; Winckler, Eike M. (Hrsg.): *Unternehmensgründung. Handbuch des Gründungsmanagement.* München 1990. S. 359-370.

SCHNEIDER, Dieter (1985): *Allgemeine Betriebswirtschaftslehre. 2., überarbeitete und erweiterte Auflage der "Geschichte betriebswirtschaftlicher Theorie".* München, Wien (Oldenbourg) 1985.

SCHNEIDER, Dieter (1995): *Informations- und Entscheidungstheorie.* München, Wien (Oldenbourg) 1995.

SCHNEIDER, Dietram; BAUR, Cornelius; HOPFMANN, Lienhard (1994): *Re-Design der Wertkette durch Make or Buy. Konzepte und Fallstudien.* Wiesbaden (Gabler) 1994.

SCHNEIDER, Dietram; ZIERINGER, Carmen (1991): *Make-or-buy-Strategien für F&E. Transaktionskostentheoretische Überlegungen.* Wiesbaden (Gabler) 1991.

SCHOLZ, Christian (1990): *Trugschlüsse zur Unternehmenskultur.* Aus: Simon, Hermann (Hrsg.): *Herausforderung Unternehmenskultur.* Stuttgart (Schäffer) 1990. S. 25-40.

SCHOLZ, Christian; HOFBAUER, Wolfgang (1990): *Organisationskultur. Die vier Erfolgsprinzipien.* Wiesbaden (Gabler) 1990.

SCHON, Donald A. (1967): *Technology and Change.* Oxford, London, Edinburgh u.a. (Pergamon Press) 1967.

SCHREYÖGG, Georg; STEINMANN, Horst (1981): *Zur Trennung von Eigentum und Verfügungsgewalt. Eine empirische Analyse der Beteiligungsverhältnisse in deutschen Großunternehmen.* In: *Zeitschrift für Betriebswirtschaft*, 51. Jg. (1981), H. 6, S. 533-558.

SCHRÖDER, Christoph (1992): *Strategien und Management von Beteiligungsgesllschaften. Ein Einblick in Organisationstrukturen und Entscheidungsprozesse von institutionellen Eigenkapitalinvestoren.* Baden-Baden (Nomos) 1992.

SCHRUMPF, Heinz (1986): *Existenzgründungen, technologische Innovationen und regionalwirtschaftliche Entwicklung.* In: *Raumforschung und Raumordnung*, 44. Jg. (1986), H. 2/3, S. 101-107.

SCHULENBURG, J.-Matthias Graf v. (1987): *Marktgeschehen bei unvollständigen Nachfrageinformationen. Die Auswirkungen von Anbieterwechselkosten und Informationskosten in dynamischen Marktprozessen.* In: *Zeitschrift für Betriebswirtschaft*, 57. Jg. (1987), H. 7, S. 699-719.

SCHULTE, Reinhard (1999): *Das Risikoverhalten von Banken gegenüber Existenzgründern.* Aus: Ridinger, Rudolf; Weiss, Peter (Hrsg.): *Existenzgründungen und dynamische Wirtschaftsentwicklung.* Berlin (Duncker & Humblot) 1999. S. 95-119.

SCHULTE, Reinhard; KLANDT, Heinz (1998): *Akademische Lehrangebote für Existenzgründer.* Aus: Kreklau, Carsten (Hrsg.): *Handbuch der Aus- und Weiterbildung.* Köln (111. Ergänzungs-Lieferung, September 1998) 1998. S. 1-14.

SCHULZ, Norbert (1995): *Unternehmensgründungen und Markteintritt.* Heidelberg (Physica) 1995.

SCHULZ, Norbert (1998): *Erfolg von Unternehmensgründungen.* Universität Würzburg, Arbeitspapier des Lehrstuhls für Volkswirtschaftslehre, insbesondere Industrieökonomik, Würzburg 1998. Als Manuskript gedruckt.

SCHUMACHER, Anja (1994): *Unvollkommene Information in der neoklassischen Informationsökonomik und im evolutionsökonomischen Ansatz.* Frankfurt a.M., Berlin, Bern u.a. (Lang) 1994. (= Reihe V, Volks- und Betriebswirtschaft. 1532)

SCHUMANN, Jochen (1992): *Grundzüge der mikroökonomischen Theorie. 6. Aufl.* Berlin, Heidelberg, New York u.a. (Springer) 1992.

SCHUMPETER, Joseph A. (1912): *Theorie der wirtschaftlichen Entwicklung.* Leipzig (Duncker & Humblot) 1912.

SCHUMPETER, Joseph A. (1928): *Unternehmer.* Aus: Elster, Ludwig (Hrsg.): *Handwörterbuch der Staatswissenschaften. Band 8. 4. Aufl.* Jena 1928. S. 476-487.

SCHUMPETER, Joseph A. (1961): *Konjunkturzyklen. Eine theoretische, historische und statistische Analyse des kapitalistischen Prozesses. Band 1 und 2.* Göttingen (Vandenhoeck & Ruprecht) 1961.

SCHUMPETER, Joseph A. (1993a): *Theorie der wirtschaftlichen Entwicklung. Eine Untersuchung über Unternehmergewinn, Kapital, Kredit, Zins und den Konjunkturzyklus. 8. Aufl., unveränderter Nachdruck der 1934 erschienenen 4. Aufl. 1. Aufl. 1912.* Berlin (Duncker & Humblot) 1993.

SCHUMPETER, Joseph A. (1993b): *Kapitalismus, Sozialismus und Demokratie. 7., erweiterte Aufl. 1. Aufl. 1950.* Tübingen, Basel (Francke) 1993.

SCHÜTTE, Anja (1996): *Unternehmensberatung in der Bundesrepublik Deutschland. Unter besonderer Beachtung der Beratung bei Unternehmensgründung. Theoretische und empirische Analyse sowie konzeptionelle Weiterentwicklung.* Frankfurt a.M., Berlin, Bern u.a. (Lang) 1996.

SCHWARZ, Gunther (1989): *Unternehmungskultur als Element des Strategischen Managements.* Berlin (Duncker & Humblot) 1989. (= Betriebswirtschaftliche Forschungsergebnisse. 92)

SCHWARZBURGER, Heiko (1999): *Neue Freiheit begrüßt.* In: *Deutsche Universitätszeitung*, 55. Jg. (1999), H. 4, S. 12-14.

SCHWENGLER, Harald M. (1990): *Finanzbedarfs- und Liquiditätsplanung.* Aus: Dieterle, Willi K.; Winckler, Eike M. (Hrsg.): *Unternehmensgründung. Handbuch des Gründungsmanagement.* München 1990. S. 237-252.

SEEGER, Heike (1997): *Ex-Post-Bewertung der Technologie- und Gründerzentren durch die erfolgreich ausgezogenen Unternehmen und Analyse der einzel- und regionalwirtschaftlichen Effekte.* Münster, Hamburg (LIT) 1997. (= Hannoversche geographische Arbeiten. 53)

SEELING, Stefan (1999): *Zu viele Hemmnisse oder alles ganz einfach?* In: Deutsche Universitätszeitung, Nr. 13 vom 02.07.1999.

SEIDEL, Eberhard; JUNG, Rüdiger H.; REDEL, Wolfgang (1988): *Führungsstil und Führungsorganisation. Band 1: Führung, Führungsstil.* Darmstadt 1988.

SEILING, Harald (1994): *Der neue Führungsstil.* München, Wien (Hanser) 1994.

SERVATIUS, Hans-Gerd (1986): *Methodik des strategischen Technologie-Managements. Grundlage für erfolgreiche Innovationen. 2. Aufl.* Berlin 1986.

SESSELMEIER, Werner; BLAUERMEL, Gregor (1990): *Arbeitsmarkttheorien. Ein Überblick.* Heidelberg (Physica) 1990.

SHAPERO, Albert; SOKOL, Lisa (1982): *The social dimensions of entrepreneurship.* Aus: Kent, Calvin A.; Sexton, Donald L.; Vesper, Karl H. (Hrsg.): *Encyclopedia of Entrepreneurship.* Englewood Cliffs, New Jersey 1982. S. 72-90.

SIDLER, Sonja (1996): *Risikokapital-Finanzierung von Jungunternehmen.* Bern, Stuttgart, Wien (Haupt) 1996.

SIMON, Hermann (1990): *Unternehmenskultur - Modeerscheinung oder mehr?* Aus: Simon, Hermann (Hrsg.): *Herausforderung Unternehmenskultur.* Stuttgart (Schäffer) 1990. S. 1-11.

SMILOR, Raymond W.; GILL, Michael D. Jr. (1986): *The New Business Incubator: Linking Talent, Technology, Capital, and Know-How.* Lexington, Toronto (D.C. Heath) 1986.

SOMMERLATTE, Tom; DESCHAMPS, Jean-Philippe (1985): *Der strategische Einsatz von Technologien.* Aus: Little, Arthur D. (Hrsg.): *Management im Zeitalter der strategischen Führung.* Wiesbaden (Gabler Verlag) 1985. S. 39-76.

SONNTAG, Frieder (1990): *Allgemeines Handels- und Gewerberecht.* Aus: Dieterle, Willi K.; Winckler, Eike M. (Hrsg.): *Unternehmensgründung. Handbuch des Gründungsmanagement.* München 1990. S. 409-423.

SPREMANN, Klaus (1990): *Asymmetrische Information.* In: *Zeitschrift für Betriebswirtschaft*, 60. Jg. (1990), H. 5/6, S. 561-586.

STAROPOLI, Carine (1998): *Cooperation in R&D in the pharmaceutical industry - The network as an organizational innovation governing a technological innovation.* In: *Technovation*, 18. Jg. (1998), H. 1, S. 13-23.

START (1999): *START - Die Existenzgründermesse für Deutschland.* o.O. 1999. Erhältlich im Internet unter http://www.start-messe.de/ (26.03.1999).

STAUDT, Erich (1986): *Die Rolle der Wissenschaft im Innovationsgeschehen.* Aus: Staudt, Erich (Hrsg.): *Das Management von Innovationen.* Frankfurt a.M. 1986. S. 240-256.

STAUDT, Erich (1988): *Technologiepolitik staat Marktwirtschaft.* Aus: Dose, Nicolai; Drexler, Alexander (Hrsg.): *Technologieparks. Voraussetzungen, Bestandsaufnahme und Kritik.* Opladen (Westdeutscher) 1988. S. 214-226.

STAUDT, Erich; BOCK, Jürgen; MÜHLEMEYER, Peter (1991): *Die Rolle von Technologietransferstellen zwischen dem Wissenschaftssystem und der mittelständischen Industrie - Makler oder Kompetenzzentren? Empirische Ergebnisse zur Situation in Nordrhein-Westfalen.* Bochum 1991.

STEDLER, Heinrich R. (1996): *Eigenkapital als Baustein der Innovationsfinanzierung.* In: *Die Bank*, 20. Jg. (1996), H. 2, S. 73-77.

STEFFENS, Franz (1976): *Technologie und Produktion.* Aus: Grochla, Erwin; Wittmann, Waldemar (Hrsg.): *Handwörterbuch der Betriebswirtschaftslehre. 4. Aufl.* Stuttgart 1976. (=Enzyklopädie der Betriebswirtschaftslehre. I/3) S. 3853-3861.

STEINKÜHLER, Ralf-Hendrik (1994): *Technologiezentren und Erfolg von Unternehmensgründungen.* Wiesbaden (DUV) 1994. (= Betriebswirtschaftslehre für Technologie und Innovation. 9)

STEINMANN, Horst; SCHREYÖGG, Georg (1997): *Management. Grundlagen der Unternehmensführung. Konzepte - Funktionen - Fallstudien. 4. Aufl.* Wiesbaden (Gabler) 1997.

STERNBERG, Rolf (1990): *Regionaler Informationstransfer - die Rolle von Technologie- und Gründerzentren in der bundesdeutschen Regionalpolitik.* Aus: ÖROK (Hrsg.): *Innovations- und Technologiezentren. Ein taugliches Instrument der Regionalpolitik? ÖROK-Seminar am 26. März 1990, in Linz.* Wien 1990. S. 7-20.

STERNBERG, Rolf (1992): *Methoden und Ergebnisse der Erfolgskontrolle von Technologie- und Gründerzentren.* Aus: Niedersächsisches Institut für Wirtschaftsforschung e.V. (1992) (Hrsg.): *Erfolgskontrollen in der Technologiepolitik, NIW-Workshop 1992* Hannover 1992. S. 89-115.

STERNBERG, Rolf; BEHRENDT, Heiko; SEEGER, Heike u.a. (1996): *Bilanz eines Booms. Wirkungsanalyse von Technologie- und Gründerzentren in Deutschland. Ergebnisse aus 108 Zentren und 1021 Unternehmen.* Dortmund (Dortmunder Vertrieb für Bau- und Planungsliteratur) 1996.

STEVENSON, Howard H.; GUMPERT, David E. (1998): *Der Kern unternehmerischen Handelns.* Aus: Faltin, Günter; Ripsas, Sven; Zimmer, Jürgen (Hrsg.): *Entrepreneurship. Wie aus Ideen Unternehmen werden.* München (Beck) 1998. S. 93-111.

STEWART, Wayne H. Jr.; WATSON, Warren E.; CARLAND, Joann C. u.a. (1998): *A Proclivity for Entrepreneurship: A Comparison of Entrepreneurs, Small Business Owners, and Corporate Managers.* In: *Journal of Business Venturing*, 14. Jg. (1998), S. 189-214.

STINCHCOMBE, Arthur L. (1965): *Social Structure and Organizations.* Aus: March, James G. (Hrsg.): *Handbook of organizations.* Chicago (McNally) 1965. S. 142-193.

STMUKWK; FRAUNHOFER-PATENTSTELLE (1998) (Hrsg.): *Erfindung --> Patent --> Lizenz. Ein Leitfaden für Erfinderinnen und Erfinder an Hochschulen.* München 1998.

STOCK, Ulrich (1990): *Das Management von Forschung und Entwicklung.* München (Barbara Kirsch) 1990.

STORZ, Karl-Alfred (1986): *Kann ein Technologiezentrum die Finanzierung von Existenzgründungen aus Hochschulen erleichtern?* Aus: Theis, Adolf; Graumann, Walter; Oppermann, Thomas (Hrsg.): *Wissenstransfer zwischen Universität und Wirtschaft. Neue For-*

men der Kooperation in Westeuropa. Baden-Baden (Nomos Verlagsgesellschaft) 1986. S. 91-102.

STROEBE, Rainer W.; STROEBE, Guntram H. (1987): *Grundlagen der Führung: mit Führungsmodellen. 5. Aufl.* Heidelberg (Sauer) 1987.

STÜTZLE-LEINMÜLLER, Sabine (1998): *Finanz- und Humankapital als innovationsrelevante Faktoren kleiner und mittlerer Unternehmen.* Frankfurt a.M., Berlin, Bern u.a. (Lang) 1998. (= Europäische Hochschulschriften, Reihe V. 2247)

SYDOW, Jörg; WINDELER, Arnold (1994) (Hrsg.): *Management interorganisationaler Beziehungen. Vertrauen, Kontrolle und Informationstechnik.* Opladen (Westdeutscher) 1994.

SZYPERSKI, Norbert; KLANDT, Heinz (1980): *Bedingungen für innovative Unternehmensgründungen. Aspekte und Ergebnisse einer Untersuchung über potentielle Spin-off-Gründer im Raum Aachen - Bonn - Düsseldorf - Köln.* In: *Betriebswirtschaftliche Forschung und Praxis*, 32. Jg. (1980), H. 4, S. 354-369.

SZYPERSKI, Norbert; KLANDT, Heinz (1981): *Wissenschaftlich-technische Mitarbeiter von Forschungs- und Entwicklungseinrichtungen als potentielle Spin-off-Gründer. Eine empirische Studie zu den Entstehungsfaktoren von innovativen Unternehmensgründungen im Lande Nordrhein-Westfalen.* Opladen (Westdeutscher) 1981.

SZYPERSKI, Norbert; NATHUSIUS, Klaus (1977a): *Gründungsmotive und Gründungsvorbehalte - Ergebnisse einer empirischen Studie über potentielle und tatsächliche Unternehmensgründer.* In: *Die Betriebswirtschaft*, 37. Jg. (1977), S. 299-309.

SZYPERSKI, Norbert; NATHUSIUS, Klaus (1977b): *Probleme der Unternehmensgründung. Eine betriebswirtschaftliche Analyse unternehmerischer Startbedingungen.* Stuttgart (Poeschel) 1977.

TÄGER, Uwe C.; UHLMANN, Luitpold (1984): *Der Technologietransfer in der Bundesrepublik Deutschland. Grundstrategien auf dem Technologiemarkt.* Berlin, München (Duncker & Humblot) 1984.

TERPSTRA, David E.; OLSON, Philip D. (1993): *Entrepreneurial start-up and growth: A classification of problems.* In: *Entrepreneurship: Theory & Practice*, 17. Jg. (1993), H. 3, S. 5-18.

THOM, Norbert (1980): *Grundlagen des betrieblichen Innovationsmanagements. 2. Aufl.* Königsstein/Ts. (Hanstein) 1980.

THÜNEN, Johann H. von (1966): *Der isolierte Staat in Beziehung auf Landwirtschaft und Nationalökonomie.* Darmstadt 1966.

TILLMANN, Ludwig A. (1999): *Aus dem Hörsaal in die Selbständigkeit.* In: *Der Betriebswirt*, 40. Jg. (1999), H. 1, S. 27-29.

TROMMSDORFF, Volker; BINSACK, Margit (1997): *Wie Marketing Innovationen durchsetzt.* In: *Absatzwirtschaft*, (1997), H. 11, S. 60-65.

TROMMSDORFF, Volker; REEB, Marianne; RIEDEL, Frank (1991): *Produktinnovationsmanagement.* In: *Wirtschaftswissenschaftliches Studium*, 20. Jg. (1991), H. 11, S. 566-572.

TROMMSDORFF, Volker; SCHNEIDER, Peter (1990): *Grundzüge des betrieblichen Innovationsmanagement.* Aus: Trommsdorff, Volker (Hrsg.): *Innovationsmanagement.* München (Vahlen) 1990. S. 1-25.

TU DRESDEN (1998): *Bedarfsorientierte Existenzgründung aus Hochschulen am Beispiel der High-Tech-Region Dresden. Projektantrag zum Wettbewerb des BMBF "Existenzgründer aus Hochschulen"*. Dresden 1998.

ULRICH, Thomas A.; REINHART, Walter J. (1998): *Entrepreneurship as a Learning Process. Paper presented at the Conference Internationalizing Entrepreneurship Education and Training, IntEnt98, Oestrich-Winkel (Germany), July 26-28, 1998.* Oestrich-Winkel 1998. Erhältlich im Internet unter http://www.g-forum.de/intent/downloads/index.htm (01.02.1999).

UNIVERSITÄT GESAMTHOCHSCHULE KASSEL (1999): *Von der Uni zum Entrepreneur. Ein fächerübergreifendes Entrepreneurship-Angebot.* Kassel 1999. Erhältlich im Internet unter http://www.uni-kassel.de/kww/ (26.03.1999).

UNIVERSITÄT STUTTGART (1999): *Die Technologie-Transfer-Initiative an der Universität Stuttgart.* Stuttgart 1999. Erhältlich im Internet unter http://www.tti.uni-stuttgart.de/ (03.05.1999).

VAUGHN, Karen I. (1994): *Austrian economics in America. The Migration of a Tradition.* Cambridge, Melbourne (Cambridge University Press) 1994.

VOLMER, Bernhard; GAUL, Dieter (1983): *Arbeitnehmererfindungsgesetz. Kommentar.* München (Beck) 1983.

WALGER, Gerd (1995): *Idealtypen der Unternehmensberatung.* Aus: Walger, Gerd (Hrsg.): *Formen der Unternehmensberatung. Systematische Unternehmensberatung, Organisationsentwicklung, Expertenberatung und gutachterliche Beratungstätigkeit in Theorie und Praxis.* Köln (Dr. Otto Schmidt KG) 1995. S. 1-18.

WALLMARK, J. Torkel (1993): *Intellectual Property Protection in Small High-Tech Spin-off Companies.* Aus: IFO-Institute for Economic Research (Hrsg.): *Results and Methods of Economic Patent Research, Proceedings of the 1st EPO-ifo-Workshop on March 19/20, 1992 at the European Patent Office.* München 1993. S. 205-235.

WALLMARK, J. Torkel (1997): *Inventions and patents at universities: the case of Chalmers University of Technology.* In: *Technovation*, 17. Jg. (1997), H. 3, S. 127-139.

WEBSTER, Frederick E.; WIND, Yoram (1972): *Organizational Buying Behaviour.* Englewood Cliffs 1972.

WEIBER, Rolf (1995): *Systemgüter und klassische Diffusionstheorie - Elemente einer Diffusionstheorie für kritische Masse-Systeme.* Aus: Stoetzer, Matthias-W.; Mahler, Alwin (Hrsg.): *Die Diffusion von Innovationen in der Telekommunikation.* Berlin, Heidelberg, New York u.a. (Springer) 1995. (=Schriftenreihe des Wissenschaftlichen Instituts für Kommunikationsdienste. 17) S. 39-70.

WEIBER, Rolf; ADLER, Jost (1995): *Der Einsatz von Unsicherheitsreduktionsstrategien im Kaufprozeß: Eine informationsökonomische Analyse.* Aus: Kaas, Klaus P. (Hrsg.): *Kontrakte, Geschäftsbeziehungen, Netzwerke - Marketing und Neue Institutionenökonomik.* Düsseldorf, Frankfurt a.M. (Verlagsgruppe Handelsblatt) 1995. (=Zeitschrift für betriebswirtschaftliche Forschung, Sonderheft. 35-1995) S. 61-77.

WEIHE, Hermann J.; KLENGER, Franz; PLASCHKA, Gerhard u.a. (1991): *Unternehmerausbildung - Ausbildung zum Entrepreneur. Eine Studie zur Situation der Aus- und Weiterbil-*

dung von Unternehmensgründern. Köln, Dortmund 1991. (= Entrepreneurship-Research Monographien. 2)

WEIHE, Hermann J.; REICH, Frank R. (1994a): *Stand und Perspektiven der Gründungsforschung.* Aus: Weihe, Hermann J. (Hrsg.): *Entrepreneurship - Neue Wege zum Unternehmertum.* Hamburg (Kovac) 1994. S. 5-48.

WEIHE, Hermann J.; REICH, Frank R. (1994b): *Gründungsneigung von Studentinnen und Studenten wirtschaftswissenschaftlicher Fachbereiche.* Aus: Weihe, Hermann J. (Hrsg.): *Entrepreneurship - Neue Wege zum Unternehmertum.* Hamburg (Kovac) 1994. S. 198-243.

WEINER, Charles (1986): *Universities, Professors and Patents: A Continuing Controversy.* In: *Technology Review*, 89. Jg. (1986), H. 2/3, S. 33-43.

WEINSTOCK, Ulrich (1964): *Das Problem der Kondratieff-Zyklen. Ein Beitrag zur Entwicklung einer Theorie der "langen Wellen" und ihrer Bedeutung.* Berlin, München 1964.

WEISS, Michael (1992): *Finanzierungsfragen.* Aus: Hölters, Wolfgang (Hrsg.): *Handbuch des Unternehmens- und Beteiligungskaufs. Grundfragen - Bewertung - Finanzierung - Steuerrecht - Arbeitsrecht - Vertragsrecht - Kartellrecht - Vertragsbeispiele. 3. Aufl.* Köln (Dr. Otto Schmidt KG) 1992. S. 202-257.

WEITZEL, Günter (1986): *Beschäftigungswirkungen von Existenzgründungen.* München 1986.

WELLES, John G.; WATERMAN, Robert H. Jr. (1964): *Space Technology: Pay-off from Spin-off.* In: *Harvard Business Review*, 42. Jg. (1964), H. July-August, S. 106-118.

WELZEL, Burkhard (1995): *Der Unternehmer in der Nationalökonomie.* Untersuchungen zur Wirtschaftspolitik, Band 101, hrsg. vom Institut für Wirtschaftspolitik an der Universität zu Köln. Köln 1995. Als Manuskript gedruckt.

WENZ, Jochen (1993): *Unternehmensgründungen aus volkswirtschaftlicher Sicht.* Bergisch Gladbach, Köln (Eul) 1993. (= Gründung, Innovation und Beratung. 17)

WEßLING, Matthias (1998): *Intensivtraining macht fit.* In: Deutsche Universitätszeitung, Nr. 5 vom 06.03.1998.

WESTHOF, Martin (1998): *"On the job" im Studium. Studentische Unternehmensberatungen etablieren sich.* In: *Hochschul-Anzeiger*, o. Jg. (WS 1997/98), H. 36, S. 41.

WETTACH, Silke (1998): *Transfer der Köpfe.* In: Wirtschaftswoche, Nr. 5 vom 22.01.1998.

WHEELWRIGHT, Steven C.; CLARK, Kim B. (1994): *Revolution der Produktentwicklung: Spitzenleistungen in Schnelligkeit, Effizienz und Qualität durch dynamische Teams.* Frankfurt a.M., New York 1994.

WILEM, Frank J. Jr. (1991): *The Breeder: Forming Spin-off Corporations through University-Industry Partnerships.* Aus: Brett, Alistair M.; Gibson, David V.; Smilor, Raymond W. (Hrsg.): *University Spin-Off Companies. Economic Development, Faculty Entrepreneurs, and Technology Transfer.* Savage (Rowman & Littlefield Publishers) 1991. S. 183-194.

WILSON, Meg; SZYGENDA, Stephen (1991): *Promoting University Spin-offs through Equity Participation.* Aus: Brett, Alistair M.; Gibson, David V.; Smilor, Raymond W. (Hrsg.): *University Spin-Off Companies. Economic Development, Faculty Entrepreneurs, and Technology Transfer.* Savage (Rowman & Littlefield Publishers) 1991. S. 153-163.

WINCKLER, Eike M. (1990): *Vertragsgestaltung.* Aus: Dieterle, Willi K.; Winckler, Eike M. (Hrsg.): *Unternehmensgründung. Handbuch des Gründungsmanagement.* München 1990. S. 453-469.

WINKEL, Harald (1994): *Die Volkswirtschaftslehre der neueren Zeit. 4. Aufl.* Darmstadt (Wissenschaftliche Buchgesellschaft) 1994.

WIPPLER, Armgard (1998): *Innovative Unternehmensgründungen in Deutschland und den USA.* Wiesbaden (DUV) 1998.

WITTE, Eberhard (1976): *Kraft und Gegenkraft im Entscheidungsprozeß.* In: *Zeitschrift für Betriebswirtschaft*, 46. Jg. (1976), S. 319-326.

WOHLLAIB, Nikola (1998): *Von der Uni in den Chefsessel.* In: VDI Nachrichten, Nr. 39 vom 25.09.1998.

WOLF, Karl-Heinz (1997): *Existenzgründung und Existenzsicherung. Gründungskonzeptionen, Franchising, Management-Buy-Out, Spin Off; Vertrags- und Honorargestaltung, Haftungsfragen, Rechtsformüberlegungen; Finanzierung, aktuelle Förderrichtlinien und Fördermöglichkeiten; Vertragsmuster, Checklisten, Tabellenkalkulationsrechnungen; mit Änderungen aufgrund des Jahressteuergesetzes 1997.* Bonn (Stollfuß) 1997.

WOLFF, Sebastian (1998): *Langer Atem zahlt sich aus.* In: Wirtschaftswoche, Nr. 41 vom 01.10.1998.

WOLFF, Birgitta; WULFFEN, Katrin von (1999): *Reorganisation durch Initiative von unten: "Unternehmer im Unternehmen".* Aus: Rosenstiel, Lutz von; Lang-von Wins, Thomas (Hrsg.): *Existenzgründung und Unternehmertum. Themen, Trends und Perspektiven.* Stuttgart (Schäffer-Poeschel) 1999. S. 235-255.

WOLFRUM, Bernd (1994): *Strategisches Technologiemanagement. 2. Aufl.* Wiesbaden (Gabler) 1994.

WOLLNY, Paul (1998): *Existenzgründung. Handbuch für Berater und Unternehmensgründer.* Herne, Berlin (Neue Wirtschafts-Briefe) 1998.

WOSSIDLO, Peter R. (1990): *Finanzierung.* Aus: Pfohl, Hans-Christian (Hrsg.): *Betriebswirtschaftslehre der Mittel- und Kleinbetriebe. Größenspezifische Probleme u. Möglichkeiten zu ihrer Lösung. 2., neubearbeitete Aufl.* Berlin (Erich Schmidt) 1990. (=Grundlagen und Praxis der Betriebswirtschaft. 44) S. 239-287.

WU, Shih-Yen (1989): *Production, Entrepreneurship, and Profits.* Cambridge (Basil Blackwell) 1989.

WUNDERER, Rolf (1988) (Hrsg.): *Betriebswirtschaftslehre als Management- und Führungslehre. 2. Aufl.* Stuttgart (Poeschel) 1988.

WUPPERFELD, Udo (1996): *Finanzierung junger Technologieunternehmen mit Beteiligungskapital.* Aus: Baier, Wolfgang; Pleschak, Franz (Hrsg.): *Marketing und Finanzierung junger Technologieunternehmen. Den Gründungserfolg sichern.* Wiesbaden (Gabler) 1996. S. 116-140.

ZDROWOMYSLAW, Norbert; RETHMEIER, Bernd; HUBER, Patricia u.a. (1999): *Zusammenarbeit von Hochschulen und Wirtschaft: Erhöhung der Wettbewerbsfähigkeit sowie Wissens- und Personaltransfer durch Hochschulkontakte.* In: *Der Betriebswirt*, 40. Jg. (1999), H. 1, S. 15-18.

ZEITEL, Gerhard (1990): *Volkswirtschaftliche Bedeutung von Klein- und Mittelbetrieben.* Aus: Pfohl, Hans-Christian (Hrsg.): *Betriebswirtschaftslehre der Mittel- und Kleinbetriebe. Größenspezifische Probleme u. Möglichkeiten zu ihrer Lösung. 2., neubearbeitete Aufl.* Berlin (Erich Schmidt) 1990. (=Grundlagen und Praxis der Betriebswirtschaft. 44) S. 24-42.

ZEYER, Ulrich (1996): *Implementierungsmanagement. Ein konzeptioneller Ansatz am Beispiel der Implementierung von Lean Management.* München, Mering (Hampp) 1996.

ZIEGLER, Bernd (1998): *Geschichte des ökonomischen Denkens. Paradigmenwechsel in der Volkswirtschaftslehre.* München, Wien (Oldenbourg) 1998.

ZINGER, J. Terence; BLANCO, Huguette; ZANIBBI, Louis u.a. (1996): *An empirical study of the small business support network - The entrepreneurs' perspective.* In: *Canadian journal of administrative sciences*, 13. Jg. (1996), H. 4, S. 347-357.